图书在版编目 (CIP) 数据

制造凯撒：两千年权力形象的迷宫 /（英）玛丽·比尔德 (Mary Beard)
著；匡骁译 . — 上海：文汇出版社，2024.5
    ISBN 978-7-5496-4216-8

    Ⅰ. ①制…  Ⅱ. ①玛…  ②匡…  Ⅲ. ①罗马帝国—历史 Ⅳ. ① K546
中国国家版本馆 CIP 数据核字（2024）第 047140 号

Twelve Caesars:Images of Power from the Ancient World to the Modern,by Mary Beard.
Copyright © 2021 by Board of Trustees, National Gallery of Art, Washington.

本书简体中文版专有翻译出版权授予上海阅薇图书有限公司出版。
未经许可，不得以任何手段和形式复制或抄袭本书内容。

上海市版权局著作权合同登记号：图字（09-2024-0194）

**制造凯撒：两千年权力形象的迷宫**

作　　者 /［英］玛丽·比尔德

译　　者 / 匡　骁

责任编辑 / 戴　铮

封面设计 / 周　源

版式设计 / 汤惟惟

出版发行 / 文匯出版社

　　　　　上海市威海路 755 号

　　　　　（邮政编码：200041）

经　　销 / 全国新华书店

印刷装订 / 上海普顺印刷包装有限公司

版　　次 / 2024 年 5 月第 1 版

印　　次 / 2024 年 5 月第 1 次印刷

开　　本 / 889 毫米 ×1194 毫米　1/16

字　　数 / 313 千字

印　　张 / 25

书　　号 / ISBN 978-7-5496-4216-8

定　　价 / 128.00 元

# 目　录

十二凯撒图

序　　　　　　　　　　　　　　　　　　　　　　　　　　　　　I


第一章　广场上的帝王：导言　　　　　　　　　　　　　　　　1

第二章　十二凯撒名录　　　　　　　　　　　　　　　　　　　43

第三章　硬币和肖像，古代和现代　　　　　　　　　　　　　　78

第四章　十二凯撒，多还是少　　　　　　　　　　　　　　　　118

第五章　最著名的凯撒　　　　　　　　　　　　　　　　　　　151

第六章　讽刺、颠覆和暗杀　　　　　　　　　　　　　　　　　188

第七章　凯撒之妻……无可置疑?　　　　　　　　　　　　　　235

第八章　后记　　　　　　　　　　　　　　　　　　　　　　　274


致谢　　　　　　　　　　　　　　　　　　　　　　　　　　　287

附录　　　　　　　　　　　　　　　　　　　　　　　　　　　289

注释　　　　　　　　　　　　　　　　　　　　　　　　　　　303

参考文献　　　　　　　　　　　　　　　　　　　　　　　　　357

插图列表　　　　　　　　　　　　　　　　　　　　　　　　　381

# 十二凯撒图

## 朱利奥·克劳狄（Julio-Claudian）王朝

| | 尤里乌斯·凯撒<br>Julius Caesar | 奥古斯都<br>Augustus | 提比略<br>Tiberius | 卡利古拉<br>Caligula | 克劳狄<br>Claudius | 尼禄<br>Nero |
|---|---|---|---|---|---|---|
| 统治<br>时期 | 前48—前44年 | 前31—14年 | 14—37年 | 37—41年 | 41—54年 | 54—68年 |
| | "独裁官"。<br>遭暗杀 | 又名屋大维。<br>据传遭其妻莉<br>维娅（原名屋<br>大维娅）毒杀 | 据传遭暗杀 | 遭暗杀（官方<br>名为盖乌斯） | 据传遭其妻阿<br>格里皮娜毒杀 | 被迫自尽 |

内 战

弗拉维王朝（Flavian Dynasty）

[ 源自家族姓氏弗拉维乌斯（Flavius）]

| 加尔巴<br>Galba | 奥托<br>Otho | 维特里乌斯<br>Vitellius | 韦斯巴芗<br>Vespasian | 提图斯<br>Titus | 图密善<br>Domitian |
|---|---|---|---|---|---|
| 68 年 6 月—<br>69 年 1 月 | 69 年 1 月—<br>69 年 4 月 | 69 年 4 月—<br>69 年 12 月 | 69 年 12 月—<br>公元 79 年 | 79—81 年 | 81—96 年 |
| 遭暗杀 | 被迫自尽 | 遭私刑处死 | 驾崩于病榻 | 据传遭其弟<br>图密善毒杀 | 遭刺杀 |

# 序

时至今日，罗马皇帝仍然是我们身边随处可见的存在。罗马古城失去帝国都城的地位已过去近两千年，可即便如此——至少在西方是这样——如今几乎人人都认识尤里乌斯·凯撒或尼禄的名字，有时甚至能认出其相貌。他们的面孔不仅从博物馆展架或艺术馆墙壁上凝视着我们，还出现在电影、广告和报纸上的卡通画里。一个讽刺作家可以不费吹灰之力（只需以桂冠、托加袍、里尔琴、熊熊火焰为背景）就把现代政客变成"在罗马燃烧时仍拨弄琴弦的尼禄"（Nero fiddling while Rome burns），而绝大多数人也可以毫无障碍地理解这一表达。五百年来，这些罗马皇帝及其妻子、母亲和子女无数次再现于各种绘画和织锦、银器和陶瓷、大理石和铜器上。我猜测，在"机械复制的时代"到来之前，除了耶稣、圣母玛利亚和几位圣人之外，罗马帝王比其他任何人物的形象都更频繁地出现在西方艺术中。卡利古拉和克劳狄的故事跨越数个世纪，遍布几大洲，在西方世界的历史中唤起的共鸣远超查理大帝、查理五世或亨利八世等君王。他们的影响力已远远超出了图书馆或讲堂的范围。

和多数人比起来，我和这些古代统治者的关系更为密切。四十年来，他们一直是我工作的一部分。我研究这些统治者的语言，不管是他们签署的法律判决书还是关于他们的笑话。我分析他们的权力基石，厘清其帝位继承的规则（或者为何缺少规则），并强烈谴责其独裁统治。我时常仔细观察宝石浮雕和硬币上的帝王头像。我还引导学生去欣赏，去仔细探询罗马作家如何评说这些帝王。皇帝提比略在卡普里岛上的游泳池里耸人听闻的怪异行为，尼禄对母亲有肉欲的传说，或者图密善虐待苍蝇（用笔尖折磨苍蝇），这些故事已融入现代想象中，当然也告诉了我们众多古罗马人的恐惧和幻想。不过——正如我向那些喜欢只看事物表面的人所反复强调的——一般情况下，这些故事不一定具备"真实性"。论职业，我算是一名古典学家、历史学家、教师、怀疑论者，有时还是个扫兴的家伙。

在本书中，我将把关注的焦点转移到我们身边的罗马皇帝的现代形象上去，我将就生产这些形象的方式和原因提出一些最基本的问题。为何文艺复兴以来的艺术家会以如此庞大的规模和多样的方式来描绘这些古代人物？为什么顾客会选择购买这些艺术产品，无论是豪华的雕塑还是廉价的饰板和印刷品？许多罗马皇帝以邪恶而非英雄主义著称，对现代观众来说，这些亡故已久的独裁者的面孔意味着什么？

古代皇帝本人在接下来的章节里是非常重要的角色，特别是现在常被称作"十二凯撒"的几位——从尤里乌斯·凯撒（公元前44年遭暗杀），到喜欢折磨苍蝇的图密善（公元96年遭刺杀），以及提比略、卡利古拉和尼禄等（表1）。几乎我讨论的所有现代艺术品，都是在同古罗马人自己对其统治者的描述，以及记录统治者功过的古老故事的对话中完成的，尽管这些故事可能有些牵强附会。不过，众多现代艺术家也同罗马皇帝一样，成为本书的关注对象：这些人包括曼特尼亚（Mantegna）、提香（Titian）或阿尔玛–塔德玛（Alma-Tadema）等西方传统中众所周知的名家；也包括一代代无名的织工、木工、银匠、印刷工和陶艺家，后者创作了那些最具影响力的罗马皇帝肖像。除此之外，本书的关注点还包括部分文艺复兴时期的人文主义者、古玩收藏家及研究者、学者和现代考古学家等，他们致力于辨识或重建——不管方法是否得当——这些象征着权力的古代面孔，另外也不能忽视那些从清洁工到朝臣的似乎与艺术生产无缘的众多人物，他们被所见之罗马皇帝图像打动，感到愤怒、厌烦或困惑。换言之，我感兴趣的不仅是帝王本身或再现他们的艺术家，还有无数关注着这些皇帝的你我。

我希望，前方会有惊奇之物等着我们，以及一些意料之外的"极端"艺术史。我们将在意想不到的地方——巧克力、16世纪的墙纸和18世纪的浮华蜡像，邂逅罗马皇帝。我们也会对那些创作年代至今仍有争议的雕像感到困惑，因为没人能确定它们是古罗马时期的产物还是现代的拼凑，是赝品还是文艺复兴时期对罗马帝国传统的创造性再现。我们将去思考，为什么数百年来这些皇帝图像被反复识别或被一再混淆：把某个皇帝错认为另一位；将母亲和女儿的身份颠倒；以及罗马历史中的女性人物被（错误）解读成男性，或男性被当成女性。我们将从幸存的复制品和依稀的线索中，重建业已失传的16世纪以来的一系列罗马帝王面孔，这些曾经家喻户晓的面孔决定了所有欧洲人对凯撒的共同想象，而今却几乎被普遍遗忘。本书旨在展示为什么这些罗马皇帝的形象——尽管他们可能是独裁者和暴君——在艺术和文化史上仍然**举足轻重**。

　　本书源于我在2011年春季于华盛顿开设的A.W.梅隆美术系列讲座。自那以后，我挖掘了新的素材，找到新关联，并以更详尽的方式（沿着不同的方向）进行个案研究。不过和系列讲座一样，本书的写作以一个奇怪的物品开头和收尾，它距离我在国家艺术博物馆演讲的大厅仅一步之遥：此物不是皇帝肖像，而是一口巨大的罗马大理石棺材或石棺——按照某些说法和宣传即是如此——它曾经是皇帝最后的安息之地。

———— 第一章 ————

# 广场上的帝王：导言

## 罗马皇帝和美国总统

多年来，华盛顿广场的大理石雕花石棺一直都是一件艺术珍品，它庄严地坐落于史密森艺术与工业大楼外的草坪上（图 1.1）。1837 年，人们在黎巴嫩的贝鲁特郊外发现两具石棺，它便是其中之一。几年后，两具石棺被海军准将杰西·D.埃利奥特（Jesse D. Elliott）带回美国，此人是美国海军地中海巡逻中队的指挥官。据传，这具石棺曾安放着罗马皇帝亚历山大·塞维鲁（Alexander Severus）的遗骸，其在位时间是公元 222 至 235 年。[1]

尽管亨德尔（Handel）有部围绕亚历山大生平而作的华丽歌剧《亚历山大·塞维鲁》（Alessandro Severo），且在早期现代欧洲的某些区域，他被吹捧为统治者的典范、艺术赞助人和广施恩惠的行善者（英国的查理一世特别喜欢自比于这位皇帝），亚历山大却不是个家喻户晓的君主。他有叙利亚血统，出身于精英阶层，其家庭成员来自多个种族，在当时来说无疑是罗马的名门望族，在表兄埃拉伽巴路斯（Elagabalus）遭暗杀后，13 岁的亚历山大登基——传说中，埃拉伽巴路斯的暴行甚至远超卡利古拉和尼禄，这位皇帝在宴会上玩起了用铺天盖地的玫瑰花瓣将宾客窒息而死的把戏，此景在致力于重塑古罗马的 19 世纪画家劳伦斯·阿尔玛–塔德玛的作品中得以精彩呈现（图 6. 23）。亚历山大是当时最年轻的帝位继承者，关于他（或者被认定是他）的古代肖像作品存留下来的有二十多件，多数作品都将其刻画成平和安静，甚至有些柔弱的青年形象（图1.2）。他是否真如后世想像得那般模范还有待商榷。不过，古代作者普遍认为他算是个比较可靠的统治者，这少不了他"垂帘听政"的母后茱莉亚·马梅娅（Julia Mamaea）的影响，所以在亨德尔的歌剧中，真正的幕后掌权者马梅娅被塑造成邪恶的角色，倒也并不意外。最后，在一场军事行动中，母子二人遭罗马叛军刺杀：士兵愤怒的源头到底是不满于亚历山大在财政方面厉行节俭（或曰吝啬）且缺乏军事指挥能力，还是因为茱莉亚·马梅娅的幕后权力操纵，取决于你相信哪个版本的历史记载。[2]

以上这一切都发生在初代十二凯撒之后的一个多世纪里，这些凯撒是我们更为熟悉的。不过亚历山大仍是一位具有强烈的十二凯撒帝王风格的罗马皇帝，哪怕就那些乌七八糟的传闻和指控而言（与母亲过于亲密的关系，置士兵们于危险而不顾的冷漠，离谱的上任君主，残忍的刺杀等），他也不遑多让。实际上，现代历史学家们常把他看作传统罗马统治者系谱上的最后一位，而这一系谱起始于尤里乌斯·凯撒。一位16世纪的版画家兼出版人，借助富有创意的计数方式或由于某些关键性疏忽，将最初的十二凯撒翻了一倍，最终画出一张有24位罗马皇帝的皇位继承图，并顺手将亚历山大放在最后一位。[3]亚历山大遭谋杀后，局面大变。

图1.1　1960年代后期，游客在阅读华盛顿广场上艺术与工业大楼外罗马石棺前的信息板："安德鲁·杰克逊（Andrew Jackson）总统拒绝死后被埋入此墓。"

图1.2　罗马卡比托利尼博物馆的"帝王厅"里陈列着历代罗马皇帝的肖像作品，亚历山大·塞维鲁的半身像也在其中。皇帝的身份识别很少会确凿无疑，不过这座雕像的眼部中央雕刻的瞳孔，以及人物的短发都是3世纪早期雕塑的典型特征，这和一些硬币上的亚历山大形象是吻合的。

　　接下来数十年里的几位统治者都是军队冒险家出身，各掌大权三五年，有些人虽然坐上"罗马"皇帝的宝座，却没能在罗马城站稳脚跟。罗马皇权的主角发生了更迭，这一变化体现在关于亚历山大继任者的各种说法——无论真假——色雷斯人马克西米努斯（Maximinus the 'Thracian'）于235到238年在位三年，作为第一位没有读写能力的罗马皇帝而被载入史册。[4]

　　石棺的故事十分生动地将我们引入我关于现代和古代罗马帝国形象的更宏大的叙事中，这个故事充满曲折、争论、分歧和激烈的政治论争。石棺上本该注明身份的地方却不见亚历山大的名字，也无任何其他表明身份的标记；不过，另一具石棺却清晰地刻着"茱莉亚·马梅娅"。对杰西·埃利奥特来说，很难不把所得的这对石棺同不幸的年轻皇帝及其母后联系起来。二人是一同遇刺的，所以必然联棺合冢，以皇室派头风光地下葬在亚历山大的出生地附近，也就是今天的黎巴嫩。也许埃利奥特是这样说服自己的。

可是他错了。质疑者很快指出，暗杀应发生在离贝鲁特两千英里外的某地，可能是在德国甚至英国境内（尽管谋杀本身不是什么好事，但这种地理上的关联对查理一世王朝倒是有吸引力）；并且，一位古代作者声称皇帝尸首被运回了罗马安葬。[5] 如果这些还不足以推翻埃利奥特的说法，那么铭文中所纪念的"茱莉亚·马梅娅"的确切死亡年龄是三十岁，这说明她不可能是亚历山大的母亲——除非，如埃利奥特手下一位尉官后来尖锐指出的那样，她"三岁就诞下皇子，至少可以说这是非同寻常的"。石棺里的女士很可能是取了同样比较大众化的名字的某位罗马帝国居民。[6]

此外，参与论争的人显然都没意识到，至少还有一个关于皇室母子埋葬地的说法也很有竞争力；或者就算意识到了，他们也选择保持缄默。在四千英里之外的罗马卡比托利尼博物馆里，有一口精美的大理石棺——雕刻大师皮拉内西（Piranesi）的著名杰作，为 18 和 19 世纪热情的游客所熟知——据说是亚历山大和茱莉亚·马梅娅合葬的棺枢，棺盖上塑有二人的半卧雕像，尽显皇家恢宏气势（图 1.3）。这具石棺甚至和蓝色玻璃制的"波特兰花瓶"（Portland Vase）有关联，后者现在是大英博物馆的亮点之一——因其精美绝伦的白色浮雕装饰而闻名于世；1845 年该花瓶被一醉汉游客打碎的新闻也曾引人关注。**如果花瓶被发现于 16 世纪的石棺内部这种说法属实**，也许其最初用途是安放皇帝的骨灰（尽管把盛骨灰的小花瓶放在一口显然是用来安放未火化完整尸体的巨大石棺里似乎有点奇怪）。这样看来，罗马城外的墓地更贴合某些历史证据。但总体而言，正如 19 世纪内容详尽的旅游指南里所承认的，这种鉴定也是单凭一厢情愿的主观臆测。[7]

图1.3 关于亚历山大·塞维鲁最后安葬地的另一说法。这件皮拉内西于1756年雕塑在该石棺上的作品，藏于罗马卡比托利尼博物馆，棺盖上展现的是逝者的侧卧像，下方的雕刻图案选自希腊英雄阿喀琉斯（Achilles）的故事场景。

　　虽然缺乏事实依据，埃利奥特关于石棺为罗马皇室所有这一联想还是流行了很长一段时间。这主要是由于这些"战利品"运抵美国后，又经历了一段奇特且有些可怖的历史。埃利奥特本来没想将石棺捐赠给博物馆。那具刻着"茱莉亚·马梅娅"的石棺，他本来计划旧物再利用，把它留给费城慈善家史蒂芬·吉拉德（Stephen Girard）作为其长眠之所，但由于吉拉德已故去多年且葬在别处，石棺就变成吉拉德学院的收藏品，并于1955年出借给布林茅尔学院，至今它仍立于学院的回廊里。而那具"亚历山大"的石棺，在尝试用其安放詹姆斯·史密森（James Smithson，英国贵族的私生子，科学家，史密森学会的创建者和赞助人）的遗体未果之后，埃利奥特于1845年将其献给国家研究院，它是专利局中收藏美国文化遗产的主要收藏机构，他"热切希望"这具石棺能暂时安放"爱国英雄安德鲁·杰克逊的遗体"。

尽管健康状况每况愈下（几个月以后去世），杰克逊总统仍义正辞严地拒绝了埃利奥特的提议："我无法同意自己的肉体被放在为皇帝或国王准备的容器之中——我的共和国情感和原则不允许我这么做——我们简单纯粹的政府系统不允许我这么做。为永久铭记我们的英雄和治国之才而竖起的每尊纪念碑必须有据可依，要秉持我们共和国机构节俭简约之原则，要符合我们共和国公民平实朴素之风气……我不能允许自己成为美国第一位把遗体置于为皇帝或国王准备的石棺中的人。"杰克逊处境艰难。他被指责行事作风犹如"凯撒"般独断专行——实行独裁的民粹主义，被几位继任者所效仿——可能这让他的拒绝更加斩钉截铁。他当然不会因为一个帝王灵柩去冒险。[8]

由于没有实际的用途，1850年代，石棺从专利局暂存处被转移到华盛顿广场外的史密森大楼旁展出，直到1880年代终被雪藏到储物仓库里。然而，即便石棺的主人为亚历山大·塞维鲁这个考古学结论被普遍否定了（实际上石棺是罗马帝国时期典型的东地中海产品，只要现金足够，任何人都可以拥有），杰克逊对"为皇帝或国王准备的"灵柩的拒斥，也构成了这件文物的历史和神话的一部分。到了1960年代，石棺旁新的信息介绍牌上收录了杰克逊的原话，标题为："安德鲁·杰克逊总统拒绝死后被埋入此墓"（如图1.1中那对男女正在专心阅读的）。[9]换言之，伫立于此的石棺象征着美国共和精神中踏实务实的精髓，同时代表对皇权或独裁统治时期品位庸俗的古董玩件的厌恶。哪怕杰克逊的政治生涯沾染了"独裁专制"（Caesarism）的污点，我们也很难不站在他那一边，而不会像埃利奥特那样"热切希望"为他的著名石棺物色一个名流主人。

## 从灵柩到肖像

关于发现、误识、希望、失望、争议、阐释和再阐释的故事，构成了本书的内容。本章接下来的内容将告别大理石棺、热情过度的收藏家和态度强硬的总统。我们将第一次尝试着去审视曾经遍布古罗马世界的数量惊人的皇帝肖像作品（在糕点、绘画、大理石、铜器上），以及一些文艺复兴后重新想象和重构皇帝形象的艺术家。还将对有关这些图像的一些确凿无疑的常见事实提出质疑——通过探索古代和现代肖像之间模糊的边界（如何区分两千年前和两百年前的大理石半身像？），并体会这些古代统治者在现代艺术中尖锐而前卫的政治和宗教意义。本章还会介绍史学家盖乌斯·苏维托尼乌斯·特兰克维鲁斯（Gaius Suetonius Tranquillus）（简称"苏维托尼乌斯"），正是这位古代学者将"十二凯撒"的分类概念传给现代世界，在接下来的几个章节里他将多次出现。

不过，埃利奥特战利品的故事却为本书的整体主题提供了重要的指导原则。首先，它提醒我们，拨乱反正，纠错求真——显然看起来是这样——是多么重要。自古以来，罗马皇帝的形象就遍布全世界，经历了不断遗失、重新发现和身份混淆的过程；如何区分谁是卡利古拉谁是尼禄，不是只有我们这代人才面临的难题。统治者的身份不停更迭，大理石半身像被重新雕刻或精心调整，新作层出不穷；时至今日，各种精度不高的复制、修改和重造仍在进行，从未间断。我们必须不情愿地承认，自文艺复兴以来，为数众多的现代学者和收藏家们，都倾向于将佚名的大人物肖像重新认定为真正的凯撒，并错把普通的棺木和罗马庄园当作罗马皇室的遗物。"亚历山大"石棺的曲折故事，恰是因张冠李戴而导致无谓谬误和臆想的绝佳例证。

同样，埃利奥特的故事也提醒着我们，误识一旦根深蒂固就很难清除，考古学纯粹主义容易做得过头，偏离正轨。"亚历山大"石棺这个故事的核心是身份误识，这种错误就其自身而言具有一定的历史意义（毕竟，没有错误，也就没有故事）。这只是众多身份误识的案例之一——普通人被错认成"皇帝"，而几世纪以来，这样的错误在向我们呈现罗马权力面孔以及帮助现代世界理解古代君主和王朝等方面发挥了主导作用。卡比托利尼博物馆里那具石棺盖上的雕像出自自信的皮拉内西之手，雕像曾被当成表明那对皇室母子身份的名签，这种身份关联虽然有误，却并没有仅仅因其"大错特错"而被彻底推翻。我猜测，同亚历山大与"他的"灵柩之间的关联相比，本书中的很多有影响力且举足轻重的形象与其历史主题之间的联系并未更胜一筹，而这些形象的重要性和影响力却并未因此而降低。本书既关涉真正的帝王，也关注那些身份被误识的"皇帝"。

总统和石棺的故事的最不同寻常之处在于，这块厚重的古代大理石块对杰克逊来说意义非凡。石棺同罗马皇帝的想象性关联意味着独裁以及一种同共和价值观背道而驰的政治体系，共和精神正是杰克逊自称信奉和拥护的信仰，所以这种关联引发的谴责和声讨是一位垂死之人难以承受的。不要把罗马皇帝的形象再现当成理所当然的存在，即便是今天，这对我们来说也是个有力的提醒。毕竟，仅在杰克逊死后不到一个世纪里，贝尼托·墨索里尼把尤里乌斯·凯撒及其继任者皇帝奥古斯都的面孔纳入法西斯计划中，并将罗马市中心壮观的奥古斯都陵寝修复成一座纪念碑——至少是间接的——作为歌颂他自己的丰碑。这不仅仅是为政权装点门面。

事实上，我们中的多数人（我承认，有时也包括我自己）在经过博物馆架子上的皇帝头像时都不会多看一眼（图 4.12）。即便是现在，一些公共雕像的重要性越来越受到争议（有时甚至是激烈争议），十二凯撒的群像却从 15 世纪开始一直在为欧洲精英阶层的房间和花园增光添彩（后来，请杰克逊总统见谅，也装饰着美国精英们的宅院），它们被认为是适合用来彰显身份地位的标志，由于极容易让人联想到昔日古罗马帝国的辉煌，这些帝王形象可充当贵族府邸或梦中豪宅的"背景墙"。确切地说，有时它们真的被用作装饰性墙纸的图案。早在 16 世纪中叶就已出现印有皇帝头像的印纸，这些头像可以随时剪下来贴在普通的家具或墙面上，以达到一种颇具文化品位的现成饰面效果（图 1.4）；从高档室内装修商那儿也能买到成卷的这类印纸。[10] 但是，这并不是事情的全部。

纵观历史，古代帝王形象——如同近年来一些士兵和政客的形象那样——引发了更多棘手而意涵深厚的问题。这些形象既是刻板的身份象征，也是各种争议的起因。它们不仅仅代表着与古典传统可有可无的连接，还指向关于政治和独裁、文化和道德，当然还有阴谋与暗杀等令人不适的问题。安德鲁·杰克逊的反应（当我在撰写本书时，由于杰克逊同奴隶制而不是专制独裁有着千丝万缕的关系，他的塑像正面临被推倒的危险）提醒我们，要对这些皇帝形象的不稳定边界保持警觉，尽管它们总是披着熟悉的权力的陈旧话语外衣。

图1.4 德国墙纸，约1555年。圆盘中的两个帝王头像由精美叶饰间的奇幻生灵托起。整张墙纸（约30厘米高）被裁成长条，用来贴在墙壁或家具上作饰边，以增添一丝典雅之美。

## 凯撒无处不在的世界

几百年来，罗马皇帝的再现为艺术家和匠人带来无尽灵感和商机，当然，有时也让人心生厌倦或反感。这种再现过程是成千上万种形象的大规模生产，其数量远远超过"帝王肖像"这一名词通常所指代的大理石头像或巨型全身铜像。[11]他们在形状、大小、材料、风格及表现形式上各不相同。罗马世界最有趣的一些考古发现就是普通糕饼模具的碎片。乍一看，碎片上的图案难以辨认，不过仔细端详后，我们便会看到皇帝及其家庭成员的形象。作为昔日罗马人厨房里或糖果制造商的常见厨具，这些模具生产出的饼干和甜食将象征皇权的面孔（"美味可口的"皇帝）直接送入罗马臣民的口中。[12]还有精美的浮雕宝石、廉价的蜡像或木制模型、墙上的画或便携式装饰板（和现代肖像画很相似）；更不消说那些金币、银币和铜币上的微型头像。

古代艺术家不仅要对各种市场作出回应，还要去满足形形色色的赞助人和消费者的需求。他们以王朝皇权的面孔去装点王室宅邸和陵墓；他们为罗马官方提供皇帝及其家族成员的肖像，以分发给那些地处偏远，无缘亲见圣体真身的臣民；他们帮助地方社区在神殿或小镇广场上竖起皇帝塑像，以表达效忠罗马帝国的拳拳之心（也暴露了他们的谄媚之态）；他们还绘制皇帝的小型肖像，以供普通人购作纪念品，或摆放在家中那颇具古典风格的壁炉架和餐桌之上。[13]

尽管由于古玩收藏家和考古学家的努力，和 15 世纪相比，21 世纪有更多的帝王形象重见天日；然而这些帝王形象中只有一小部分得以存留。也就是说，原始数量十分庞大，可能多到令我们惊叹不已。问题在于，罗马帝王形象对我们来说太过熟悉，以至于数千年后，我们把直视众多古代统治者的机会当成理所当然。二十多件亚历山大·塞维鲁的肖像作品（外加茱莉亚·马梅娅的二十件）仅是原始作品的一小部分。自公元前 31 年起，到公元 14 年结束，奥古斯都皇帝在位 45 年，如果不考虑硬币或浮雕宝石饰品以及大量身份误识的作品，那么从西班牙到塞浦路斯，在罗马帝国各地发现的雕有奥古斯都形象的同时期或接近同一时期的大理石像或铜像中，身份确定无疑的有两百多件，刻有其妻子（甚至活得更久）莉维娅形象的约九十件（图 2.9—2.11、图 7.3）。一个合理的猜测，也仅仅是猜测，就是这些数字可能是原始总量的百分之一或更少——奥古斯都肖像作品的总数可能在两万五千件到五万件之间。[14]

无论这个数字是否接近准确，至少有一点可以肯定，我们今天看到的作品不能代表原始作品的典型样本。这些作品损毁和失修的情况并不均衡。金属雕像常被再利用；显然，创作材料越不耐久，作品留下的考古痕迹就越微渺难寻。奥古斯都在《自传》（Autobiography）中曾提到，光是罗马城里就有"大约 80 尊"他自己的银制雕像。而在如今的皇帝肖像作品中，大理石头像却占了相当大的比例，原因很简单，几乎所有曾经在市面上流传的金银制品，包括不少铜制品，都或早或晚地被熔掉并进入再循环利用了。他们最终变成新的艺术品或被变现，铜制品则被打造成军用器械或武器弹药。[15]

由于缺少人为的强力干预，其他材料的作品则彻底消失了，比如肖像画。肖像画通常是古典艺术中受损最严重的种类之一，只有在极罕见的条件下才能保存下来——比如埃及干燥的沙土，它让罗马木乃伊外罩上那些纪念逝者的肖像画得以

图1.5 塞普蒂米乌斯·塞维鲁皇帝，第一位来自非洲大陆的罗马统治者（193—211年在位）一家：塞普蒂米乌斯本人（右上）；皇后朱莉娅·多姆娜（Julia Domna）（左上），也是亚历山大·塞维鲁的叔祖母；皇帝的大儿子卡拉卡拉（Caracalla）（右下）；小儿子盖塔（Geta）（左下）。这块装饰板有着一段不平凡的故事。目前其周长约为30厘米，是从更大的一块装饰板上切割下来的。公元211年，卡拉卡拉下令杀害了盖塔，画面中盖塔的面孔被故意抹去。

完好保存，画中的面孔常常极富感染力，甚至带着一丝令人困惑的现代感。[16]一幅令人印象深刻的皇帝塞普蒂米乌斯·塞维鲁（Septimius Severus）及其家人的肖像画也来自埃及。此画作于公元200年左右，我们很容易把它当成一件非同寻常、绝无仅有的皇室题材作品；不过一些文字记载显示，这幅画只是曾经流传广泛，而今已近失传的传统的一部分（图1.5）。例如，一份保留在纸莎草碎片上的古代物品清单，列出了公元3世纪在埃及庙宇建筑群里陈列的几件"小幅肖像画"；马可·奥勒留（Marcus Aurelius）大帝的老师有一次曾提到皇帝那些"画得糟糕"到无法辨认的可笑肖像画："无论是在放贷人那里，还是在商店货摊……所到之处都

图1.6 法国普瓦捷大教堂东侧大块窗玻璃板
（8.5米高）上12世纪的尼禄像。尼禄被扮成中
世纪国王的形象，不过下方（是原初文字的现代
修复）标有"尼禄皇帝"（Emperor Nero）的字
样。他似乎对身后的魔鬼浑然不觉。画中的他正
在朝窗玻璃中间的圣彼得做出手势，而后者被尼
禄下令钉在十字架上。

图1.7 ［对开页］这个珍贵的十字架（半米
高）现在仍用于亚琛大教堂的仪式活动中。它
是个构成复杂的混合体：十字架的基座源自4
世纪，本体制作于1000年左右，下方是稍早时
期的洛萨国王图章；中间则是公元1世纪的奥
古斯都皇帝浮雕像。

能看到这些画。"此话不仅透露出帝师对大众艺术的势利态度和不屑一顾，也让我
们对皇帝形象曾经无处不在的历史得以一瞥。[17]

　　然而，我们今天所见的这些统治者形象，从时间顺序上来看，大部分并不是
在"罗马时期"制作的，而是罗马帝国崩塌之后几个世纪里西方世界的产物。它
们包括一些中世纪风格的刻画，引人入胜：比如，普瓦捷大教堂的彩色玻璃上
那令人难忘的尼禄皇帝及其身后的蓝色小魔鬼，是来自12世纪的装饰图案（图
1.6）；公元1000年左右，制作"洛萨十字架"（Lothar Cross）（图1.7）的工匠们
将奥古斯都的头像嵌入一个全新的背景中，与之"同频呼应"的是十字架下方的
9世纪统治者，加洛林王朝的洛萨国王（Carolingian King Lothar）（此处为现代名
称）。通过这一极富创造力的重塑过程，工匠为这件奥古斯都的浮雕宝石珍品注入

图1.8 曾被当作正宗古代作品的两组凡尔赛宫十二凯撒半身像（创作于17世纪）。左边的奥古斯都像出自其中一组，国王路易十四曾从红衣主教马萨林（Cardinal Mazarin）的艺术藏品中将其购得；右边围着镀金布料的图密善像则出自另一组，其风格更为华丽而夸张。

了新的生机。[18] 然而自 15 世纪以来，欧洲内外的皇帝形象被再创造、模仿和重构，其制造数量之多绝不亚于古代的生产规模，而品种较过去则更加丰富多样。

一排排大理石半身像显然是这种大规模生产的成果之一。雕塑家和赞助人从遗留下来的著名罗马帝王肖像作品中获得启发，用定制的凯撒石像来装点宫殿、别墅、花园和乡间宅邸：从浮夸的斑岩和凡尔赛宫路易十四（Louis XIV）大厅里镀金的装饰品（图 1.8），到英国威尔士波伊斯城堡的内饰风格较为朴素的长廊——城堡里陈列的皇帝胸像似乎是以牺牲地毯、舒适的睡床和葡萄酒等基本生活物品为代价换来的（"我宁愿用凯撒像换点舒适品"，1793 年一位脾气暴躁的访客曾没好气地说道）（图 1.9），再到英格兰北部的博尔索弗城堡那古怪的周边布景——城堡中有一座 17 世纪的大型喷泉，喷泉四周边缘立着八座庄严的皇帝半身像，守护着（或直勾勾地盯着）喷泉中央的裸体维纳斯和四个撒尿的小天使。[19]

图1.9 波伊斯城堡的皇帝塑像初次安装于300多年前，到了21世纪初，出于文物保护目的，这些塑像从底座被移走；照片中这些高达一米多的巨型半身像正在运输中。转运中的塑像被放置在"担架"上，犹如医院中的真人病患；这幅场景同作为艺术品展示的帝王雕像形成了鲜明的对比。

同时，画家们用湿壁画和架上画中的皇帝形象装饰着富家豪宅的墙壁和天花板——不过正如接下来我们将会看到的（第五章），从影响力来看，哪件作品都比不上提香在1530年代为曼图亚的费德里科·贡扎加（Federico Gonzaga of Mantua）公爵所作的十一幅《凯撒像》（Caesars）系列画像。提香的画重塑了帝王统治史中的关键时刻。这些时刻并非从任何古代视觉艺术中截取而来。在留存下来的罗马艺术中，对皇帝的描绘不外乎祭祀仪式、庆祝凯旋、乐善好施、列队游行或驰骋猎场等标准化场景；图拉真（Trajan）和马可·奥勒留纪功柱上的叙事详细记述了

图1.10 米歇尔·斯威兹（Michael Sweerts）的画作《罗马皇帝半身像前作画的男孩》（*Boy Drawing before the Bust of a Roman Emperor*）（约公元1661年），高度只有不到50厘米。画中涉及的罗马皇帝是维特里乌斯（图1.24），一位因耽于暴食、道德败坏、施虐成癖而臭名昭著的君主。让天真的孩童以这样的恶魔为素描练习的对象，艺术家是不是意在激起观众的不安感呢？

皇帝在军事行动中发挥的作用，这只是少数例外。不过，现代艺术家赋予了古代文学中的皇帝轶事以一种视觉形式。一些经典作品包括《奥古斯都在听维吉尔读〈埃涅阿斯纪〉》（*Augustus Listening to Virgil recite the 'Aeneid'*）、《刺杀卡利古拉》（*The Assassination of Caligula*）；以及总能让人毛骨悚然的《尼禄凝视母亲的尸体》（*Nero Gazing at the Body of his Mother*），是他下令杀害了母亲（图6.24；图7.12—7.13；图7.18—7.19）。

图1.11 一个16世纪的铜制墨水池，刻画的是马可·奥勒留（161—180年在位）的形象，几个世纪以来这尊铜像一直伫立于罗马卡比托利尼山的广场上，现被移置于卡比托利尼博物馆。人像的整体高度只有23厘米多，马蹄旁贝壳形状的容器是盛放墨水的地方。

　　直到至少19世纪，作为艺术家惯用题材中的元素的皇帝形象是如此重要，以至于有专门论述艺术技法的文章和论著，对如何完美再现这些形象提供指导（还有圣经人物、圣徒、异教神和女神，以及后来各种王朝的君主），学徒们通过临摹著名皇帝半身像的石膏模型来提高画技（图1.10），艺术考试和竞赛也会从凯撒们的生平中提炼主题。[20] 1847年，巴黎的新手艺术家们为争夺"罗马奖"（Rome Prize）的最高奖金而展开角逐。按要求，他们需以一幅题为《皇帝维特里乌斯之死》（*The Death of the Emperor Vitellius*）的画作来展示才能。这位皇帝受尽折磨后，其尸体被吊钩拖入台伯河中。公元68年尼禄垮台后，内战纷争四起，被推上王位的维特里乌斯只做了短短几个月的皇帝，这位声名狼藉的短命统治者被处以私刑的可怖场面，很可能与1840年代的欧洲革命性政治理念产生了共振；不过画赛的一些评论者认为这是个具有争议性的选题，无益于展示年轻画家的思想和才华（图6.20）。

图1.12　为萨克森选帝侯定制的一套皇室座椅中的一把（约1580年）。这套椅子的每一把都刻有不同的皇帝肖像，十二把椅子凑成十二凯撒。本图中，椅背上镀金的石头和半宝石为卡利古拉皇帝打造了豪华背景。

　　然而，皇帝形象的再现不仅仅通过绘画和雕塑。从银器到蜡像，几乎所有艺术媒介中都有皇帝们的一席之地。它们还被刻在墨水池和烛台上（图1.11），出现在挂壁画里，出现在文艺复兴时期节日中的立体装饰上，甚至还出现在16世纪一套著名的餐椅椅背上（客人会坐在刻有卡利古拉还是尼禄的座位上？这个问题肯定给餐桌的**布置**增添了不少乐趣）（图1.12）。[21] 一条精美的十二凯撒宝石浮雕项链曾挂在一位西班牙无敌舰队军官的脖颈上，并于1588年伴随其主人及军船"赫罗纳号"（*Girona*）一同沉入海底（图1.13），这件珠宝饰品和19世纪一家意大利著

图1.13　1588年，西班牙军舰"赫罗纳号"在爱尔兰的海岸附近沉没，一千多人丧生。考古学家在水底发现了一位富有的遇难者生前佩戴的浮夸项链。它由十二幅刻在青金石上的皇帝肖像组成（此为其中一幅），每幅肖像高四厘米多，镶嵌在一块金质、珍珠底座中。

名陶艺商号所生产的大型锡釉陶帝王半身像截然不同（图1.14）。[22] 我怀疑世界史上没有任何统治者以如此俗丽和花哨的方式被呈现出来。

　　这也不仅仅是关于精英阶层的赞助人及其名贵财产的议题。大批量生产的印花图案上和普通饰板牌匾上的凯撒形象，也装点着中产阶级的家庭和超级精英阶层的宅邸。凯撒像既能达到讽刺诙谐、嬉笑怒骂的效果，也可以严肃深刻。威廉·荷加斯（William Hogarth）用罗马皇帝来装饰《浪子生涯》（Rake's Progress）中的小酒馆的墙壁（鉴于画面中刻画的堕落场景，这么做倒是很合适），墙上的肖像画中只有尼禄的面孔是清晰可见的（图1.15）。几百年前的14世纪，维罗纳一位心怀不满的幽默艺术家在皇帝肖像组图下方的石膏上留下一幅精彩的漫画，这是现代世界里存留下来的最早的帝王漫画（图1.16）。[23]

　　这些皇室人物在文化、意识形态和宗教论争中发挥了重要作用，其影响范围之

图1.14 彩色的皇帝塑像。19世纪晚期，来自意大利博洛尼亚的陶瓷艺术家明格蒂（Minghetti of Bologna）开办的陶器商号制作了至少14件高光釉面的罗马统治者陶制塑像，本图为提比略（名字在基座上）。这些震慑力十足的陈列陶像高达一米，如今散落在从英国到澳大利亚的世界各地。

图1.15 《酒馆狂欢》（*Tavern Scene or Orgy*）——威廉·荷加斯1730
年代创作的《浪子生涯》版画系列中的一幅。这套版画组图记录了托马
斯·雷克维尔（Thomas Rakewell）（瘫坐在左侧椅子上）的堕落历程。
后面墙上高悬着几幅罗马皇帝的肖像画仅勉强可见：右二即为道德败坏
的尼禄（在奥古斯都和提比略之间），只有他的面孔是清晰可辨的，似
乎象征着酒馆内的寻欢作乐、放浪形骸。

图1.16 这张小幅素描中的皇帝有着独特的"罗马式"鹰钩鼻，人们在1360
年代建造的维罗纳斯卡利杰里宫中画作下方的石膏里发现了这幅素描，以及
罗马统治者及其妻子的肖像画（图3.7g）。无论素描是知名艺术家阿蒂吉耶
罗（Altichiero）所为，还是其团队里的某位艺术家所作，与其说它是一张草
图，不如说是对装饰画严肃主题的讽刺。

广远超我们以往的认知。尼禄出现在普瓦捷大教堂彩色玻璃上的主要原因在于，据传正是这位皇帝将圣彼得和圣保罗处以死刑，这也是他施加的众多迫害恶行之一。尼禄还以同样的角色出现在罗马圣彼得大教堂铜制大门的显要位置，这扇大门是雕塑家、建筑师和理论家菲拉雷特（Filarete）于 15 世纪为老圣彼得大教堂打造的，作品中的少数元素还被重新融入新圣彼得大教堂的设计中。[24] 不过，如果尼禄皇帝被塑造成敌基督者一直在迎接整个基督教世界里最神圣的地方之一的游客，那么也存在一些建构性的尝试，将耶稣的故事同皇帝轶事以和解的方式协调起来。早期的现代绘画中最流行的主题之一，就是奥古斯都看见婴儿耶稣的主题——几

图1.17　帕里斯·博尔多内（Paris Bordone）的巨幅画（宽2米多）《女先知对凯撒·奥古斯都的显灵》（*Apparition of the Sibyl to Caesar Augustus*）（16世纪中期）。在宏大的建筑结构中，皇帝单膝跪地，女先知（"西比尔"）站在他旁边；天空中出现圣母玛利亚和婴儿耶稣的神示画面。这幅画在欧洲精英阶层中几易其主：先是归红衣主教马萨林所有，后成为英国霍顿庄园（下文，105页）的罗伯特·沃波尔爵士（Sir Robert Walpole）的财产，继而被卖给俄国的叶卡捷琳娜大帝。

乎每个西方主要画廊里都隐藏着这类主题，却不为人知。根据这个虔诚而又不可思议的故事，耶稣诞生当天，奥古斯都向一位异教徒的女先知问询，世间是否会诞生比自己还强大的人，以及他是否该允许自己被奉为神。罗马上空圣母与圣婴的神示奇观给了他答案（图 1.17）。[25]

即使在今天，罗马皇帝仍在被重塑并注入新的活力。尽管迄今为止我提到的多数作品都是 20 世纪之前的，但在现代文化中，凯撒仍然是辨识度极高的词汇。一套套浮夸的皇帝半身像仍不断生产，并且仍然具有某种意义〔在费德里科·费里尼（Federico Fellini）的电影《甜蜜生活》（*La dolce vita*）中，古代和现代的帝王头像反复出现，在衰败的昔日罗马同堕落的当代罗马之间建立了一种连接[26]〕。皇帝在当下的大众图像生产中也扮演着重要角色。现代政治卡通画也是图像生产的一部分，画中不幸的政客们头戴桂冠花环，手持里尔琴，身后的背景是燃烧的城市。凯撒们的商业力量仍在带有"帝王"字样的酒吧招牌和啤酒瓶商标中发挥着作用；一些笑话中的大量自嘲成分也是人们心照不宣的，如以"尼禄"为商标的火柴或男士平角短裤。同时，纪念品制造商们仍在生产刻有凯撒头像的金币巧克力，正如罗马糕点师曾烘焙出带有帝王头像的饼干。印有皇帝形象的食品一直是人们乐于品尝的美味（图 1.18g）。

## 古代和当代

本书不可避免地采用双聚焦形式。本书尤其关注过去六百年间对罗马皇帝的现代重塑，但古代图像也会一直出现在我们视野中——仅仅因为现代的尤里乌斯·凯撒、奥古斯都或尼禄从来都不能和其古代前身完全脱离。原因有以下几点。

首先，新与旧之间存在无法分割的双向影响。罗马皇帝的现代形象一直都是从对古代罗马原型的模仿（或呼应）中生产出来的，也许这并不意外；当然，这一点也确凿无疑地适用于艺术中的很多经典主题。无论是朱庇特还是维纳斯，无论是纯真的水中仙女那伊阿得（Naiad）还是好色的森林之神萨提尔（satyre），它们的所有现代版本都是同古代艺术进行某种对话的产物。不过就这些古代统治者而言，这种对话显得更为激烈。许多皇帝的个人"外形"的现代传统——从奥古斯都冷峻的经典侧影到哈德良（Hadrian）蓬乱的胡须——都源于对幸存的罗马艺术和文学的详尽研究。然而同时，这些皇家统治者的现代再现也影响了我们观看和识别其古代形象的方式。今天绝大多数的博学考古学家和艺术史家都见过《阿斯泰里克斯》（*Astérix*）卡通画中或流行喜剧电影［我推荐《艳后嬉春》（*Carry on Cleo*）］（图 1.18i 和图 1.18h）中的凯撒面孔，哪怕之前他们从未看过一幅尤里乌斯·凯撒的肖像图。几个世纪前，提香创作的凯撒图（或者根据这些图所作的众多套版画中的一幅）可能为大众头脑中的皇帝外表提供了标准参照物（第五章）。不管怎样，多数现代观众在还未面对面观看罗马雕像、浮雕宝石或硬币之前，就已经在脑中形成了大多数著名帝王形象的范本。我们往往是以今观古。[27]

然而，古代和现代之间的关联远比以上提到的内容更为深厚，这种关联对整个主题产生了独特的影响。尤其是就大理石雕像而言，要想确定某尊雕像到底是制于古罗马时期还是两千年以后的产物，这被证实是不可能的。250 多年前，博学多识的温克尔曼（J. J. Winckelmann，第一位按时间顺序为古代艺术设计出合理可信的体系的学者）曾抱怨，"辨别古董和现代作品，原作真品和复原品之间的差异"简直是难上加难，尤其是帝王"头像"。现代精密技术和科学魔法也没能降低甄别的难度。[28] 这就是为什么，除了几千幅奥古斯都的肖像画被普遍认定为是古代作品之外，还有至少 40 多幅仍然在"古代"和"现代"的分类之间摇摆不定；根据我自己提出的一种颇具吸引力的划分法，这些肖像属于混杂类别——"古-现代"作品。

盖蒂博物馆有一尊众所周知的雕像，可以说是混杂类别里一个十分引人注目

图1.18［对开页］

（a）皇帝提图斯，费里尼的电影《甜蜜生活》剧照（1960年）

（b）克里斯·里德尔（Chris Riddell）的卡通书中，将戈登·布朗（Gordon Brown，英国首相）描绘成尼禄的形象（2009年）

（c）剑桥的酒吧招牌［取自尼古拉斯·库图斯（Nicholas Coustou）1696年受委托而作的雕像］

（d）奥古斯都牌啤酒，剑桥的弥尔顿啤酒厂（Milton Brewery）生产

（e）尼禄牌男士平角短裤的广告（1951年）

（f）卡比托利尼博物馆的火柴："尼禄的火柴"

（g）金币巧克力上的奥古斯都头像

（h）肯尼斯·威廉姆斯（Kenneth Williams）在《艳后嬉春》（1964年）中饰演尤里乌斯·凯撒

（i）高辛尼（R. Goscinny）和尤德佐（A. Uderzo）创作的系列漫画《阿斯泰里克斯》中的凯撒

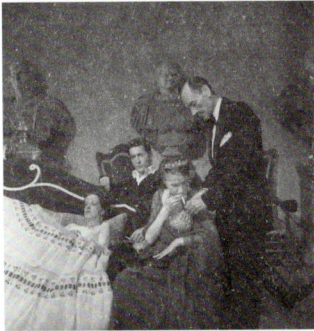

(a)

(b)

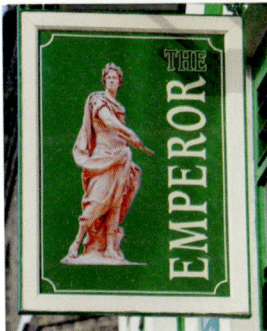

(c)

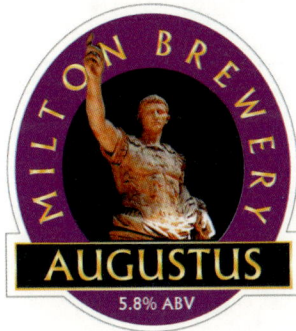

(d)

(e)

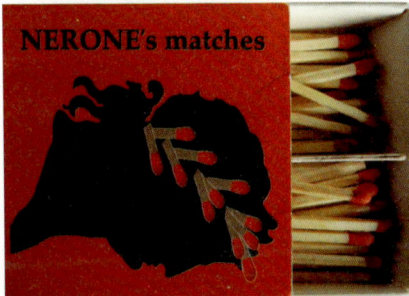

(f)

(g)

(h)

(i)

的例子，即便是 2006 年专门举办了研究作品创作时期的特别展览和专家会议，最终也未能得出确定性结论。这件作品就是皇帝康茂德（Commodus）的半身像［一位敏锐的业余角斗士，公元 192 年遭暗杀，也是最近雷德利·斯科特（Ridley

图1.19 《盖蒂的〈康茂德像〉》（*Getty Commodus*）。不管关于康茂德的传说何其恐怖，本尊雕塑中的他被塑造为一个几乎真人大小，公元2世纪末的传统帝王形象。他身穿军服，蓄着胡须，这些都是2世纪时期统治者的典型外形特点（和不蓄胡子的前任统治者不同）。不过，雕像到底是古代还是现代作品，抑或是两者兼而有之？这仍然是个谜。

Scott）导演的《角斗士》（*Gladiator*）一片中的反英雄人物 ]，约两百年后，在 1992 年一次英国贵族收藏展上，这尊雕像被盖蒂博物馆购得，当时它被当作意大利 16 世纪的艺术品，是临摹古代皇帝肖像的复制品。之后它经历了多次分类，时而被划为 18 世纪的产物，时而被更激进地认定为公元 2 世纪的原始肖像作品，或者处于以上三种鉴别结论之间的模糊地带（图 1.19）。[29]

几乎没有哪个标准能确凿无疑地敲定创作时期。从 2 世纪到 18 世纪，雕刻家使用的工具和技术没有太大变化，因此他们的创作成果也无太大差别（尤其是在相对紧凑的规模里，和全身人物雕像相比，能确定半身像准确创作时期的证据只有一些蛛丝马迹）。从创作材料入手也没多大帮助，因为自公元前 1 世纪末开始，大多数时期制作半身像所用的大理石都是从同一意大利采石场运出的。另外，关于雕像被运到英国的方式、时间以及始发地，均无记载。现有的观点都是建立在印象式的直觉和极其微观的证据上的。雕像裂缝中的矿物质存量（表明有可能被掩埋过）以及可能在某时"重新出土"的迹象（如果年代久远，这一点可能性更大），如今被用来暗示作品也许可以追溯到古代的罗马世界。不过此推测也仅限于"暗示"。尽管目前的意见一致将此雕像划分到远古文物的类别里（当我在写此书时，雕像正在博物馆的罗马艺廊中被高调展示），但自从被盖蒂博物馆购得后，康茂德半身像就在馆内各处被移来移去。根据普遍流行的策展人对创作日期的判断，它有时同古代作品一同展出；有时又跻身于现代作品中间；有时又远离人们的视线，消失在储藏室昏黄的暮光之中。

伪造和赝品——以明显的欺骗性手段将新造出来的物件打造成古董——为这座半身像的谜团增添了新的维度。众所周知，《盖蒂的〈康茂德像〉》并不是这一意义上的假货。即便假设它造于 16 世纪，其创作灵感来源于罗马先人，也没有任何迹象表明当时有人拿它冒充古董（即便他们意图造假，这也是个极为失败的尝试，因为我们知道，制造时期可能为公元 2 世纪的说法是最近刚刚提出来的）。然而，在大约四十件被怀疑是否为古董真品的奥古斯都肖像作品中，有些很可能假借古董之名得以售出，而实际上却属于"现代"的产物。我们通常假设它们多制作于 16 至 19 世纪之间，通过一些精明的投机分子的运作，专门卖给那些渴望用古代肖像来装点祖宅和私人博物馆的富裕收藏者和容易上当受骗的绅士们（尤其是英国绅士，虽然他们不是唯一的目标客户）。这都是些"有眼无珠"之徒，19 世纪一位著名古董修复师、雕塑家兼艺术品经销商在给潜在买家建议时如是说，意指那些对推销员滔滔不绝的营销毫无招架力的客户。[30]

但事情没那么简单。赝品是比我们通常想象的更难确定的类别——有一套知名的微缩皇帝头像就是最生动的例证。这些头像出现在 16 世纪乔瓦尼·达·卡维诺（Giovanni da Cavino）在帕多瓦制造的罗马硬币和奖章的复制品上（图 1.20）。它们当中很多都曾被当成是真正的古董，然而和众多大理石半身像不同的是，这一次我们很确定它们并非真品：这些时而被称为"帕多瓦文物"的硬币和勋章与古代同款制品的重量不同，是金属合金制成的；其锻造工艺更精细；并且——如果对此还存疑的话——制造硬币及勋章的 16 世纪的模具和冲床仍然存世。不过，关于造假的动机却一直意见不一。乔瓦尼·达·卡维诺制作赝品是否出于欺骗的目的？还是说他并未打着真品的幌子造假，只不过是想用优雅高贵的仿制品吸引那些没能力购买原作的收藏爱好者们？归根到底还是要取决于皇帝肖像是在何种条件下被再现和售卖的，不同场合下情况各有不同。无论是雕塑还是硬币，是浮雕宝石还是勋章，一件真正的"仿制品"只有在故意被公开宣布为真品时才成了骗人的"赝品"。某人手里粗糙的冒牌货很可能是另一人眼中的珍贵摹本。[31]

在其他情况下，古代和现代之间的区分更模糊了，原因各有不同。尽管被博物馆自信地贴上了标签，大多数 19 世纪末之前重新挖掘的古代大理石雕像是名副其实的杂交体，或"在制品"（works in progress）。这些雕像的古罗马背景确定是真实无误的，然而自问世以来，它们经历了粗暴的清洗、修改、调整和富有创造力的修复。的确，按照 19 世纪初艺术家手册中推荐的"清洗"古代大理石的步骤来操作——包括酸液浸泡、凿切雕刻和浮石打磨，几乎没有哪件作品的原始表面能幸存下来。[32] 除了最近的考古发现（也未能完全幸免），很少有帝王大理石像未经历过此类"工程"。《盖蒂的〈康茂德像〉》也许是其中相对少数的例子：这是一尊公元 2 世纪的半身像，1500 年后经过重新出土和再次抛光，拥有了崭新而光滑的成品表面——当然，结果更增加了鉴别其真实制造年份的难度。

其他的例子还包括一些简约朴素的 16 世纪古代罗马皇帝头像，其中很多头像

图1.20  乔瓦尼·达·卡维诺16世纪生产的铜制"帕多瓦文物"之一，直径只有3厘米多。一面是克劳狄皇帝之母安东尼娅；另一面为身穿宗教仪式服装的皇帝本人；硬币四周边缘刻着他的姓名[提（比略）·克劳狄·凯撒]和帝王头衔。"SC"是"元老院法令"（senatus consulto）的缩写，标志着元老院在此类罗马硬币铸造方面的权威性。

后来被植入豪华支座和艳丽的垂褶织锦等元素，以此打造出整体风格更为浮夸的外形（基本规则是，罗马皇帝肖像-头像的半身部分的色彩越鲜艳夺目，造于古代的可能性就越小）。不过，更富想象力的改造和调整也时有发生。今天大英博物馆里有一尊颇具争议的年轻女士大理石半身像，她被认为是克劳狄皇帝（同样出现在图 1.20 中）的母亲安东尼娅（Antonia）。

问题来了：这尊半身像是古代的还是现代的？也许兼而有之。因为最有可能的是，18 世纪改头换面式的翻新工程通过修补切割，增加了公元 1 世纪原版雕像的性魅力，女性人物穿着低胸领口的装束，衣着更加暴露（尽管对现代买家来说很有吸引力，但罗马人通常不会这样描绘皇室女性）。[33]

自 16 世纪以来，评论家和古董修复师们就修复工作在复原破碎古代塑像的过程中所发挥的作用展开了讨论。有多少现代增补和改进是合理的？在何种程度上，修复师自身也能跻身于艺术家的行列？[34] 然而杂糅性也成为一些肖像作品自身的目的。罗马的卡比托利尼博物馆中（已经在一楼保守宫大厅里伫立了几个世纪）有一尊真人大小的大理石人像，它身穿罗马帝王的铠甲，伸展开的手臂仿佛在向千军万马致意；与此形成鲜明对比的是，人像头部呈现出 16 世纪统治者的风格，

图1.21　既是古代又是现代。由雕刻家伊波利托·布齐（Ippolito Buzzi，卒于1634年）制作的亚历山德罗·法尔内塞头像被塞到据称是尤里乌斯·凯撒的真人大小的古代雕塑躯干上。仿佛是为了强调这位16世纪的军阀领袖和古罗马之间的关联，他的雕像过去一直伫立于（且仍伫立于）一幅表现早期罗马神话中著名军事胜利场面的画作前。

看起来似乎来自另一个时代（图1.21）。的确如此。这是一尊军阀领袖亚历山德罗·法尔内塞（Alessandro Farnese）的雕像（他被称作 *Il Gran Capitano*——"伟大的领导者"，甚至"大领袖"），雕像竖立于1593年，也就是他去世后的一年。它的身体部分取材于据说是尤里乌斯·凯撒的古罗马塑像，而头部则呈现了"伟大的领导者"鲜明的面部特征。

　　这么做是有实际原因的。以我们当下的眼光来看，这种混合体似乎有些拙劣（今天很少有参观者驻足欣赏）。不过，它实际意味着一次仓促而要价低廉的艺术品委托，向雕刻家付费的记录说明了一切。但更重要的是，它还是一种展示现代英雄和古代历史之间关联的强有力的视觉手段。在亚历山德罗·法尔内塞的葬礼悼词中出现了他和凯撒之间的类比。这种类比在大理石雕像中得以永世流传。[35]

这种艺术实践在古罗马时代早有先例。凯撒应该不会介意那些（真的）通过"损坏"（deface）或"重修"（reface）其肖像来纪念某16世纪的继任者的做法。几个世纪之前，他的仰慕者也曾做过几乎一模一样的事。在公元1世纪末，立于罗马市中心的著名亚历山大大帝雕像上，尤里乌斯·凯撒的头像被用来替换掉原来的头像，仿佛将这位罗马征服者深深地植入其希腊前辈的传统中：如果没有把凯撒放在亚历山大的鞋子里，至少要放在他的脖颈上。[36]在以上两个例子中——凯撒和"伟大的领导者"——观众应该将新作和旧作同时置于关注视线之内：这就是古-现代兼而有之的艺术。

## 帝国的关联：从拿破仑及其母后到最后的晚餐

然而，就将古罗马皇帝面孔引入现代肖像和更广泛的现代艺术中这种做法而言，还存在另一种更为复杂、微妙和精细的传统。这种传统有时会反作用于艺术家和相关模特。可是，如果现代观众没能捕捉到这一传统，就会错失作品丰富的多重含义。这里特别值得提及的（也是声名狼藉的）一个例子，就是安东尼奥·卡诺瓦（Antonio Canova）在1804年受拿破仑之母莱蒂齐亚·波拿巴［Letizia Bonaparte，她常被称为"梅尔夫人"（Madame Mère）］的委托为她而作的雕像。

卡诺瓦没有真的把雕刻的凿刀伸向古代艺术品。但是，比之那位为创造"大领袖"而"重塑"尤里乌斯·凯撒面孔的雕塑家，卡诺瓦可谓同道中人；因为他塑造的人物与一尊古代雕塑的关系非常密切，这尊雕像已经在罗马卡比托利尼博物馆新宫里的"帝王之屋"（Room of Emperors）中央伫立了两个世纪——它曾一度被确凿无疑地认定为"阿格里皮娜"，此女子是公元1世纪皇室家族的一位中心人物（图1.22）。[37]一些当代评论家忽视了其中的意义；他们判定，这个例子显示了创意性模仿和赤裸裸的抄袭之间的边界过细，很难不让人产生怀疑。因此，他们指责卡诺瓦涉嫌抄袭。其他人则发现此例提出了更重大的问题：这尊古代女性雕像里描绘的"阿格里皮娜"究竟是何人，而和梅尔夫人有关联的人又是谁，有何关联？

谜题的一部分源于这样一个事实，即公元1世纪的皇室家族中有两位著名的阿格里皮娜，二人的"人设"大不相同。一位是奥古斯都皇帝的外孙女和广受爱戴的罗马皇室统帅日耳曼尼库斯（Germanicus）的妻子，她品行端正，有时有些固执和强硬，在丈夫惨遭谋害（据说是嫉妒他的提比略皇帝策划的）后仍竭力捍卫着两人的回忆；她后来遭到放逐和折磨，于公元33年绝食而死，或是饿死。另外一位是她恶毒的女儿——小阿格里皮娜，和大阿格里皮娜并非同一人——克劳狄皇帝的妻子，据说她于公元54年用一碟毒蘑菇谋杀了克劳狄，同时也是尼禄皇帝之母兼乱伦的情人，最终被自己的儿子杀害。（关于这对母子，第七章有详述。）

完美的道德典范和声名狼藉的毒妇，哪位才是那尊古代雕像刻画的人物和梅尔夫人塑像所参照的模特，对此人们的看法迥异，这通常取决于相关评论家的政治立场和倾向。不管是哪种猜测，其中的深层意涵对儿子拿破仑来说都有些凄惨。无论是善良还是邪恶，两位阿格里皮娜有个共同点，即两人都生出了残忍而暴虐的后代：小阿格里皮娜是尼禄之母，而大阿格里皮娜是卡利古拉皇帝的母亲。不少评论者暗示卡诺瓦的真正目标是拿破仑本人。这是一个古典和现代密不可分的经典例子［重点不在抄袭，而是把梅尔（法语中的"Mère"，即母后——译者注）夫人同罗马模特关联起来］；另外，它也说明这种关联招致了争议和不受欢迎的政治含义。显而易见，又一个"安德鲁·杰克逊难题"。[38]

1818年，随着拿破仑的倒台，第六代德文郡公爵（Duke of Devonshire）——当代雕塑的热切收藏者，也是卡诺瓦的狂热崇拜者，并且有足够的财力使他沉迷于自己的爱好中——在巴黎买下了梅尔夫人的雕像。夫人本人对这次买卖很是忿忿［"（她）抱怨我占有了她的雕像"，公爵承认——或吹嘘道。］不过，无论夫人心情有多糟糕，这尊雕像都成为公爵收藏品中最大的亮点之一，它被安置在英格兰北部的查茨沃斯庄园的宫殿里——他在庄园参观指南里写道，他经常"挑灯"夜访雕像，驻足观赏。[39]

从此它一直在查茨沃斯庄园作为卡诺瓦的杰作供人敬仰，也因同拿破仑的关联而获得额外的知名度（雕像底座刻着大写的拉丁语"Napoleonis Mater"——"拿

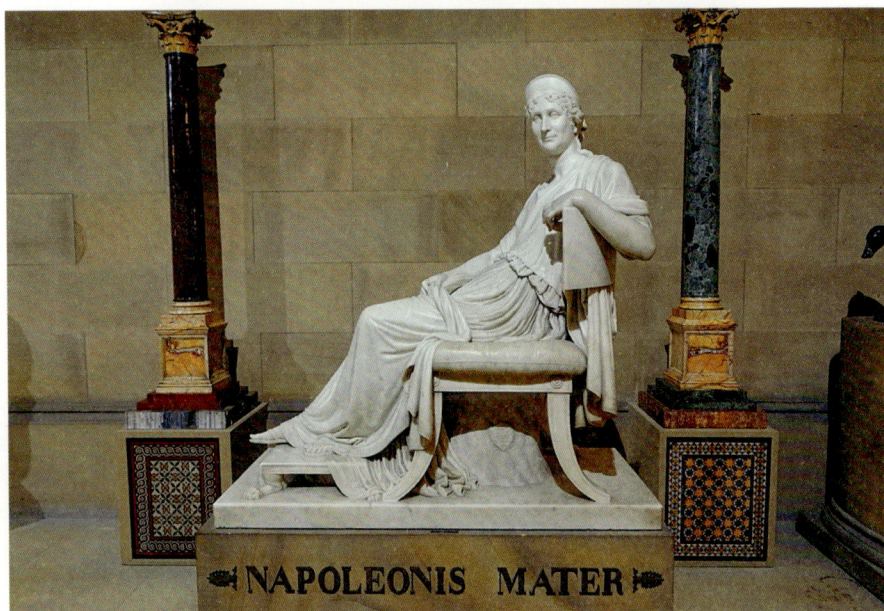

NAPOLEONIS MATER

图1.22 卡诺瓦为拿破仑之母梅尔夫人创作的肖像高度参照了如今仍藏于罗马卡比托利尼博物馆的"阿格里皮娜"真人大小的雕像,这让艺术家陷入危险境地。雕像人物到底是"善良的阿格里皮娜"还是那位同名恶女? 不管是哪种情况,这向我们透露了关于这对母子的什么信息? 讽刺的是,现代艺术史家十分肯定,罗马的那尊雕像不可能是任何一位阿格里皮娜;仅根据其风格和技巧来看,它应该属于几个世纪前的产物(下文,137页)。不过误识的身份流传已久,这也部分归因于卡诺瓦。

破仑之母"）。然而，不管公爵如何理解雕像背后的那件古代参照物，对多数参观者来说，同阿格里皮娜的关联早已被遗忘，随之大量消失的还有雕像的趣味、独特性和**意义**。曾经揭示出某些有关皇室人物、王朝和权力之棘手问题的争议性艺术品，结果沦为平庸无奇之作，仅是一具作为拿破仑纪念品而闻名的雕像。

把那些古典关联放置到过去会让我们收获甚丰，不管是在本书的研究中还是其他地方。人们常说，至少在西方，大多数 19 世纪末之前生产的艺术——我不想把这种成见强加于世界其他地区——对于那些不熟悉《圣经》，不了解奥维德（Ovid）《变形记》（*Metamorphoses*，罗马长诗，共 15 卷，几世纪以来在艺术家画室里的地位几乎媲美《圣经》）中古典神话叙事的人来说，是隐晦难懂的。[40] 著名罗马皇帝及其恶行善举，他们的政治权谋，以及众所周知的奇闻轶事都是昔日艺术家、（艺术家的）赞助人和观众内心深处文化积淀的一部分，对 19 世纪前的艺术的解析，几乎也同样离不开以上这些相关知识。

我们当然不该夸大其词。对年代久远的古典世界一无所知或毫不关心的观众大有人在，他们或是缺少时间、意愿和资源，或是没有足够的文化资本去接触古代统治者及其帝王历史，正如他们也不会去研究奥维德的艺术瑰宝一样。即便古典文学艺术从来就不像有些人宣称的那样，完全是富裕白人阶层的专属特权（比如有关劳动阶级的古典作品中的英国传统就是专属富人的[41]），无论过去还是现在，古典文化遗产的传承从来就不是终极目的或全部意义所在。但是实际情况是，如果我们确实能同包括皇帝在内的文化遗产发生碰撞，那么大部分欧洲艺术将以更有趣而复杂，且更令人惊喜的方式与我们展开对话。

正如亚历山大·塞维鲁石棺之谜一样，对古代遗产的了解最终体现在身份识别和阐释这些具体细节上。接下来我们会发现，还有一些身份误识的离奇案例尚待破解，以及（正如我提到过的花哨俗艳的陶器制品）曾经引以为豪，而今却散落在世界各地无人知晓的帝王群像，亟待我们去追寻和重新组装。长久以来，一些挂毯画和版画上的拉丁文遭到断章取义和误解，甚至无人能读懂，这种局面已经到了令人尴尬的地步。不过我们还会发现，罗马帝王故事以更出人意料的方式赋予艺术品以含义——甚至是那些初看似乎与罗马帝国史毫无联系或无直接关联的作品，比如梅尔夫人的雕像。

另一个引人注目的案例是保罗·委罗内塞（Paolo Veronese）受宗教机构委托而创作的富有争议的《最后的晚餐》（*Last Supper*）。画作于 1573 年绘制于威尼斯，后被巧妙地改名为《利未家的宴会》（*The Feast in the House of Levi*），因为宗教法庭对画中的一些元素提出反对——如小丑、醉汉和德国人——起码对一幅天主教题材的《最后的晚餐》来说，这是有违正统的（图 1.23）。画布的正前方，委罗内塞突出表现了一个身材臃肿的管家，画家称其为 *un scalco*（切肉的人）。他身穿亮色条纹短袍，一动不动地立在那里，目不转睛地凝视着对面的耶稣。[42] 绝非巧合的是，切肉者的面部特征参照了正在威尼斯展出的一尊古罗马肖像，当时普遍认为那尊肖像刻画的是皇帝维特里乌斯；250 年后，刺杀维特里乌斯成了法国青年艺术

图1.23　这张宽13米多的大幅画是为威尼斯一所修道院的餐厅而作。虽然耶稣居于餐桌中央，但前景中最引人注目的人物却是被委罗内塞称作"切肉者"的人，其长相酷似维特里乌斯皇帝。一位坐在左侧楼梯顶端，靠近立柱位置的绿衣男子也呈现出相同的维特里乌斯面部特征。

家们为争夺罗马奖而必须完成的创作主题。

这尊被称为《格里马尼的〈维特里乌斯〉》（Grimani *Vitellius*）［名字取自红衣主教多梅尼科·格里马尼（Cardinal Domenico Grimani），1523年主教临终之际将雕像捐赠给威尼斯这座城市］的雕像（图1.24）深受艺术家和绘图者的喜爱，被复制多达上百次。图1.10中的男孩认真临摹的正是这座雕像的石膏模型，同时似乎还是委罗内塞《最后的晚餐》背景中一个小尺寸人物的参照模板。[43] 凡是对帝王史上这位临时客串的龙套皇帝之恶名略知一二的人，除了会注意到画中那个现成的艺术创作模板，还会觉察到其中意味深长的反讽。因为这幅画将一个长相酷似维特里乌斯的角色刻画成定睛注视着耶稣并被其深深迷住的人物；而维特里乌斯据传是罗马统治者中最残忍和道德败坏的皇帝之一，尽管他只在权力宝座上坐了几个月。然而不仅如此，据说这位贪吃的皇帝可以匹敌罗马历史上任何一位臭名昭著的暴饮暴食者（"Vitellian"这个词最近成了"奢华美食"的同义词），在这幅画里变成了一个切肉者，或一位管家。换言之，人物的身份发生了逆转，由消耗者转为服务者。

对维特里乌斯家族比较了解的人甚至可能注意到这幅画同基督教故事的更多

图1.24 尽管如今知名度相对较低，但这尊半米高，有着令人印象深刻的肥厚双下巴的半身像——在发现之初被认为是皇帝维特里乌斯的真人雕像——却是16到19世纪之间被复制得最多的古代艺术形象之一。如今他被降格为（另一位）"身份不详的罗马人"，不过，在西方几大重要画廊里，他的身影无处不在，以潜伏于其他人物形象之中的形式出现在绘画、素描和雕塑作品里（下文，218—226页）。

共鸣。因为正是这位维特里乌斯的父亲——一个叫卢修斯·维特里乌斯（Lucius Vitellius）的人，曾任叙利亚的罗马执政官——成了惩罚本丢·彼拉多（Pontius Pilate）的复仇者，于公元36年免去了后者在犹大王国（Judaea）的职务，这些都发生在画中描述的事件之后的几年里。[44] 这种时代错位的帝王相似性被融入圣经故事的场面中，仿佛是为了对委罗内塞自己的作品进行揶揄挖苦式的自我评价，并指向其人物和叙事的更深层含义。错失这些可谓遗憾。

## 苏维托尼乌斯和他的十二凯撒

委罗内塞和他的多数同代人都是通过盖乌斯·苏维托尼乌斯·特兰克维鲁斯公元1世纪所著的古书《帝王传》（Life）来直接或间接了解皇帝维特里乌斯的。正是在这本传记中，他们可能读到了关于这位皇帝暴饮暴食和道德败坏等耸人听闻的轶事（比如偏爱吃火烈鸟的舌头和野鸡的脑子，并有喜欢观看行刑的癖好）。苏维托尼乌斯曾担任图书管理员和哈德良皇帝的秘书长，后因卷入一场据说和皇后萨宾娜（Sabina）有关的丑闻而失宠，因此，他具备朝廷内部的一手经验。维特里乌斯的《帝王传》只是初代十二凯撒传记系列之一，传记作者记录了罗马一百五十年独裁统治的历史：起点是尤里乌斯·凯撒的"独裁统治"和公元前44年的暗杀事件，然后是早期王朝五位帝王的**生平**（奥古斯都、提比略、卡利古拉、克劳狄和尼禄），接下来是公元69年内战一年里涌现的三位短命的夺权者（加尔巴、奥托及维特里乌斯），最后是第二王朝的三位皇帝——韦斯巴芗和他的两个儿子：提图斯和图密善。[45]

《帝王传》是欧洲文艺复兴时期最受欢迎的历史著作。早期的人文主义者都拥有好几个版本的手写本（彼特拉克至少有三本）。拉丁文印刷本首次出现在1470年，到了1500年又陆续推出了十三个版本，各种语言的译本纷至沓来。根据粗略统计，1470至1700年之间，整个欧洲大陆共出版了拉丁文和其他语言的译本约15万册。[46] 它们对艺术和文化影响巨大。实际上，正是这套帝王传记的大规模流行让十二凯撒在后来的历史长河中拥有了正统地位，并且引领了在现代经典半身雕塑和绘画作品中重塑帝王形象的风尚。古代罗马雕刻家经常创作肖像群像（比如统治者同其继位者或合法的祖先，或一组著名哲学家一起展出），但就我们所知，他们从未按照时间顺序，从一到十二地去塑造"一代代"皇帝们。[47]以上这些是文艺复兴时期对苏维托尼乌斯的致敬。也正是在他的《帝王传》中，我们看到了统治者外貌的细节描写，且帝王们的奇闻逸事也为几世纪以来的艺术家们提供了灵感：克劳狄在目睹卡利古拉被杀害后，被发现吓得畏缩在窗帘后面；尼禄"在罗马燃烧时仍拨弄琴弦"；奥托的自杀颇具英雄主义意味；如此众多，不胜枚举。满腹狐疑的现代历史学家可能会判定这些故事不过是流传在宫墙之内的八卦流言，甚至是彻头彻尾的虚构，但是——多亏了苏维托尼乌斯和他的读者——它们已经成为我们有关罗马皇帝的观念中密不可分的一部分。

一些后世帝王及其家族成员也激发了大众和艺术家的想象力。有关哲学家皇帝马可·奥勒留〔他的《沉思录》（*Thoughts*）经常被引用，可能作于公元 170 年左右，却意外成为 21 世纪的励志畅销书[48]〕的妻子福斯蒂娜（Faustina）[49]，儿子康茂德，以及埃拉伽巴路斯的二度创作一直很多。其中，康茂德做过业余角斗士，而埃拉伽巴路斯怪诞的用餐癖好几乎同维特里乌斯不相上下；亚历山大·塞维鲁和茱莉亚·马梅娅也时不时地成为关注的焦点。[50]除了苏维托尼乌斯的《帝王传》之外，在异教和罗马基督教的文学传统中也存在大量的素材，经常激发现代艺术家的想象力。这包括一些罗马晚期帝王的传记，这些高度虚构，甚至有些荒诞不经的记载现在都收录在题为《罗马帝王纪》（*Augustan History*）的传记文集里，为我们提供了形形色色夸张离奇的奇闻逸事。埃拉伽巴路斯致命的玫瑰花瓣故事只是一个开始。如果我们相信《罗马帝王纪》的记载，会发现同样是这位皇帝，热衷于矫揉造作地规定用餐时所有的颜色要统一（全部是蓝色、黑色或其他任何颜色，由他的心情而定），并发明了放屁垫（让那些雍容华贵、浮夸自大的上层阶级客人坐在气垫上，并趁他们用餐时偷偷把气放掉——客人无疑尴尬而又紧张）。[51]

我们将时不时地去分析一两个传记人物。不过庆幸的是，读者没必要记住尤里乌斯·凯撒和亚历山大·塞维鲁之间所有的 26 位（不是 24 位）统治者，更没必要记住到公元 3 世纪为止不到 70 年的时间里统治罗马的后 40 位皇帝；这些皇帝中，很多人我们一无所知，甚至他们的确切人数也取决于把多少篡权谋反者和共同统治者也算进去。苏维托尼乌斯和他的十二凯撒才是本书的核心内容，同时也是现代视觉艺术和文化在重塑罗马皇帝时参照的重要模板。

## 帝国视角

以古观今的路径为现代艺术打开了诸多不同视角。和任何其他聚焦点一样，这种路径会让研究模糊费解，但同时也可以富有启发性。像我这样将罗马皇帝的图像汇集在一起，并通过不同艺术家、不同媒介、不同时空的作品对其展开思考，不可避免会有一些损失。按照这种做法，一位艺术家全部艺术生产过程中的时间递进，绘画或雕刻技法的方方面面，本地和局部时事热点的援引，或者皇帝形象的作用等原元素将退居次要的背景位置，其重要性也被遮蔽了。毕竟，提香的《凯撒像》同他描绘的圣经故事中的场面和《酒神祭》（Bacchanals），以及古往今来其他艺术家创作的皇帝肖像是有关联的。不过，敢于采用这种独特的古典观看视角，并聚焦于某些罗马皇帝，肯定也会有不少收获。

首先，此视角纠正了我们在观看欧洲文艺复兴时期及后来的古代艺术叙事时所采取的方式中存在的误导性失衡问题。诚然，就我接下来将要探索的古代帝王形象而言，一直不乏大量非常优秀的专业研究；但是，对《拉奥孔》（Lapcoon）和《观景殿的阿波罗》（Appolo Belvedere）这类独一无二的著名雕像的现代接受问题几乎总是占据着头等重要的位置，而对帝王权力面孔的各种复制品的接受问题却未获得足够的关注和重视。对皇帝头像忽略不见的，不是只有疲惫的博物馆或画廊访客们。最近，关于古典艺术之现代重新挖掘和挪用的最有影响的研究中，对罗马帝王图像的关注少得可怜；尽管它们在视觉景观中所占比例如此之大，且几世纪以来磨炼着艺术家们的想象力（还有学者们的大脑）。[52] 比如我们很容易忘记，人们在 18 世纪时对于艺术家同过去传统之间关系的本质进行了大量视觉反思性实践，而居于这类最知名的艺术实践中心地位的乃是罗马皇帝的足部和手——参见卡比托利尼博物馆里公元 4 世纪康斯坦丁大帝（Constantine）的巨大雕像遗迹（图 1.25）。[53] 我的目标是再次赋予这些皇帝应有的历史地位，无论是其面孔还是其他遗迹残骸。

这是一个比较国际化的——同时也是高度流动性的——研究领域，这个领域

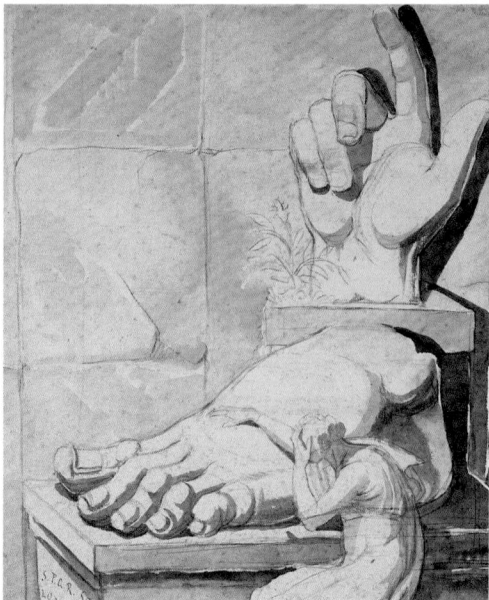

图1.25 在引发现代艺术家和古典传统之间关系的思考的图像中，最富有力量且最令人困惑的，是约翰•海因里希•福塞利（Johann Heinrich Fuseli）的小幅粉笔画（高不到半米）——《绝望的艺术家在雄伟的古代遗址前》（*The Artist's Despair before the Grandeur of Ancient Ruins*, 1778—1780年）。艺术家是否因无法企及古代典范的水准而绝望？还是因为古代世界的艺术损毁如此严重？艺术家旁边的手和脚来自一尊巨大的康斯坦丁大帝（306—337年在位）雕像。

的探索不该受限于地缘边界或狭隘的政治界限。正如我们所知，政治是重要的。但不是所有自视为共和党徒的人都对帝王权力的实体纪念物抱有像安德鲁•杰克逊那样固执而不可调和的敌意；即使某些现代欧洲独裁者可能利用了罗马帝王的面孔，他们也不是唯一这样做的人。无论是何种形式的政体，从共和国和君主制到小面积封邑，在战争、劫掠和外交协商中，古代和现代的皇帝图像一直在流转迁移：它们历经买卖、偷盗、交换和捐赠，四处奔波的痕迹遍布整个欧洲大陆甚至更远。一块采自希腊的大理石可能会在罗马被制成皇帝头像，1500年后又被作为外交赠礼或贿赂品现身于现代西班牙富丽堂皇的宫殿里，并被重塑成优雅的雕塑品。一套精美的16世纪银制十二皇帝像（第四章我们还会讲到）可能出产于低地国家，卖给意大利的阿尔多布兰迪尼（Aldobrandini）家族，接着又辗转向北回到英国和法国，而后的19世纪里它散落于世界各地，最终跨越半个地球从里斯本来到了洛杉矶。

毫无疑问，这些艺术品在四处迁移之中，人们观看和珍视它们的方式也各有不同（这将是我的关注点之一），但是它们绝不属于任何一个地方。很多雕塑形象也不属于任何一个时代。各种修复、模仿、混杂，以及现代和古代之间模糊不定的界限，破坏了将这些作品直接按照时间次序进行梳理的任何可能性。作为"在制品"，它们的有趣之处在于拒绝被锁定在某一固定的时间点。用某些文艺复兴时期的现代史学家最喜欢的一个术语来说，它们是时间错乱（anachronic）的：它们抗拒和超越线性时间顺序。[54]

这类作品数量众多，远非一本书所能穷尽，本书的时间跨度是两百多年，从制作了尤里乌斯·凯撒古代大理石肖像的无名艺术家，到萨尔瓦多·达利（Salvador Dalí）、安塞姆·基弗（Anselm Kiefer）以及上半个世纪的艾莉森·威尔丁（Alison Wilding）。一些我个人最喜欢的艺术和艺术家也不可避免地被一带而过：鲁本斯让位于提香，而约书亚·韦奇伍德（Josiah Wedgwood）则被佛兰德壁毯工匠所取代。歌剧、戏剧、电视和电影中的皇帝形象也不得不退居到背景里。早期电影制作很大程度上依靠对罗马世界中的场景的再现，包括其中富有个性色彩的罗马统治者们；不过这是后话了。[55]本书主要针对那些流动性低、比较稳定的图像，集中研究一批 15 世纪以来经历了生产和再生产的最具启发意义和令人惊奇的皇帝（或身份不确定的"皇帝"）形象。本书旨在向读者展示，重新发现罗马统治者的视觉语言是多么让人大开眼界；透过误解、误识和误译的重重迷雾，跟随它们遍布世界各地和各大洲的踪迹是多么愉悦的探索之旅；依据最具影响力的罗马皇帝之现代图像（尽管有些已经遗失）所留下的散落痕迹对其重塑，又是何其饶有兴味之事。不过即便是被遗忘在美术馆角落里、最为相貌平平的帝王半身像，有时也有着坎坷而重要的一生。

我脑中一直浮现着几个关于呈现现代政治权力、王朝和君主政体的重大问题，这些问题常被搁置一边——而古典视角能让问题清晰尖锐起来。过去数十年间，对如何建构国王形象，精英阶层的"自我塑造"，或者在开创或巩固君主统治过程中——传统的发明——仪式的运用等问题，一直都有重要而细致的研究。[56]现代权力的塑造应该以罗马皇权的图像为模板，或者罗马皇帝为几世纪后的欧洲贵族统治提供了合适的背景，这样的观念似乎是不言而喻的，但是它们由于太过稀松平常而很少被深入调查或仔细分析。

我将向读者阐述，这样的观念绝非不证自明，并就这些皇帝的现代图像有何作用提出问题。对委托、购买和观看的人们来说，他们曾意味着什么？这些皇帝中多数因道德败坏、残忍无良、放纵无度和执政不善而声名狼藉（即便传闻不一定真实可信），为何西方选择重塑皇帝形象的人仍比比皆是？苏维托尼乌斯的十二凯撒中只有一位皇帝（即韦斯巴芗）没有惨遭暗杀的传闻。为何罗马皇帝仍被悬挂于现代统治者们的宫墙之上受人称颂？为何他们还时常装饰着共和国的议事厅？换言之，且不论安德鲁·杰克逊自己对于"专制主义"的忌惮，为何会有人想要长眠于一口据称曾安放过遇刺罗马皇帝遗体的现成的旧棺材里？

无论如何，首先让我们回到两千年前源自古代世界的皇帝图像，正是这些图像构成了后世诸多临摹、改编、模仿和变形作品的基础。我们无法正确理解那些现代再现图像，除非我们更多地去思考罗马皇帝作为以上图像的灵感源泉，在古代世界里是如何被刻画的——伴随思考而来的是各种谜题、辩论和争议。这里有一些基本问题常被忽视，选择现代视角可能的确有助于为阐释古代图像自身提供更多的线索。如何在成千上万件存留下来的罗马肖像中能够发现——或者命名——一位皇帝？当文艺复兴时期的艺术家急需重新塑造古代统治者的模板时，他通常去往何处寻找？除了硬币上的微小图像，几乎没有任何一件存世的古代帝王肖像附有确切可靠的姓名，所以后世雕塑家和画家如何确定这些肖像的身份？

在争议性和启发性上，没有任何图像能匹敌尤里乌斯·凯撒的肖像，也没有任何图像能如此清晰地揭示皇帝面孔和皇帝真实身份之间令人困惑的巨大鸿沟。凯撒图像既是罗马帝王肖像传统的开端，也是有关十二凯撒的现代研究的核心。所以，就让我们以此为起点。

———————— 第二章 ————————

# 十二凯撒名录

## "这可是凯撒啊！"

2007 年 10 月，法国考古学家在考察阿尔勒的罗讷河河谷时，从水中打捞出了一尊大理石头像（图 2.1）。头像还湿淋淋地滴着水，考古队的负责人就惊呼，"该死，这可是凯撒啊！"［（Putain, mais c'est César）也许比其他译法更能捕捉到他的惊讶之情。］自那以后，这尊头像成为数十家报纸文章和至少两档电视纪录片的主题，还成了阿尔勒和卢浮宫艺术展的明星，2014 年它甚至出现在法国邮票上。[1]

该头像之所以引起如此大的关注，部分原因来自一个很特别的断言，即其不仅只是尤里乌斯·凯撒的肖像，更是罗马肖像艺术研究中至高无上的艺术形象：这是艺术家在皇帝有生之年通过面对面研究凯撒真人特征而雕刻成的肖像作品。如果真是这样，它将是唯一一件幸存的身份确定的皇帝肖像范例（尽管数年来不断有其他"竞争者"涌现）。根据此断言，头像原本是在阿尔勒的罗马之城某个显眼的位置竖起，此地后来于公元前 46 年经凯撒改造为老兵定居点；公元前 44 年凯撒遇刺后，当地人由于担心同凯撒大帝的联系可能（退一步说）存在危险和不安因素，他们决定把这个烫手山芋丢至河中。此后，这尊头像在水底一待就是两千多年。

现代考古学家和艺术史家在这个发现的意义和身份等方面仍存分歧。怀疑者强调罗讷河头像整体外形同当代硬币上的凯撒肖像大相径庭——并且同其他通

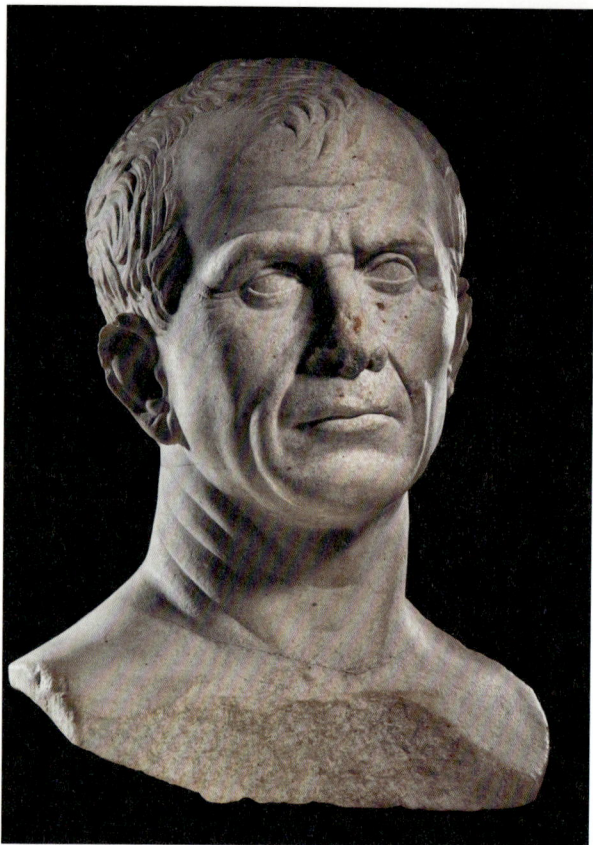

图 2.1 《阿尔勒凯撒》（Arles Caesar），这尊头像于2007年从罗讷河中被打捞出来，报道铺天盖地。它是否确实是尤里乌斯·凯撒本人的雕像尚在争论中，不过支持它即为凯撒这个观点的人指出，头像颈部有明显的皱纹，这是凯撒鲜明的外貌特征之一。

常被认定为凯撒本人，而且是在其死后创作的肖像作品也截然不同。相反，支持者强调头像同硬币肖像上个别面部特征存在具体的相似点，尤其是颈纹和明显的喉结（图 2.3）。有些支持者甚至宣称，罗讷河头像整体和其他凯撒肖像不太相像，这恰恰证明了它是以真人为模特雕刻而成的真实且独一无二的形象，绝非普通复制品——这个"两边讨好"的巧妙说法（无论像与不像，它都是凯撒）并未给人多少信心。[2]

图 2.2 《法兰西大宝石浮雕》（*The Great Cameo of France*），大小约为30×25厘米。它捕捉了体现罗马等级制度的一个画面：上方的奥古斯都皇帝死后在天堂里俯视众生；中间的提比略皇帝在上朝，旁边是母后莉维娅；画面下方被征服的蛮族蜷缩在一起。这件作品制作于公元50年左右，自中世纪开始即在法国展出（因此得名），显然它表现的不是人们曾经以为的圣经场面。不过其他几位次要的皇室家族成员都为何人，到今天仍是个谜。

图2.3 这枚铸造于公元前44年即凯撒遇刺前不久的硬币（第纳里乌斯银币）常被当作了解这位皇帝外貌的关键。头像有着明显的喉结，脖子布满颈纹，头上佩戴整齐的花冠，可能是为了掩盖秃斑。凯撒的名字和头衔分布在硬币四周："Caesar Dict［ator］Quart［o］"（第四任独裁官）。头部后侧是其祭司职位之一的象征。

尽管仍有人持怀疑态度（我就是其中之一），但这尊头像似乎已被认定为21世纪的尤里乌斯·凯撒面孔——作为最新的肖像作品站稳脚跟；而其他一些深受喜爱的凯撒肖像都曾流行一时，在大众和学者的想象中占据统治地位，然后，被新的竞争者挤掉。不过，无论证明这尊半身像真实身份的证据是什么，它开启了贯穿这一章节的一些重大问题。罗马世界里肖像作品的目的和政见是什么？在凯撒及其后世继任者的统治期间，肖像的作用有何变化？这些统治者的古代肖像几乎都是无名氏，也没携带任何证明身份的标记，那他们的身份又是如何（令人信服地）得以确定的？在开始探索关于这些皇室统治者的现代再创造作品之前，我们需要考虑其最初的罗马版本是如何被发现的，从罗讷河的凯撒到奥古斯都皇帝那庄严而安详的形象，再到一些和帝王圈毫无关系的陌生人——比如著名半身像格里马尼的《维特里乌斯》（图1.24），正如我们在本章末将会发现的，这尊半身像不仅是现代艺术家最钟爱的模特，还在自16世纪以来关于头骨形状同人类性格之间关系的科学论争中扮演着重要角色。

结果证明，在识别古代肖像作品中的皇帝身份这方面，我们并未比数百年前的先辈们高明多少。诚然，有些可以追溯到中世纪的身份误识已被推翻，一些冒牌皇帝的虚假身份也被揭穿，而那些隐匿在各种身份中的真皇帝则被确凿无疑地认定为罗马世界的统治者。曾有人提出，罗马卡比托利尼山上那尊著名的马可·奥勒留皇帝骑马铜像，实际上再现的是一位挽救了整座城市，使其免遭外来国王侵略的身份低微的当地大力士。这一说法已被更彻底地摒弃，它不过是一段胡编乱造的中世纪民间传说，或者说得更客气一点，是对古代历史巧妙的二次利用（图 1.11）。[3] 曾经还有传统的观念认为，那块异常华丽的古罗马浮雕宝石描绘了约瑟夫（Joseph）在法老法庭上大获全胜的圣经场面。然而此说被彼得·保罗·鲁本斯（Peter Paul Rubens）的一位博学之友彻底推翻。后者在 1620 年左右指出，浮雕画实际上是提比略皇帝的家族群像，包括从天国向下俯瞰的奥古斯都和下方几个愚昧的蛮族人（图 2.2）。旧式解读是对基督徒才能的隆重献礼，信徒们总是能在看似最不可能之处发现宗教寓意，同时它也有助于解释为何浮雕宝石得以完好保存。这种说法也是大错特错。[4]

然而，这样的例子实在属于凤毛麟角。21 世纪的史学家们发现古代皇帝的方法和 15 或 16 世纪相比并无多大不同，我们今天仍在就同样的对象争论不休，有时甚至比过去那些精明的学者更容易轻信上当。18 世纪的学者 J. J. 温克尔曼曾记载说，著名文物收藏家和鉴赏家红衣主教阿尔巴尼（Cardinal Albani）曾对是否有任何真正的尤里乌斯·凯撒头像流传下来满腹狐疑。无论"真正的"确切含义为何，我怀疑阿尔巴尼对罗讷河的这个样本也一定心存疑虑。[5]

## 尤里乌斯·凯撒和他的雕像

纵观整个罗马历史，尤里乌斯·凯撒立于自由共和制（这是从建国元勋们到法国革命者这些反君主制之士都无比热爱的分权政体）和帝王独裁统治之间的边界之上。他标志着一种政治体系的结束和另一种体系的开始。尽管有关其功过是非的讨论从未停止，凯撒的人生故事概括起来很简单。他早期生涯比较传统，在一系列政治、军事和神职的常规选举中获胜之后，于公元前 1 世纪中期在多数政治同僚中脱颖而出。依照罗马人的标准，他是获得巨大成功的征服者（非常残暴，以致本国国民有时也会心生怨言）。他赢得了罗马普通百姓的大力支持，这主要得益于很多高调而受欢迎的措施，比如由他启动或支持的土地分配和免费的粮食配给。到了公元前49年，他不愿在传统的政治体系中继续循规蹈矩，在一次对抗保守主义者（或"不肯妥协的革命者"，取决于你的角度）的内战中他一路战斗，开创了实则一人统治的政治局面。没几年他就成为"终身独裁官"，将旧罗马独裁官的紧急权力之位转换为现代意义上的独裁专政。对他的暗杀是以"自由"之名实施的，这也是昔日共和政权的口号。然而，暗杀者如果真想借机扭转罗马独裁统治的转向，那他们失败了。在不到15年的时间里，经过另一场内乱，凯撒的侄孙屋大维（Octavian，后称帝"奥古斯都"）已经在王位上站稳脚跟，并设计出一直延续至罗马时代结束的独裁形式。[6]

苏维托尼乌斯的帝王传系列始自尤里乌斯·凯撒，因此将凯撒变成罗马第一任皇帝。近年来很少有史学家遵循这条时间线。尽管凯撒不可避免地面临两种政治体系，但现在我们更倾向于将其视为共和制的终章与对旧有政治体系的致命一击——这一风雨飘摇数十年的体系由于无法再适应新一代领袖的雄心壮志、财富和权力而濒临瓦解（凯撒不是唯一朝这个方向前行之人）。成为独裁官离成就帝业［或者说成为国家元首（princeps），一个词义最接近的拉丁词汇］还有很长的路要走。不过苏维托尼乌斯的另类视角的确提醒我们注意到凯撒以何种方式对后世独裁制度留下了不可磨灭的印记。[7]最显而易见的影响是，所有继承者都从他那里获得了凯撒之名。后世的每位罗马皇帝都把"凯撒"——在此之前凯撒不过是个普通姓氏——作为其头衔的一部分。这已成为神圣罗马帝国统治者（"Caesar"或"Kaiser"）或如"沙皇"（Czars）等其他类似独裁者的惯例，一直延续到19世纪。当我们说起十二凯撒时，指的就是这些统治者。

尤里乌斯·凯撒在图像的创新性运用方面也为后世树立了样板。他是第一位大规模系统性地通过硬币展示其肖像的罗马人。早前，古希腊世界里有几位亚历山大大帝后世的国王和王后曾开创先例，然而，罗马自己的钱币设计图案中只出现过亡故已久的英雄人物的虚构肖像。是凯撒牢固地设立了这个世界各地延续至今的传统，让在世统治者的头像出现在臣民的钱袋里。[8]他还是利用诸多雕像来向罗马及更远区域的公众高调宣传自己形象的第一人。

当然，罗马的雕像创作传统可以追溯到凯撒很久之前的时代。我们现在常将其视为独特的罗马艺术类型，深植于罗马贵族和罗马民众的各种仪式和宗教活动中：祖辈的肖像会在精英阶层的葬礼上得以展示，同时也是其豪宅家私的一部分；权贵要人和慈善恩主们的雕像在罗马世界的公共广场、庙宇和集市上已伫立数百年。[9] 用大理石头部代替雕像全身的西方传统现已成为再普通不过的惯例——正如约瑟夫·布罗茨基（Joseph Brodsky）在一首关于提比略皇帝头像的怪异诗歌中所言，"雕刻家一生中切割而成的头部"——似乎是罗马人的创新发明。古希腊的肖像通常是全身的，罗马的全身雕像也不少。然而，一个在颈部或肩部被截断的肖像可以用来代表某个整体概念的人而不是谋杀案受害者，是罗马人把这种做法变成（几乎）自然而然的常规操作的。从这个意义上说，我们关于"头部肖像"的观念应该追溯到罗马。[10]

凯撒是第一位超越传统且走得更远的人，在他的策划下，其形象被成百上千次地广泛复制。历史上，各类肖像作品从未如此一致地被用来提高一个人的曝光度和宣传其无所不至的无上权力——无论是在数量上还是肖像摆放的规划上。一位罗马历史学家在两百年后写道，凯撒在世时曾颁布了一道法令，罗马世界的每座庙宇和每个城市里都必须竖起一尊凯撒塑像；苏维托尼乌斯还提到，一些特殊场合下，行进中的列队需将凯撒像和众神并列托起。凯撒的头像被置于亚历山大雕像的肩部，这种富有深意的肖像叠加法只是众多同类作品中的一例。[11]

这些凯撒形象是何人所制以及是以何种方法被创造出来的仍是谜团。我很怀疑凯撒是否真有耐心为众多雕塑家摆好姿势；从最严格的意义上讲，也许没有任何一件肖像作品是以其本人为模特制成的。一些关于作品数量何其庞大的说法可能只是主观臆断或危言耸听，或者反映了凯撒在短暂的掌权时间里还未来得及实施的计划。不过，可以肯定的是，被普遍当作或认定为"尤里乌斯·凯撒"的肖像作品以前所未有的规模遍布于罗马大地。现今在希腊和土耳其发现的至少 18 个基座上面的铭文都显示，基座上原有的凯撒雕像是人们在其在世时打造的；另外三件发现于意大利小镇，阿尔勒和高卢地区的其他小镇也有份。[12] 这一传统在凯撒死后延续了几个世纪。在整个罗马帝国里，以"肖像"形式来纪念这位赋予数位后世罗马皇帝以名号的男子的艺术创作曾不计其数（有的创作在时间上更晚）。凯撒遇刺的阴云笼罩在许多后世统治者头上，驱之不散；也许，他作为盖世英雄和引以为豪的帝王政权的先辈形象，有助于缓解继任者们的忧虑和恐惧。

关于这些雕像为何未能流传至今，人们毫无头绪——无论是凯撒在世时雕刻的作品（"圣杯"），还是他死后数量更为庞大的复制品，抑或是同一主题的各种改编版本。比较棘手的问题是，当我们发现存世作品时该如何识别，以及我们如何确定雕像的原型人物是凯撒而不是其他人。一切都有赖于怎么回答这个问题。

我们期待的很多有助于鉴定和判断的明显线索，如今或是遗失，或是从未存在过。首先，没有任何有用的身份识别标签。在所有发现的雕像中，没有任何一尊仍与刻有姓名的基座相连，甚至头像附近也没有基座的踪迹（即便有半身像的基座上刻有"尤里乌斯·凯撒"，这也只能说明半身像——或铭文——是现代的产物）。和基督教圣徒不同的是，没有任何罗马统治者的形象具有指明其身份的象征符号。没有类似圣彼得的钥匙或圣凯瑟琳（Saint Catherine）的车轮等能揭示凯撒身份的标志物。在他们身体上也找不出和身份相关的外形特征。无论皇帝本人高矮胖瘦，其全身塑像也没提供任何参考信息；因为人物身形大同小异，都是穿着托加袍，身披盔甲，或像勇士那样赤身裸体。凯撒雕像中找不到亨利八世的大腹便便或理查三世的弯腰驼背这类典型的身体特征。就罗马统治者来说，一切取决于面部特点。

从 1500 年前古文物研究者和艺术家对罗马肖像开始系统性识别的时期，到从罗讷河打捞出大理石头像的当下，现代世界认定凯撒面孔的所有尝试绝大部分依赖于两项证据。第一项证据是苏维托尼乌斯对独裁官外貌生动而细致的描述；以及后者费尽心思地掩饰秃顶，并热衷于脱毛：

> 据说他身材高挑，皮肤白皙，四肢纤细，面若圆盘，双目黝黑而犀利……他对自己的全身形象十分讲究，所以不仅细致地剃掉和修剪胡须，而且，根据一些评论家的说法，还拔掉体毛；他将秃顶视为可怕的身体缺陷，因为他发现这为其辱骂者提供了嘲弄自己的笑柄。因此，他总是将稀疏的头发从头顶上方向前梳理，在元老院和民众赋予他的所有荣誉中，他最乐于接受并加以利用的，是永远头戴一顶月桂花环的权利。[13]

第二项证据是公元前 44 年初发布的一套银币，银币上的凯撒布满颈纹，喉结突出，花环巧妙地戴在头上，硬币四周刻着其姓名（图 2.3）。不过真实情况是，一些其他印有头像的硬币——头像根本不是凯撒，而是罗马神话和历史中的人物——其人物的脖子和喉结也有着相类似的独特特征，更不必说还有些刻有凯撒形象的硬币，其面孔看起来截然不同。[14] 不过，姑且先不考虑各种各样的硬币（它们通常被搁置一边，没人会去多看一眼），这一令人难忘的形象作为识别凯撒真人面孔的基准，比任何证据都具有更多的权威性。

平心而论，这类素材让我们在识别凯撒及其继任者时处于更有利的位置，而其他的罗马人物的身份鉴别则不然。西塞罗（Cicero）、大西庇阿（Scipios）、维吉尔（Virgil）和贺拉斯（Horace）的面孔早已失传，无法追溯，而罗马皇帝的面孔尚不至于此。罗马诗人的形象从未被刻在硬币上，这一点同英国作家不同，后者偶尔还富有争议地出现在纸币上。[15] 即便如此，并没有□□□□的现代技术能精准确定凯撒的形□□□□□□□□□□□□□□□□□□么你采用的方法和过去没什□□□□□□□□□□□□□□□□乌斯重点描写的外形细□□□□□□□□□□□□□□□□说服的修辞艺术（□□□□□□□□□□□□□□□□也取决于客观标□□□□□□□□□□□□□□□□

即使假设凯□□□□□□□□□□□□□□□□用的长相，我们也几乎□□□□□□□□□□□□□□□的描述的肖像。部分原因□□□□□□□□□□□□□□□疏的头发——要转化成大理石□□□□□□□□□□□□□秃梳头法"来掩盖秃顶已经两千□□□□□□□□□□□□□小技巧呢？）。还有一个原因是，苏维托□□□□□□□□□□□□□我翻译成"面如圆盘"（ore paulo pleniore）的□□□□□□□□□□□□"之意，这就会让我们去追踪另一套完全不同的□□□□□□□□□□法都无法完全符合硬币上的肖像特点。如果说有□□□□□□□□□□起来瘦削憔悴，嘴不大也不小。而且，那些硬币也呈现出自身的问题。正如古董研究者在两百多年前就已注意到的，在直径约为 1 厘米多的二维微型头像和真人大小的立体肖像雕塑之间作对比，是个极为困难的过程。温克尔曼（就在提到红衣主教阿尔巴尼对凯撒肖像表示怀疑之前）承认，他能想到的雕塑品中没有任何一件能同硬币上的形象匹配。不过，当时至少有一位同行鉴赏家的思考更为深入：他暗示说，这不仅仅是个找到满意的相似点的问题，而是在两种截然不同的创作媒介之间究竟什么才算作相似性这个更为根本的问题。[17]

这一切如何在实践中找到解决办法？各种鉴别方法中的窘境虽然很有趣，却很难让我们有充分的准备去面对有关各种"凯撒"雕像的激烈论争和夸大其词的论断，或面对超出专业考古学家、艺术家和收藏家领域之外的讨论所产生的冲击。（在这些争议中，贝尼托·墨索里尼只是其中一个声名狼藉的"名人"，其中还有一些意想不到的政治独裁关联。）两个证据相继成为从19世纪中期到20世纪中期最受欢迎的凯撒真实面孔的参照物，它们的故事说明了学术方法中那些出人意料的一波三折，以及争论双方提出的时而博学精深，时而又有悖于常理的观点。它们有助于我们认真思考，几世纪以来现代观众是如何学习去观看凯撒的。

## 赞成和反对

除硬币外，有150多件肖像作品曾经被郑重其事地宣布为尤里乌斯·凯撒的古罗马形象（这个数字会变化，看你对"郑重其事"这个词的解释严格到什么程度）。其中多数是大理石雕塑，但也有宝石和陶器上的形象。[18]它们现存于从希腊斯巴达到加州伯克利的各种西方世界艺术收藏中，有些则在不可思议的地方浮出水面。罗讷河头像不是唯一一件发现于河中的肖像。另一件神秘的肖像样本于1925年从纽约23大街附近的哈德孙河床三米深的泥土里被挖出，现收藏于斯德哥尔摩城外的一间博物馆中：很可能是从一艘欧洲来的货船上"坠入"河中（这里的双引号表达了我对当时情况的困惑），而不是证实罗马人确实到过美洲大陆的所谓惊人证据（图2.4a）。[19]在这150多件肖像里，鲜有身份或真实性未遭到质疑的。2003年，在西西里岛和北非之间的潘泰莱里亚岛上，对某个晚期王朝集团的古物发掘中，发现了一具大理石头像和其他一些身份明确的皇帝肖像，还包括一件作为此王朝开创者的凯撒的回顾性"肖像"（因此对其身份特别确定）；但是很快，这件肖像也遇到了挑战者（图2.4b）。[20]几乎每件肖像都会不时受到质疑：理由是，它也许是古代的，但肯定不是凯撒；或者既然毫无疑问它原本是被当作凯撒的肖像，那它一定不是古代作品，而是现代复制品，是经过改动的版本或是赝品。[21]

相互矛盾的观点形形色色，令人迷惑。比如哈德孙河的头像有时被认为是奥古斯都或他的得力助手阿格里帕（Agrippa），有时被认为是苏拉（Sulla，公元前 1 世纪因残忍而著称的暴君），现在更多地是被当作某个"身份不明的罗马人"。身份特别难以确定的是一尊叫"绿凯撒"（Green Caesar）的雕像，曾是普鲁士国王腓特烈二世（Frederick II of Prussia）的珍贵财产，现藏于柏林，因用特殊的埃及绿岩制成而得名。绿凯撒的发现地完全未知，不过很难否认其埃及渊源。它是否如一位作家最近在几乎没有任何证据的情况下所推测的那样，是克里奥帕特拉（Cleopatra）于凯撒死后在亚历山大港为其竖起的纪念雕像？或者说是"一位来自尼罗河的凯撒崇拜者"的肖像，而崇拜者不过是在模仿偶像的风格？抑或是一件 18 世纪的赝品，但一直冒充凯撒而蒙混过关？谁知道呢？[22]（图 2.4c）

在不同时期，这些凯撒中有些名气远超过其他作品。早期一件比较受欢迎的凯撒像于 16 世纪收藏于罗马卡萨利家族（Casale family）的宫殿式建筑里，被称为"真正的肖像"。根据当时一本内容精彩的指南，主人把这尊半身像锁起来妥善保管，只有在访客到来时才热情地拿出来展示，此指南是博洛尼亚博物学家乌利塞·阿尔德罗万迪（Ulisse Aldrovandi）在罗马被宗教裁判所扣留期间撰写的。（如果这尊凯撒半身像仍在卡萨利后代的收藏中，那么现在人们将普遍认为这件宝物在当时并不是古董，而是只有一百年左右的历史。）[23]（图 2.4d）

1930 年代，墨索里尼把一尊曾伫立于罗马卡比托利尼山保守宫庭院中的凯撒全身雕像放置在显眼的位置。此凯撒雕像一直深受游客喜爱和敬仰，19 世纪末，只有两尊雕像被精明冷静的评论家们一致认定是毫无争议的"凯撒"像，而这尊就是其中之一。该雕像后来由于人们普遍怀疑它可能是更近的 17 世纪的仿作，于是失宠了：这里无需怀疑（手臂和腿部确实有很多"加工"的痕迹，但一张创作时间为 1550 年的草图推翻了雕像为 17 世纪作品的说法）。不管怎样，这些疑虑并不会阻碍墨索里尼将凯撒形象打造为自己的标志，象征着他追随罗马独裁者之脚步的野心。[24]被称为"领袖"（Il Duce）的墨索里尼将雕像从保守宫庭院的原址搬到隔壁元老宫议会大厅之中的醒目位置，如今雕像仍伫立在那里，俯视着人们关于法规规

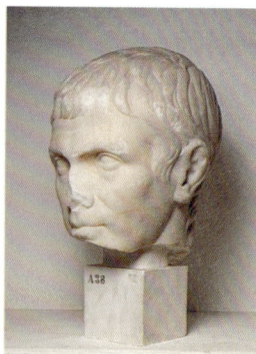

（a）

（b）

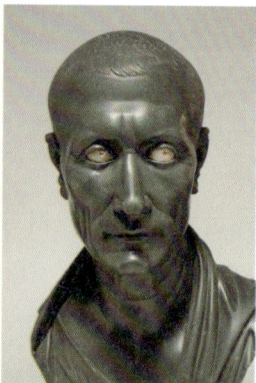

（c）

（d）

（e）

（f）

图2.4

（a）打捞自哈德孙河的《凯撒》

（b）来自潘泰莱里亚岛的《尤里乌斯·凯撒》

（c）据说来自埃及的《绿凯撒》

（d）现存于罗马卡萨利收藏品中的《尤里乌斯·凯撒》

（e）文森佐·卡穆奇尼（Vicenzo Camuccini）的名画《凯撒之死》（*Death of Caesar*，1806年）中凯撒的头部

（f）德斯德里奥·达·塞蒂尼奥诺（Desiderio da Settignano）（约1460年）雕刻的头像，经常被当成凯撒本人

划和停车费等事宜的讨论。他还命人制作了这尊雕像的数件复制品，并将其安放在两个地方：一处是意大利北部的里米尼，正是从这里开始，凯撒发起了罗马权力争夺的最后总攻；另一处是罗马市中心的新建主干道旁边（via dell'Impero，当时叫"帝国大街"；后改名，根据附近的考古遗址命名为 via dei Fori Imperiali，即"帝国广场大道"）（图2.5）。[25] 墨索里尼的这一计划不免让人不安地想起两千年前凯撒雕像也曾被大量复制的历史。

不过，要想对现代世界人们在凯撒图像中一直寻找（有时是虚构）的内容，以及对博物馆展架头像上沉默雕像背后的离奇叙事有最清晰的认识，就必须了解两尊相继成为最典型凯撒像的大理石头像：一个在伦敦大英博物馆，另一个在都灵考古博物馆。几乎每个幸存的"凯撒"雕像背后都有个相似而低调的故事（一连串的鉴别、再认定、崇拜和鄙弃）；但是，这两尊头像比其他任何雕像都更能说明"凯撒们"所引发的那些最为生动的辩论。

图2.5　1936年3月，贝尼托·墨索里尼宣布废除意大利众议院。他命令将凯撒雕像搬到议会大厅，并直接站在塑像前发表演讲。这么做倒是恰如其分：一个大独裁者站在另一个独裁者面前。

第一个头像是大英博物馆于 1818 年从意大利古董收藏家和交易商詹姆斯·米林根（James Millingen）处购得的一批文物中的一件（图 2.6）。[26] 其发现地点和方式未有记载。起初它并没有受到特别对待，只是被谨慎地划为"身份不明的头像"。不过，到了 1846 年左右，根据博物馆的手写图录，它被重新认定为尤里乌斯·凯撒的肖像。[27] 谁是作者，作者又是基于什么原因制作了它，一切仍是个谜（大概与硬币肖像的相似也一度成为争论议题之一）。不过，这一形象作

图2.6　1818年作为"身份不明的罗马人"由大英博物馆购得，从19世纪中叶到20世纪初，这尊真人大小的半身像成为名气最大、被复制最多的凯撒肖像。如今它被普遍认定为18世纪的赝品或仿品。

为现代人的梦中凯撒而独领风骚数十年。作为插图，它出现在独裁者传记里和众多书籍的护封上；它催生出了风格浮夸、华而不实的文章，现在读起来似乎有些令人尴尬。

1892 年，英国畅销书作家，圣公会的牧师萨宾·巴林-古尔德（Sabine Baring-Gould）写了一首洋溢着溢美之词的文章；人们之所以能记住他，更多是因为其赞美诗作家的身份［最知名作品是《信徒精兵歌》（Onward Chrisitian Soldier）］，而不是罗马史学家。他认为，头像雕塑家很可能忽略了凯撒的秃顶，这也许并不是根据真人来雕刻肖像的（很多同类讨论中都流露出失望和遗憾）。不过它肯定是"一个十分熟悉凯撒的人创作的，此人见过凯撒多次，并被皇帝的人格魅力深深吸引，以至于我们看到的肖像比以真人为模特雕刻的作品还要传神许多……他捕捉并重现了凯撒休憩时那奇特的面部表情，甜蜜、忧伤又隐忍的微笑，蓄力待发的嘴唇，眼神望向遥远的天国，仿佛在寻找虽不可见却无比坚信的主宰一切的上帝。"[28] 不久之后，另一位充满激情的凯撒崇拜者托马斯·莱斯·霍姆斯（Thomas Rice Holmes），在其所著的《凯撒征服高卢史》（Caesar's conquest of Gaul）的开头也写了相似的语句："我敢说，这尊头像再现了历史上最强大的人物……外形轮廓找不到任何瑕疵……他已圆满地度过生命中的每一天，已经开始感到重压之下的倦怠，但全身的每个机能还保持着最充足的活力……这个男人看起来完全无所顾忌；或者……他看起来仿佛没有任何道德顾虑能让他在追求目标时畏缩不前。"[29] 作为一位古典主义者、外交官，以及《三十九级台阶》（The Thirty-Nine Steps）的作者，约翰·巴肯（John Buchan）于 1930 年代在文章中称，头像是"我所知的对人类面容最高贵的呈现"；不过和其他人不同，他所称赞的是"唇部和下颌的模塑技艺极为精湛，几乎有点女性化"。"凯撒，"他坚称，"是除了纳尔逊之外唯一最伟大的实干家，而他的面容却有着女性的精致和柔美。"[30]

如今很难再认真对待这类文章。牵强的诡辩（"虽然不是以真人为模特创作的，却更胜一筹"）令人心烦，夸张的溢美之词和肖像本身似乎不太相称，尤其是对我们这些对凯撒的绝对"伟大"尚且存疑的人来说。这些作家优先考虑的是要和刻在大理石里的人物面对面接触——而实际上，他们不过是找一个合适的形象，然后对其展开各种关于"凯撒其人"的想象和论断，从远见卓识到无所顾忌，再到不可思议的女性特征。这里还有一个提示，将此头像当成凯撒这种身份识别的背后缺乏确凿可靠的观点，而此类文章中的激情澎湃正好部分弥补了这个缺陷，这一点连莱斯·霍姆斯也几乎承认。这确实引发了大问题。如果大英博物馆的半身像不是凯撒怎么办？或者，甚至不是古罗马人？

1846 年后，当雕像被赋予凯撒之名时，质疑之声马上开始涌现。1861 年，一本博物馆手册就头像不是凯撒而是一个同代人的说法小心翼翼地提出了反驳："有评论家坚称这实际上是西塞罗的肖像（原文如此）。然而，我们并不认同此说。"[31] 更糟的还在后面。1899 年，德国艺术史家阿道夫·富特文格勒（Adolf Furtwängler）宣布头像根本不是古代制品（"是带着伪造的腐蚀痕迹的现代作品"），尽管不过是一时的抨击，但即便是那些曾热衷于极力否认的人后来也不得不承认这些质疑（否认的话语套路一般都是"大英博物馆头像的古老性最近遭质疑，但是……"）。[32] 到了 1930 年代中叶，大约就在巴肯撰写颂词之时，这尊"人类面容最高贵的呈现"从罗马展廊的黄金位置移到了博物馆图书室入口处；虽然这仍是个显眼的位置，但却不是按照历史时期划分的特定展区。雕像标签没有留下任何让人质疑的余地："尤里乌斯·凯撒。18 世纪的肖像典范。购于 1818 年，罗马。"一位博物馆的常客对雕像地位的降级表示遗憾，不无惋惜地想起公元前 62 年凯撒与第二任妻子离婚时的机智妙语，并将矛头直指那些在意大利买假古董之人，他们是何其轻易地上当受骗。这尊著名的头像带给我们的重大警告是："那个曾经坚信皇后之德无可置疑的人，现在只能用来提醒轻信的英国人不要再去海外搜罗冒牌货。"[33]

这尊曾被当作真古董的凯撒头像再未重现昔日的风光，它从博物馆的希腊和罗马展厅被移置于英国和中世纪展厅，后又被放回原处，仿佛没人能确定这个身份尴尬的样品该物归何处。（有一点可以肯定：它既非英国的，也非中世纪的制品。）然而直到 1960 年代，才有人发现了能证明其真伪的一个技术细节：这个人就是伯纳德·阿什莫尔（Bernard Ashmole），他曾于 1939 至 1956 年之间担任大英博物馆希腊和罗马文物馆的藏品管理员。阿什莫尔强调，整尊雕像的棕色表面充满疑点。他怀疑，难道造假者的绝招之一是用烟草汁来伪造出"古老物件特有"的铜锈层？不过，真正露馅的细节是坑坑洼洼的皮肤质地。支持雕像为真品的人将其归结为用酸清洗（古代）头像的结果（的确是18世纪铜像"处理"的标准流程之一），尽管富特文格勒早提过这是"伪造的腐蚀痕迹"。阿什莫尔则更为准确地指出这种外表乃是人工损坏的效果——专业术语就是"仿磨损"——将物件做旧以冒充文物。他指出，实际上还能看到零星的光滑的大理石表面，比如仿磨损痕迹在发际线处几乎消失了。这似乎是确凿的证据。从此，头像几乎不再展出，只是偶尔从地下室拿出来在著名赝品展上风光一下。[34]

然而几乎就在同时，另一尊肖像已准备就绪，等待接替这尊半身像的位置。19世纪早期，吕西安·波拿巴（Lucien Bonaparte）——拿破仑皇帝（关系比较疏远）的弟弟，考古学家，收藏家，曾经还是革命者——在罗马南边的家附近，即古城图斯库鲁姆的原址上挖掘出一尊大理石头像。和大英博物馆头像一样，它在众多出土文物中并不起眼，起初也没被当作凯撒，而是个普通的"长者"或"老年哲人"。在拿破仑遭受政治和经济的重击之后，它辗转落入都灵城外阿格列的一个城堡的主人手中，在接下来的一百年里隐匿无名。[35] 直到1940年（鉴于墨索里尼狂热的凯撒情结，此时在意大利发现凯撒头像可谓恰逢其时）意大利考古学家毛里奇奥·波尔达（Maurizio Borda）提出此雕像实为凯撒头像（图2.7）。

这一判断是基于头像和公元前44年的硬币肖像之间的相似性这一常见理由，不过，波尔达的论据更进了一步。他判断，两件作品相似度极高，以至于头像很可能是凯撒在世时所造；不仅如此，他还认为可以用雕像为凯撒头骨的两处畸形做诊断。头部的轻微畸形并非艺术家的能力不济或某种偏好，实际上准确反映了两种先天性颅骨病状——头顶的轻微凹陷和头骨一侧扁平。

有关这尊肖像的夸张溢美之词和对大英博物馆凯撒的赞美不相上下。"头部微微抬起的动作几乎不易察觉，前额和嘴部的瞬时收紧，表现出一种警醒而高傲的气场，"就在最近，一位艺术史家这样写道，赞美了头像的"心理现实主义"，"眼神略微聚拢，依稀察觉到某种高贵的内敛和反讽意味。"[36] 不过比大英博物馆头像更胜一筹的是，图斯库鲁姆头像被认为是最接近真人形象的作品，甚至可以作为临床诊断的支撑：这不仅仅是直视凯撒，还是在做病例记录。

随后关于这尊头像的观点也不可避免地开始发生变化。今天，图斯库鲁姆的凯撒仍有不少热情的支持者，在2018年，它还被用来对这位独裁者的真实面孔按原

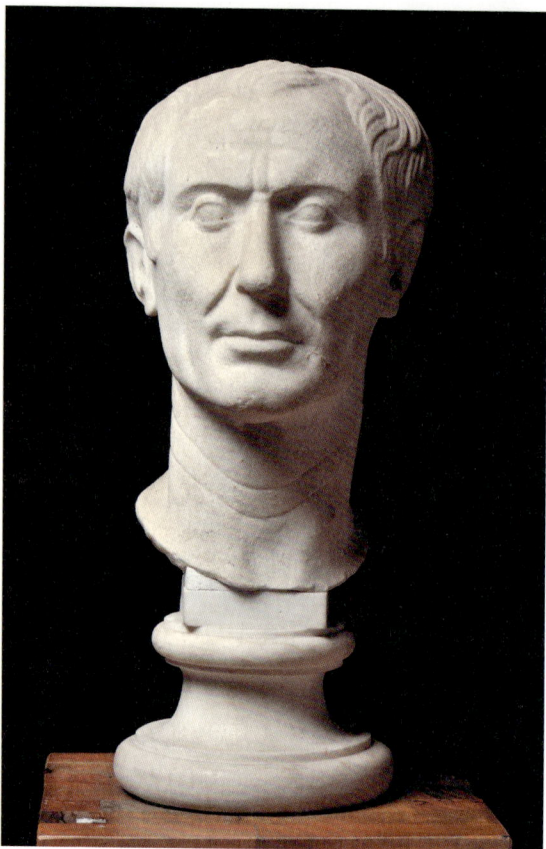

图 2.7 20 世纪中叶最受欢迎的尤里乌斯·凯撒。19 世纪初在意大利的图斯库鲁姆遗址被挖掘出土，起初被当成某位无名"长者"，1940 年被重新认定为真人大小的真实凯撒头像。除颈纹外，头骨形状显示出颅骨畸形的症状（凯撒也许有这个问题，也许没有）。

尺寸进行"科学"的复原，引起了国际媒体的广泛关注。[37] 但是，即便在其支持者中，也有不少人不再坚持肖像取材于真人的说法（更不必说这是唯一一件幸存下来的同类铜像），甚至也不再坚称它是罗马肖像写生的"圣杯"或根据死者面部模型塑造的形象。[38] 他们承认，它很可能是一尊早期遗失铜像的复制品或新版本；他们将这件头像同后来的其他四尊《凯撒》（包括最近在潘泰莱里亚岛发现的那件）归为一类，因为四个凯撒像都有头骨畸形的痕迹——似乎都是依据同一个原版铜像雕刻的。[39] 同波尔达对头像艺术价值给予的高调而夸张的赞美不同，现在有些评价将其贬为一件工艺粗糙，至少腐蚀严重的劣质品（"平庸的复制品"）。它将早晚被打入冷宫，重新退回到"佚名老者"像的地位，一切只是时间问题。它再度湮没于默默无闻的命运终将到来，或慢或快，因为来自罗讷河的凯撒已经占据了它的位置，并收

图2.8 大英博物馆的《凯撒》的耳后，未完成品的证据——打一排钻孔是为了方便将耳朵与头部分开，不过在最终的完成品中不该有钻孔出现。

获了同样的赞美与喝彩。初次面对罗讷河凯撒的博物馆观众（通过社交媒体发表观点，和18世纪的游客用报纸一样）称自己"完全被雕像散发出来的纯粹气场震慑住了"，目光竟无法从这位伟人身上移开。这种反应和约翰·巴肯及其朋友当时的情况如出一辙。[40]

但是，确定性总是不断变动游移，更多的惊喜蓄势待发。大英博物馆的凯撒也许有一天会转败为胜，重新被认定为货真价实的真古董（即便不一定是凯撒的雕像，或者不一定取材于真人模特），这种可能性虽然微乎其微，却也不等于完全没有。因为在头像耳朵后侧有一排几乎很难被注意到的钻孔，一侧比另一侧更为明显（图 2.8）。这表明作品未完成。工匠按照真正的古代雕像的创作模式，开始小心翼翼地精雕细琢耳部轮廓，使其从头的侧面凸显出来（这个步骤要极为小心，因为过程中很容易把耳朵敲碎）。钻孔的目的是加快进程，接下来要用凿刀将耳朵和头部清晰地区分开，这最后一步却没完成。如何解释这种情况？也许这是一件未完成的赝品（18世纪末的雕刻家很可能一直沿用其古代前辈的技术，所以未完成的作品不一定都是真品）。也许这是现代雕刻工匠的虚实并用之计，通过细微瑕疵来增加作品的真实感。无论还有哪些现代作品的痕迹暴露出来，这些钻孔可能最终还会提出新的问题——这尊凯撒头像究竟处于古代和现代两极之间的哪个位置？又有谁知道，会不会有一天它会走出地下室，重现昔日辉煌？[41]

## 凯撒的"面容"

古代对凯撒大帝面孔的描画，似乎是一个令人颇为沮丧的故事，历经种种变化、停滞、辨识和重新确认。数十年来，曾有一幅肖像被认定是对这位独裁者的形象最准确且真实的还原。随后，这幅肖像画又被斥为是赝品，根本不是凯撒本人，或仅为某件现已完全失传的大师之作的拙劣仿制品；显然，此画被打入冷宫的理由，并没比当初使其声名鹊起的原因更站得住脚。过去数百年来（这一模式可以追溯到更早的时期），似乎每代人都有一个确定的凯撒形象，它风靡一时，为现代世界提供了宝贵的机会，人们可以直视凯撒的双眼，透过大理石像去探究这位帝王的性格——甚至是临床病理特征。没过多久，这一形象就被层出不穷的新发现推翻，并逐渐隐匿无闻；而其他屈于次要地位的形象，如"绿凯撒"或墨索里尼钟爱的副本，也陆续在人们的视线中淡入淡出。对于那些业已退出历史舞台的形象来说，它们仅存的荣耀（很像杰西·埃利奥特被认错的石棺）即是曾经被认定为凯撒本人。

尽管争论似乎从未停止过，无论是在绘画、雕塑、陶器、卡通和电影，还是在赝品和伪造制品中，尤里乌斯·凯撒是现代艺术界辨识度最高的罗马统治者之一。在文艺复兴时期所有十二凯撒半身像作品收藏中，他总是个性鲜明、面似鹰隼，略显憔悴，虽然瘦削的脖颈和喉结不一定作为常见面容特征出现。连同头上的桂冠和令人不安的炯炯眼神，几乎所有绘画和素描作品都是这样描绘凯撒的，从曼特尼亚画中的胜利战车（图 6.7）上那略显阴险的人物，到卡穆奇尼的奄奄一息的独裁者（图 2.4e），再到《阿斯泰里克斯》系列卡通画里的凯撒（图 1.18i），无不如此。正是这些容貌特征让人忍不住展开想象，狄赛德里奥（Desiderio）创作的代表 15 世纪最顶尖雕塑工艺的大理石像，也许曾被看作凯撒本人的形象，尽管石像中的人物——如同先前的古代作品一样——都是完全匿名的（图 2.4f）。[42]在这些创作中很容易找到凯撒的"面容"（look）（此处我慎重选词）痕迹。

当然，作为错综复杂、层次多元而又不断自我强化的模式化形象，凯撒"面容"也是体现古代与现代之间存在千丝万缕之瓜葛的绝佳例证之一，关于这点，我在第一章里讨论过。面容的一部分肯定源自公元前44年硬币上的纪念头像；部分来源于真人大小的雕塑，这些雕塑被认为是古代艺术家对凯撒本人的真实再现（几乎可以肯定有些不是）；还有一部分则出自历史学家苏维托尼乌斯的文字记载。不过艺术家们也对现代同辈和前辈同行们做出了回应，他们在重塑凯撒形象的过程中——通过绘画、雕塑，甚至是舞台剧——为未来凯撒形象的再现建立了一个评判标准。[43]

这些艺术合成品和血肉之躯的真人凯撒的相似性究竟有多少，人们不得而知。我想多数人会提出图像之间的某些共通之处；不过，无论共通之处是多还是少，那一套面容特征都代表着我们头脑中的"凯撒"。我猜测，它们大约也代表着罗马观众心中的"凯撒"；对很多罗马人来说，站在曼特尼亚胜利战车上的是何人，或者连环画中是谁惹怒了不好对付的高卢人，回答这些问题并非难事。

## 未来计划

没有哪位尤里乌斯·凯撒的继任者像他那样收获如此多热情而又夸张的溢美之辞，也没有谁像他那样引起如此激烈的论争。然而过去数百年来，随着后世皇帝的肖像陆续重见天日，"这可是凯撒啊"这类空前盛况一直不断涌现，奥古斯都、卡利古拉、尼禄和韦斯巴芗最近开始在各自的展览中大放异彩；或者据称如此。最近有个最为令人疑惑的例子，就是一件无头且身体残缺的大理石坐像，2011年意大利警方从"盗墓者"手中将其夺回后，它几乎立刻被大肆炒作成卡利古拉皇帝的肖像——伴之以关于皇帝纵欲狂欢、骄奢淫逸的大量添油加醋的典故。[44]除非能在雕像附近发现受损严重、几乎毫无特征的头像，在没有可供参考的面孔的情况下，其身份识别主要依靠精美的凉鞋。鞋子被认为是皇帝蹒跚学步时穿的战靴，也是其众所周知的昵称"卡利古拉"的来源。很少有人去问，为何这件曾经恢宏的塑像会有指向皇帝幼稚的昵称（"小短靴"也很有特色）的视觉提示，而官方称呼为"盖乌斯"（Gaius）的皇帝据说很讨厌这个昵称。这就激起了我们去重新发现这些声名狼藉而又大名鼎鼎的皇帝们的兴趣。

　　总的来说，追溯这些后世统治者们的方法同探究凯撒的手段并无二致。同样的主观对比和对照步骤——与苏维托尼乌斯的描写或微型硬币肖像进行比对——仍是多数身份辨识工作的基础，并且长久以来都被当作天经地义的方法；以至于18世纪意大利导游的妙招之一就是随身携带一口袋古代硬币，来帮助顾客为他们所搜寻的雕像人物命名。[45] 就凯撒的继任者们的雕像而言，关于如何鉴别它们出自现代雕刻家之手还是造于罗马世界的争论同样未曾停止过；充满主观臆断、身份变动和持续争议且希望渺茫的例子不胜枚举。庞贝城里公共广场附近的建筑物里发现的一对塑像，让考古学家们研究了数十年，他们试图确定雕塑到底是某对高贵的皇室夫妇，还是两个模仿帝王风格的野心勃勃的当地达官显贵。[46]

　　即便如此，凯撒图像和后世帝王的形象之间还是存在一些显著差异。后者的身份辨识并不总是那么艰难。实际上，一部分雕像上附有人物名号，还有些则具备确定身份的背景，比如潘泰莱里亚岛上的王朝群像大大缩小了身份判断的范围；[47] 数量众多、种类丰富的现存硬币肖像也提供了比过去更深厚的比对基础。后世继承者们在大规模传播肖像这方面常常远超凯撒。一种观点认为，罗马世界原有大概两万五千至五万件奥古斯都的肖像，这一估测可能过于乐观。不过，根据刻有铭文的雕塑基座可推算出比较可靠的数据。现今存留下来的凯撒像基座只有二十多个；曾托起奥古斯都像的基座有两百多个，其中，至少有一百四十多个是在皇帝在世时竖起的（的确是漫长的一生，但人物的基本要点保留了下来）。[48]

　　有明显的迹象表明，凯撒之后，"宣传帝王形象"成为高度集中的操作过程。即便发现地点彼此相隔万里，一些幸存下来的皇帝肖像却十分相似，甚至包括（尤其是）发缕的精确设计这类微小细节（图2.9和图2.10b）。有时几乎一模一样的肖像如此大规模的分布，大多数现代艺术史家对此唯一的假设性解释就是，皇帝面容的模型是由罗马行政部门以陶土、蜡或石膏的形式分发给帝国各地，以供当地艺术家和匠人在本地产大理石上临摹之用。官方认证的范本保证了家乡地处偏远的罗马子民，在瞻仰塑像时看到的是同一个皇帝。

　　实际上，任何这些肖像范本的证据都没有被找到，罗马历史记载中没有任何关于何人设计、制造并分发范本的痕迹，也没有那些采用范本制作雕塑成品的艺

图2.9 奥古斯都的麦罗埃头像（Meroe head），名字来源于其发现地，即现代苏丹麦罗埃地区的库希特城。头像的眼部原有嵌饰，几乎可以肯定它曾经属于一尊比真人还大的皇帝铜像。它由埃及的罗马人所建，后被库希特人当作战利品掠走并带到麦罗埃。20世纪初，它被英国考古学家挖掘并运至英国。头像那平静的古典面容无法掩盖其背后错综复杂且血雨腥风的帝国往事。

术家的身份线索。而且范本无法解释遍布罗马帝国的用来再现皇帝风范的各种独立肖像图。看来，并不是所有操作都遵循"自上而下"或"自中央向外辐射"的方式。"皇帝饼干"的模具就肯定不是直接照搬罗马分发的肖像范本，还有将皇帝装扮成埃及法老的壮观的雕刻作品，以及弗朗托（Fronto）看到的那些粗糙的画作，均不是临摹于范本的产物（图2.11）。不过，一些雕塑的相似性背后必然存在某些规范性过程，这一逻辑也显然影响了皇帝面孔被辨识的方式。

过去数百年来，这一逻辑并未给皇帝像识别带来什么新方法，倒是给传统比对法提供了新式武器。很多面孔的辨识都基于诊断细节，这说明他们源于同一个

(a)

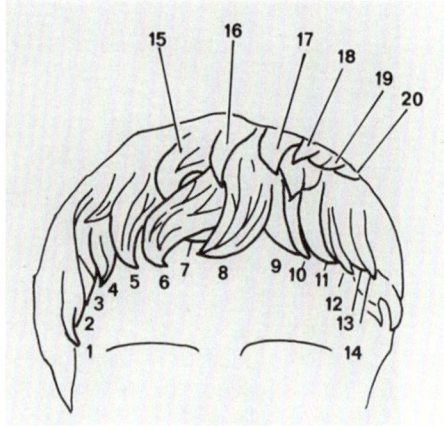

(b)

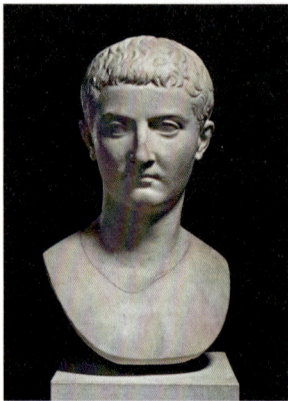

(c)

(d)

(e)

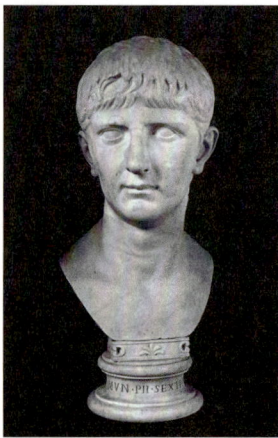

(f)

图2.10

（a）罗马附近第一门（Prima Porta）的莉维娅别墅的奥古斯都雕像
之头像

（b）一尊皇帝肖像的发缕分布示意图（依据第一门头像，图
2.10a）

（c）通常被认定为奥古斯都的继承人提比略的头像

（d）以前任皇帝提比略为模特而细致刻画的卡利古拉

（e）此头像曾分别被认定为奥古斯都、卡利古拉以及奥古斯都
选定的两位英年早逝的继承人——盖乌斯和卢修斯·凯撒（Lucius
Caesar）

（f）此头像曾分别被认定为奥古斯都、卡利古拉、盖乌斯·凯撒和
尼禄（可能被翻刻过，以赋予其不同身份）

图2.11　大约建于公元前15年的埃及丹铎神庙的墙壁上，奥古斯都以法老的装扮数次出现。画面右侧，以一个曾经被涂成亮色的人物形象出现的奥古斯都，向两位埃及神祇敬酒。在他头部旁边的花饰（椭圆形装饰）中，他的名字用象形文字写成"皇帝"（Autokrator）和"凯撒"——这几乎是比他的任何希腊–罗马式肖像都更确凿无疑的身份证明。

集中生产的模板。在最极端的情况下，有些事情甚至比凯撒的脖子和喉结所引起的争议还要离谱：比如一切都可以建立在雕像右眼上方那泄露天机的钳形卷曲图形，而几乎完全不看雕像实际的整体外观。但是这意味着，没有一个尤里乌斯·凯撒的头像未遭受过挑战，如果结合"绝对肯定"的身份认定和"可能性很大"的认定，如今共有约两百多个幸存的奥古斯都像（数量最多），以及二十件年轻的亚历山大·塞维鲁的肖像。[49]

　　这并不是说凯撒之后所有的罗马统治者都具有古代和现代世界中同样独树一帜的"面容"：绝非如此。苏维托尼乌斯的十二凯撒中，尼禄——双下巴富有特色，有时胡子拉碴——在所有大理石半身像中和尤里乌斯·凯撒一样引人注目；同样不难注意到几乎完美得不现实的青年奥古斯都和朴实的中年韦斯巴芗（图2.12）。不过对现代观众而言，文学中描述的令人难忘的皇帝形象——如卡利古

图2.12 这一风格朴素无华的头像显然刻画的是中年的韦斯巴芗，它——无疑是有意而为之——与之前朱利奥·克劳狄王朝完美的年轻形象形成鲜明对照。

拉——同其平淡乏味的大理石再现作品之间的错配令人失望。抛开发型细节不谈，凯撒的一些直接继任者（尤其是把那些身份血统处于灰色地带的王孙子嗣也算进去）确实看起来难以区分，令人困惑。要想理解这些，我们必须转向这一时期的其他创新改革及其背后的政治逻辑：随着奥古斯都的上台，一种全新的肖像风格出现了，同时还有对肖像在皇朝内部发挥的作用的全新理解。经过精心建构的相似性（有时候是差异）是问题的关键点。

## 凯撒·奥古斯都和王朝艺术

无论尤里乌斯·凯撒曾制定了什么未来规划，一切都随着他的暗杀事件而化为泡影。奥古斯都在罗马建立了一人独裁制的长期体系，尽管这一体系的延续也时断时续。这个叫屋大维的年轻皇帝，因在凯撒遭暗杀后引发的 15 年内战中的种种残忍和背叛行径而臭名昭著。不过在战胜对手后，他通过一项史上最惊人的政治变革重塑了个人形象，将自己打造成尽职负责的政治家，并发明了一个得体的新名字（"奥古斯都"的意思正是"受尊敬的人"），接下来他作为皇帝的在位时间长达 40 多年。他把军队国有化，只听从他一人发令，还投放大批资金用来重新发展城市和支持民众，他巧妙地拉拢多数精英默许他在施政过程中的实际独裁操控，同时消除异己。此后所有皇帝的官方头衔不光继承了"凯撒"的名号，还有"凯撒·奥古斯都"：这样，站在罗马一人制统治开端的遭遇暗杀的独裁者，同制定了长期独裁计划的老谋深算的政客（一位较晚期的后世继任者叫他"诡计多端的老爬虫"）永远连接起来。[50]

然而，这只诡计多端的老爬虫从未彻底解决的大问题就是继承制。显而易见，他希望权力世袭，但自己和结婚多年的妻子莉维娅之间却无子嗣，一众亲选的继承人又英年早逝。最终，奥古斯都被迫退而求其次，选定莉维娅同第一任丈夫的儿子提比略为皇位继承人；后者于公元 14 年继位（因此罗马第一王朝的名号为"朱利奥·克劳狄"，体现了奥古斯都的"朱利安"家族同提比略父亲的"克劳狄"家族的融合）。即便类似的实际困难解决了，继承的具体原则还是云里雾里。罗马法律没有长子继承权制的硬性规定；但如果想要登上权力宝座，统治者的长子身份肯定大有帮助（虽然也不是万无一失）。在皇帝统治的第一个百年间，没有任何一个皇帝的亲生儿子成功继位，直到公元 79 年提图斯接替父皇韦斯巴芗登上王位。韦斯巴芗无疑是初代十二凯撒里唯一得以寿终正寝的皇帝，这也并非巧合。所有其他的暗杀、被迫自尽或中毒传言（虽有可能但无事实依据）都指向一段充满不确定性、焦虑和危机的帝位继承关键期。

新皇帝肖像的"面容"和全新的政治结构密不可分，同奥古斯都本人的外貌特征却关系不大。从苏维托尼乌斯的描写中可见一斑；肖像上至少看不到传记作者在描述皇帝突出的外貌特征时特别提到的牙齿不整齐、鹰钩鼻和紧缩的双眉。更能说明问题的是，这一形象冰冷而完美无瑕的风格直接来源于 15 世纪希腊古典时期的雕塑；还有一个明显的事实是，奥古斯都在位 45 年间制造的肖像都几乎一模一样，从作为打劫埃及罗马省而劫掠的战利品、后在苏丹被发现的铜制头像（图 2.9），到罗马城外莉维娅别墅旧址发现的雕像（图 2.10a），皆是如此。这几乎是《道林·格雷的画像》（Dorian Gray）的颠倒：在奥斯卡·王尔德（Oscar Wilde）的小说中，真人永远年轻，而肖像却日渐衰老；就奥古斯都而言，直到公元 14 年他 70 多岁去世时，他在肖像作品中一直被描绘成年轻人。对我们而言，这种理想化的画法平淡而又乏味，从中，我们找不到任何模特和作品主题之间那种私人化的动态关系。而这种可能过于浪漫化的关系有时被认为是成为最伟大现代肖像作品的敲门砖（在奥古斯都的例子中，雕塑家可能从未见过被刻画的肖像主角）。不过在罗马帝王自我展示的历史中，再现皮肤上的疣和皱纹曾一直是主流做法，而古典风格的年轻化形象是标新立异且令人震撼的。这种罗马艺术中前所未有的设计风格被用来代表皇帝史无前例的新政，以及同昔日传统的决裂。奥古斯都的新形象远非政府颁布的那种例行公事、缺乏灵感的平庸之作，而是肖像制作史上最具原创性和最成功的杰作之一。肖像本是作为奥古斯都的"替身"（stand in），让多数无缘亲见皇帝的罗马帝国居民一览其风采，从此以后，它一直"代替"皇帝本人立于历史长河之中。[51]

在接下来的几世纪里，奥古斯都的创新形象也为继任者们的肖像生产树立了统一标准。克劳狄略像猪的小圆眼睛，尼禄肥硕的双下巴，或后来图拉真整齐的刘海，抑或是哈德良茂密的胡须，无论我们从以上外貌里捕捉到什么样的个性特点，这些公开的皇帝肖像都关乎其政治身份而非个人身份。它们还关涉着将肖像人物融入权力谱系中，因此使其皇位继承的地位合法化。它们提供了统治权延续和时而断裂的简图。在朱利奥·克劳狄王朝错综复杂到令人头痛的家族关系网中（后世的王朝也遵循了同样的模式，在公元 2 世纪出现了一系列蓄须的外貌相似者），被选定的继承者的特点是其雕像与在位皇帝外形的相似性——以及根据与奥古斯都形象的相似度来追溯皇权世袭的资格。

这并不是一连串完全千篇一律的形象：提比略看起来比奥古斯都略微瘦削

表1（对开页）
朝代更替常常极为错综复杂；各种收养和再婚的关系几乎无法在一页纸上清晰展现。这张表旨在聚焦本书中出现的主要人物，以简明易懂的方式处理十二凯撒的家谱。

表1

# 朱利奥·克劳狄王朝

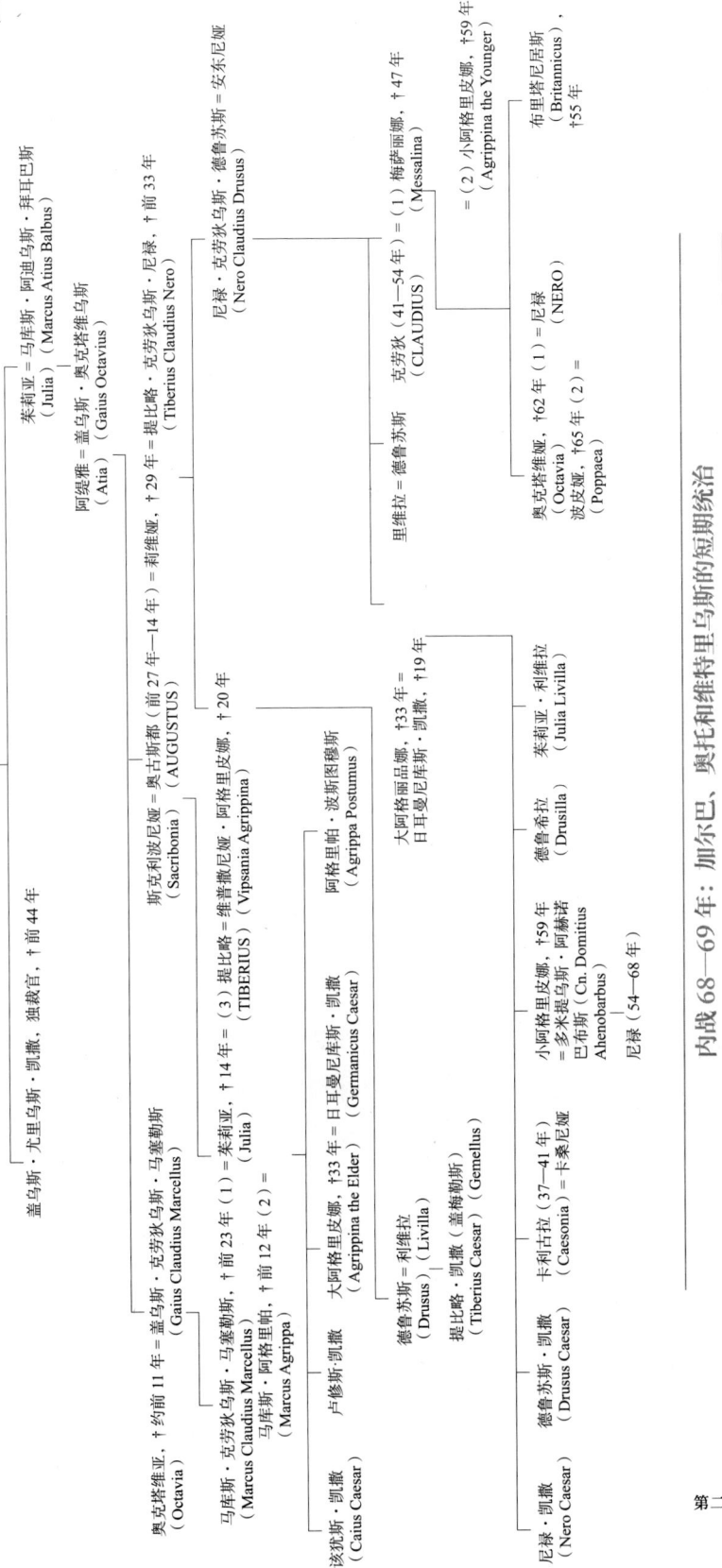

盖乌斯·尤里乌斯·凯撒，独裁官，†前44年
(Gaius Julius Caesar)

茱莉亚 = 马库斯·阿迪乌斯·拜耳巴斯
(Julia) (Marcus Atius Balbus)

阿缇娅 = 盖乌斯·奥克塔维乌斯
(Atia) (Gaius Octavius)

奥克塔维亚，†约前11年 = 盖乌斯·克劳狄乌斯·马塞勒斯
(Octavia) (Gaius Claudius Marcellus)

斯克里波尼娅 = 奥古斯都（前27年—14年）= 莉维娅
(Sacribonia) (AUGUSTUS)

提比略（前42年—14年）= (3) 提比略·维普撒尼亚·阿格里皮娜，†20年
(TIBERIUS) (Vipsania Agrippina)

尼禄·克劳狄乌斯·德鲁苏斯 = 安东尼娅
(Nero Claudius Drusus)

马库斯·克劳狄乌斯·马塞勒斯
(Marcus Claudius Marcellus)
马库斯·阿格里帕
茱莉亚 (Julia) (1) = 前23年
(Marcus Agrippa) †前12年 (2) =

卢修斯·凯撒
(Lucius Caesar)
该犹斯·凯撒
(Caius Caesar)

阿格里帕·波斯图穆斯
(Agrippa Postumus)

大阿格里皮娜，†33年 = 日耳曼尼库斯·凯撒
(Agrippina the Elder) (Germanicus Caesar)

德鲁苏斯 = 利维拉
(Drusus) (Livilla)
提比略·凯撒 (盖梅勒斯)
(Tiberius Caesar) (Gemellus)

里维拉 = 德鲁苏斯
(Livilla)

克劳狄（41—54年）= (1) 梅萨丽娜，†47年
(CLAUDIUS) (Messalina)
= (2) 小阿格里皮娜，†59年
(Agrippina the Younger)

布里塔尼库斯，†55年
(Britannicus)

奥克塔维娅，†62年 (1) = 尼禄
(Octavia) (NERO)
波皮娅，†65年 (2) =
(Poppaea)

大阿格里皮娜，†33年 = 日耳曼尼库斯·凯撒
(Agrippina the Elder) (Germanicus Caesar)

卡利古拉（37—41年）= 卡索尼娅
(Caesonia)

德鲁苏斯·凯撒
(Drusus Caesar)

尼禄·凯撒
(Nero Caesar)

小阿格里皮娜，†59年 = 多米提乌斯·阿赫诺巴布斯
(Cn. Domitius Ahenobarbus)
尼禄（54—68年）
(Nero)

德鲁希拉
(Drusilla)

茱莉亚·利维拉
(Julia Livilla)

内战68—69年：加尔巴、奥托利维特里乌斯的短期统治

# 弗拉维王朝

韦斯巴芗（69—79年）= 弗拉维娅·多米蒂拉
(Flavia Domitilla)

多米蒂拉
(Domitilla)

提图斯（79—81年）= 玛西亚·富妮拉
(Marcia Fumilla)

图密善（81—96年）= 多米提娅·龙吉娜，†130年
(Domitia Longina)

†代表死亡日期

（图 2.10c），卡利古拉则更温和一些（图 2.10d）。不过普遍原则是皇帝肖像的设计要符合特定身份和形象，而对初代王朝来说，这意味着要和奥古斯都相像。实际上，在学者围绕凯撒们的身份辨识而展开的最激烈的争辩和论战中，其焦点并非某一肖像是否为皇室成员，而是肖像人物到底为何人，是朱利奥·克劳狄王子、小诸侯，还是某位短期皇储。哪怕是卷发发缕的精确分布也不总能指向一致的答案。比如，大英博物馆一尊精美的大理石头像曾被分别当成奥古斯都本人、他的两位短命的继承人，以及卡利古拉（图 2.10e）。而梵蒂冈的一尊雕像则更令人困惑，它已被宣布为奥古斯都、卡利古拉、尼禄和另一位准继承人（更不必说还有一种可能，即他本是奥古斯都，后被重新雕刻成尼禄，或是被重塑回奥古斯都的尼禄）（图 2.10f）。[52] 很难否认，有时我们在区分外貌相似的肖像人物上投入的学术精力已多到不合理的地步。

对相似性的热衷必然是和对差异性的专注交替而行的。尼禄覆灭后，在 68 到 69 年内战的一年时间里，新一代皇帝的王朝——"弗拉维"，名字取自其创建者弗拉维乌斯·韦斯巴芗（Flavius Vespasian）——开启了，肖像风格随着新的政治观发生了变化。如今，我们通常称这位皇帝为韦斯巴芗，他采用了一种"瑕疵毕现、毫无保留"的方式，和朱利奥·克劳狄王朝理想化的完美"面容"形成鲜明对照。总的来说，新任皇帝突出表现朴实且接地气的王权风格，毫不避讳自己来自意大利穷乡僻壤的家庭出身，以及戎马生涯的艰苦经历。根据苏维托尼乌斯的记载，正是韦斯巴芗主张施行小便税，这可谓影响罗马盥洗业的一个重要举措［巴黎老街上的小便池因此得名"茉斯巴先"（Vespasienes）］；他曾精明地——不知是否为杜撰——说出那句名言，"金钱可不臭"。他的肖像显然也有助于解释何为务实的现实主义风格（图 2.12）。不过，也没有理由认为韦斯巴芗的肖像并非像奥古斯都肖像那样是一种带有政治目的的建构。通过利用旧式罗马传统，他精心地试图在自己和前任皇帝尼禄的荒淫无度，以及奥古斯都及其继承人那似是而非的古典主义之间划出一条视觉分界线。借此，他的形象在两千多年的艺术想象中得以传世、重塑和润色。[53]

从柏拉图到艾未未，何以构成"相似性"一直是艺术史和艺术理论的重大问题之一。关于一幅肖像中到底（或者说应该）再现什么内容的讨论从未停止：一个人的容貌、性格、社会地位，还是"精髓"或其他什么元素。[54] 然而，20 世纪前的现代艺术家、历史学家和古董研究者并未像我们这样意识到，自奥古斯都以来的皇帝肖像主要聚焦于其政治身份而不是个人身份。他们只注意到有些形象看起来过于年轻而理想化，令人困惑（这一外形有时被敷衍地解释成皇室人物的"虚荣和傲慢"[55]）。但他们通常的假设是，统治者的外形轮廓、皇帝真人及其真正的性格，就隐藏在这些古代头像不远处。

他们看起来是如此真实，且留下了如此难以磨灭的印记，以至于 16 世纪末以后，皇帝肖像常被用于科学研究古代人的精确样本，其研究深度远超从图斯库鲁姆头像中观察到凯撒头骨畸形的发现。这个过程中也有一些意想不到的一波三折。

## 维特里乌斯的头骨

加尔巴、奥托和维特里乌斯是在本章中未占太多篇幅的三位皇帝。在 68—69 年的内战期间，这个几乎被遗忘的三人组各自的在位时间仅为短短几个月，之后便遭到暗杀或被迫自尽，而正是这次内战使朱利奥·克劳狄王朝和弗拉维王朝彻底分道扬镳。苏维托尼乌斯对几位皇帝的描述生动且富有特色，但是比较单一化：加尔巴——老守财奴；奥托——忠于尼禄的浪荡子；维特里乌斯——暴食者和虐待狂。

近些年他们的古代肖像所受到的关注，并未像艺术史家对凯撒或奥古斯都的关注那么多。实际上，尽管有几处提到这些夺权篡位、你方唱罢我登场的帝王形象——特别是在军事语境下——在内战正酣的短暂统治期里，似乎他们中的任何一位皇帝都不可能有资源和时间去四处发放全身大理石像或铜像；且不太可能死后被纪念称颂。不过早期一些学者和艺术家（甚至近年来也不乏其人）想要组建完整的十二凯撒阵容，所以试图寻找可信度高的头像来填补尼禄和韦斯巴芗之间的空白。[56]

硬币头像和苏维托尼乌斯的描写再次起了关键作用。无论任期多短暂，每任帝王都会发行金属货币，因为需要用"他的"现金来给"他的"士兵发薪水；苏维托尼乌斯也描述了几个有用的零散细节。奥托用假发遮秃（这可以追溯到尤里

图 2.13 现存于卡比托利尼博物馆的"帝王之屋"的一尊被指认为奥托的半身像，身份辨认主要依据头上假发（苏维托尼乌斯曾提过奥托皇帝戴假发）。奥托于69年的内战期间曾短暂执政，他是尼禄的朋友和支持者；而且——如果没认错的话——这尊半身像反映了尼禄肖像的风格，和图2.12形成了对比。

乌斯·凯撒），或老年加尔巴的鹰钩鼻，这些细节足以用来重塑一种貌似合理的、表面上还算令人信服的"面容"——甚至还能用来指认出（或对或错）一两个符合描述的古代半身像（图 2.13）。[57] 维特里乌斯是个特例——因为那尊据称 16 世纪初出土于罗马的别具一格的头像，格里马尼的《维特里乌斯》（图 1.24），很明显与一些硬币上的皇帝形象如此吻合，因此被当作根据"真人"而创作的独一无二的维特里乌斯形象。

这一形象也许是辨识度最高且被复制最多的皇帝肖像，其名气远超委罗内塞的《最后的晚餐》和素描课上的那些临摹肖像。正如我们接下来将看到的，这个维特里乌斯在托马斯·库图尔（Thomas Couture）的名画《帝国堕落时代的罗马人》（*The Romans of the Decadence*）中还客串了一个小配角，此画是对罗马皇室道德败坏之恶行的反思，以及揭露当代法国社会之腐朽堕落的直白寓言（图 6.18）；在让-莱昂·热罗姆（Jean-Léon Gérôme）的场面宏大壮观的作品《凯撒万岁！》

（*Ave Caesar*！）中，它是肥胖而呆板的皇帝的原型，皇帝正坐在圆形竞技场中观看角斗士表演。还有一尊雕像是在此肖像复制品的基础上的再复制，现仍在热那亚展出，在这件令人惊叹的 19 世纪混搭模仿作品中，维特里乌斯塑像被"雕塑天才"拥抱着，仿佛它代表着雕塑艺术的最高成就（图 2.14）。[58]

然而，对很多现在观察者来说，此雕像的意义不仅限于"艺术"。它常作为重要范例被用于早期那些通过外表读取性格的科学学科中：如观相术（physiognomics），一门古而有之的学科，自称能从面部特征推断出一个人的脾气秉性，经常将人类比作动物类型；还有 19 世纪初特别流行的颅相学（phrenology），通过头骨形状（以及大脑内部的形状）来作出同样的推断。[59]

有关这个话题的最知名且讲解最细致的现代教科书之一，是那不勒斯学者吉安巴蒂斯塔·德拉·波尔塔（Giambattista della Porta）出版于 16 世纪末的教材，罗马皇帝出现在教材历史人物的插图里：其中有一幅《维特里乌斯》，它和格里马尼的维特里乌斯头像很相似，其五官和头部的大小同一只猫头鹰对比，以此来表现他的粗野（*ruditas*）（图 2.15）。[60] 颅相学研究往往更高调一些，英国维多利亚时期有固定的场所来举办巡回大众讲座。1840 年代，在一次著名的讲座中，本杰明·海登（Benjamin Haydon）——画家，艺术理论家，破产者，热衷于解读头骨——对古代雕像中（通过想象）重新创作的苏格拉底头部同尼禄的头部进行了对比，结论自然是后者存在不利的缺陷。[61] 大约就在同时，一位叫大卫·乔治·戈伊德（David George Goyder）的颅相学理论家在此领域展开的研究可谓更胜一筹，戈伊德对其他一些业已失传的学科也有着异乎寻常的探索热情［他曾任斯威登伯格教堂的牧师，并且是裴斯泰洛齐实物教学法（Pestalozzian education）的坚定拥护者］。根据曼彻斯特一家报纸对其中一场讲座的报道，演讲者首先抨击了宗教体制为了既得利益大力反对新科学（列举苏格拉底和伽利略来支撑观点），并解释了大脑运作的基本体系，通过这种体系不同部分承载着不同天赋和秉性。接下来讲座的重点和特色是方法演示，配之以直观的辅助教具以及所有他能搜罗到的眼花缭乱的新奇物件——我猜是这样；其中有一件是"维特里乌斯的头像"，根据戈伊德的解说，其头骨形状"圆且窄，不够高"，代表"脾气暴躁、易怒好斗的性格倾向"。[62] 在讲台上他制作了格里马尼的《维特里乌斯》头像的石膏模型。

现在无可惊异的是，尽管同硬币肖像（偶然）相似，这个著名的头像和皇帝本人毫无关系。经过近几十年的预见性讨论（甚至值得怀疑的是，头像是否来自古代？），现代观点一致同意将其降级为"身份不明的罗马人"；多亏某个雕刻技术的小细节，其创作日期已确定为公元 1 世纪中期，即维特里乌斯遭暗杀后的一百年。[63] 这个故事不乏讽刺与荒诞。现代艺术中可能被复制最多的唯一皇帝头像，原来自始至终是个冒牌"皇帝"，这很难不让人嘴角泛起一丝略带反讽意味的苦笑。而那位 19 世纪的空想家（或曰满脑子稀奇古怪想法的怪人，取决于你从什么角度出发）借助被认错的冒牌皇帝来展示伪科学真相，这样的画面不免过于荒唐。不过，荒诞性本身也证明了与肖像中的古代罗马统治者面对面相遇具有多么非同寻常的魔力。

图2.14　19世纪初由尼科洛·特拉维尔索（Nicolò Traverso）创作的赞美"雕塑天才"的塑像，现存于热那亚的内利王宫博物馆。塑像中的"天才"人物精致而年轻，他拥抱格里马尼的维特里乌斯的现代修改版——最初以一尊大理石半身像，后被移置于他处展览，目前展出时被替换成石膏模型。换言之，"天才"拥抱的是格里马尼《维特里乌斯》的复制品的仿品。

图2.15　在吉安巴蒂斯塔•德拉•波尔塔16世纪关于观相术的论述中，维特里乌斯的头部被用来与猫头鹰的头作对比，意在指出这位皇帝的粗鲁与无教养（这种相似度通过素描进一步加强）。论文中提到的其他皇帝包括加尔巴（鹰钩鼻比作鹰喙）和卡利古拉（明显的前额下陷）。

　　更令我们惊奇的是，尽管硬币体积小，却也为我们提供了这种面对面相遇的机会。尤其在 14 世纪和 16 世纪期间，这些小型头像一直发挥着重要作用，其用途远不止于帮助识别大规模肖像作品。下一章将探索现代世界和古代帝王形象的一些早期碰撞——这些栩栩如生的迷你肖像被人们收藏、展示，并被放在口袋里随身携带，或被复制于素描纸，以及重画于墙壁上。

---
第三章
---

# 硬币和肖像，古代和现代

## 把硬币植入画中

在 15 世纪德国艺术家汉斯·梅姆林（Hans Memling）的一幅极负盛名的肖像画中，有一枚刻着尼禄皇帝头像的硬币引起了关注。画中，模特自豪地向观众展示着铜币，铜币上——即便很小——不光能很清晰地看到皇帝的面孔，还有硬币边缘四周的名字和官方头衔［深深地铭刻着"尼禄·克劳狄乌斯·凯撒·奥古斯都·日耳曼尼库斯（Nero Claudius Caesar Augustus Germanicus）……"的拉丁文缩写］。最近的 X 射线检查表明，这枚铜币——几乎原样照搬公元 64 年高卢地区铸造的一款真实存在过的硬币——并非原初设计的一部分，而是梅姆林在绘画过程中的几处修改和增补之一。然而它却成了画中最独具特色，也最令人困惑的元素。画家为何决定让其主题人物紧握一位史上最臭名昭著的恶徒皇帝的头像？为何在一枚硬币上大做文章？（图 3.1）

如果我们熟知这位肖像人物的身份，就不难想到其具体原因。最新观点倾向于认为画中人物是贝尔纳多·本博（Bernardo Bembo），一位 19 世纪晚期的威尼斯学者、收藏家和政治家，他曾于 1470 年左右在佛兰德地区消磨时光，而梅姆林当时正在此地工作。本博的个人标志包括棕榈树和月桂叶（风景背景中和画面下方可见这些非同寻常的元素）。如果是这样，硬币可能旨在奉承本博艺术收藏的品质

图3.1 汉斯·梅姆林的《手持罗马硬币的男人肖像》（*Portrait of a Man with a Roman Coin*，1471—1474年）。尽管体积很小（整幅画只有约30厘米高），右下角的硬币却吸引了观者的注意。为何（佚名的）模特向我们展示硬币？一枚尼禄皇帝的硬币有何含义？

之高；一些文艺复兴时期的古代铸币专家坚称，无论皇帝本人何其卑劣可憎，尼禄硬币都是上好的艺术品。不过，也有不少其他关于身份识别的说法和解释。其中之一是，硬币一语双关地暗示了一位匿名模特的名字：也许他叫"尼利罗尼"

（Nerione），一个当时再普通不过的意大利名字。或者它在传达更微妙的道德意义。如最近一位艺术史家指出的，这幅画也许是在提醒我们，"世俗名气和视觉纪念不一定总是和美德相关"。[1]

不论正确答案是什么，在硬币、现代面孔和肖像观念三者之间都存在一个强有力的三角关系，这个问题我稍后会谈到。这一三角关系显然给桑德罗·波提切利（Sandro Botticelli）留下了深刻印象。几年之内，他就抢了梅姆林的风头，也许还稍微戏仿了梅姆林的构图。在另一幅佚名模特的画作《手持老科西莫勋章的男子肖像》（*Portrait of a Man with a Medal of Cosimo the Elder*）中，波提切利以一块佛罗伦萨僭主科西莫·德·美第奇（Cosimo de' Medici）的纪念章代替了尼禄古币，不过他没用普通颜料，而是采用镀金石膏底粉将纪念章描画成三维效果，仿佛嵌入画中（图 3.2）。[2]

差不多一百年后，在为雅各布·斯特拉达（Jacopo Strada）创作的肖像画中，提香同样指出了硬币在定义主题人物和罗马历史等方面的重要性。斯特拉达是著名古玩交易商，古董研究者和收藏者，似乎是那种足迹踏遍五湖四海的文艺复兴人（图 3.3）。他生于曼图亚，人生大部分时间在维也纳度过，后成为教皇以及从奥格斯堡的富格尔（Fugger）金融家到哈布斯堡皇帝等众多北欧商人和贵族的代理人和顾问，并因此极具影响力（且富有）。在 1560 年代，斯特拉达作为巴伐利亚公爵阿尔布雷希特五世（Albrecht V of Bavaria）的代理，常常在威尼斯搜罗艺术品和古董，因为他受聘于公爵，为其在慕尼黑的宫殿（慕尼黑王宫）筹划和搜集合适的艺术藏品。正是在这段时期，他委托提香为其绘制肖像：酬金是一张类似于这幅肖像画中作斗篷衬里的昂贵皮草以及一个厚颜无耻的提议，即帮助提香牵线搭桥，为其作坊里生产的作品寻找富有的买家。一个斯特拉达的对手不无嫉妒地宣称"两个贪吃者抢食同一盘菜"——暗指就商人的贪婪而言，画家和模特两者还真是难分伯仲。

斯特拉达的好色与贪婪常被视为这幅肖像的显著特点。他抚弄着一尊维纳斯的古代雕像，似乎他就是雕像的主人，同时又向观众展示雕像，仿佛在向潜在买家兜售；桌上堆放的罗马硬币代表其古代艺术品生意的金钱属性。不过事情远不止于此。提香在这里突出的是罗马铸币在斯特拉达同历史的相遇中所占的首要

图3.2 桑德罗·波提切利的《手持老科西莫勋章的男子肖像》（约
1475年）远胜梅姆林的画作。前者的尺寸是后者的两倍（长57厘米，
宽44厘米），且镀有一层金粉（石膏底粉）的勋章更醒目有力。

地位。斯特拉达面前的硬币当然不是法定货币，而是收藏品，除此之外，还有
另一枚似乎刻有皇帝头像的硬币，悬挂在他绕颈佩戴的华丽金项链上并垂在胸
前，仿佛这是他的个人标志或护身符。身后橱柜上方醒目位置的两本书继续传达
同样的主题，暗示着斯特拉达的学术著作。他最为知名的著作是《考古百科全
书》（*Epitome thesauri antiquitatum*），于1553年首次发行，这本书提供了从尤里乌
斯·凯撒到神圣罗马皇帝查理五世（1500—1558年）等"罗马"统治者的简传，
全书的插图均出自硬币头像上的肖像——有些取自他的个人收藏品。[3]

当另一位威尼斯画家雅各布·丁托列托（Jacopo Tintoreto）承担起斯特拉达十

图3.3 雅各布·斯特拉达是16世纪古董研究（和贸易）领域最重要的人物之一。提香于1560年代为其创作的大幅肖像画突出了硬币在当时文化和学术界中的重要意义：从散落在桌上的硬币到挂在脖颈上的硬币样本。右上角的标题表明了斯特拉达的身份，是后来加上去的。

几岁的儿子奥塔维奥（Ottavio）的肖像绘制时，他选择以更炫耀抢眼的方式来呈现类似主题，这幅肖像是其父同自己的肖像一起委托给画家的（两幅画几乎一样大，据传本来意在凑成一组肖像画）（图 3.4）。很难想象丁托列托没注意到提香也在同时同地创作的那幅肖像。

因为和父亲肖像形成明显对比的是，画中的奥塔维奥把头从裸体维纳斯身上移开，转而望向空中飞升的"幸运女神"这个看起来有点不真实的形象，后者正将一羊角状容器（*cornucopia*，丰饶的象征）中的古代硬币洒在他的外套下摆上。这无疑将年轻人面对的道德选择戏剧化了，可以被解读成预示着未来财富的好兆头。不过在这个画面里，作为进入古代世界的途径之一，古代大理石雕像的相对匮乏和数量惊人的古代硬币形成了鲜明对照。正如一位 16 世纪学者所言，现代罗马世界里，古币"如永无止境的急流般源源不断地涌现"。[4]

所有这些画都强调了一个事实，罗马帝国硬币的意义远不止是用来确定原尺

图3.4　丁托列托为雅各布·斯特拉达之子奥塔维奥所作的肖像同其父的肖像画凑成了一组作品：两幅画同时创作，尺寸大小也一样（长约125厘米，宽约1米）。两幅画都有硬币和维纳斯女神出现在显要位置（只不过父亲爱惜地抚弄着维纳斯像，而儿子则把脸转向一边）。

寸大理石像或铜像的帝王身份。数百年来，硬币和硬币上的头像在帝王如何被想象这方面发挥的作用，比那些关于颈纹和喉结的或准确或可疑的比对要大得多。[5] 它们是欧洲南部世界以外的人所能接触到的唯一真实的古代肖像。它们从罗马人曾经扎根的土地里大批破土而出，铸币业作为世界上最早的真正大规模生产的行业之一（根据一个大胆的估算，光是罗马中央铸币厂平均一年就能造出大约2200万枚银币，还不算铜币和金币或者其他铸币厂的产量），曾制造了数以百万计的硬币，如今出土的只是极小的一部分。哪怕莎士比亚的《爱的徒劳》（*Love's Labours Lost*）的英国观众也知道"古罗马硬币的正面"是什么意思。[6]

　　但这不仅仅是耳熟能详的问题。这些小小的金属片常被当成罗马历史和统治者带给我们的经验教训的实物化身。例如14世纪中叶时，彼特拉克在查理五世作为罗马神圣皇帝的加冕仪式前曾送给他一套罗马硬币。他说，和自己那本查理五世明确求赠的《名人传》（*De viris illustribus*）相比，这些硬币在如何规范言行方面会给王公贵族上更好的一课。另一位来自安科纳的学者赛利亚克（Cyriac of Ancona）也在 15 世纪初采用了同样的招数，送给新任神圣罗马皇帝一枚图拉真的硬币——公元 2 世纪图拉真在近东地区的暂时性胜利为讨伐奥斯曼土耳其人（Ottoman Turks）树立了榜样。[7] 硬币还为在纸上、颜料和石头中重现皇帝形象提供了模特，同时也为更普遍的现代肖像制作设立了范例。本章的最后部分将仔细分析将那些公元前 44 年印在硬币上的早期尤里乌斯·凯撒形象，一路引向后来流传至今的西方世俗肖像传统的种种关联点。

## 硬币肖像

彼特拉克赠与查理五世的礼物并未给他带来预期的结果。他特意挑选了一枚奥古斯都的头像（他声称，头像如此逼真，看起来"几乎是在呼吸"[8]），希望能为新任皇帝树立榜样，并鼓励他像奥古斯都那样迈出积极的步伐，恢复罗马城的生机，重振意大利国运。而查理却未能让他如愿；实际上，罗马加冕仪式结束后，查理就直接返回他在波希米亚钟爱的家（位于现在的捷克共和国）。显然他也送给彼特拉克一枚尤里乌斯·凯撒的硬币作为回礼。事情若真如此，查理很可能并未领会彼特拉克的用意；因为他似乎没有——像彼特拉克那样——将这些帝王头像当成道德和政治寓意的化身，而只是将其视为艺术商品和互惠友谊的象征。[9]

然而，不论这件事中存在多少误解和观念差异，彼特拉克和查理对罗马硬币上帝王形象的重要性和价值还是有着相同的认识的，这一普遍的认识直到 19 世纪才最终消失〔由于被称为"钱币学"（numismatics）的研究获得了新的学术地位，这一学科领域在变得更专业化的同时也逐渐被边缘化〕。尤其是从 14 世纪中期到 16 世纪末这段时间里，在大量真人大小的大理石雕像被重新发现之前，硬币被普遍认为是对罗马世界统治者最生动真实且唾手可得的视觉想象。的确，有关硬币之原初目的的争论存在已久且令人困惑：文艺复兴时期最大的学术争议之一，直到 18 世纪晚期才平息下来。这个争议就是，这些金属币（*medaglie*，意大利语里的说法）是否是现代语言通常意义上的"钱币"——是否它们根本不是古代零钱，而是用来纪念头像人物的纪念性徽章。不过人们曾经普遍认同的是，无论其原初功能为何，硬币比任何其他物件更能让你贴近皇帝的真人肉身。[10]

我们早已丧失了以这种方式与硬币产生关联的能力，哪怕作为一种修辞效果，但是把硬币说成"几乎是在呼吸"的彼特拉克在早期观赏者中并不形单影只。圣彼得大教堂巨型铜门的制造者菲拉雷特，也将硬币头像描述为看起来"栩栩如生"；通过硬币艺术，他继续说道，"我们认出了……凯撒、屋大维、韦斯巴芗、提比略、哈德良、图拉真、图密善、尼禄、安东尼·庇护（Antonius Pius）和其他所有人。这是多么了不起的一件事情，通过硬币我们认识了那些早在一两千年前甚至更早就已告别尘世的人物"。[11]彼特拉克也不是关注硬币的道德维度的唯一学者。1500年代中期，埃内亚·维科（Enea Vico）——来自帕尔马（Parma）的古文物研究者，撰写了第一本古币研究的入门手册（他对硬币来自古代毫不怀疑），他去世的方式也颇具学者特色，在背着一件献给费拉拉（Ferrara）公爵的珍贵古董时突然倒地而亡——也十分相信硬币的改革力量。"我见过一些人，"他写道，"沉浸于欣赏硬币的愉悦之中……甚至从此改邪归正，专心致力于……一种体面而高尚的生活。"[12]

不过对很多人来说，同样重要的是硬币提供了通往古代世界和人民的直接且无中间步骤的途径，这一途径的历史可信度远胜古代文本。如维科所言，硬币相当于"一段沉默无声却彰显真相的历史，而语言……则随心所欲地信口开河"。差不多两百年后，英国政治家、剧作家和杂文作家约瑟夫·艾迪生（Joseph Addison）更明白地表达了同样的观点。在其关于古代硬币的半讽刺作品《对话录》（Dialogues）中，一个人物坚称，一枚硬币作为证据，要比苏维托尼乌斯的写作"稳妥得多"；因为前者的权威性直接源于皇帝自身，可以免受持有偏见的传记作家的干扰和扭曲。[13]

那么也就不奇怪，从文艺复兴到19世纪的几百年间，帝王硬币不仅在上流精英阶层中，且在整个欧洲都成了最受欢迎的收藏品。硬币集便携性、数量丰富性和可购性于一身，哪怕是中等收入的男女爱好者也触手可及。（尽管偶有关于硬币如何"稀缺"的装腔作势的说辞，据估计，15世纪中叶一枚有皇帝头像的硬币的售价可能只有其金属价值的两倍。[14]）关于硬币收藏的流行范围之广，最好的证据隐藏在一部传记的作者"致谢"里。该传记出版于1563年，作者是来自布鲁日

（Bruges）的作家、画家兼印刷商人休伯特・格兹乌斯（Hubert Goltzius），它记载了凯撒的生平，以及在其死后的内战纷争中夺权上位的几位皇帝。[15]

在传记开篇中，格兹乌斯用大约 50 页的篇幅介绍了与其帝王主题相关的硬币（开始 5 页全是凯撒的微型肖像，他们布满颈纹的脖子和喉结几乎一模一样，显然都是从差别不大的样本临摹而来），仿佛是为了突出重点；书的最后一页配了一张幸运女神从羊角状容器泼洒硬币的插图。同丁托列托给小斯特拉达所作的肖像画中的飞天人物相比，这一版本具有更安静祥和的氛围。在附在这本书主体后面的 18 页致谢部分中，作者列举了众多学者和收藏家并对其致以谢意，因为在对初代凯撒和其他罗马历史话题展开研究时，他从这些人的成果和藏品中受惠良多。被致谢的人多达 978 位，遍布于意大利、法国、德国和低地国家，按照作者拜访的时间顺序精心排列，作者曾在 1556 年以及 1558 至 1560 年之间的欧洲之旅期间向他们咨询和求教。

当然，著作致谢是一种高明的修辞手段，其目的——过去和现在并无多大区别——既是为了表达感谢，也是为了高调炫耀。不过，即便是考虑到书中不无某些夸张成分和精心策划的内容，这些列举的姓名也足以说明硬币收藏者在社会、文化和国别构成等方面的多样性。他们包括一小部分欧洲统治阶级的顶层人物——从教皇到法国国王和佛罗伦萨的美第奇家族——和一些艺术名人，最知名的有乔治・瓦萨里（Georgio Vasari）和米开朗基罗。他们涵盖了天主教徒、加尔文主义者和用希伯来语铭刻姓名的犹太教徒，以及土生土长的本地人和流放者：四个海外的"英国人"，加上一个叫"约安尼斯・托马斯"（Ioannes Thomas）的人［尽管看起来很像"约翰・托马斯"（John Thomas），不过可能是个德国人］，甚至还有不少"西班牙人"。绝大多数都是生活在欧洲普通城镇里的议员、牧师、律师和医生等不为人所知的当地居民。[16] 其硬币收藏野心的大小也取决于他们自己的经济状况。只有极其富有之人才能赶得上美第奇家族或者 18 世纪初一位德国公主的收藏水平，前者在 15 世纪的晚期收藏中大概共有几千枚样本，不都是罗马硬币；而后者曾炫耀其从珍贵的罗马统治者系列一直到 7 世纪拜占庭时期的收藏［"现在我拥有……从尤里乌斯・凯撒到赫拉克利乌斯（Heraclius）的一整套硬币，中间没有断代"，她写道，共计约一百枚］。[17] 无论水平如何，所有收藏爱好者们肯定都享受着搜集、分类、排序、重新排序和交换过程带给他们的乐趣，而这些正是收藏本身的精髓所在：从追寻的兴奋感到凑齐全套后归于平静的满足感。

不过，如果我们认为硬币的归宿是被束之高阁，或藏于盒子和钱包里以供拥有者私下赏玩的话，那就大错特错了。比起任何其他艺术品，硬币上的皇帝面孔在文艺复兴文化景观里留下了更深的烙印。你能看见硬币悬挂在雅各布·斯特拉达之流的脖子上［沉船阿曼达号的一位遇难者所佩戴的更为昂贵的凯撒浮雕宝石项链（图1.13）也属于同款配饰，但风格更加浮夸］。你也能在从图书馆到教堂等不同场合下各种各样的古董艺术品（*objets d'art*）中发现融入其中的硬币。

精美的皮质书籍封面上有凯撒、奥古斯都及其继任者硬币的压印或"金属印模"。曾有一个精美的装饰盒，四周镶嵌着十二枚罗马硬币的镀金铸模，展示了苏维托尼乌斯笔下从尤里乌斯·凯撒到图密善的十二位帝王的全体阵容（图3.5），这

图3.5　一个16世纪的德国小装饰盒（只有20多厘米长），前后均由十二凯撒硬币的镀金复制品装饰；照片展示的是后六位皇帝，从右上角的加尔巴到左下角的图密善。无论哪一端的人物都是选自早期罗马历史和神话。

个珍贵的装饰盒属于一个奢华的艺术和古董藏品系列，是由因斯布鲁克附近阿姆布拉斯宫的哈布斯堡王朝的一个支脉于 16 世纪搜集而来的。即便是如此华丽的物件，在近代一个来自特兰西瓦尼亚的圣杯的对比下也相形见绌，此圣杯周身均由从尼禄到拜占庭的查士丁尼（Justinian）等皇帝及皇后的 17 枚原版硬币（还有一枚可能是公元前 1 世纪的当地硬币，共计 18 枚）装饰（图 3.6）。[18]

　　这些硬币展示中有各种各样的寓意。书籍封面的压印可能意在引起读者对书籍制作过程以及古代铸币法和现代印刷法之间的相似性，而不是书自身的内容（这里并不涉及将尤里乌斯·凯撒头像印到其传记封面这类问题）的关注。[19] 而阿姆布拉斯宫的装饰盒无疑透露了盒子里的珍贵物件，同时暗示十二凯撒全体阵容

图3.6　一个来自现代斯洛伐克尼特拉州（Nitra）的16世纪早期的圣杯，上有18枚硬币——只有一枚是罗马的——嵌入到装饰中。局部图：融入整体设计中的几个尼禄像之一（上图），以及尼禄继承者加尔巴（下图）。

所带来的秩序感。假若有任何人断定这些"不过是装饰",是来自遥远过去的没有任何所指的廉价小物件或是为了歌颂现代财富,那么他应该思考一下这个画面,即从圣杯中小酌一口圣餐酒让信徒有机会近距离观看几位教会史上最伟大的迫害者(以及几位最虔诚的统治者)。这些图像常常在表达一种观点;它们是文艺复兴时期文化通货的重要部分。

毫不夸张地说,这一时期有教养且富有的欧洲人(可能甚至还有几位莎士比亚的低层次读者,从他顺口说说的玩笑话可以判断)已经能认出几款主要硬币,正如他们后来也能识别古代名人雕像一样。在对古典时代的定义中,大理石占有压倒性的绝对优势,这不过是最近三百年左右的事情。在此之前,尤里乌斯·凯撒的硬币肖像及梅姆林画中的尼禄,和后来的《观景殿的阿波罗》《垂死的高卢人》(*Dying Gaul*)及《拉奥孔》等杰作一样驰名。[20]

## 描画帝王

当画家要为罗马史书或帝王传记的插图创造全新的皇帝肖像时,首先想到的模特并不是雕像,而是硬币上的形象。[21]这种创造有时需要新颖独特的改造。一份1350年左右制造于威尼斯的苏维托尼乌斯《帝王传》手稿绘有精巧的合成图像,将硬币肖像中的独特头像和面部特征安插在无身份标识的通用身体上(图3.7a和图3.7b)。[22]不过,更为常见的做法还是像斯特拉达的《百科全书》(*Epitome*)中那样,硬币以硬币自身的形式出现。最早这样使用硬币的例子也是最简单的。这是一部诞生于14世纪最初几十年间的作品,作者为维罗纳学者乔万尼·德·马托西斯(Giovanni de Matociis)——或称"芒雄阿里奥"(il Manisionario)[教堂的圣器守司(sacristan)],此称呼来自他在大教堂的职位。

芒雄阿里奥因几个成就而闻名。即便是对现在的古典主义者来说,他最大的功绩在于,他是古代以来第一位意识到拉丁作家"老普林尼"和"小普林尼"实际上是两个人——而人们曾将二人混淆为同一人。不过他撰写的从尤里乌斯·凯撒到查理大帝(公元800年加冕成为神圣罗马皇帝)的帝王传记则是更具原创性的贡献。原因在于,他用硬币示意图作为每位"帝王生平"的插图:帝王头衔刻

图3.7

（a）苏维托尼乌斯《帝王传》的14世纪中期手抄本中的加尔巴

（b）加尔巴硬币［铸于68年的塞斯特斯（sestertius）铜币］

（c）色雷斯人马克西米努斯的硬币（第纳里乌斯银币，铸于236—238年）

（d）芒雄阿里奥帝王传记纲要中的色雷斯人马克西米努斯（235—238年在位）

（e）芒雄阿里奥帝王传记纲要中的卡拉卡拉（198—217年在位）

（f）马可·奥勒留（161—180年在位）的硬币（第纳里乌斯银币，铸于176—177年）

（g）阿蒂吉耶罗创作的卡拉卡拉，来自维罗纳斯卡利杰里宫中（14世纪中叶）

（h）

（i）

（j）

（k）

（l）

（m）

（n）

（h）16世纪初富尔维奥（Fulvio）的《杰出人物像》（*Illustrium imagines*）中的尼禄

（i）16世纪初富尔维奥的《杰出人物像》中的加图（Cato）

（j）16世纪中叶鲁伊勒（Rouillé）的《币章手册》（*Promptuaire des medailles*）中的夏娃

（k）15世纪晚期帕维亚修道院（La Certosa，Pavia）圆形饰版上的尼禄

（l）15世纪晚期帕维亚修道院圆形饰版上的匈奴王阿提拉（Attila the Hun）

（m）英国格洛斯特郡霍顿宫的尤里乌斯·凯撒（直径约80厘米）

（n）雷梦迪（Raimondi）16世纪初创作的华贵的十二凯撒雕塑系列之韦斯巴芗（每件长17厘米，宽15厘米）；另参见图4.8

在两个朴素的圆圈中，环绕在侧面头像四周。在有些插图中，肖像和铭文显然都以真实样本为依据，作者——可能也是艺术家——曾亲眼见过甚至拥有过这些原始硬币。（这一点在色雷斯人马克西米努斯的肖像上体现得很明显，图 3.7c 和图 3.7d。）在另一些插图中，当缺少绘制肖像之用的硬币时，他会依照同样的程式改编或创造形象。[23] 一股艺术潮流就此开启，并持续了两百多年。

这种基础设计方案的后续改进版添加了很多细节，笔触更为精细，风格也更为华丽炫目。1470 年代受贝尔纳多·本博委托制作的一份苏维托尼乌斯《帝王传》手稿中——本博最有可能是梅姆林肖像的模特——几乎每个人物传记的开篇都可谓华丽铺张的"硬币盛宴"：插图一侧的"立柱"是由一些皇帝硬币的反面（或背面）图案构成的；页脚处，皇帝头像的再现十分精准——无论是肖像还是铭文——如今仍能判断出它取材于哪款硬币。在尼禄传记的部分，硬币实际上同梅姆林画中自豪展示的那枚很相似（尽管不是完全一模一样）。假设我们对模特的身份确认无误，那么很容易推断在手抄本、肖像和本博个人收藏的珍稀硬币样本之间可能存在某种联系（图 3.8）。[24]

不过，无论个体的经历和轶事何其丰富离奇，重要的是，在 14 到 16 世纪期间，硬币的作用远远不止为罗马皇帝的外表指认提供最佳证据；硬币是一种透镜，现代艺术透过它对古代统治者不断地想象和重塑。"想象帝王"通常意味着"想起硬币"，而不会想到"大理石胸像"。这在几乎所有艺术表现手法中都是事实，从廉价的到奢侈的素材，从大批量生产的到一次性的媒介皆是如此。16 世纪初，拉斐尔的好友兼古董研究合作人安德里亚·富尔维奥（Andrea Fulvio）编纂了一本配有插图的伟人生平汇编（《杰出人物像》），这本传记纲要大获成功，并多次被后人模仿（我们后面将会看到），书中每段名人小传的开头都绘有皇帝和皇后像，其描画方式仿佛参照了硬币肖像（图 3.7h）。[25] 与此同时，马尔坎托尼奥·雷梦迪（Marcantonio Raimondi）也创作了一组华丽的十二凯撒头像，其刻画风格也同硬币肖像如出一辙（图 3.7n），很多文艺复兴时期佛罗伦萨的早期大理石浮雕也属于这种风格。[26] 要说规模更为宏大的此类作品，当属安德里亚·曼特尼亚（Andrea Mantegna）为曼图亚公爵宫（Ducal Palace）的"画之屋"［Camera picta，即 Painted Room，也被称为婚礼堂（Camera degli Sposi）或新娘的房间］绘制的天

图3.8 苏维托尼乌斯《帝王传》手抄本中尼禄生平的开篇页，这一版手稿是1470年代受贝尔纳多·本博委托而制作的（他可能是梅姆林肖像的模特，图3.1）。插图装饰大多来自硬币；下方中间，配有姓名和头衔的尼禄头像；右侧是皇帝硬币的各种背面图案（从上到下："罗马"女神；军事演习；凯旋门；庆祝玉米丰收；罗马的奥斯蒂亚港口）。大写首字母"E"的四周是尼禄"在罗马燃烧时仍拨弄琴弦"的画面。

花板，抬头仰望，可见圆顶上八位皇帝正俯身凝视着你——他们的头像展示的几乎都是完整的正面，而不是侧脸，不过，帝王像的头衔和硬币图案一样分布在四周圆形装饰的边缘（图3.9）。[27]

全欧洲有上千座知名建筑物将这些别具一格的硬币式帝王侧像雕琢进楼宇正立面，尽管有些没那么气势恢宏。大门或拱门两侧常会被嵌入精心挑选的罗马统治者肖像，不过在这方面取得最大成就的还是帕维亚修道院的僧侣，这是一座加

图3.9　仰望曼特尼亚创作的曼图亚公爵宫的所谓"画之屋"天花板，绘制于1470年左右。天花板中央的开口有一种向外看见蓝天的明显错视效果，开口四周是依次向下俯瞰的八位皇帝（从尤里乌斯·凯撒到奥托）。

尔都西会修道院，位于意大利北部的帕维亚附近。其教堂的外立面贴满各式各样的雕塑作品；当参观者走进教堂或穿过正门时，首先映入眼帘的是最底部装饰条上一连串的圆形图案，上面的肖像共计61个。这些造于15世纪晚期的肖像圆盘雕像，每个近半米宽，绝大多数显然采用了硬币风格，描画了一众罗马帝王，外加各色人等（包括几位罗马早期国王、近东人物、神话人物、孤独的希腊人亚历山大大帝，外加匈奴王阿提拉、几个神话人物和几幅抽象画，包括"和谐"和"快速援助"等主题）（图 3.7k 和图 3.7l）。无论这种设计背后的逻辑是什么（继续让评论者迷惑不解），肖像圆盘图案同一千英里之外英国乡间的霍顿宫产生了一种朴素而又异乎寻常的共鸣。装饰着四枚石灰岩大勋章的花园扩建部分的后墙被委婉地称为"凉廊"，建于1520年左右，其主人是亨利八世在罗马的代理人。其中三位帝王——尤里乌斯·凯撒、尼禄和匈奴王阿提拉——也是帕维亚修道院所有皇帝像的一部分，进而又出现在英国独具风格的帝王硬币放大版作品中（图3.7m）。[28]

许多其他硬币的皇帝肖像都在文艺复兴绘画中占有一席之地，这一点如今常被忽视。即便是当艺术家们利用罗马统治者的形象大做文章时，他们最常用的手法仍是以硬币的形式来表现它们。例如，当 15 世纪的文森佐·福帕（Vincenzo Foppa）想用奥古斯都和提比略头像来表现和界定耶稣此生的界限（奥古斯都时期降生，提比略时期受难）时，他选择了两个硬币肖像画风格的形象来装饰毛骨悚然的耶稣受难（Crucifixion）画面上方的拱门（图 3.10）。[29] 在提香的画《基督和行淫的妇人》（*Christ and Adulteress*）中，要努力分辨才能认出潜藏在耶稣上方，固定在墙面圆形饰板上若隐若现的奥古斯都头像——不过他在那里也许反而更显突出和引人注目（图 3.11）。这里可能有多种饶有趣味的解读。皇帝侧像显然说明画面场景发生在罗马时代，不过它也可能是在隐晦地暗指奥古斯都和女先知西比尔的故事。我们看到的是耶稣布道背景中的皇帝，而不是目睹耶稣出现在皇帝面前。耶稣对带到他面前接受惩罚的通奸女人的反应是一则著名的圣经故事（"让没有罪的投下第一块石头"）；而奥古斯都对此类事件的处理也同样很有名——其立法规定通奸要受到惩罚（免去死刑），并将犯下此罪的亲生女儿茱莉亚流放。在两者之间发现一种平行关系（或是对比），这并不算异想天开。圣经故事中，耶稣的做法是同摩西律法背道而驰的，画中罗马皇帝的在场促使我们更全面地思考各种矛盾的道德观、不同的法律体系以及他们背后的权威等问题。而所有意义都悬挂在那张以硬币风格描绘的帝王侧面像之上。[30]

如果认为所有文艺复兴时期的艺术家手边都有一堆古代零钱摆在素描板旁，这种想象未免过于天真（不过，如果格兹乌斯所言为真且并没有吹嘘自己和大师的关系，那么瓦萨里和米开朗基罗也许都收藏有硬币）；同样天真的想法是认为艺术家们曾致力于追求我们所说的考古学意义上的精准。正如梅姆林的画作或芒雄阿里奥的一些肖像画那样，有时的确能识别模特出自哪款硬币。但是在更多情况下，艺术家复制其他素描或印刷渠道的次数和临摹原作一样多；他们将硬币肖像加以创新或改造，正如他们也同样忠实地复制原作一样。帕维亚修道院硬币风格的形象，恰恰就是硬币"主题的变体"，而不是一模一样的复制品，而艺术家和古董研究者有时对创作步骤也持有开放的态度。1550 年代，一位野心勃勃的法国传记编纂者承认道，为他画插图的艺术家们有时要"依靠幻想"（*phantastiquement*）来创作，同时他还强调，这些幻想是"建立在我们最博学多识的朋友们给的建议和忠告之上"的：这是将学术知识和纯粹虚构相结合的良好尝试。[31]

图3.10 文森佐·福帕的《耶稣受难》（*Crucifixion*，1456年），长70厘米，宽40厘米，将场景放在一座古典拱门中。关于画面上方无名皇帝的身份一直存在争论，不过把两人当成奥古斯都（左）和提比略（右）倒是颇为合适——仿佛将耶稣的一生植入罗马的历史叙事中。

图3.11 提香的《基督和行淫的妇人》（约1510年）用图画诠释了福音故事，故事中的耶稣（中间偏左）拒绝以石刑处死因通奸而被起诉的女人（最右侧）——尽管这是摩西律法制定的惩罚措施。这幅大型油画宽近2米，背后有个复杂的故事（起初它是从一幅更大的作品上被切割下来的，这张大幅画中有一个完整的人物——蓝白相间的膝盖可从女人身后看到——被从右侧移走）。现在很少有人注意到耶稣身后墙上的奥古斯都头像。

诚然，这些艺术家的作品中有不少我们所说的"愚蠢的错漏"。例如，芒雄阿里奥创作的卡拉卡拉皇帝的怪异肖像，几乎可以肯定是复制于一枚马可·奥勒留的硬币；艺术家错误理解了用复杂的拉丁文铭刻于硬币上的人名和皇帝头衔，甚至认错了皇帝（图 3.7e 和图 3.7f）。错误很容易发生。雷梦迪恢宏的韦斯巴芗头像肯定是紧紧围绕一枚硬币肖像而创作的。但是这次又错了：选错了硬币，所以也认错了皇帝——他也犯了同样的错误，读错了硬币边缘四周的名字和头衔，结果复制了韦斯巴芗之子提图斯的肖像（图 3.7n）。[32]

现代学术界对这类错误可谓怨声载道（尽管在读取拉丁文和正确辨识皇帝身份这方面，我们做得并未比文艺复兴时期的前辈们出色多少[33]）。"帕维亚修道院的雕刻家的无知程度和漏洞百出简直令人大开眼界……藏都藏不住……"一项最近的研究抱怨道，除此之外，这篇文章还将批评的矛头对准肖像四周的复制错误和拼错的铭文。[34] 谨慎的学者们耗费大量精力，致力于厘清这些形象的准确来源，试图揭开层层谜团，比如艺术家究竟于何处找到原始硬币模型，以及何人从谁的作品里复制了什么内容。一些重要的关联得以揭示。例如，一些非常接近的相似之处证明，芒雄阿里奥的手抄本在几十年后很可能被当作素材（错误和所有内容），用来给维罗纳一座宫殿式建筑的天花板上绘制硬币风格的精美帝王肖像系列图；正是在此地，某位画家自娱自乐，在已完成画作下面的预备涂层上画了一幅大不敬的皇帝漫画（图 1.16）。正如那个非传统的"卡拉卡拉"所表现的，从硬币到手稿再到复制画，可以看见一条清晰的轨迹。[35]

这很像巧妙而又给人以满足感的侦探工作，不过有时它忽略了一个更重要的意义。无论是精确的仿制，任意的改造，纯粹的虚构，荒唐的谬误，还是多重临摹和复制，最重要的是硬币风格这一艺术形式。罗马帝王硬币为古罗马时代那些名人面孔提供了最真实的参考图像。不仅如此，这些硬币范本，以及由尤里乌斯·凯撒在罗马开创的肖像头像的币章表现风格，赋予了所有框内肖像以一种颇具权威性的印记。尽管帝王仍占据核心地位，但这一风格为几乎所有古代人物（无论男女）带来了更多的真实性。

此趋势在文艺复兴时期一度十分流行的写作类型"肖像书"（portrait book）中可见一斑，这是一种将历史人物小传同相匹配的肖像画结合的形式。最早的此类著述——1517 年出版，作者富尔维奥——主要介绍罗马帝王史上的人物，但是书的页面边距处绘制了众多历史人物，从罗马双面神雅努斯（Janus）和亚历山大大帝开头，到 10 世纪神圣罗马皇帝康拉德结尾。即便那些次要人物的形象也遵循同样的币章格式，有时取自真实的硬币样本，有时凭借想象（错误地）改编。一个很有趣的误识轶事是硬币上的酒神巴克斯（Bacchus）形象曾被错误地当成尤里乌斯·凯撒的对头——罗马共和国的政客小加图（Cato the Younger）（图 3.7i）。[36]

同样的情况也出现在另一套更加精美的肖像书中，这就是富尔维奥的法国后继者纪尧姆·鲁伊勒（Guillaume Rouillé）于 1550 年代出版的《币章手册》。作者雄心勃勃地收录了几百篇传记和几百幅肖像，从亚当和夏娃，希腊和罗马人，凡人和神仙，一直到在位的法国国王亨利二世（Henry Ⅱ），各色人物应有尽有。和富尔维奥那套面貌雷同、画风潦草的侧面像相比，本书中的插图摒弃刻板化套路，人物性格更为鲜明。不过，所有人物都被生硬地塞进硬币框架内，这一做法如今看起来略为可笑。比如在首页，夏娃被画成罗马皇后的样子，头像周围的铭文也是模仿罗马硬币上的文字："Heva ux（or）Adam"（夏娃，亚当之妻）（图 3.7j）。鲁伊勒在提到自己将幻想和学术知识相结合时充满自豪；现在你知道他为何这么说了。[37]

类似的艺术融合还存在于修道院。无论雕刻家和设计者的拉丁文多么蹩脚，他们将多数同皇帝关联密切的非皇室人物——从罗慕路斯（Romulus）和雷穆斯（Remus）兄弟到古巴比伦王尼布甲尼撒（Nebuchadnezzar）——描绘成罗马帝王本身的样子，尽管还带点异域色彩。谁知道艺术家们有没有发现作品产生的讽刺效果？不过如今很难不注意到，在帕维亚修道院和霍顿宫里，对罗马的著名死敌匈奴王阿提拉的刻画方式，都是原本用于在硬币上彰显罗马专制统治的表现手法（图 3.7l）。[38]

帝王硬币在文艺复兴视觉表达的中心地位及其对历史人物的重新建构，在一本曾大受欢迎的耶稣传记中的几行文字里得到了最精彩也最令人意外的概括，这本传记就是出版于 1535 年的《基督的人性》（La humanità di Christo），作者为彼得罗·阿雷蒂诺（Pietro Aretino）——讽刺作家、神学家、色情文学家，以及提香的好友。《基督的人性》一书的叙事频繁指向视觉形象，但是描述有关耶稣审判和受难的片段的方式却是出人意料的。当阿雷蒂诺试图捕捉一些主角人物的外貌时，他没有简单地将他们同罗马皇帝对比（尽管那样会指向我们熟悉的帝王视觉类型）；他直接把人物和这些帝王在硬币上的再现方式相比较。参加耶稣审判的两位大祭司亚那（Annas）和该亚法（Caiphas），分别与"币章上的加尔巴头像"和"面露卡利古拉的凶狠之色的尼禄硬币肖像"相对比。无论这种比较触发了多么棘手的神学争议，它清晰直白地向我们演示了帝王硬币肖像怎样被深深植入文艺复兴时期的"观看方式"（way of seeing）中，以及它以何种方式提供了对古代面孔展开想象的标准。[39]

这一标准不仅只为想象过去，而且还用于塑造当下面孔。早期文艺复兴艺术最具影响力且最激进的发明就是再现在世人物的惯例——国王或地方权贵，政客或士兵，甚至作家或科学家——以表现罗马皇帝的手法再现。如今仍有数以千计的这类雕像、半身像、绘画和币章布满博物馆、豪华宅邸、公园和公共广场，作品中的人物身披托加袍，穿着护胸甲，或是头戴月桂花冠。相对来说，肖像通史中极少提及这些作品，部分原因无疑是古典表现风格很容易被错当成一种反动的艺术形式、陈腐的古物癖，或借着古罗马的盛名从中牟利这种毫无新意的做法［现代学术研究中对它们的标准的总体描述——*all'antica*（以古典方式）——尽管严格来讲是正确的，但也常常是一种礼貌的摒弃和无视］。[40] 此类型作品的耳熟能详往往遮蔽了它们意义的含混性、政治的尖锐性，以及关于艺术再现本质和肖像功能的讨论。

这里很有必要以前瞻性的目光去审视 17 到 19 世纪期间的这个传统，重新与它的丰富性、复杂性和危险性建立起联系——之后再通过 14、15 世纪的币章制造者和雕刻家的作品，重返其文艺复兴时期的源头。可以毫不夸张地说，西方在世人物的世俗化肖像是在与古罗马统治者的风格、面孔和服饰的对话中诞生的。这样的对话不仅体现在币章里，还体现在大理石雕像中。而梅姆林那幅男人手持尼禄硬币的名画所传达的主要信息之一就是提醒观者，古代帝王图像，尤其是硬币上的形象，对现代面孔的呈现是极为重要的。到底有多重要，我们将拭目以待。

## 罗马人和我们

多年来，剑桥大学图书馆的入口一直伫立着国王乔治一世（George I）和乔治二世（George II）的两尊大型大理石像，直到 2012 年才被移置于附近的博物馆，其作者是那个年代的两位知名雕塑家——一位是约翰·迈克尔·莱斯布雷克（John Michael Rysbrack），另一位是约瑟夫·威尔顿（Joseph Wilton）。"乔治父子"两人于 1714 到 1760 年间统治英国，是图书馆的主要捐助者。雕像中的两人身穿罗马皇帝的战袍，光彩照人，这身装备的目的更多的是为了仪式感，而不是实用性。他们的面孔纯属 18 世纪风格，嘴角带着一丝典型的汉诺威王室冷笑（很难不产生这样的联想）；两尊雕像都身穿带装饰的护胸甲，过膝皮裙［即所谓"翎毛"，或称皮条（*pteruges*）］，脚蹬贴身战靴，头戴月桂花冠；乔治二世还抱着一个球体，显然是帝王统治的象征。日常经过雕像的师生并没留意过它们的装扮。其他人则将其归结为 18 世纪古怪但又无伤大雅的艺术风尚，有点傻里傻气的奇装异服，或两个极其自负（或疯狂）的平庸君主，虽未征服全世界，却自我幻想成罗马帝王。"谢天谢地，它们总算挪了地方，两个浮夸炫耀、趾高气扬的国王。"一位图书馆的读者如是说（图 3.12）。[41]

在早期现代欧洲、大英帝国，以及后来的美洲，艺术家以罗马帝王的典型外形来塑造人物，不同之处在于他们将当代和古代风格巧妙结合，两位乔治国王只

图3.12 "乔治父子"曾伫立于剑桥大学图书馆的入口。作者分别为迈克尔·莱斯布雷克（《国王乔治一世》，1739年，左图）和约瑟夫·威尔顿（《国王乔治二世》，1766年，右图），两尊真人大小的雕像都身穿罗马帝王的戎装，头戴月桂花冠。

不过是数量庞大的此类肖像雕塑中的一组作品。[42] 有时，松散的现代假发和罗马皇帝盔甲搭配，显得不那么协调。在一些作品中，半身像脖子上围的托加袍就足以代表这一形象的罗马元素。其他作品则华丽而"古香古色"。在大学图书馆不远处彭布罗克学院（Pembroke College，原位于伦敦市中心）的花园里，坐落着一尊由理查德·韦斯特马科特（Richard Westmacott）于19世纪初打造的铜像，铜像人物是首相小威廉·皮特（William Pitt the Younger）。他全身披着托加长袍，手持卷轴，端坐于疑似国王御座的宝座上。[43]

这些雕像中的绝大部分都是通用的形象。乔治父子是以"罗马帝王"的标准化表现手法加以刻画的，没有参考任何古代统治者或雕塑作品。在大理石像或铜像中只能偶尔看到将现代模特和某个具体的古代帝王人物直接比对的迹象。卡诺瓦为拿破仑之母梅尔夫人创作的肖像就是最显著的例子。雕刻家将夫人塑造成"阿格里皮娜"的形象，同样，莱斯布雷克把一位气质略失高贵的贵族人物的特征同尤里乌斯·凯撒的外形特点相"融合"，也属此类实例。[44] 相互参照、交叉比对在绘画中更为常见。有时艺术家这么做只为自娱取乐。如果18世纪的乔治·纳普顿（George Knapton）的画中出现身穿罗马皇帝装束的伦敦"慕雅会"（Society of Dilettanti）成员，鉴于成员们对意大利古物的兴趣，倒也没什么奇怪的。不过当纳普顿直接参照提香十二凯撒系列中的尤里乌斯·凯撒来为年轻的查尔斯·萨克维尔（Charles Sackville）造像时，这幅画似乎成了具有双重含义的笑话，意在吸引博学且有时机智过了头的慕雅会成员。皆因萨克维尔本是个名声在外的"浪子"，痴迷于板球和歌剧，曾在1730年左右的一次声名狼藉、离经叛道的狂欢节游行队伍中穿成罗马人的样子。画中，他肩膀旁的文字提到了这一狂欢节日。将这一耽于寻欢作乐，或曰挥霍无度的花花公子，同威严的罗马独裁者相对比，其本意就是要格外突出其中的荒谬和不合理，同时也暗示凯撒自己人生经历中的一些污点。尽管作为征服者，他坚定而果断，不过其风流韵事和萨克维尔相比，却是有过之而无不及（图3.13，以及图5.2a）。[45]

另一幅很有趣但更严肃些的画是安东尼·凡·戴克（Anthony van Dyck）为查理一世所作的肖像，创作于1630年代，正是国王遭处决的前十年左右。画中的国王披着长发，蓄着富有个人特色的胡子，身穿现代盔甲，他的皇冠和军用头盔

图3.13　乔治·纳普顿于18世纪中叶为查尔斯·萨克维尔作的肖像画，只有不到1米高，是高度仿照提香的尤里乌斯·凯撒形象而创作的（图5.2a）。人物肩部旁边的拉丁文提到，萨克维尔曾在1738年佛罗伦萨的一场狂欢游行［或叫罗马的"农神节"（Saturnalia）］中扮成罗马执政官的样子。

都置于身后——初看似乎同罗马统治者无任何关联。但是，国王精准的骑马姿势，紧握的权杖，以及棱角分明、铮亮发光的护胸甲，都是对提香帝王系列肖像画其中一位皇帝的准确无误的复制。这些画当时属于查理一世，是他从曼图亚大批购入的画作之一（下文，171—177页）。这幅画里被模仿的皇帝就是奥托，一个挥霍无度、缺乏男子气概的浪荡子（罗马人对他的刻板印象），他最大的优点，或曰唯一的美德，就是在内战中面对无计可逃的惨败时，勇敢而有尊严地自我了断。很难想象此画本意是以隐晦的方式批评国王。凡·戴克是查理一世帝王形象的主要缔造者，并在提香的帝王系列图初抵英国王宫时就对其中一些进行了修复，因此，画家不太可能是颠覆皇权的支持者；而查理一世自身也似乎对奥托原画特别感兴趣，

图3.14　这里展示的是一张18世纪的复制品，凡·戴克为国王查理一世作的肖像画（近1.5米高）中，人物的姿势仿照了提香笔下的皇帝奥托（图5.2h），其因放浪不羁的生活方式和富有尊严的自我了断而闻名。"非-罗马式"皇冠退居至画面的背景中。

还在提香所有的《凯撒像》中单独挑出奥托的肖像，并委托艺术家以此为模板制作一幅版画。然而，任何察觉到此画源头的观者——发现画中深意的人肯定不在少数，因为它是当时最负盛名的帝王肖像组图中的一幅——都难免会想到奥托和英国国王之间令人尴尬的相似之处——尤其是查理一世被处决后，其临刑前的气度和尊严与其有生之年的诸多方面形成鲜明对照。正如梅尔夫人后来发现的，与某位罗马帝王家族成员太过相像的话，总要承担名声受损的风险（图 3.14 和图 5.2h）。[46]

　　但是，哪怕是在这些"罗马帝王模仿者"的通用形象之中，也潜在棘手的政治问题。君主或世袭统治者装扮成帝王形象，这似乎顺理成章。然而，在其诺福克郡霍顿庄园的乡间别墅中，乔治国王统治时期的英国首相罗伯特·沃波尔爵士的大理石半身像却裹在托加长袍里，周围环绕着罗马帝王像——仿佛与帝王们结盟。这难道不是另一个版本的"安德鲁·杰克逊问题"？一个像沃波尔这样的现代共和党人和反君主制激进分子，一个只拥护宪法、议会约束下的一人统治政体的辉格党精英，怎会如此心安理得地采用打着独裁专制烙印的形象，或传递出与帝王权力践行者之间如此明显的比较关系？[47]

这对于那些想要回望过去的人来说是个难题——以及想要仿古的人——他们追忆凯撒独裁前罗马的那段光辉岁月，一个民主的共和国里上演着自由、勇敢和自我牺牲的英雄事迹。也许那是（也许不是）段辉煌的时期；但是一幅肖像到底如何表明其主角被塑造成罗马民主主义者，而不是罗马帝王呢？当时大量的文学以种类繁多的类型被存留下来，如喜剧、核心哲学思想和私人信件，然而罗马共和国的素材却难觅踪迹，无论是在建筑还是雕塑中。令人沮丧的矛盾之处在于，几乎所有古罗马的实物遗迹均来自"堕落的"帝国，来自那个将共和国"砖块之城"（city of brick）取而代之的"大理石之城"（city of marble），而奥古斯都曾骄傲地宣称，这都是他的功劳。[48]

若想重新想象罗马共和国由英雄和他们的崇高美德所构成的世界或者其艺术风格，你就不得不或多或少地依靠虚构能力——或者两者都需要靠虚构。从公元5世纪拯救罗马后又无私放权退隐务农的共和国爱国者辛辛纳图斯（Cincinnatus）到西塞罗，他们的面孔和外貌特征早已遗失得无影无踪。尽管肖像制作是根深蒂固的罗马传统，但是尤里乌斯·凯撒之前的时代存留下来的凤毛麟角的古肖像中，几乎没有任何一件能确定其真实身份——除非有引文，且需要比识别罗马帝王更多的一厢情愿的主观臆想。前凯撒时代也没有可以用来匹配和比对的硬币头像。罗马知名肖像绝大部分是帝王肖像（这里我所指并非墓碑石上那些身份低微的形象）。当然，这些肖像并不都是刻画帝王本人的，但几乎无一不是采用或修改了那些帝王风格。很难逃避一个尴尬的事实，即现代世界里如果被再现为罗马人的形象，几乎注定要沾染上一丝专制独裁的气息。

有些艺术家——如17世纪制作了现藏于英国皇家收藏品中的镀银碟的德国银匠——似乎选择迎难而上（或忽略困难）。在银盘中央，银匠重新创作了体现

图3.15　霍雷肖·格里诺（Horatio Greenough）制作的乔治·华盛顿（1840年）的大型塑像是虚构的罗马英雄和希腊神宙斯这两者的尴尬组合（灵感来自一尊曾立于奥林匹亚山宙斯神庙中的巨大雕像）。19世纪的几十年间，将其置于美国国会大厦室外似乎是更为安全的选择。照片中正有一群非裔美国小学生仰慕地（？）欣赏着塑像，时间约为1900年。现在它位于国立美国历史博物馆。

罗马共和国美德的最光荣的一段历史［公元前6世纪末，穆奇乌斯·斯凯沃拉（Mucius Scaevola）将右手插入熊熊燃烧的火堆里，向敌人证明了他的大无畏精神］；而盘子四周边缘是一组不太和谐的由帝国独裁者组成的微型圆形图案，作为英勇场景的见证人——从尤里乌斯·凯撒和奥古斯都，到几位后任统治者，包括加尔巴，他们大多是内战的受害者。[49] 还有些艺术家逃避问题，尽管有时并不成功。在美国，霍雷肖·格里诺打造的乔治·华盛顿巨型雕像让人想起罗马共和国的辛辛纳图斯，后者曾归还佩剑，因此意味着将权力还给人民。不过在周围环境的映衬下，华盛顿雕像也没那么庞大而厚重（1841年第一次安装时，它差点砸坏国会大厦圆形大厅的地板）；艺术家以古希腊之神为参考塑造了这位美国共和英雄，因过高估计自己的创作能力反而弄巧成拙（图3.15）。[50]

　　大西洋两岸的激进分子和现代共和主义者的肖像常常特意选择比较朴素简约的罗马风格，摒弃宽松的托加袍那膨胀鼓起的布料或装饰华丽的盔甲。这些肖像并非像人们常说的那样是参照罗马共和风格的模板而成的作品（因为无任何共和风格的模板可参照），它们是在通过剥离帝王肖像上奢华无度的印记，从而创造罗马共和国的典型风格和特色。[51] 这还不够。托马斯·霍利斯是 18 世纪一位富有且拥有优越社会关系的英国激进分子（他在向哈佛大学捐赠时也严格遵循反君主制原则），在为霍利斯创作的半身像中，威尔顿不仅将人物的呈现简化到极致，而且还在基座上刻了一对匕首和一顶"自由帽"（一种罗马奴隶被奴隶主释放时戴的小帽子）。这些符号参照了尤里乌斯·凯撒的暗杀者在皇帝遇刺之后发行的一枚硬币图案，用来庆祝以暴力征服的城邦重获自由；这是霍利斯政治理念的明确体现。不过对我们来说，这也表明君权观念深深嵌入这种罗马典型风格之中——必须采取果断而严厉的措施才能成功地抵制它（图 3.16）。[52]

图3.16　在1760年代，约瑟夫·威尔顿（年轻乔治国王的雕像制作者，图3.12）尝试着利用罗马风格赋予托马斯·霍利斯（Thomas Hollis）——支持美国大革命的英国社会活动家——反君主制的资格。半身像的底座上明确表达了这一目的，能看出威尔顿在底座上刻了几个符号（匕首和一顶"自由帽"），这些符号都曾在尤里乌斯·凯撒的暗杀者发行的一枚著名硬币上出现过。

一百年后，维多利亚女王和阿尔伯特亲王面临着同样的问题，起因是一尊亲王本人的真人大小的大理石雕像——具有威武英勇、高傲自重的典型皇家风范，由亲王亲自委托制作，作为其新婚妻子的生日礼物。以帝王外表来刻画阿尔伯特亲王，这似乎是个难题；显然是因为他并非现代帝王，只是在位女王的配偶。在与亲王协商之后，雕塑家埃米尔·沃尔夫提出解决方案，通过借用古代雅典勇士的肖像来冲淡皇室风格，使之更大众化：阿尔伯特身上的盔甲同乔治父子的差别不大，但是其脚旁有一顶易于识别的希腊头盔，与之搭配的是手中的希腊盾牌。这不算一件成功之作。当第一尊雕像送达时，维多利亚女王嘴上客气地说"很美"，私下却在日记里补充道，"我们都不知道该把它放在哪里"。最后，雕像被置于他们怀特岛（Isle of Wight）上的宫殿后廊一处不起眼的地方——她解释说，因为"阿尔伯特（觉得）希腊盔甲中的人光腿赤脚，身体裸露面积过大，不太适合放在房间里"。同时他们又委托制作了第二尊塑像，这次，雕像人物脚蹬凉鞋，裙子被加长，遮盖住更多的大腿部分，并于1849年在白金汉宫展出。这个故事不仅告诉我们，国王、王后们也和平常人一样会因收到失败的生日礼物而感到尴尬，还让我们意识到罗马风格是多么轻而易举地瞬间被土崩瓦解。古代装束并未将阿尔伯特打造出杰出的形象，而是将其变成身穿不太相称的奇装异服的男子——与剑桥图书馆的读者对乔治父子雕像的评价颇为相似（图3.17）。[53]

这对皇室夫妇的焦虑还引起我们对更重大的问题的思考，这些问题关涉着古代风格的本质：大同小异的现代皇室肖像究竟再现了什么内容，以及支撑这些作品的观看和欣赏惯例。1770年代初，本杰明·韦斯特（Benjamin West）的一幅画——《沃尔夫将军之死》（*The Death of General Wolfe*）（1759年在对抗法国的魁北克战役中牺牲的英国指挥官）——早在五十多年前就让这些问题戏剧性地浮出了水面（图3.18）。韦斯特是一位在意大利对古典艺术展开实地研究的美国画家（众所周知，他敏锐地将著名雕像《观景殿的阿波罗》同"年轻的莫霍克族勇士"进行了对比[54]），不过他一生中大部分时间还是在英国工作，继约书亚·雷诺兹（Joshua Reynolds）爵士之后担任皇家学院（Royal Academy）的第二任院长。韦斯特对沃尔夫将军的描绘成为激烈争论的焦点，最重要的是，他用当时18世纪的装束，而没有选择常见的罗马风格的盔甲或托加袍来刻画将军。

这幅画本身已经被过度地神化为革命的转折点。它肯定不是第一个采用现代服饰的这类图像［乔治·罗姆尼（George Romney）和爱德华·彭尼（Edward Penny）早在几年前就曾以同样的时代风格描绘过沃尔夫之死[55]］，而后来继续采用古典风格的绘画和雕塑作品也不在少数。在 1770 年代，不是所有参与讨论的观众和评论家都会提到人物的服饰装扮，只有极小圈子里的艺术理论家及其赞助人才会关注这个问题。比如，儿子也同样是首相的英国首相老威廉·皮特（William Pitt the Elder）更热衷于抱怨画中沃尔夫的面孔和周围人物表现出"过多的沮丧和低落"。至少对现代观众来说，首相似乎完全没抓住这幅画的重点，不过他的看法可能和同时代的大多数观众是一致的，人们更感兴趣的是场面传达出的情感，而不是人物身上穿着什么服装。[56]

尽管如此，关于服装选择的争论还是具有重要意义的；不仅因为有知名度极高的参与者（也部分保证了论争的热度），还因为它如此明确地表达了关于作品阐

图3.17 两件19世纪的皇家生日礼物，作者是德国艺术家埃米尔·沃尔夫（Emil Wolff）。两尊真人大小的阿尔伯特亲王的铜像都身穿古代服装，右侧稍晚创作的雕像中（1849年），人物的"裙子"拉长，目的是给人一种更为清醒和严肃的印象。

图3.18　1759年，英法两国在加拿大的魁北克战役以英军胜利告终，而英国指挥官詹姆斯·沃尔夫（James Wolfe）却在战斗中阵亡。本杰明·韦斯特以当时18世纪的服装而不是古代罗马装束来描绘沃尔夫的临终时刻，这个决定引起广泛讨论，尽管韦斯特并非用现代风格表现这一场面的第一位艺术家。不过，这幅大型油画（2米多宽）在其他方面也很引人入胜：从垂死之人如基督下十字架般的姿势，到构图中早期加拿大土著人这个显著而突出的角色，无不给人留下深刻印象。

释的一些重大问题。韦斯特的个人立场不足为奇。当被要求为自己的服装选择做辩护时，他坚称沃尔夫阵亡之地加拿大是"希腊人和罗马人闻所未闻的地区"，所以给人物穿上古代服装会显得特别荒诞可笑。"我认为自己，"他接着说，"担负着将这个伟大事件展示给全世界观看的重任；可是倘若我罔顾事实，把事迹刻画成古典虚构之作，那如何能让后世人理解我的作品！"后世之人的解读也是韦斯特的反对者的关注点之一。约书亚·雷诺兹不赞成当代服装，认为它缺乏一种高贵性，并提出只有古典装束才能让史上如此具有英雄色彩的时刻具有超越时间的永恒力量；否则几年内，画中描述的事迹就会显得陈旧而过时。

以上包括直接引用在内的大部分信息，均来自一个带有强烈倾向性的出处：一本充斥着溢美之词的韦斯特传记。传记旨在为证明韦斯特最终战胜其批评者而铺平道路，据说，这一胜利以雷诺兹承认自己的错误而达到高潮："我收回自己的反对之声……我预测，这幅画不仅会成为最受欢迎的作品之一，还会引发一场艺术革命。"此外，原本听了雷诺兹劝阻而放弃购入此画的国王乔治三世（George III），最终也因与这样一件杰作失之交臂而后悔不已。然而，无论这些被记录下来的争议之声是否带有明显的偏见和倾向，它们都生动地捕捉到了各种艺术再现风格背后的深层次问题：比如再现当下的各种方式；在过去和当下的交替更迭之间，岁月的逝去如何搅乱了一个图像的时间性；以及过去和现在之间的界限如何被艺术划定，又如何面临艺术的挑战。[57]

这场特殊的辩论很大程度上是以 18 世纪伦敦精英阶层惯用的方式展开的，其中不乏互为竞争对手的画家之间妙语连珠、优雅而不失风度的唇枪舌剑，作为龙套角色参与进来的国王，甚至一度还有坎特伯雷大主教的加入，而主教站在雷诺兹一边也是预料之中的事；在任何其他背景或时代下，这种讨论都是难以想象的。即便如此，这些令人难忘的交流背后的基本逻辑也有助于我们确定早在几世纪前就被提上日程的话题。现在，我们要更加细致地去探索意大利文艺复兴时期描绘现代在世人物——以及已故帝王的早期传统。

## 文艺复兴和罗马人

人们通常认为，以罗马人的外貌和装扮来表现现代知名人士，可以在古典和当代美德之间建立起强烈的关联——哪怕有可能产生政治错配和难以避免的独裁意味。某种程度上看，这的确是事实。这个事实在 18 世纪的英国体现得最为明显，精英阶层对拉丁文学和用于道德及哲学辩论的拉丁语的投入确实促进了一种观念，即认为罗马肖像可以作为绅士行为的榜样——或一种参照范本。当伏尔泰在 1730 年代提到"英国议会成员喜欢将自己比作古罗马人"时，他指的是很多现代学者所说的"自我塑造"（self-fashioning）：古罗马人为这些人（我指的是男人）提供了重要榜样，以供他们学习如何规范行为和审视自我。然而，此传统早已有之。把在世人物刻画成古罗马人——更具体地说是罗马帝王——的做法可以追溯到更久远的时代，一直到西方现代肖像制作传统的最初起始点。[58]

在意大利文艺复兴中的诸多文化转移和文化颠覆中，有两个相互关联的、有关观看和再现方式的重大变革，而如今在一定程度上我们仍是这些变革的后继者。第一个激变发生在——在不同的媒介、背景和地点里发生的进度各有不同——14和16世纪之间，是关于艺术如何刻画古典时期的罗马帝王和其他人物的革命。正如我到目前为止一直暗示的，在中世纪的作品中，这些古代统治者常以现代君主的标准装扮示人。普瓦捷大教堂的彩色玻璃上，尼禄皇帝头戴一顶中世纪风格的皇冠，并搭配12世纪的国王长袍（如果没有下方的文字"尼禄"，我们很难认出他——即便有他身后的小魔鬼和旁边圣彼得的受难图作为参考，也很困难）（图1.6）。在1433年制作的苏维托尼乌斯《帝王传》的一版华丽手抄本中，插图上每

图3.19　奥古斯都和西比尔的全页插图，选自苏维托尼乌斯《帝王传》的手稿版，制作于1433年的米兰。画面人物与图1.17相同，但画风和服饰却带有显著的中世纪特点。右侧的西比尔手指天堂里的圣母和圣婴。皇帝的长袍下显然还穿着盔甲，他右手握着权杖，左手中的图形则是宇宙的象征。

位皇帝都身穿 15 世纪的皇家服饰，只是偶有表明罗马身份的月桂花冠：比如提比略披着红色和金色相间的精美罗马短袍，下半身却穿着长裤；而奥古斯都在与西比尔的对话中——不用说，这不是苏维托尼乌斯的传记里的故事，这里只是作为表明皇帝身份之用——看起来活像一个 15 世纪的主教（图 3.19）。[59]

这同我们之前在本章深入分析过的其他手稿中古罗马风格的刻画，形成了十分鲜明的对照。在相当长的一段时间内，两种风格发生了重叠（穿成教士模样的奥古斯都，比高度仿照古代硬币形象的某些苏维托尼乌斯插图，出现得要晚一些）。然而随着时间的推移，文艺复兴艺术家越来越多地——也是文艺复兴时期的观众所期待的——将帝王们刻画成罗马人的样子，而不是同时代人应有的外貌。到了 16 世纪末，几乎没有艺术家再给古人穿上现代装束。这样的转变要归于人们对古典时代文物真迹的认识和理解，无论在文学还是视觉作品上都有所深入。但是，即便古文物专业知识很重要，也不能解释所有现象。以早期表现形式从事创作的艺术家们完全清楚，罗马皇帝的日常服装是托加袍，而不是紧身上衣和紧身裤——正如莎士比亚及其戏剧《尤里乌斯·凯撒》中的演员们都深知罗马人不穿马裤，约书亚·雷诺兹也了解沃尔夫将军在魁北克战役阵亡时不可能穿着罗马护胸甲和军装短裙。

这些文艺复兴时期重大艺术变革背后的问题和争端，在几百年后雷诺兹和本杰明·韦斯特的交锋中逐渐明朗清晰起来。过去和现在该如何想象，古代和现代之间的异同该如何表达，针对这些问题的千变万化的回答才是关键。与罗马皇帝的"正确"再现方式差不多同步并行的是另一场肖像革命，在世的现代人物有史以来第一次被刻画成古罗马人的样子，这种并行绝非巧合。如果以过于简单化的语言总结的话（因为正如我们以后会看到的，各种例外和其他风格总是层出不穷），欧洲文艺复兴——尤其是在意大利——是这样一个时代，即罗马帝王不再被刻画成现代统治者的外形，而现代统治者开始被表现成罗马帝王的样子。[60]

这些变革的真正原因如今很难追溯，可能有各种传统继承的因素参与其中，部分促成了更大规模的艺术革新。罗马帝王头像，无论是金属硬币上的微型头像还是标准尺寸的大理石像，的确促进了独具特色的肖像制作惯例在这一时期发展起来；但我并不想说这是唯一的推动力。某些早期传统也发挥了作用，例如私人印章石，装有圣徒遗骸遗物的半身像［被称为"圣髑盒"半身像（reliquary busts）］，以及大型宗教画中捐赠人和赞助者栩栩如生的小型人物像。作为一种再现类型，肖像艺术的发展无疑同更广泛的文化和学术趋势（按照有些过度概括的流行说法，文艺复兴是对"个体的重新发现"）息息相关。[61] 即便整体模式几乎在各处都相类似，但考虑到全欧洲范围以及不同的艺术媒介，还是存在诸多细微差别。

这就是说，凯撒图像对现代肖像视觉语言的发展影响巨大，且肖像不是只限于为男性制作，在这一发展过程中，过去的艺术表现风格不断被调试，以适应当下的再现形式。这正是雷诺兹在后来简略概括中所说的"永恒性"（timelessness）。

现代西方存留下来的在世者独立半身肖像中，差不多最早的一尊是按照罗马帝王风格塑造的，这绝非偶然。这件作品就是米诺·达·费埃索莱（Mino da Fiesole）大约造于 1455 年的大理石雕像，雕像刻画的人物是佛罗伦萨的科西莫·德·美第奇之子乔万尼（Giovanni）。从创作时间来看，它被认为是同更早的一尊半身肖像最接近的作品，后者也是米诺所作，肖像主角是科西莫的另一个亲生儿子皮耶罗（Piero），雕刻日期只比第一尊早了几年，大约在 1453 至 1454 年之间。乔万尼之像和其兄的雕像最明显的区别在于，他穿着华丽的古代盔甲，风格同剑桥大学的乔治国王像十分接近。到底是什么动机驱使雕刻家采用这样一种特殊风格，我们不得而知（乔万尼对古典时期很感兴趣，皮耶罗也有相同爱好）。无论其背后的原因是什么，它强力证明了现代肖像模特和古代皇帝二者的艺术合并在这种艺术传统的最早期阶段就已根深蒂固，无论后来它经历了何其剧烈和曲折的变化（图 3.20）。[62]

然而，正是硬币和勋章（medaglie）再次最早且最明确地界定了这种艺术合并。这里我指的不仅仅是卡维诺之类的艺术家制造的那些古代硬币的精巧仿品或赝品，也不是修道院里那些勾勒出古人面孔轮廓的"硬币风格"的肖像。在世人物的肖像制品也占有相当大的比重。我们发现，早在 1390 年代就有为在世人物打造铜制肖像勋章这一优秀而丰富的艺术传统（medaglie，或我们所称的纪念章），其规格甚至比"真正的"硬币还要大，直径长达几厘米。这些大纪念章刻画的人物通常模仿硬币上的罗马皇帝头像（如果是女性人物，则被模仿的是皇帝的妻

图3.20　两个儿子，两种风格：左边是米诺·达·费埃索莱为科西莫·德·美第奇之子皮耶罗制作的雕像（1453—1454年），右边是几年后按古典风格创作的弟弟乔万尼的雕像，两尊雕像都接近真人大小。

女），头像四周一般刻有标明身份的铭文。除此之外还配有各种各样的反面（或背面）图案，一般是为了赞颂肖像人物的美德，有时是高度复制古代钱币上的图形。现代肖像和罗马肖像在这里几乎实现了完全融合（图 3.21）。

　　如今在博物馆里的艺术展品中，这些大纪念章和大量古代硬币一样，常常被忽略。现代世界对肖像画和真人尺寸的大理石像的过度重视，将人们的注意力从小型铜制币章上移开了。然而在文艺复兴时期的北欧和意大利，币章制品具有重大的政治和社会意义，它们广泛流传，肖像中的人物形象因此得以四处传播（它们被称为"名声的硬通货"，尽管它们从来就不是具有货币功能的钱币）。很多币章远非大批量生产的劣质品，而是出自知名实验派艺术家之手——即便是自身的可复制性也不失为其魅力之一。[63]

　　币章制品的意义之一，就是展现了古代帝王形象和在世人物形象之间，以及过去和现在之间的关联。费拉拉侯爵，埃斯特家族的莱奥内洛（Leonello d'Este）曾委托制作了上千枚这类纪念章，一位博学的通信者曾在信中祝贺侯爵"以罗马

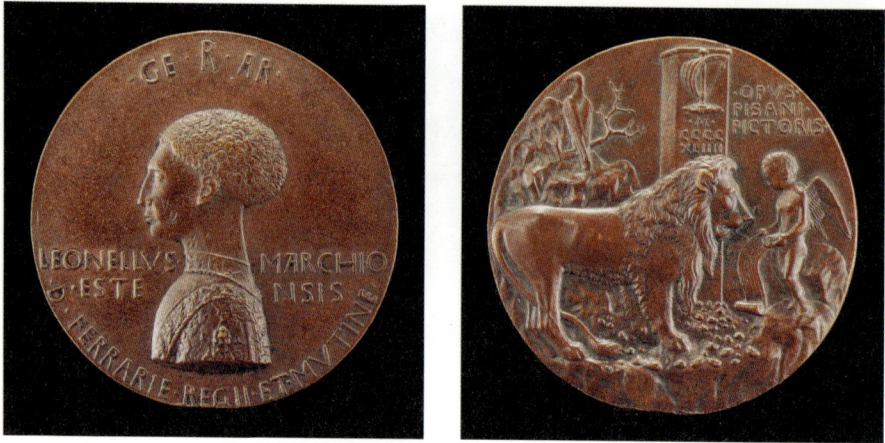

图3.21 古典和文艺复兴的融合。这枚由皮萨内洛（Pisanello）制作的铜质勋章（直径约10厘米）是为了纪念埃斯特家族的莱奥内洛，费拉拉侯爵，四周是其头衔的拉丁文缩写："GERAR"指明其作为阿拉贡国王（REGIS）女婿（GENER）的身份。背面图案是丘比特在训练一头小狮子（Leonello）唱歌，代表侯爵的婚姻（在皮萨内洛的签名下方）。

帝王的方式出现纪念章上，纪念章正面头像旁边刻有您的名字"。其他评论者则表示罗马硬币和现在的纪念章之间存在着更微妙的联系。菲拉雷特自己也制作过一些极为华丽的现代帝王纪念章样本，他曾提到将纪念章埋入新建大楼的地基之下的做法（埋硬币被认为是罗马人的习俗）；在谈及艺术再现中矛盾的短暂性时，他话锋一转，想象着未来的考古学家有朝一日会如何发现这些纪念章，是否会像他的同代人那样在深挖古罗马遗迹时寻到这些宝贝。实际上，无论是在文艺复兴肖像艺术的理论还是在实践中，罗马皇帝的身影从未远去。[64]

这正是本章开始提到的梅姆林所作的肖像画强调的东西。诚然，现代人物和某位帝王的艺术融合一如既往地提出了棘手的问题——无论你如何坚定地断言，这种融合是巧妙的双关语，是在传递道德寓意，或仅仅是在向尼禄硬币的超高艺术品质致敬，问题都不会消失。正如查理一世和奥托，或梅尔夫人和阿格里皮娜，以及匿名的模特——也许是本博，也许不是——和尼禄那样，如果你了解皇帝或皇后们的历史故事，会生出诸多疑惑。但是通过让梅姆林画中人物如此醒目地展示硬币，并使之成为这幅肖像画的标志，这种处理手法，艺术家实则在表达关于个人艺术实践和总体艺术再现实践的更为宏大的观点。罗马帝王肖像支撑了现代肖像制作观念。硬币上罗马皇帝的面孔确认了在世模特和古代肖像人物之形象的合法性。肖像不仅被视为构建了艺术家和肖像模特之间的二元关系，还在艺术家、人物和帝王图像之间形成一种三角关系——通过硬币。

但是，还有其他方式促成文艺复兴时期罗马帝王观念的成型。其中之一——目前为止我们只是略有涉及——就是以群像的方式，尤其是十二凯撒群像。我们将在下一章看到，这是一个比我们设想的更富有争议性的问题。

———————— 第四章 ————————

# 十二凯撒，多还是少

## 银质的凯撒

艺术史上最大的谜题之一就是一套银质镀金高脚浅杯［意大利语里叫泰扎饰杯（*tazze*）］，共有十二个，典雅大方，装饰精美，每个浅杯中央都立有一尊微型罗马皇帝像（图 4.1）。

这套如今被称为阿尔多布兰迪尼泰扎杯（Aldobrandini Tazze）的餐桌饰品得名于其曾经的拥有者，一个意大利家族。饰杯从杯脚到皇帝的头部高约半米多，位列于文艺复兴时期令人印象最深刻的银器艺术品之一。然而，它们的背景故事却鲜为人知，这不免令人失望。我们不知道它们确切的制造时间（大约在 16 世纪末，因为有关饰杯的最早文献记录是在 1599 年，但制造时间究竟比文献记录早多少至今仍有争论）。我们也不确定它们在何处由何人锻造（图案上有一些明显的北欧特征，但是——没有任何可供分析鉴定的标记——关于其起源地，从奥格斯堡到安特卫普说法不一）。何人委托打造了它们，我们也不得而知。银制饰杯的总体重量超过 37 千克，足以说明其最初拥有者是当时的巨富之一——根据当时的文献记载，尽管得名于卡尔迪诺·彼埃特罗·阿尔多布兰迪尼（Cardino Pietro Aldobrandini），这套泰扎杯最早的主人却不是他，因为直到 17 世纪初，阿尔多布兰迪尼才将整套饰杯收全。我们甚至无从知晓它们的制作动机、实际用途，以及如何

图4.1 阿尔多布兰迪尼泰扎杯套装中的"克劳狄"。这套银器造于16世纪晚期，从头到底座有几乎半米高。身穿罗马军装的皇帝像可拆卸，可以在浅杯上拧进拧出，其名字刻在靠近足部的位置。此图展示的这件是原始柄脚和底座（而整套浅杯中有六件曾在19世纪被重新安装了更精美的杯座）。

被展示。浅杯的设计是用来装饰豪华餐桌的，这不失为一个合理猜测，但也仅此而已。[1]

唯一可以确定的是——即便无法敲定准确的制造日期——泰扎杯上的装饰图是至今存留下来的为苏维托尼乌斯之《帝王传》提供系统性插图的最早尝试之一。这同更早的个别精美的手抄版插图不同。每个浅杯的银质内表都刻有《帝王传》中某位皇帝的四个生活场景，按照他们在传记中出现的先后顺序排列（唯一的例外是，如果插图有庆祝皇帝统治期间取得军事胜利的凯旋列队场面，那么它一贯作为大结局被放在最后，即便这样打乱了时间顺序[2]）。每个可以拧进浅杯凹槽中央的银质皇帝像——从苏维托尼乌斯的尤里乌斯·凯撒到图密善——的名号都刻在脚下，他们目光朝下，仿佛在审视着自己脚下的人生故事。

浅盘之上的帝王雕像自身看起来比较传统，几乎有些平淡无奇（尽管雕像侧脸让人马上认出它们是根据硬币肖像临摹的）。不过浅盘上的叙事场面却非常别具一格，刻画细致入微，富含细节。它们包括一些现代人仍然喜闻乐见、几乎已成为某位皇帝的标志的典型场景。比如，尼禄被刻画成"在罗马燃烧时仍拨弄琴弦"的形象：也就是，在画面中，当周围烈火熊熊燃烧，市民们纷纷携贵重财物落荒而逃之时，尼禄却在俯瞰城市的塔楼上弹奏着里尔琴（图 4.2a）。而其他一些场景描述了苏维托尼乌斯的部分叙事内容，这些现代读者容易忽略的场景却是文艺复兴时期艺术家和观众钟爱和优先选择的片段。几个预示着未来皇权的奇怪场面在这套作品里占有重要地位，被浓墨重彩地大肆渲染，而如今，很少有人再把它们当回事。加尔巴雕像配套浅盘上的第一幅画展示了这样的场面，有一次这位未来皇帝的祖父准备的祭品被雄鹰掠走了内脏："这意味着，"苏维托尼乌斯写道，"至高无上的权力将要降临于加尔巴家族，哪怕它会迟到。"（图 4.2b）[3] 总的来说，这些场面展示的帝国政权景观虽然算不上是对胜利的大肆炫耀，但其基调显然都是比较积极的。军事胜利尤其值得庆祝。凯旋列队及类似的场面多达九处（图4.2c），虽然苏维托尼乌斯对传记人物的死亡场景颇有兴趣，然而在银器上却只有一处死亡场景。那就是公元 69 年奥托皇帝勇敢自我了断的场面，画面中的他斜倚在长榻上，匕首刺入了胸膛（图 4.2d）。

无论是谁锻造了这些饰杯（很可能有数位艺术家参与其中），负责整体设计的艺术家肯定巨细靡遗地阅读了苏维托尼乌斯的著作，竭力捕捉所有微小细节：从尼禄胜利游行时头上四处飞翔的鸟儿，到作为尤里乌斯·凯撒标志性特征的大象和火炬。[4] 不过除了历史传记外，这些图案还有其他来源。有两个场景中出现了奥斯蒂亚港口（克劳狄乌皇帝的一个工程）和马克西穆斯大竞技场（Circus Maximus，图密善举办豪华演出的地方），这两幅图是对 16 世纪古文物研究者皮罗·利戈里奥（Pirro Ligorio）制作的版画作品的高度复制，利戈里奥在画中重塑了两处古罗

（a）

（b）

（c）

（d）

（e）

（f）

图4.2  阿尔多布兰迪尼泰扎杯浅盘上的场景：
（a）在"任罗马燃烧时仍拨弄琴弦"的尼禄
（b）加尔巴掌权的征兆
（c）尤里乌斯·凯撒的胜利，表现了苏维托尼乌斯
提到过的大象

（d）奥托自杀
（e）克劳狄在奥斯蒂亚修建的港口
（f）剧场中弹奏里尔琴的尼禄

马遗迹（图4.2e）。几乎可以肯定，罗马硬币——或者更有可能的是，硬币图案的版画改编，或采用相关硬币作书中插图的某版苏维托尼乌斯著作——才是利戈里奥重塑作品背后的素材。[5]这里被借鉴的并非硬币正面图案，而是常刻有罗马城市建筑以及罗马服饰和仪式的"背面"设计。同类艺术借鉴的另一个例子令人印象深刻，尼禄泰扎杯上的形象展示了正在舞台上演奏音乐的皇帝：皇帝的姿势全部

取自一枚尼禄硬币的"背面"，这枚硬币表现了正在弹奏里尔琴的男神阿波罗，或者——有人相信——就是尼禄本人（图 4.2f）。[6] 这些微型图案再一次为重新想象罗马世界提供了范本。

阿尔多布兰迪尼泰扎杯上这套奢华、博学而又稍显自鸣得意的图案，切中了十二凯撒的一个重要方面。我们已经遇到过一些独立的罗马皇帝的古代和现代知名图像，未来还会有更多。然而凯撒——无论是大理石、金属，还是颜料或画纸上的凯撒——如今常以群像或整套收藏系列的形式呈现给我们。如果在某处发现了一个帝王人物，那另一个很可能就在附近不远处：兄弟、父亲、妻子、继承人或整个王朝。这套编排细致、身份明确的珍贵凯撒银器概括了这种多重性的一个面相，涵盖了整整两个王朝，以及两朝之间内战时期的几位权力竞争对手，这是一个固定而又界限分明的帝王像套组。

这一模板上的苏维托尼乌斯十二凯撒有时成为分类原则的视觉符号，它代表着对知识本身的系统性排序，这一发现并不令人意外。我们将仔细审视某些排序法，并找出构成图书馆图录的那些凯撒们，而这一目录是最严谨的分类方案。不过，本章大部分内容还是集中讨论罗马统治者之现代收藏的另一面——无论是权威公认的十二凯撒，还是覆盖范围更广的版本——也就是聚焦于与帝王形象有关的各种失序，颠覆性变体，失传，不完整，误识，重组和挫败等现象。我们将把帝王肖像收藏品视为"在制品"，将十二凯撒当作一种总是被故意拒斥又被遵循的范例，一个既是充满争论和不确定性的焦点，同时又是艺术判别的标准或约束规范。非常出人意料的是，即便就阿尔多布兰迪尼泰扎杯而言，情况也并无例外。

## 完美群像？

作为艺术创作之对象的十二凯撒是文艺复兴时期的发明。[7] 十二凯撒群像是对从尤里乌斯·凯撒写到图密善的苏维托尼乌斯《帝王传》的现代致敬，也是以物料形式将文学文本中的英雄和反英雄可视化的尝试，它们还代表了以一些历史人物群像之标准典范为基础的古典化变体，而这些历史人物在早期现代艺术中被反复地重新想象——比如十二使徒（Twelve Apostles）或九伟人（Nine Worthies）[包括尤里乌斯·凯撒、亚历山大大帝、神话中的特洛伊英雄赫克托尔（Hector），还搭配有三个犹太人和三个基督教人物]。它们也为现代君主提供了参照范本，后者将他们的王朝硬塞进十二帝王系列，就是为了模仿苏维托尼乌斯的十二凯撒。没有哪件作品能像鲁本斯的"帝王拱廊"（Portico of Emperors）那样将这种艺术表现传统如此华美地呈现出来，帝王拱廊是鲁本斯为哈布斯堡王子斐迪南（Habsburg Prince Ferdinand）1635 年胜利挺进安特卫普所设计的部分群像布景：它展示了从鲁道夫一世（Rudolf I）到斐迪南二世（Ferdinand Ⅱ）的十二尊哈布斯堡王朝君主的镀金雕像，雕像尺寸比真人还要大，可谓新一代十二凯撒。[8]

15 世纪中期的雕塑创作经历了尝试性阶段，到了 16 世纪时，十二凯撒群像已成为欧洲（之后是美国）室内装饰的典型特征，无论是气势恢宏还是相对简约朴素的装饰，几乎在所有你能想象得到的艺术媒介中都可见它们的踪迹。[9]艺术家和赞助人经常热衷于修复和修改原始雕像，将其纳入大理石半身像的整个系列中去。[10]虽然这些人物形象直接或间接取材于古代原型，但是它们当中的大多数完全属于现代作品，其艺术生产也直接延续到 20 世纪。十二凯撒雕像无处不在。尽管偶有学术盲点（最近一位最缜密认真的十二凯撒编目员甚至离谱到宣称，在英格兰境内压根不存在凯撒群像——至少不存在石像[11]），几乎没有任何一个西方国家从未受到这些雕像的影响，即便它们在有些地方出现得稍晚一些。

雕像套组无疑更符合巨富阶层的口味。文艺复兴时期的每个罗马贵族宅邸都至少配备一整套凯撒半身像。鲍格才别墅公园目前陈列着两套雕像（图 4.3）。一套是 17 世纪制作的斑岩和雪花石膏群像，陈列的房间因此得名"帝王之屋"；另外一套是由乔万尼·巴蒂斯塔·德拉·波尔塔（Giovanni Battista Della Porta）于 16 世纪晚期雕刻的群像，这一时期的很多罗马皇帝面孔都是波尔塔家庭作坊制作的（包括法尔内塞宫的另外两组十二凯撒群像，其中一组——陈列于宫内的帝王之屋——还配有提香的凯撒系列画的复制品，这些复制画来自曼图亚）。[12]作为有价值的收藏品或珍稀古玩，这些雕像在政客、大主教和国王的陈列柜和宝库里找到了自己的位置。在 1620 年代布鲁塞尔一位知名的佛兰德政治家的私人画廊的画作中，出现了种类繁多的艺术品、鸟类标本、花卉、地球仪和各种宠物，在它们的后方，一整排刻有帝王头像的小型圆形饰板被整齐地固定在墙上，共有十二个

图4.3 乔万尼·巴蒂斯塔·德拉·波尔塔于16世纪创作的一组十二凯撒半身像,现陈列于罗马的鲍格才别墅公园,这些半身像被高高地固定在园内最富丽堂皇的接待室的墙面上:它们构成了从尤里乌斯·凯撒到图密善的标准帝王群像。

图4.4 希罗尼穆斯·弗兰肯（Hieronymus Francken）和老扬·勃鲁盖尔（Jan Brueghel the Elder）借此画来纪念1620年代的一次到访，两人参观了尼德兰南部的哈布斯堡统治者［阿尔伯特和伊莎贝拉大公（Archdukes Albert and Isabella）］在布鲁塞尔的私人藏品。画幅1米多宽，描绘了这个"陈列柜"上的各类物品：雕塑、绘画、贝壳、鸟类标本，以及后墙上的一套十二凯撒圆形饰板。

（图4.4）。[13] 统治于16和17世纪之交的神圣罗马皇帝鲁道夫二世（Rudolf II）曾拥有两套十二凯撒银像（一套显然是独立的半身像，另一套是浮雕纪念饰板），藏于其布拉格城外的城堡中，以这样的收藏，鲁道夫二世完全可以同委托锻造阿尔多布兰迪尼泰扎杯的富有主顾一争高下；不过，尽管这些银器曾在17世纪初的一份财产清单中被详细列明，然而，它们从此以后却消失得无影无踪，极有可能被回收利用或熔毁了。[14] 在露天场合下，帝王群像排列于观赏性植物园中精心设计的"天然"小径和步道两侧。这里不妨提醒一下，近代也不乏大量财富投入帝王肖像制造中，一个例子就是安格尔西修道院，一座位于英格兰东部的大型乡间宅邸。1950年代初，费尔黑文（Fairhaven）勋爵（其财富积累有幸源于美国的工业遗产和英国育马产业的成功）在这里建造了一处"帝王步道"——并安放了一套购于古董市场的 18 世纪十二凯撒像，与周围的树木形成相互映衬，引人注目。[15]

然而，这类收藏不只是贵族或成功人士的宝物，它们还延伸至非精英阶层的家庭和艺术媒介中。在 1500 和 1600 年代之间，蚀刻和雕刻艺术领域制造了大量的凯撒群像，它们或被放置于图书馆，或被悬挂在普通住宅的墙上：皇帝的刻画形式各异，有面孔的特写，有只有头部和肩膀的半身像，还有全身像，或者骑在马背上；通常还会配上一段简短的传记，或描绘帝王生涯中重要时刻的微型画面。1559 年出版的一套帝王头像版画的介绍中附带了一段雅各布·斯特拉达的文字，探讨了这类帝王头像的功能，并解释了计划生产另一套版画的理由。这段介绍强调了帝王版画作为墙面陈列的用途，特别提到了其装饰"餐厅"（即三方卧食椅 triclinia，原文是拉丁语）的作用，并解释了为何这一版尺寸特别大：为了照顾弱视者，确保老年人和视力欠佳的人能欣赏到帝王的面孔。[16]其他皇帝则以不同的艺术媒介得以再现。在 16 世纪中期的法国，曾有手头略为阔绰之人拥有镶嵌着珐琅圆盘的小型骨灰盒，圆盘上独具特色的帝王肖像有些借鉴了马尔坎托尼奥·雷梦迪的帝王版画系列（图 3.7n；图 4.8），还配有两个手握头骨的胖乎乎的丘比特（putti），画风有点可笑，上方有一句铭文"Memento mori，dico"（记住人必有一死，我说）。此设计想要传达的部分寓意很可能是"这些帝王们逝去已久，现在的作用仅仅是装饰"（图 4.5）。[17]

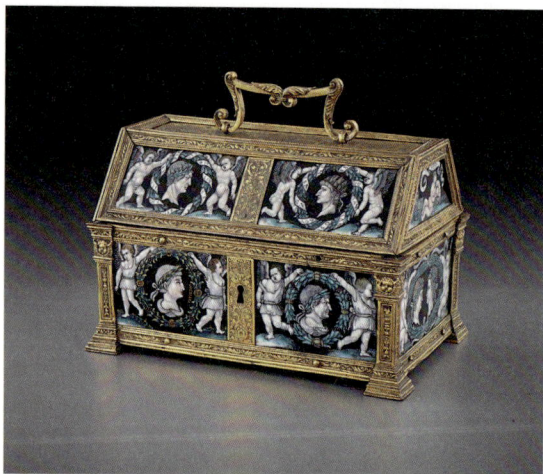

图4.5　小型金属骨灰盒（只有17厘米长），制造于1545年前后，盒子四壁镶嵌有珐琅凯撒图，有些图借鉴了马尔坎托尼奥·雷梦迪的雕刻画（有些后来被替换掉）。盒子长边的两侧有八个单个头像，而短边两头各有"一对头像"（一个花冠里有两个正面相对的头像），这样组成了十二凯撒。

图4.6　19世纪大批量生产的卡利古拉纪念章，直径10厘米，章上的两个洞是为了将其钉在墙上或家具上。它很可能是一套十二凯撒纪念章中的一枚，或是逐步搜集而来的，或是整套购得的。

　　18世纪和19世纪生产了大批小型帝王肖像金属或陶瓷饰板，有的装饰板上画有标准的十二凯撒像，这些产品针对的市场目标显然是资产阶级（图4.6）。约书亚·韦奇伍德是18世纪英国最成功的陶器制造商之一，他对自己的目标直言不讳，就是要让"中产阶级"买得起高雅文化。他推出了便于收藏的小型圆盘饰品套装，图案有罗马帝王及其妻子的头像，还搭配希腊英雄，各种国王和王后，以及（不太符合大众口味的）教皇形象，这些产品无疑实现了韦奇伍德的目标，同时也为其财富添砖加瓦。[18]

　　十二凯撒群像给我们带来了乐趣，也创造了财富。但是请记住——当我们欣赏着博物馆和艺术馆墙上成排的帝王面孔时，很容易忘记——同时伴随而来的还有失望和不满。失败与成功并存，这一点很重要。例如，18世纪中期一次特别不走运的蜡像实验就以古怪而难看的"失败产物"而告终，至少在我们看来是这样（图4.7）。[19]不过，即便是那些拥有充足资源的创作者，在运用最常见的标准艺术媒介时也难免出差错。我们不禁会对一位在1670年代委托了一批十二凯撒群像来装扮英国乡间宅邸的男士心生同情，当第一批从佛罗伦萨运来的作品抵达时，他发现了外貌特征和帝王身份错配的问题。在抱怨粗心的雕刻家时，他写道，"我发现了明显的瑕疵，他们将胡子安在了那些从不蓄须的皇帝的下巴上，这也太无知了"；所以，最后为了纠正外貌错误，他将自己收藏的硬币借给了雕刻师们。[20]

图4.7　四幅小型蜡制帝王浮雕装饰板（框内只有14厘米高），选自凯撒像十件套：提图斯像可能近些年失传了；卡利古拉像可能从未制造过（或是更早的时候就已失传）。这里展示的是：尤里乌斯·凯撒、奥古斯都、提比略和表情诡异且有点可笑的克劳狄。

这些凯撒群像套组的标志性特征之一，就是作品蕴含的一种完成感（sense of completion），正如阿尔多布兰迪尼泰扎杯的意义那样。这种完满感体现在数字上，一（I）到十二（XII）常印刻在纸上或装饰板上，有时甚至是更知名的画作和雕塑上的皇帝面部旁边。这显然会刺激那些没能一次性收集到全套作品的人急着去填补空隙（当然，正是这种"填补空隙"或让买家"上钩"的原则，让韦奇伍德大发其财）。但是，数字同时也关乎对秩序感（sense of order）的维护。一定程度上来说，这具有实践意义：数字让任何人都能"正确"排列皇帝们，哪怕他们根本记不住奥托（第八位）是在维特里乌斯（第九位）之前还是之后；从帝王座椅的摆放来看（图1.12），无论是谁不巧抽签抽到了卡利古拉或尼禄，这些数字都只为晚宴座次安排提供了示意图。不过，还有更重大的意义。正如一位艺术史家最近总结的，凯撒们的数字周期"似乎象征着收藏者百科全书式的广博知识"；它们反映了"完整全面且井然有序的关于过去的一整套知识体系"。[21]

那幅描绘佛兰德收藏家的私人艺术馆的画作就体现了这点（图4.4）：后墙上整齐排列的帝王肖像显示出一种体系和秩序，而我们则可能会错把它们当成凌乱和失序的摆放。数字背后的逻辑感在英国收藏家、古董研究者和政客罗伯特·布鲁斯·科顿勋爵（Sir Robert Bruce Cotton）的图书馆中达到了极致。这座图书馆始建于16世纪晚期，后成为英国最重要且最具价值的图书、手稿、硬币及古玩的收藏地。图书馆里，十二凯撒的半身铜像被放置在壁橱架上最高一层［或"书柜"（bookpresses）］，用来为下面的藏品提供分类体系。即便是如今，在大英图书馆里——建于18世纪，以科顿图书馆的核心藏品为基础，大多数藏品逃过了1731年的一场大火，得以保存至今——任何想要查阅《贝奥武夫》（Beowulf）唯一现存手稿的读者必须通过它的编号"Vitellius A xv"来借取图书（本意是维特里乌斯架上最顶层的第十五件物品）；如要借阅《林迪斯法恩福音书》（Lindisfarne Gospels），索书号是"Nero D iv"。帝王人物和下面的书籍文本在题材上没有明显关联，但是帝王及其肖像从过去到现在一直为整体图书馆分类体系而守护在那里。[22]这一惯例古已有之，并体现在全世界其他图书馆中，后来，古代半身像成为用来营造书香气十足的环境的装饰品（如今高档商品促销目录上仍有"图书馆半身像"这款产品）。几乎就在科顿打造自己的收藏品的同时，罗马美第奇别墅也建起了一座图书馆，陈列架上同样摆放了帝王半身像。[23] 从今天仍在装饰着纽约公立图书馆某些区域的帝王大理石半身像上，我们也许能感受到对这种传统的一丝微弱的呼应：知识和图书馆仍然在凯撒们的符号下运转着。[24]

然而，科顿体系也暴露了自身归类系统模糊不明的边界。分类界限无疑是根据苏维托尼乌斯从尤里乌斯·凯撒到图密善的帝王权力交接划定的，但是，两位具有深厚皇室关联的女性也是分类体系的一部分：一位是埃及皇后克里奥帕特拉，尤里乌斯·凯撒的旧情人，败给奥古斯都的敌人；另一位是公元 2 世纪的福斯蒂娜，皇帝安东尼·庇护有口皆碑的贤妻（然而和 1 世纪的阿格里皮娜母女一样，福斯蒂娜还有一个声名狼藉的同名女儿，后者是马可·奥勒留之妻，母女二人很难区分）。这两位女性常被当成主体群像的额外补充。事实可能本来也是如此。最近在一次重现早已损毁的科顿图书馆实际布局的尝试中，克里奥帕特拉和福斯蒂娜被放在奥古斯都和提比略之间的主书架旁边的附属凹室区域。[25] 有可能是后来的图书馆所有者或馆长，而非科顿本人，设计了这些额外区域。不过，无论是谁设计的，这都强烈说明十二凯撒的正统分类法是何其灵活和具有渗透力，而打乱这种标准帝王列位又是多么容易——在这个例子里是通过两个不太和谐的人物，一个是贤德的帝王之妻（如果我们没弄错福斯蒂娜的身份），另一个则是帝王的情人和受害者。这一体系的灵活性不断突显，它让十二凯撒群像成为更富有活力的——也更有趣的——分类体系，哪怕初看未必如此。我们所说的"十二凯撒"往往并非其真正的样态。

## 重新发明、参差的边界和在制品

从现代艺术家们开始生产十二凯撒图像的那一刻起，他们就已经在对这一分类重新划定和调整，并从中享受乐趣。几乎不可能确定，究竟在何时何地人们才开始尝试在石块上捕捉苏维托尼乌斯笔下的帝王风采。不过，在一些 15 世纪中叶意大利人的历史记载和财产清单中，的确存在关于雕塑家制作"十二头像""十二帝王大理石头像"，甚至"模仿帝王纪念章的十二大理石头像"，并因此获得报酬的明确信息；有很多看似符合描述的形象流传至今——多数是大理石浮雕镶板，有一些在大小和风格上比较相近，刻画的是硬币风格的帝王人物侧像。关于这些信息的诸多谜团至今尚未解开，将最早的雕塑作品的委托人［乔万尼·德·美第奇，第一张帝王风格的现代肖像的主角（图 3.20）是候选人之一］同制作了雕塑的同时代艺术家，以及帝王形象本身联系起来，这是一件困难到令人泄气的事情。并没有完整的群像套组保存下来。然而有一点很清楚，这些"十二凯撒"的创新阵容并不总是同正统的十二凯撒划等号。在 15 世纪中期的精英文化中，"十二凯撒"这个表达无疑指的是苏维托尼乌斯的传记文本和"他的"帝王们，然而雕刻家（或他们的赞助人）却有自己的"替代形象"。否则，很难解释在现存的镶板中，为何会出现奥古斯都的女婿兼得力助手阿格里帕的形象，还有哈德良和安东尼·庇护，他们和尤里乌斯·凯撒、奥古斯都、尼禄、加尔巴及其他帝王并行——这些人物似乎取代了卡利古拉、维特里乌斯和提图斯等人的位置。[26]

　　大约半个世纪之后，第一套纪念十二凯撒的系列版画让我们更准确地识别一直发生的替代现象。这套原本由马尔坎托尼奥·雷梦迪于 1520 年制作的版画系列，极具影响力和感染力，曾被大量仿制——正如我们已经看到的（图 3.7n），艺术家在设计版画时，无意中将韦斯巴芗的头衔和硬币形象同其子提图斯的弄混了。当然，十二凯撒的数量并未变动。不过，即便允许这类错误发生，我们也发现它并非苏维托尼乌斯的十二凯撒。在最后一个位置，也就是群像中标号"12"的位置，插入的图像是图拉真皇帝（公元 98—117 年），而不是卡利古拉，图拉真的名字、头衔和标准肖像风格（这里没有弄错）和系列里的其他帝王一样，都来源于硬币头像。或者，雷梦迪本就打算这样设计。讽刺的是，不止一座现代博物馆促使我们发挥想象，认为雷梦迪的帝王群像实际上是以涅尔瓦（Nerva）皇帝为终点的，涅尔瓦曾于 96 至 98 年间在位：他是图密善的继任者，年迈而毫无魅力，同时也是图拉真的养父。这种错误联想的原因是，编目员在识别最后这位皇帝时，犯了和雷梦迪混淆韦斯巴芗和提图斯时同样的错误。因为当帝王们的姓名几乎一模一样时，很容易弄混，他们把版画上的"Nerva Traianus"（也就是我们所说的"图拉真"）当成上一任名字仅为"Nerva"的涅尔瓦皇帝。这类某些优秀学者也常常难以避免的识别错误，几乎在过去五百多年里层出不穷，它们构成了帝王分类体系不稳定的另一个因素。它们也提醒了那些大肆嘲笑前人错误的人：帝王姓名的全称往往十分相近，令人迷惑，几个世纪以来，无论是小心谨慎还是疏忽大意，一直不乏有人在这个问题上栽了跟头（图4.8）。[27]

至于为何会发生人物替换的情况，我们只能猜测。常见的解释是出于道德的考虑，艺术家把"好"皇帝插入十二帝王中，替换掉"坏"皇帝，其目的是设立更令人信服的行为榜样，因此，有时被奉为最好帝王（*optimus princeps*）的图拉

图4.8 马尔坎托尼奥·雷梦迪于16世纪早期雕刻的图拉真（98—117年在位）现在通常被误认为是其前任皇帝，也就是其养父涅尔瓦，依据是边缘处的拉丁文头衔。这是一个可以理解的错误。图拉真的头衔（在这里）是"Imp（erator）Caes（ar）Nerva Traianus Aug（ustus）Ger（manicus）"等。但是"Nerva"在这里出现，意思是追溯图拉真的父亲为涅尔瓦，而不指涅尔瓦皇帝本人［老皇帝的头衔应该是"Imp（erator）Caes（ar）Nerva Aug（ustus）"等］。

真，取代了因道德败坏而臭名昭著的卡利古拉。似乎有些道理，不过这种说法无法完整解释一个明显问题，即为何早期大理石侧像省略了提图斯（尽管在传记常规的评价中，提图斯被称为"金童"，但是他的民众认可度可能没那么高）；它也解释不了为什么雷梦迪把卡利古拉排斥在外，却保留了同样声名狼藉的图密善和尼禄。

不过更重要的问题是，正统十二凯撒既在标准化的基础上，同时也在差异化的基础上发展壮大起来。直到20世纪学院派的约束逐渐收紧时，求新求变的创作习惯才停下来。提香没有画完十二凯撒，在1530年代为曼图亚创作的凯撒画系列以提图斯收尾，并省略了图密善。打破传统的不止提香一人，从一份早期收藏品清单来判断，不幸的蜡像实验（图4.7）是经过删减的一套作品，卡利古拉被排除在外。[28] 关于替换主题甚至存在更为激进的革新和变化，也不足为奇。1594年，安特卫普的富格尔家族竖起了十二凯撒的立体柱廊，作为庆祝仪式的一部分，以欢迎另一位哈布斯堡王朝的年轻王储（鲁道夫二世的弟弟）。和鲁本斯后来创作的浮夸炫耀的"帝王拱廊"相比，这个柱廊规模更为简约适中，不过，它展示了更为不同的人物搭配。图案中有四位"最贤德"的罗马皇帝，人物形象高达5米，包括奥古斯都和提图斯（这里作为耶路撒冷的征服者被囊括进来），还有图拉真和安东尼·庇护；但与之相伴的是四位拜占庭皇帝，更巧妙的是还有四位哈布斯堡君主，这些人物共同凑成了十二帝王。[29]

简言之，和很多初看貌似严谨而统一的分类体系一样，十二凯撒的改编、重塑、重新构思及现代化过程都是围绕着那个正统的数字符号。它是同苏维托尼乌斯十二帝王的对话，同时也是对其精确的仿制。用心观察的人发现的不会只是老一套问题，而是关于分类体系自身的新问题。某些替换（"好"皇帝代替"坏"皇帝）或削减（十一位而非十二位）总是必然或可能为群像带来新的意义。

分类体系中的弹性或有时的无序，借由收藏过程本身获得了额外的优势。可以肯定的是，一些宫殿和花园中的十二凯撒大理石群像都是通过一次性委托或购买意向被制造出来的。回想起来，实际上，几乎所有我们在博物馆壁橱和画廊展示架上看到的整套帝王群像，看起来都很冰冷僵硬，且带有强烈的完成感，仿佛艺术家有意把他们打造成这个样子。然而这些收藏品——凯撒们及任何其他收藏

图4.9 亨德里克·格兹乌斯（Hendrick Goltzius）绘制的凯撒系列中的《维特里乌斯》（长约70厘米，宽约50厘米），这个系列可能是奥朗日王子毛里茨（Maurits）于17世纪初委托定制的。格兹乌斯于1617年初去世，因而这位有些难以置信的"露肩"皇帝成为系列中的第一人。但是关于创作时间和委托细节，甚至艺术家本人的记载，都十分有限。

品——往往是在制品。像韦奇伍德的普通顾客那样循序渐进地购买帝王藏品的，不是只限于财力有限的人。"追逐的乐趣"常常是一个重要的推手。很多极为富有的收藏者也很享受打造整套作品，渐渐填满空隙这一过程所带来的逐步递增的乐趣（以及创造新作品的快乐，尤其是追逐过程看起来要提前结束时）。

富尔维奥的《杰出人物像》以十分有趣的方式体现了这一点（图3.7h和图3.7i），书中偶尔会出现代替肖像的空白圆形图案。某种程度上来说，这是一种对真实性的担保（"如果缺少某一人物的可靠形象，我会用一个空白图形来标明"）；但是这些空白也提醒着我们，一套收藏品总是有新成员加入（哪怕在印刷中），总会冒出你没收藏到的新样本。[30] 还有其他一些坚持作品多样性的独特方式。比如，17世纪初一位荷兰王子定制了一套十二凯撒像——不过，每一幅都委托一位不同的艺术家绘制。完成品于1618至1625年之间陆续到达，收货时间取决于画家的创作进度。这些画中的凯撒们风格各异，有鲁本斯刻画的冷峻而严肃的尤里乌斯·凯撒，还有半露肩膀、几乎有点可笑的维特里乌斯（图4.9），以及名气不大的天才艺术家绘制的天真而如梦似幻的奥托像。[31]

图4.10　这件18世纪的小型人像（含底座约26厘米高）再现的是皇帝提图斯，由宝石、半宝石、黄金和珐琅制成。各个部分（手臂、脸部等）是分开雕刻的，然后用非常强力的胶水粘合成一体！

　　很明显，一些收藏者的目标是逐渐膨胀起来的，哪怕他们开始并没什么野心，不过是想收藏初代十二凯撒。那位以古币收藏而自豪的德国公主，起初肯定并没有想到要将从尤里乌斯·凯撒到赫拉克利乌斯等每位统治者的硬币样品都收入囊中；她的目标随着收藏的扩充而越来越大。还有些收藏者的雄心受挫，藏宝历程半途而废。18世纪初的档案让我们可以去跟踪强力王奥古斯都（Augustus 'the Strong'）的收藏过程。这是一套半宝石微型帝王像，风格略为俗丽，强力王奥古斯都是萨克森选帝侯，波兰国王：他先是购买了微型图密善像，第二年搭配了提图斯像，继而于1731年初购入韦斯巴芗像（到目前为止，均是沿着弗拉维王朝帝王交替的反向时间顺序收藏）；不过几个月后，他又添加了一尊尤里乌斯·凯撒像（图4.10）。这套作品的收藏轨迹在此按下了停止键。可能有各种因素在起作用，比如国王或艺术家反复无常的心情。话虽这么说，但实际情况很可能是，假如强力王奥古斯都再多活几年，活到 1733 年初，我们现在也许就能看到十二凯撒全套人像，而非四件。[32] 在其他情况下，收藏品的发展和变化过程历经意外遗失、被盗、破损和重组。失败的蜡像作品系列中遗失的卡利古拉可能就是一例：在早期清单制定之前就已经失踪、遗失或被转移。即便是罗马鲍格才别墅花园最大展厅（salone）里的豪华十二凯撒像也很快被重新排列：属于同一批凯撒像，但是经过拆分和复位后，已经不再按照苏维托尼乌斯的"正确的"时间顺序摆放。[33]

这种边界模糊不清、充满意外的"在制品"观念在一套陈列于汉诺威海恩豪森美术馆的重要收藏品的历史中得到了完美的概括，这套作品由十一尊帝王铜像（与苏维托尼乌斯的十二凯撒相比，该作品中没有尤里乌斯·凯撒和图密善，却包括塞普蒂米乌斯·塞维鲁），以及罗马共和国统帅大西庇阿和埃及国王托勒密（Ptolemy）构成。乔治一世于 1715 年购买的这套胸像——乔治一世是汉诺威的选帝侯，大不列颠和爱尔兰联合王国国王——是路易十四驾崩时拍卖的财产，它们原本不是一整套同类作品。从雕像大小和细节上的细微差别来判断，他们应该是三套不同的早期现代群像重新组合在一起的产物，结果被当成从台伯河（Tiber）打捞出来的罗马原作（J.J. 温克尔曼很快就对这种说法泼了冷水）。1715 年，雕像共有 26 件，但 1803 年，它们又被拿破仑带回法国，后仅有 14 件被归还，其他的再未浮出水面。1982 年，随着图密善像的被盗和遗失，作品数量又减少了（几年前奥托像也曾遭偷窃，但幸运的是，它后来在附近花园的树丛里被找到，并被重新安装）；令人更加困惑的是，1984 年的一次大规模清洗过后，加尔巴和韦斯巴芗的头像被分别装在了对方（刻有姓名）的基座上，又平添一个令人瞠目结舌的有关"身份"识别的重大错误。初看这套作品时，会认为它和正统十二凯撒像区别不大，然而仔细审视后就会发现实则相去甚远（图 4.11）。[34]

### 皇帝的新装，从罗马到牛津

一套更为野心勃勃，甚至更为复杂的帝王头像收藏品如今仍占据着罗马卡比托利尼博物馆新侧厅（新宫）的主陈列室之一。这就是帝王之屋，它拥有从尤里

图4.11　18世纪汉诺威海恩豪森城堡中的艺术馆一览，由约斯特·凡·沙瑟（Joost van Sasse）绘。无论是穿戴时髦、招摇过市的人们，还是地上的狗，都没太关注排列在两侧墙边的帝王半身像。

乌斯·凯撒到霍诺里乌斯（Honorius，393—423 年）的 67 件帝王头像，外加一些帝王之妻头像，这样的规模使之成为现今世界上最大、最系统的罗马帝王大理石像收藏（图 4.12）。雕像被置于两排陈列架上，按照准确的年代时间顺序布满整个房间，只有几件单独立于基座上的雕像和展厅中央的坐像例外：这尊坐像被称为"阿格里皮娜"像，即卡诺瓦创作的拿破仑之母梅尔夫人之像模特，不过最近"阿格里皮娜"的身份有所变化。有人认为，塑像本身明显的晚近风格说明，这位女性人物不可能是公元 1 世纪名字同为阿格里皮娜的皇室母女中的任何一位；不过她是否真如后来某些说法那样是康斯坦丁皇帝之母海伦娜（Helena），仍存在争议（图 1.22）。

各式各样、种类繁多的帝王肖像在这里汇聚一堂，几乎到了字面意义上的接踵摩肩的程度——从一些真正的古代作品（对皇室人物的身份认定或对或错），如

280. ROMA · Sala degli Imperatori (Museo Capitolino).

图4. 12　卡比托利尼博物馆中的帝王之屋在1890年代的布局，被称为"阿格里皮娜"的雕像位于中心位置。雕像样式之多，数量之大，很容易掩盖其尺寸上的差异：比如，大门左侧（第二层陈列架）的提图斯像，同旁边的女性头像（通常被认为是提图斯的女儿茉莉亚）之间的大小对比十分明显。

曾被巧妙"修复"成帝王或皇室女眷的头像，以及形形色色的杂交体（包括被安在五颜六色、华丽浮夸的现代半身像上的古代面孔），到大量现代"改造品""仿品"或"赝品"。[35]藏品之五花八门——风格之典型——远超你能想象到的任何罗马帝王雕像收藏。然而，当它们被初次安装时，人们相信（或希望）所有头像都是真古董。

　　1730年代，新宫被重新设计，目的是将其打造成欧洲第一座公共博物馆。卡比托利尼山上的豪华宫殿（*palazzi*，包括旧翼楼，也就是保守宫）长久以来一直保存着一些知名古董和艺术品，还有诸多其他教皇或私人收藏，但受欢迎的作品从未对公众开放。不过，当时罗马最大的经营者之一——亚历山德罗·格雷戈里奥·卡波尼（Alessandro Gregorio Capponi）——将更新的翼楼（新宫）改造成一

座新的市民博物馆，为"有兴趣和好奇心的外国人、业余艺术爱好者提供欣赏机
会，并给研究人文科学的年轻人带来更大的便利"。改造的一系列举措包括将当地
农业部门和其他公会机构从这块地皮上清走；从教皇那里索取经费来购买红衣主
教阿尔巴尼的大量古代雕像收藏，将其作为新博物馆馆藏的核心藏品，并把整栋
楼改成一系列艺术馆。[36]

在这次设计中，一楼 7 个房间中的两间——主要陈列区——被划为专门展示
古典时代男女肖像面孔的区域。毗邻帝王之屋的是（现在仍是）"哲人之屋"（"哲
人"的定义十分宽泛，荷马、西塞罗、毕达哥拉斯和柏拉图等均在其中）：摆放着
差不多一百尊古代思想家和作家的大理石"肖像"。在这些展厅中，卡波尼陈列的
藏品不仅限于十二凯撒像，后者无论以如何巧妙的变体形式存在，都是附近贵族
宅邸的标准配置之一，而这些展厅中的雕像甚至超出了兼收并蓄的图书馆文学人
物半身像集合。从帝王像来看，卡波尼的目标是全面而系统地展示帝王面孔，这
在硬币收藏中并不少见，但是以如此规模展出大理石像还是第一次。

两百多年以来，帝王之屋被视为博物馆的亮点。早期图录和指南（而现代的
一些图录和指南却显得缺乏底气）逐一详细介绍每个头像，有时甚至长篇累牍。
有一本汇编曾用三百来页的篇幅介绍厅内展品，其中每尊雕像都配有插图，有大
段结合了考古细节和温克尔曼各种观察心得的描述，雕像的男女人物还附带钢笔
素描形式的历史肖像画。[37]参观者的反应各不相同，有人自得其乐地追溯肖像风格
发展史，或拿古代统治者和现代领袖对比（根据一位美国观众的说法，图拉真竟
立刻让人想到"我们自己的领袖华盛顿"），还有观众准确地发现了雕像和历史人
物之间模糊的边界（你究竟应该思考艺术史还是帝王权力史？）。不是所有观众都
像他们努力装出的那样，对罗马统治者和家族成员了如指掌。至少有一位参观者
曾在其回忆录里，自信地将房间中央的"阿格里皮娜"错认成日耳曼尼库斯王储
的母亲——而无需掌握太多古代历史常识就应该知道，她要么是王储之妻（大阿
格里皮娜），要么是其女（小阿格里皮娜），但绝不可能是其母。[38]

不过，无论作何反应或具备多少专业知识，显然，踏上博物馆之旅的参观者
都通常不会略过帝王之屋——然而如今，人们经过它时通常是一走而过，或是匆
匆瞥上几眼就离去。对于那些对一排排大理石半身像略微反感的人来说，这里简

直就是噩梦成真之地，尤其加上其隔壁的哲人之屋（加起来差不多共计两百多个被切割的头部，密密麻麻地摆在一排排架子上），更是如此。帝王之屋在现代的知名度更多来自它在博物馆展览史上的地位：一套似乎冻结在时间里的 18 世纪初的装置，一组几乎自成一体的展品。正如一位研究古典考古学的历史学家最近提到的，帝王之屋作为卡比托利尼博物馆的心脏，相当于一枚博物馆"时间胶囊"，仿佛几个世纪以来从未有过变化。[39]

它当然没有一成不变。无论我们对自 1730 年代流传至今的这些不朽帝王肖像收藏品心怀什么幻想，事实是，帝王之屋一直处于流变之中——其内容一直处于争议、摒弃和重组中——从建馆伊始就未曾停止过。在建馆之初，关于展馆边界划定的问题就意见不一，另外，关于如何确保一整套雕像的完整性也问题重重。卡波尼在当时的日记中提到，在最早安装的一批作品中，有一尊庞培大帝（Pompey the Great）的半身像，他是尤里乌斯·凯撒的死敌，于公元前 48 年在埃及遇害。后来在专家的建议下，这尊半身像几乎立刻就被移走——理由显然是，无论其野心抱负何其远大，和尤里乌斯·凯撒比，庞培都算不得真正的帝王。与此同时，红衣主教阿尔巴尼有时也不像卡波尼期待的那样合作，他不愿舍弃自己的宝贝藏品。起初，阿尔巴尼试图把克劳狄像留在身边，这让帝王之屋最核心的整套苏维托尼乌斯十二凯撒像面临残缺不全的危险，好在后来卡波尼出了更高的价钱，问题才完满解决。[40]

藏品覆盖范围的边界实际上从来都不是固定不变的。正如旧图录和指南所显示的，过去差不多两百年来，肖像数量起起落落，选择的人物也在不断地调整。所有雕像全部在馆时共有 67 件（一些通常处于"离馆"状态，因为被出借给临时展览）；和过去相比，雕像数量削减了一些，陈列摆放也没有那么局促拥挤。1736年展品数量是 84 件，到了 1750 年精简到 77 件〔四尊哈德良像复制品中的一件被移走，三尊卡拉卡拉像中的一件和两尊卢修斯·维鲁斯（Lucius Verus）像被淘汰，还有一些进一步"去粗取精"的举措〕。1843 年有 76 件，十年后增至 83 件，1904年达到 84 件，1912 年又变成 83 件。其中一些变化可能归结于计算错误或心不在焉的汇编人员的疏忽大意；不过，有些前后差异也说明不断变化的标准在起作用，无论是关于一人一像这种越来越严格遵循的原则，还是某位人物该摆放在哪片展

(a)　　　　　　　　　　　(b)　　　　　　　　　　　(c)

图4.13　展厅中央的塑像历来是帝王之屋的重头戏，它处于周围统治者的目光包围之中，数百年来以来几经变动。在阿格里皮娜像之前（图1.22），按顺序依次是：（a）比真人还大的巨型雕塑《婴儿大力神》（*Baby Hercules*）（两米高）；（b）曾被认定是哈德良皇帝的男宠安提诺乌斯（Antinoos）的雕像（差不多两米高）；（c）被称为《卡比托利尼的维纳斯》（*Capitoline Venus*）的雕塑（也差不多2米高）。

区或群像套组该以何人为末席这些问题。

公元361至363年在位的皇帝朱利安（Julian）（第六章会再次出现）多年来一直是陈列帝王像中最晚的一位，尽管某时另一尊身份存疑的朱利安雕像取代了最初的那尊。19世纪初，一尊被乐观认定为鲜为人知的罗马篡位者马格努斯·德森提乌斯（Magnus Decentius）像（350年代初在位）夺走了最后的席位，尽管其统治期在朱利安之前。德森提乌斯仍伫立在那里［虽然现在被当成霍诺里乌斯，或者被认作为早一些的东罗马皇帝瓦伦斯（Valens）］；不过，朱利安已被转移到隔壁的哲人之屋，大概因其存留于世的著述包含文风过于浮夸的神学理论。其他饱受现代怀疑主义之害的帝王像或是被彻底移除，或是从此隐匿无名。最初的那尊尤里乌斯·凯撒像仍在原位，但现如今却降级为一个"身份不明的罗马人"，或男性半身像——就此为整个帝王像系列开了一个平庸而索然无味的头。[41]

然而，正是在通常位于展厅中央的独立式雕塑中——仿佛它是聚集一堂的帝王及其家族成员们注视的对象——我们感受到了随着时间推移而发生的剧烈变化。

两百多年来，阿格里皮娜像一直是重头展品。但实际上比皇室雕像本身安装得更早的第一尊焦点雕像，却是超大号的婴儿大力神像。它由光滑发亮的暗绿色玄武岩制成，曾被发现于公元 3 世纪的一处大型罗马浴室原址（这尊巨型雕像的好笑之处可能在于，它刻画了一个宠大的蹒跚学步的婴儿半神，足有两米多高）。[42] 1744年，另一尊发现于哈德良皇帝的蒂沃利别墅的雕像抢了婴儿大力神的风头，占据了帝王之屋中心位置，此雕像人物当时被认为是哈德良的男宠安提诺乌斯。[43] 不过，这一雕像很快又让位于著名作品《卡比托利尼的维纳斯》，后者在 1752 年呈送给博物馆后，马上就被固定在一众帝王人像中最显眼的位置。直到这尊珍贵的维纳斯像于 1797 年由拿破仑带回巴黎后（只在 1816 年回过罗马），阿格里皮娜像才重新被移回帝王之屋（图 4.13）。[44]

　　这些不断变动的雕像的摆放过程鲜有人关注，其背后蕴含的深意也从未得以详细阐述。让帝王、皇后们凝望着古板严肃的阿格里皮娜或超大号婴儿大力神是一回事；而将他们的凝视对象换成哈德良衣着暴露的年轻男友，或者当时欧洲最著名的裸体像之一——《卡比托利尼的维纳斯》，则是另外一回事。值得注意的是，凯撒群像并非我们常认为的那样固化与被动。赋予它们更多的生气与活力，让它

图4.14　"他们并未将皇冠佩戴，头上只有皑皑白雪"，马克斯·比尔博姆（Max Beerbohm）在20世纪初如此描述道。谢尔登剧院外的牛津帝王像原版作品可以追溯到17世纪——无论是否为真的帝王——有时的确覆盖着一层白雪。

们同周围环境积极互动起来并非难事。

　　凯撒像甚至可以被想象成不断上演的人间世事的模范参与者，或偶尔客串为当代生活的诙谐而又善于冷嘲热讽的观察者。例如，16世纪在意大利小镇萨比奥内塔的一座剧院里，顶层楼座的墙面上镶嵌了奥古斯都和图拉真的半身像——同时安装的还有各种异教神和女神，外加一尊亚历山大大帝像——在一定程度上代表着这种创新性古典化剧场设计的古代先例。［文艺复兴时期的著名口号"Roma quanta fuit ipsa ruina docet"（恰恰是罗马的废墟，述说着它的伟大）仍贴在大楼外，以提醒那些不开窍的人。］不过，帝王像的目光直视舞台，仿佛在扮演着模范观众，永远一动不动地欣赏表演。[45]

　　英格兰北部博尔索弗城堡里一座17世纪的喷泉四周安放了一圈帝王像，给人以更轻松活泼的印象。这种摆放方式同一个世纪前罗马的《卡比托利尼的维纳斯》十分相似，帝王群像为中央人物提供背景——后者同时也是前者的窥视对象——而处于整个喷泉中心的人物是裸体维纳斯。牛津谢尔登剧院外曾有一批罗马帝王像系列，其风格鲜明生动，人物被塑造得栩栩如生，仿佛20世纪初一部最搞笑的喜剧小说里的角色，深受旅游指南青睐；虽然并非古典化风格的作品，但它们仍是英国最负盛名的露天凯撒群像（图4.14）。

　　谢尔登剧院（并非"上演戏剧"意义上的剧院）由克里斯托弗·雷恩（Christopher Wren）于1660年代设计，位于大学纪念堂的中心位置。雷恩最初在剧院正面放置的14尊皇帝石像中，有一尊在旁边楼栋施工的几十年期间被挪走了，其他石像长久以来饱经风霜和腐蚀，历经两次新版雕像的替换：第一次是在1868年，第二次是在1970年代初（不过有几组17世纪的雕像作为循环再利用的装饰品，仍位于牛津的花园里）。[46]这些外表粗粝的凯撒像的文学盛名来自马克斯·比尔博姆的小说《倾校倾城》（Zuleika Dobson），小说首次出版于1911年。故事的年轻女主人公叫朱莱卡，她的名字颇有异域风情，朱莱卡来到梦幻塔尖之城牛津，同其祖父住在一起，祖父是虚构或半虚构的犹大学院的院长。接下来，不仅朱莱卡初次坠入爱河，所有大学男生（当时的牛津几乎只收男生）都爱上了她：几乎所有人，他们爱得如此痴狂，以至于最后为了她自寻短见，每一个都如此。在小说结尾，不谙世事的老师们似乎还没注意到所有学生都死了（哪怕食堂里空荡荡得让人奇怪）；同时在小说的最后一页，朱莱卡正在询问怎样去剑桥最方便（不难猜到接下来会发生什么）。这是对女人的危险和疯狂且充满男性阳刚之气的大学世界的巧妙讽刺。[47]

比尔博姆将这些帝王像重新塑造成观察者，他们利用市中心的有利位置，观察着小说中的种种悲喜剧事件。从故事最开始，他们就比那些有血有肉的人物角色对即将到来的麻烦有着更强烈的意识。尽管朱莱卡在和祖父在去犹大学院的路上几乎从不多看雕像一眼（"缺少生机的东西对她来说毫无魅力"），帝王像自己——正如一位老教师注意到的——在看着她时突然出了一身汗，"巨大的汗珠挂在雕像的眉毛上，闪闪发亮"。"至少他们，"比尔博姆继续写道，"预见到笼罩着牛津的危险，并尽其所能地发出警告。让我们记住他们值得赞美的行为，让我们给予他们更多的温情。"这促使他对这些皇帝独裁者的道德和命运展开了更多思考。"我们知道，"他继续说，"他们当中有些人在生活中名声欠佳。"但是在牛津，他们已经得到了应有的惩罚："他们永远暴露于无情的酷暑和冰霜下，任由四面狂风吹打和倾盆大雨冲刷，雕像中的他们正在为自己曾经令人厌恶的傲慢、残忍和贪婪行为赎罪。曾经的好色纵欲之徒，现在却无肉身；曾经的独裁暴君，如今头上没有皇冠可戴，只有一片皑皑白雪；曾经自比于众神，现在却常被美国访客错认成十二使徒……没人为这些帝王哭泣，时间并不会给他们一丝安慰。在这个明亮的下午，他们没有因为即将降临在这座忏悔之城的罪恶而幸灾乐祸，这当然算是优雅的标志。"[48]

然而，还有个更大的笑话。事实上，没有任何证据表明克里斯托弗·雷恩或他的雕塑家威廉·博德（Wiliam Byrd），设计这些雕像人物时是为了再现凯撒们。但这些雕像如今几乎普遍被解读成凯撒塑像（**几乎**：制作了 1970 年代新版本的雕刻家据说曾提到，"没什么高贵的……他们只是展示了各式各样的胡须"[49]）。但是根据我目前的发现，比尔博姆是第一个在出版物中将雕像称为"罗马皇帝"的人，而口头说法可以追溯到更早。雕像的外表表明，他们的原初目的更有可能是为了表现一群"知名人士"（worthies）或用作人形界标（"有赫尔墨斯头像的方形石柱"），制造者从很早以前的古代作品中获得一些灵感。换言之，无论数量是否为十二件，它们是体现了帝王分类体系强大的渗透性的最极端例证之一：在这里，以及有时在别处，后世作家和观众的独创力、智慧和幻想，成功地将一连串无伤大雅的人物形象转化成一群罗马统治者，与其匹配的是一整套文化包袱。比尔博姆的虚实并用之术在于（尽管使徒通常不是以 13 或 14 人成组出现），小说家的作者声音并没有比那些美国参观者的"无知"猜测更接近雕刻家的创作本意。

## 重新排列的银质凯撒像

阿尔多布兰迪尼泰扎杯上的凯撒像并不存在这类重大的身份问题。每个帝王像的脚边都刻有带有姓名的原始铭文，在直接摘自苏维托尼乌斯《帝王传》的表现其光辉事迹的场面中，他们是绝对的主角。但是，即便在如此正统标准的帝王群像组中，也存在诸多身份识别的中断和建构性的重新鉴定，问题之多超出我目前所知的范围。阿尔多布兰迪尼泰扎杯作为凯撒完美群像组的地位很久以前就遭到了动摇。在某种程度上，作为证明分类体系的流动性的绝佳案例，它们和牛津帝王像一样引人注目。

起初，泰扎杯就不是共计 12 件的整套艺术品，而是三三两两散落在世界各地，现存于从伦敦到里斯本和洛杉矶的博物馆和私人收藏中。尽管故事脉络足够清晰，一套作品究竟是如何被拆分开的，仍是未解之谜。[50] 泰扎杯的起源很像在制品的另一个典型案例（根据最早的相关文字记载，1599 年它们以只有 6 件的一套作品出售）。但是二百五十年间——自 1603 年开始，它们被记录在红衣主教彼埃得罗·阿尔多布兰迪尼的藏品中，直到 1861 年在伦敦拍卖会上全部售出——泰扎杯系列组成了一套完整的苏维托尼乌斯十二凯撒像，从意大利到英国，它们辗转于不同的买家之间。1882 年在汉堡卖出了一个单件，据记载，巴黎的罗斯柴尔德家族（Rothschild family）在 1882 至 1912 年间以递减的数量拥有过 7 件、6 件和 2 件泰扎杯；在 1893 年伦敦拍卖会上，曾属于交易商和收藏家弗雷德里克·斯皮策（Frederic Spitzer）的 6 件泰扎杯被分批售出——分崩离析一直在持续，其间有几件银器还经历了戏剧性的改装。比如，斯皮策曾把他的 6 只浅杯重新安装上更精美的杯脚，可能是为了增加价值，提高其售出的吸引力。不过，斯皮策还没有离谱到像某位收藏者那样，把杯脚和帝王像从再现提图斯生平的浅盘上拆下来

（雕像可以很方便地在浅盘上"拧上去"和"拧下来"），并将其重新改造成本韦努托·切利尼（Benvenuto Cellini）制作的那种"玫瑰露水盘"——改装作品于1914年售出。

然而，正如我2010年在维多利亚和阿尔伯特博物馆里近距离观察一件泰扎杯（通过斯皮策的拍卖购得）时初次发现的，这类改动仅仅部分说明了泰扎杯上帝王图像的流动性。这件银器上的浅盘本来描述了图密善的生平场景：皇帝的妻子赴日耳曼尼亚与其会合，他反抗日耳曼人的战役，他庆祝征服日耳曼军队的凯旋列队，以及他最后接受敌方的正式投降。[51] 正如广告里宣传的那样，雕像本身有其姓名刻在上面。但是很快你会发现，浅盘上的场面存在非常明显的错误。最显著的问题是对凯旋列队的描述。因为很不寻常的是，将军乘坐的凯旋战车是空的，显然他已下车，并屈膝跪在一位端坐于列队行进路线一侧的另一人物面前。这同苏维托尼乌斯叙述的胜利游行场面毫不相干，倒是完全符合提比略战胜日耳曼军队而大肆庆祝的场景，而其时奥古斯都仍身居王位："在登上比托利尼山之前，他从战车上下来，双膝跪在主持庆祝仪式的父王（奥古斯都）面前"。[52] 罗马读者会将其视为提比略的尊老孝顺之举；对我而言，这显然说明浅杯上的人物一直以来都被认错了，并安在了错误的皇帝银像上（图4.15a）。

结果证明确实错了。被当成图密善之妻骑马赶往日耳曼尼亚与之会合的场景也有很大问题。苏维托尼乌斯的《帝王传》中压根没有这类叙述——而且很明显，为何画中女人身处大火之中？这无疑是提比略儿时一次幸运的险中求生。凯撒遭暗杀后的内战中，提比略之母莉维娅带着儿子逃命，一场森林大火差点吞噬他们一行人（图4.15b）。同样，所谓日耳曼军队向图密善投降的场景（而其伴随的画面却是倒塌的建筑物，令人困惑），更符合苏维托尼乌斯传记中提及的提比略在一场大地震后慷慨解囊以帮助帝国东部城市渡过难关的善举。而剩余其他场景中出现的罗马人和着装特征显著的16世纪长矛兵之间的战役被当成图密善的大事件，也同样符合提比略的日耳曼战役。只需仔细观察，外加苏维托尼乌斯的著作，就能看出错误的帝王像被安放在了错误的浅盘上。[53]

这显然又引出了其他问题。如果图密善浅盘展现的确实是《提比略传》（Life of Tiberius）中的场景，那又是在哪里出了差错，导致里斯本的所谓"提比略"浅盘错误地和加尔巴银像拧在一起呢？这个错误倒是早就被发现了。结果证明，里斯本浅盘描述的实际上是卡利古拉的生平事件（由于某种天马行空的臆想，卡利古拉骑马越过浮桥的场面被解读成提比略在卡普里岛上的隐退生活）（图 4.15c）。难上加难的是，明尼阿波利斯的所谓"卡利古拉"浅盘实则属于神秘难测的图密善，后者也成了某种过于乐观的身份误认的受害者（68—69 年的内战期间，罗马朱庇特神庙燃烧的场面，加上确定无疑的大火场景，被不可救药地解读成卡利古拉之父日耳曼尼库斯去世后爆发的民众骚乱）。[54] 然而这些仅仅是个开始：最近研究泰扎杯银器的著作表明，存在大量的场景误读，而且——尽管身份标签清晰——帝王银像在浅杯之间来来回回地搬家。明尼阿波利斯的图密善浅盘配的是奥古斯都像，而奥古斯都浅盘又同尼禄像合为一体，成为一位洛杉矶私人收藏家钟爱的餐桌装饰品。诸如此类不胜枚举。只有尤里乌斯·凯撒和克劳狄两位皇帝似乎以最初的样态流传至今。

类似的重组已持续了几世纪；只有当同一位收藏者拥有一件以上的泰扎杯时，重组才有可能性，这一事实将各种错误回溯到 19 世纪甚至更早。这些错误可以部分归结于整件银器在拆分时毫不费力。假如为了清洗十二尊皇帝银像将其从浅盘上拧下来，那把它们正确安装回去可要耗费不少精力（毕竟，哪怕汉诺威的专家级保管员在把加尔巴和韦斯巴芗的半身像归位时也出了差错）。还有部分原因是，人们对苏维托尼乌斯的文本日渐陌生。如果我们可以理解清理人员没能觉察到刻在浅盘场面同帝王银像不匹配，那么富有的银器拥有者和收藏家们的疏忽大意也情有可原。但是总的来说，不管确切原因是什么，重组的流动易变性绝好地证明了一个事实，即所谓标准的十二凯撒群像组几乎从来不像其表面看起来那样典型而正宗，它几乎永远处于流变、分解和重组中。一组组大理石胸像的背后，不乏大量出乎意料的类似的历史故事。

然而，在我参观维多利亚和阿尔伯特博物馆时看到的那套帝王像和浅杯的故事中，还有另一层面的尖锐讽刺和受挫的意图。当这套浅杯在 1927 年初次入馆并被展出时，维特里乌斯的银像被安装在当时被认为是图密善的浅盘上。目前的组合是 1950 年代让几尊帝王像物归原位的努力的结果。三家博物馆分别为维多利亚和阿尔伯特博物馆、大都会艺术博物馆，以及皇家安大略博物馆，它们各自拥有

（a）

（b）

（c）

图4.15

（a）[对开页]提比略浅盘（曾被认成图密善）：提比略起身离开凯旋战车，向奥古斯都致敬
（b）[对开页]提比略浅盘（曾被认成图密善）：莉维娅和襁褓中的婴儿提比略逃离内战的战火
（c）卡利古拉浅盘（曾被认成提比略）：浮桥上的卡利古拉跨越巴亚海湾（Bay of Baiae）

一件泰扎杯，因此决定互相交换帝王银像。维特里乌斯像被送到大都会艺术博物馆，重返维特里乌斯浅盘；而曾装在维特里乌斯浅盘上的奥托则由大都会艺术博物馆送至皇家安大略博物馆，同"他的"浅盘团聚；安大略的图密善银像则来到了伦敦。这次善意的国际合作让大都会艺术博物馆和皇家安大略博物馆都拥有了组装正确的泰扎杯。唯一的麻烦是——伦敦的浅盘实际根本不属于图密善——维多利亚和阿尔伯特博物馆的泰扎杯同以往一样，依然是个杂交的产物。[55] 没有什么能比这更好地代表那些回溯到几百年前的身份误识危险，并且我们还意识到，为这些十二凯撒群像排序并使之更体系化的愿望往往超出我们的能力范围，或时常遭到挫败。我非常怀疑图密善很快会离开提比略浅盘。不过谁知道呢？

身份误识的危险将是下一章的一个主题，我们将仔细观察 16 世纪艺术的另一件重要作品：提香的十一凯撒系列画。它也许是最重要和最有影响力的现代凯撒群像作品，曾辗转于整个欧洲，最后于 18 世纪在西班牙的一场大火中被彻底焚毁。这是一个更加精彩的重建故事，深入考察这一套凯撒群像的诸多细节就会带给我们无限乐趣。我们如何再现这些失传画作的真实面目？它们为何如此特别？我们是否能重现其不断变化的背景——以及意义？数百年来，它们何以能成为现代欧洲早期独一无二的凯撒像？

　　然而，故事的开端是一个有关幸存之物的意外故事。

—————— 第五章 ——————

# 最著名的凯撒

## 幸运的发现？

故事是这样的，1857 年，亚伯拉罕·达比四世（Abraham Darby Ⅳ）将提香所作的六幅凯撒肖像画出借给曼彻斯特艺术珍品展（Manchester Art Treatures），此展仍位列于大不列颠有史以来规模最大的艺术展。达比的叔祖父亚伯拉罕·达比三世（Abraham Darby Ⅲ），曾因修建了世界上第一座铁桥而闻名于世（跨越塞文河，在其英格兰中部的工厂附近），而达比四世紧随其后，靠炼铁产业发了财。年轻的达比希望他能像在钢铁制造业那样在艺术领域建立威望，并将大笔财富投在了大规模的绘画收藏上。他从另一位企业家约翰·沃特金斯·布雷特（John Watkins Brett）那里购买了这些特别的提香杰作：后者是一位电报工程师、艺术商人和善于花言巧语的投机者——曾在 1830 年代差点成功游说美国政府购买自己的私人藏品，来作为第一座美国国家艺术馆（American National Gallery）的核心收藏。布雷特曾是个十分精明的推销员，他似乎成功赋予了这六幅凯撒图——尤里乌斯、提比略、卡利古拉、克劳狄、加尔巴和奥托——某种无法抗拒的魅力和高贵的艺术血统（图 5.1）。惠灵顿公爵（Duke of Wellington）显然注意到了提香画笔下的提比略和拿破仑像一模一样；而其他人则发现加尔巴像和惠灵顿本人倒是有相似之处。[1]

图5.1 这幅画在16世纪中叶曾被亚伯拉罕·达比四世所有。他坚信，这幅画就是提香所画的提比略皇帝像原作（"TIBERIO"在左上角仍依稀可见）。这幅画曾在1857年曼彻斯特艺术珍品展上展出（一同展出的还有达比收藏套组中的其他五幅帝王像）。当时一些评论家对展览中多件艺术品的真实性表示怀疑（一定程度上是因为带着势利的眼光——不愿去相信一座北方工业小镇能拥有一流的艺术品）。不过，这一次他们倒是正确的。此画确是后来的复制品。

　　毋庸置疑，这些画根本不是提香的《凯撒像》原作。《凯撒像》描绘了从尤里乌斯·凯撒到提比略的十一位帝王，1530 年代由意大利北部的曼图亚公爵费德里科·贡扎加定制打造（这个王朝在欧洲贵族等级中位置比较低，其家族拥有无与伦比的艺术博物馆）；1620 年代贡扎加家族在资金缺乏时，将这批画卖给英王查理一世；1649 年查理国王遭处决后，它们被西班牙代理商购得，最后成为马德里阿尔卡萨宫的皇家收藏品。现在人们只能通过无数套品质不一的仿制品来了解它们

图5.2 提香《十一凯撒》（*Eleven Caesars*）的复制品中，最有影响力的是埃吉迪乌斯·萨德勒（Aegidius Sadeler）于1620年代初制作的版画，规模比原作小（高约35厘米，原作比版画约大三倍）。从上到下，自左至右：
（a）尤里乌斯·凯撒；（b）奥古斯都；（c）提比略；（d）卡利古拉；（e）克劳狄；（f）尼禄；（g）加尔巴；（h）奥托；（i）维特里乌斯；（j）韦斯巴芗；（k）提图斯。

（图5.2）——1734 年 12 月在一场宫廷大火中，它们和其他几百幅画一同被付之一炬。（由于画作曾被悬挂于高墙之上，因此给火中救画制造了难度。）委拉斯凯兹（Velasquez）的《宫娥》（*Las Meninas*）被从画框中取出扔到了窗外，因此幸运地逃过一劫。[2]

　　曼彻斯特珍品展中较有学识的评论家非常清楚，提香的《凯撒像》原作早于一个多世纪前就在西班牙消失了（尽管还有荒诞的说法，声称这六幅画在查理一世被处决之后曾到过美国[3]）。1857年展出的许多其他画作也是由那些容易轻信的收藏者借出的，而达比的珍贵藏品则在展评中被斥为"二流复制品"，根本不配同"提香的大作相提并论"。[4]不过，这并未阻碍它们被当作提香"真迹"出现在佳士得拍卖行，1867年达比（在四处搜集艺术藏品方面显得有些力不从心）又将其拍卖；拍卖价格（每幅不到5英镑）说明出价者有更好的主意。[5]

　　布雷特和达比并非唯一的获利者，或者说他们不是唯一被提香《凯撒像》原作的幻想所蒙蔽的人。早在几十年前的1829年，英国媒体曾报道过"一个迅速暴富的精彩故事"。文章开头基调起得很高，"一位在马里波恩区（Marylebone）经营着一家默默无闻的小型经纪人事务所的男士"，在当地拍卖会上以5英镑12先令的价格买下十幅旧画；后经"古董爱好者"鉴定，这些画被认定为提香《凯撒像》中的十幅，价值两千英镑。一位作家继续写道，这位男士把这些幸运的发现以"八千英镑的高昂价格卖给一个富有的英国贵族，而我不巧没能记住买家的名字"。[6]这个故事显然带有一丝都市传奇的意味（注意，对买家名字的惯性遗忘很适时且方便）。不过，不管报道真实与否，也一定程度上说明了这套帝王像的非凡魅力。在被焚毁后的两百多年里，它们仍然为流行报纸提供完美的效仿样板。几个世纪以来，这套知名画作——如今除了最有学识的"古董爱好者"之外，认识这些作品的人并不多——表现了古代帝王的现代面孔。[7]

　　到目前为止，我们几乎不可能在本书中对提香的帝王像原作瞄上几眼，无论是仿照提香《奥托》（Otho）的查理一世肖像（图3.14），还是借用提香《尤里乌斯·凯撒》之外衣来刻画声名狼藉的查尔斯·萨克维尔的讽刺画（图3.13）。但是关于这些画本身，以及全欧洲数以千计的原作复制品，有很重要的故事需要讲述。有些仿制品直接临摹原作，有些与原作有着不太紧密的关联；它们的艺术创作媒介多种多样，有绘画，有纸版画，还有经过重塑的三维立体雕像，以及廉价饰板或精美的书籍装帧。可以肯定的是，虽然其他艺术家创作的不同版本的凯撒像自16世纪以来也在大众想象之中拥有了立足之地，[8]但是它们从来达不到提香塑造

图5.3　国王或皇后专用茶杯。这幅提香《奥古斯都》（*Augustus*）的复制画临摹自萨德勒版画作品（5.2b），成为一只仅有9厘米高的法国茶杯上的装饰图案，茶杯由未来的国王乔治四世（George Ⅳ）于1800年购得。

　　的帝王面孔所具有的那种冲击力，也缺乏如此富有独创性的（或不可思议的）改造——这种巧妙的改造高度体现在一个法国瓷杯上，杯体的装饰画为提香之奥古斯都头像的复制画的复制画的仿制作品，19世纪初，英国皇室家族成员可能就用这样的瓷杯啜茶品茗（图5.3）。[9]

　　这些凯撒像以新的形式提出了我们已经探索过的问题。在关于凯撒像的故事里潜伏着大量稀奇古怪的身份误识，还有更多引人入胜的一波三折，有自豪的收藏家，诡计多端的从事买卖名画生意的中间商和推销员，以及数次险些经历的灾难；在最后的火灾发生很久以前，凡·戴克曾被请来负责其中一幅帝王像的修复，这幅画在从曼图亚运至伦敦的途中因船上水银泄露而严重损坏。凯撒像还重新引出了我们之前曾遇到过的人物，包括交易商和古董研究者雅各布·斯特拉达，他曾于1560年代委托制作的素描画，留给我们关于凯撒像最初安放于曼图亚公爵宫这一最准确的信息。不过凯撒肖像画也开启了关于原作解读的重大问题。在其从意大利到英国再到西班牙的旅程中，以及在其几乎遍布欧洲的复制画中，很容易发现不同背景下对帝王人物的不同解读。有时它们充当了贵族冒险精神和王朝权力合法化的重要附属品；有时它们促使我们对独裁统治的危险、腐败和失德行为深刻反思——早期最流行的复制画系列作品中，经常附带措辞犀利的拉丁诗句对此有明确的阐述。

亚伯拉罕·达比收藏的《凯撒像》的故事教给我们一个道理，提香于 1536 年末至 1539 年末在威尼斯创作的原作，永远不能同 16 世纪中叶以后出现的上千件仿制品截然分开。这不仅仅是因为有时辨别真伪十分困难（或者说，有时我们不愿在鉴别问题上下那么大功夫）。更重要的是，1734 年那场大火以后，我们通往原作的主要渠道一直是那些复制品，其间总是不可避免地伴随着专家的争论，比如关于哪幅画才是了解提香之作的"最佳"指南，或者原作可能"更优秀"到什么程度。也就是说，本章将开始集中讨论我们通过提香《凯撒像》及其历经变化的作品背景能重新塑造什么内容，同时津津乐道一下现代世界曾经最具影响力的帝王群像故事，其中充满难以捉摸的细节、令人不解的谜团和各种前后矛盾之处，进而我们将聚焦于何人出于什么动机复制了原作，还有这些复制品的大范围辗转迁移和由此产生的影响。

## "凯撒之屋"

在庞大的贡扎加宫殿里，曾经陈列《凯撒像》的房间没有流露出昔日壮观场面的任何痕迹（图 5.4）。从当前的状态来看，位于一楼、面积相对较小的"凯撒之屋"[10]（只有不到 35 平方米）稍微有些幽暗，因为后续修建的建筑物挡住了其唯一窗口的部分光线，同时也挡住了曾经的美丽景观。多亏了 1920 年代的大力改造和翻新（当时部分天花板壁画露出真容，一套买来的提香原作仿制品被放置在相应的位置），否则除了空荡荡的仅装饰着几块普通古典画面的灰泥壁龛之外，房间内实在乏善可陈。[11] 很难想象，这房间原本是辉煌的艺术陈列套间之一——特洛伊套间（"Appartamento di Troia"或 Trojan Suite，名字取自另一间陈列室里描绘特洛伊战争场面的画作）——由第一代曼图亚公爵费德里科·贡扎加委托建造，用以庆祝个人成就：他博取了神圣罗马皇帝查理五世的好感，于 1530 年成功将爵位从侯爵升至公爵；他费尽周折娶到贵族女继承人，为曼图亚带来了新的领土和财富。[12] 费德里科将提香作品置于精美绝伦的布景中，可能也是为了让他的凯撒之屋呼应——甚至风头盖过——宫殿里的一些早期帝王主题作品：在公爵的筹划下，不但古罗马雕像藏品激增，而且还有安德里亚·曼特尼亚在画之屋天花板上雕刻的八位帝王头像圆形浮雕，以及更负盛名的《凯撒凯旋记》（*The Triumphs of Caesar*）的九张图，这个系列是曼特尼亚从 15 世纪晚期开始创作的（图 3.9；图 6.6—6.7）。[13]

作为帝王形象，提香的画带有一丝激进而令人不安的意味，能立刻抓住参观者的注意力——"画中人栩栩如生，更接近真实的凯撒们"，提香的一位同代人如

图5.4　贡扎加宫殿中的"凯撒之屋"如今和16世纪时的辉煌场景相比相形见绌，哪怕在原作的原位安装上了提香作品的复制画（这里从左侧开始，分别为加尔巴、奥托、维特里乌斯、韦斯巴芗和提图斯）。画与画之间的装饰内容是原始的（尽管壁龛上的小雕像已不知所踪），天花板上神话题材（画有众神、女神和大风）的画也是原始作品保留下来的。

是说。[14] 如今我们在赏画时，很难意识到作为艺术家的提香选择罗马统治者群像题材是一个多么大胆的尝试（其家乡威尼斯并无自己的古典历史，不是这类作品委托人会"经常光顾"的地方）。不过，即便是从复制画中，我们也能觉察到这些姿态各异、真人大小的四分之三人像是多么生气勃勃，他们饱含尊敬与憎恨、友谊与疏离等情感，而这一群体过去往往被刻画得古板而严肃。按照原初安排，提比略一脸忠诚地望向奥古斯都，而加尔巴则坚定地转过身去背对着其篡位者奥托。提香还有意尝试了一种全新的搭配——甚至是混合体——古代和现代统治者相结合。从中不难分辨出帝王的面部特征借鉴了硬币和罗马雕像，且服饰的总体外观体现了一种罗马风格，但是也存在鲜明的当代引用。比如，细看克劳狄皇帝像会发现，他身穿一套显然属于 16 世纪的盔甲，这件盔甲是 1529 年为费德里科的侄子，另一位意大利小王子古达保度·德拉·罗韦雷（Guidobaldo della Rovere）而制作的（护胸原物仍保存在佛罗伦萨的巴杰罗博物馆）。[15]

然而，尽管设计新颖且知名度高 [16 世纪卡拉奇（Carracci）画家兄弟中的一位，在一本瓦萨里的《提香传》（*Life of Titian*）的页边空白处写道，"无与伦比"[16]]，这些凯撒像仅仅是房间总体设计的一个元素，而整个陈列室也不仅仅充当了名人肖像系列的背景。1540 年代时，步入这间陈列室就相当于完全沉浸在从地板到天花板无处不在的罗马帝王图像之中。[17]

整体设计的幕后策划者是朱里奥·罗马诺（Giulio Romano），拉斐尔的学生，也是费德里科的私人画师和建筑师，因其设计了宏伟壮观的贡扎加行宫得特宫而闻名，另外他还是莎士比亚作品中提到的唯一一个文艺复兴艺术家。[18] 幸亏一些 1530 年末的信件流传下来，我们才得以知晓公爵为了尽快收到提香的帝王肖像成品而采取的办法（最终成功了）——威胁，拉拢，量身定做的艺术家津贴，适时地拉近距离（"提香先生，我最最亲爱的朋友……"），各种手段无所不用其极。[19] 与此同时，朱里奥·罗马诺同助手们正忙着打造自古以来最为复杂精细的帝王空间。提香的《十一凯撒》运抵后将占据墙面的上方区域；而一些肖像画之间的灰泥壁龛则放置古代或现代"经典"雕像。拱形天花板描绘了有众神、女神和大风的古代天国场面。墙面下方区域布满更多帝王、皇室家族成员及其历史叙事的图像：苏维托尼乌斯传记中具有象征意义的"故事画"与每位帝王的肖像搭配；硬币风格的圆形浮雕上是纪念凯撒们的父母、妻子和其他亲眷的画面；还有一批骑马的罗马人物，16 和 17 世纪的观察者通常也把他们当成皇帝（尽管其本来身份可能是士兵或护卫[20]）。到了 1540 年，凯撒之屋迅速完工，几十年来，它一直是欧洲最著名的展厅之一，其艺术品摆放和布局的知名度早已超出宫廷社交圈。直到 1627 年，它才被拆除。

我们对屋内一些装饰的判断有合理而充分的事实依据。由朱里奥·罗马诺及其工作坊制作的，放在墙面低区的一些原画作，现在仍有保存。这些画（或其中一些）也被运到伦敦，国王查理遭处决后它们被不同买家购得。曾经共同装饰曼图亚一间展厅的艺术品，如今相隔百余英里，四散在英国各地甚至更远。至少两张描述标志性历史故事的画作——一只雄鹰落在未来帝王克劳狄的肩上，预示着他将掌权，以及尼禄在烈火中"拨弄琴弦"（图 5.5）——最终重返皇室收藏，如今存于汉普顿宫。韦斯巴芗和提图斯凯旋列队游行的作品（一块大型镶板，画中的"故事"似乎与两位帝王都匹配）被一位当地交易商买走，进而卖给法国，现在藏于卢浮宫。[21] 几件骑马人物像也比较幸运：两幅保存于汉普顿宫，一幅在牛津大学的基督教堂学院（图 5.6），三幅在法国马赛，还有一幅在伦敦私人画廊，一幅在诺福克郡的纳福德大礼堂（连同一块表现骑马的胜利女神的同类镶板，很可能也属于这一系列）。[22]

然而，为了填补空白和重新捕捉原始设计的总体效果而将散落各处的作品重新拼起来，是一个非常棘手的拼图游戏。一些当时的物品清单（比如，1627 年贡扎加艺术品拍卖时的清单，以及 1649—1650 年查理一世的财产被处理和转让时的登记簿）能提供些有用的帮助。[23] 不过，理解凯撒之屋的关键，最终还是要回到雅各布·斯特拉达，斯特拉达曾在 1560 年代为巴伐利亚公爵阿尔布雷希特五世效力——当时提香正在为斯特拉达绘制肖像——他负责规划慕尼黑的"珍奇屋"，一个陈列艺术品、奇珍异宝和珍贵收藏品的艺术馆。在这座大型宝库的一个区域里，斯特拉达似乎有意复制和重塑凯撒之屋的方案：不光是凯撒像本身，还包括叙事画面。一份汇总于 1598 年的阿尔布雷希特艺术馆的德语清单，包含了斯特拉达的曼图亚复制品的详细介绍——正是从意想不到的间接来源，我们获得了一些最细节化的信息，来了解每位帝王像匹配的朱里奥·罗马诺故事画背后的内容、阐释

图 5.5　凯撒之屋帝王像下面两幅朱里奥·罗马诺制作的故事画，每张约120厘米高。左侧的画中，很难判断是谁受到了惊吓：是落在未来帝王克劳狄肩上的雄鹰，还是克劳狄本人。雄鹰也是贡扎加徽章的一部分，这肯定不是巧合。右侧画面中（对开页），尼禄在罗马城大火中弹琴的经典场面呼应了，或者说部分援引了数十年前米开朗基罗在西斯廷教堂的绘画：火中逃难的人物借鉴了米开朗基罗《大洪水》（*Flood*）中的难民形象。

和误识。[24]

　　不过，更重要的是斯特拉达在筹备于慕尼黑重建"小型曼图亚"时所搜集的一些文献。他向一位叫伊波利托·安德里亚希（Ippolito Andreasi，一个倒霉的人，于 1608 年被妻子的情人杀害，自那以后基本被世人遗忘）的当地艺术家委托了一批描绘凯撒之屋及其他贡扎加财产的素描作品。[25] 这些素描有一部分现保存于杜塞尔多夫的艺术宫博物馆，它们包括个别提香帝王像的精细复制品（现存留下来的

图5.6 只有不到一米高的骑
马人物像,被镶嵌在凯撒之
屋墙面低区部分的帝王故事
画之间。本图中的这张原本
放在《罗马大火》(*Fire of
Rome*)和《加尔巴的梦境》
(*Galba's Dream*)之间,现
存于牛津大学。不过他们本
来的身份到底是皇帝还是骑
兵护卫,这是谁都猜不准的
事情。

最早版本之一),还有凯撒之屋墙面装饰的总览图。这样,我们多少能重建房间三面墙的原貌(图5.7)。

结合慕尼黑的宝库清单,以及安德里亚希的仿制素描画,有助于追踪凯撒之屋失传画作的初版样貌和辨识其绘画主题。比如,有一幅藏于卢浮宫的奇怪素描画——描绘一个男人向后倒在另外三人的手臂中——既符合艺术品清单上的描述,也符合安德里亚西素描画中的场面:这是一幅搭配提比略皇帝像的故事画(根据苏维托尼乌斯的记载,有一次一位男士要抱住提比略的双膝,皇帝立刻谦虚地向后退,结果摔倒了)(图5.8)。[26] 但是,哪怕只审视安德里亚希的素描,我们不光

图5.7　利用安德里亚希16世纪的素描画对"凯撒之屋"西墙进行复合式重建。上面一层是尼禄、加尔巴和奥托像，其两侧的壁龛里放的是小雕像。下层是和每个帝王相关的故事画［罗马大火（图5.5）、加尔巴的梦境和奥托自尽］，画与画之间被骑马人像隔开（图5.6）；故事画和马背人像的上下方都画有表现皇帝家族成员的圆形纪念章。陈列室的主入口是这一侧的中间大门，被加尔巴的梦境的故事画镶板遮挡住了。

能感受到原始设计中那几乎让人喘不过气的杂乱感和密集感，还能领会到屋内布局的各种元素之间的重要关系，以及某些关键的艺术特征，而这些特征几乎被大多数现代评论家完全忽略（或误读）了。

　　这一点在图 5.7 中体现得很明显，图中我对安德里亚希复制凯撒之屋西墙装饰的素描进行了重组，其中有尼禄、加尔巴和奥托的肖像画，外加和他们有关联的图像。[27] 展示墙上几乎没有一处空白。墙面上方，提香帝王像两侧的壁龛里伫立着各式独立小雕像。很容易看到最右端手持棍棒的大力神；左侧第二个雕像人物可以追溯到（根据这幅素描）文艺复兴时期的一尊铜像，可能是一位"运动员"，雕像目前在维也纳。[28] 墙面低区布满故事画，每个帝王像下面都配一幅相关的"叙事画面"：尼禄像下面是朱里奥·罗马诺创作的《罗马大火》；加尔巴像下方的故事取自苏维托尼乌斯的历史著作，描述了幸运女神出现在皇帝梦境中的场景；奥托像下面的画则记述了他勇敢自我了断的故事。每幅故事画的两侧搭配了朱里

图5.8 朱里奥·罗马诺为提比略像下方的故事画绘制的素描底稿（高仅50厘米多一点）。这一令人困惑的场面（让早至16世纪的评论者们百思不得其解）在苏维托尼乌斯撰写的帝王生平的一段中找到了答案，它描写了表现皇帝谦逊有礼的事例：左侧的人欲向皇帝道歉，试图抱住后者的膝盖（古代表示低微姿态的标准姿势），然而此时头戴一顶小皇冠的提比略却为了躲闪立刻将身体向后撤，因速度太快差点没摔倒。

奥·罗马诺的骑士画，其中一个骑士人物外貌清晰可辨，与现存于牛津大学的一幅骑士肖像完全吻合（图5.6），素描里它位于左二的原始位置。[29]

但是，凯撒之屋的设计中有一个常被忽略和不予置评的元素。在安德里亚希的素描中可以清楚地看到，每个骑士人物像的上下方都装饰有纪念章图案——可能原始图像是刻在灰泥墙上，其风格为我们之前见过的传统风格——显然是依照硬币的形式设计的：人物侧像通常位居中央，人物姓名和头衔环绕四周。安德里亚希在复制时有时采用的是粗线条的素描手法，时常会省略掉整个头部。不过他画中的内容已足以证明，这些纪念章图案取材于富尔维奥的《杰出人物像》中的插画，或者借鉴了后来重复使用同一种图像的插图版传记作品。[30]

借助富尔维奥的著作，我们可以弄清纪念章图案中的人物身份，以及四周文本的准确内容。这是一个精心选择的，在很大程度上由博学之人组成的阵容。《罗马大火》两侧上方的纪念章人物是尼禄的两位父亲：左边是养父克劳狄皇帝，右边是生父多米提乌斯·阿赫诺巴布斯，他是尼禄母亲小阿格里皮娜的第一任丈夫［"多米提乌斯，尼禄皇帝之父"（Domitius the father of the emperor Nero）］。下方与之匹配的两枚纪念章中，其中一个过于粗糙难以辨认，另一个被安德里亚希处理成留白（不过，用阿格里皮娜来填补空白的可能性倒是很大）。墙壁右侧的火葬奥

图5.9 提香的奥古斯都像下方的故事画里，安德里亚希表现了苏维托尼乌斯传记中的轶事：奥古斯都还是婴儿时，有一天突然从摇篮里失踪，最后人们在附近建筑物楼顶找到了他，当时他正出神地看着太阳——未来必成伟业的预兆。四周纪念章图案展示的人物：上方，奥古斯都的妻子莉维娅及其第一任丈夫提比略·尼禄（提比略皇帝之父）；下方，奥古斯都之女茱莉亚和利维拉（提比略之子德鲁苏斯的妻子和谋杀者）。

托图的两侧，上方的两位纪念章人物是奥托之父和维特里乌斯的父亲；下方是他们的母亲。[31]

　　总体来看，这些纪念章图案同其他墙面上的同类纪念章肖像画共同构成了一个帝王及其亲信的庞大家族艺术馆——尽管不乏某些显然有些奇怪的选择。在东墙上，安德里亚希、在提香的奥古斯都像原作之下画了四个纪念章肖像：前三个是妻子莉维娅和女儿茱莉亚，以及莉维娅的第一任丈夫提比略·尼禄（不要同尼禄皇帝或奥古斯都的继承人提比略混淆），这三人是在情理之中的。不过最后收尾的却是利维拉，根据旁边的说明文字，利维拉是"提比略（皇帝）之子德鲁苏斯的妻子"。她的确是德鲁苏斯之妻；但据说也是谋害德鲁苏斯的凶手，她的情人塞扬努斯（Sejanus）是古罗马禁卫军执政官，曾密谋推翻提比略——据记载，她最后被母亲囚禁，饿死在狱中（图5.9）。[32] 这算不算艺术家在不了解真实历史的情况下，匆忙选了个面孔应付了事的例子呢？或者他们的选择是否意在揭露王朝政治的阴暗面？

无论答案是什么——这是我将会重返的话题——这些人物都提醒我们，单是这一个房间就超负荷承载了大量皇室人物形象。算上提香的帝王像和朱里奥·罗马诺的故事画，以及四十多个纪念章人像，再把骑士人像也算作帝王像的话，在这间凯撒之屋里的帝王总人数已不限于提香的十一凯撒，而是帝王及其直系亲属共计七十多人。

## 未理清的千头万绪、合理解释和帝王遗产

凯撒之屋可谓"帝王盛大展示"的一场大型演练。不过还存在诸多尚未理清的千头万绪，这给弄清它们的准确设计和创作目的带来极大的困难。几个世纪以来，凯撒之屋的研究一直伴随着各种谜团、矛盾、乐观的推断，以及被当成"事实"的现代谬误——而如此种种也已成为《凯撒像》故事的一部分。

问题其一，这个拼图游戏中有太多碎片，显然有大量画作被"证明"符合陈列室的布局，而真正属于这里的原作却没有那么多。安德里亚希可能原本给四面墙和十一件凯撒像都画了素描，这是个合理的假设。不过如果这样的话，他给悬挂着维特里乌斯、韦斯巴芗和提图斯像的北墙所作的素描却无影无踪了——这让现在准确重构原始布局变成了不可能的事。在不到五米宽的空间里塞进我们认为应该放在那儿的所有图像（包括一扇门，可能也挂着一幅画），这也是没办法做到的事：这些画包括三幅朱里奥·罗马诺及其工作室制作的故事画，其中一张是幸存下来的《韦斯巴芗和提图斯的胜利》(*Triumph of Vespasian and Titus*)（本身差不多两米宽）；还有两张骑马人物像，这样才能与斯特拉达于1568年在关于帝王之屋的简短注释中所列出的十二张这个总数相符。显然，有些画必须被排除掉。然而，没有安德里亚希的钥匙，我们对于哪些画该离开或者该去哪里毫无线索。[33]

另一个问题来自同时代的艺术品清单自身，这些清单不但没帮上忙，反而经常前后不一致，或干脆错误百出。在犯错这方面，勤勤恳恳又心怀不满的目录编纂者们，可以说和那些安装或拆卸，收藏或研究阿尔多布兰迪尼泰扎杯的人水平相当：比如，取材于苏维托尼乌斯的雄鹰落在克劳狄肩上的故事画（图5.5）在一份目录里变成了尤里乌斯·凯撒，而在慕尼黑珍奇屋清单里——这更奇怪——又

成了不知名的罗马贵族，这位贵族于公元前 25 年被授予罗马"市长"的头衔。[34] 在数字的准确性方面，这些清单之间的差异（或者对数字的处理比较草率）十分明显。根据雅各布·斯特拉达在 1568 年的记录，装点房间墙面低区的骑士人物共有 12 人（他称其为"帝王"），1627 年的清单是 10 人，而当这批肖像画被当作查理一世的财产在伦敦变卖时，统计表上的数字又变成了 11，要让以上这些数字相互吻合，我们恐怕只能求助于奇思妙想了。[35]

显而易见，数字 12 的迷人力量一直在起作用，仿佛——不用细数——凯撒们就该以整数 12 一打一打地出现。这也解释了斯特拉达的十二骑士像。对 12 的执念无疑带偏了文艺复兴时期及之后关于提香肖像画自身的叙述，它们常被称为"12"帝王，而非"11"帝王。1550 年，乔治·瓦萨里就已经在其著作《艺苑名人传》(Lives of the Most Excellent Painters) 里反复提及提香的"十二凯撒的十二幅肖像画"。[36] 四百年后，艺术史家弗雷德里克·哈特（Frederick Hartt）决心找到第十二位帝王，他精心编造了一个虚构故事，称天花板中央的装饰画（已遗失）曾有皇帝图密善的肖像。[37] 没有任何理由推断图密善像曾经存在过。然而在提香完成十一凯撒的创作后，人们的目光就一直集中在那个神秘"失踪"的凯撒身上。

事实上，有大批这样的"十二凯撒"四处流传。画家贝尔纳迪诺·坎皮（Bernardino Campi）于 1561 年复制了曼图亚帝王像，并在此基础上又画了一张，凑齐了十二帝王（下文，179—180 页）。然而，也不乏其他意欲填补空缺的图密善像。比如，有一张图密善像据说是朱里奥·罗马诺在 1627 年的曼图亚艺术品清单中提到过的（在多数现代艺术史家看来，这一说法是毫无依据的猜测，或是错误的民间记忆），还有幸存的两幅图密善像是 17 世纪初受雇于曼图亚的画家多梅尼科·费蒂（Domenico Fetti）严格按照提香的总体设计而创作的。[38] 虽然帝王之屋根本没有塞进图密善像的空间，但是提香群像的"不完整性"似乎成了其艺术魅力的一部分；对后世画家来说，完成大师杰作的挑战实在太过诱人，难以抗拒。这可谓作为在制品的凯撒像的另一版本（图 5.10）。

那么，提香究竟为何停在了 11 这个数字上面？我们没有确凿的证据，只有靠谱或离谱的各种猜测和推断。一般的现代解释是，房间面积过小，尤其是窗户还占据了东面空间，很难完整容纳十二凯撒，不过这一解释很难令人信服。如果提

图5.10 对艺术家来说，提香的图密善像的"遗失"为他们以自己的方式填补空缺提供了机会。

（a）贝尔纳迪诺·坎皮在16世纪为佩斯卡拉侯爵（Marquis of Pescara）创作的版本

（b）和（c）是多梅尼科·费蒂所作的两个不同版本（1589—1623）

（d）一幅来自曼图亚私人收藏的图密善像，尽管被错误地标注成"提图斯"

（e）一个来自慕尼黑王宫的版本，被裁剪后用于"门头"（over-door）装饰

（f）埃吉迪乌斯·萨德勒的雕刻，约1620年

（g）1920年代曼图亚的公爵宫购得的一套十一人群像之一，这套版本目前挂在凯撒之屋

香或朱里奥·罗马诺的确想把十二人像都悉数纳入房间，他们肯定有办法（把画幅缩小对两位画家来说易如反掌）。部分原因也许是——正如其他文艺复兴时期的不太固定的罗马人物群像一样——为了故意略去道德败坏的图密善（如果这样的话问题又来了，为什么卡利古拉、尼禄和维特里乌斯却有自己的一席之地，令人费解）。更大的可能性是与王朝有关。

屋内装饰的主题之一——同阿尔多布兰迪尼泰扎杯一样——是王朝继承。朱里奥·罗马诺的三幅故事画都是表现未来权力之预兆的。安德里亚希的素描里也展示了这三幅画，第一幅是雄鹰落在克劳狄肩上；第二幅是尤里乌斯·凯撒面对亚历山大大帝的雕像陷入沉思，内心受到鼓舞，决意要追求一人独裁制；第三幅是关于婴儿奥古斯都预见到自己将获得神授最高统治权的奇迹场面（根据苏维托尼乌斯的叙述，婴儿奥古斯都在摇篮中失踪，后被发现在隔壁楼顶凝视着旭日东升）（图 5.9）。[39] 除此之外，纪念章装饰图上的肖像还刻画了帝王的父母子女，强调了权力通过代代相传而得以延续。图密善的缺席——排位里的最后一位（不是作为恶魔）——留出了统治者一脉相承这一可能性的空间。这一图像象征着帝王统治永无止境的传承。[40]

换言之，它是对贡扎加家族之辉煌未来的庆贺——同时也是对其家族宗谱的颂扬，无论是象征层面还是写实层面。无论我想从这些图像中发现多么更具颠覆性的解读，都不得不承认，新晋公爵费德里科某种程度上试图通过向罗马帝王看齐来合法化自己及家族的地位。这在当时是个相沿成习的策略。之前我们已经注意到，在公开艺术品陈列中，一些哈布斯堡贵族被比作罗马王室贵族，甚至比作苏维托尼乌斯十二凯撒全套阵容（上文，122—123 页）。整个现代神圣罗马帝王世系（无论是当时的哈布斯堡王朝还是其他王朝）甚至以更宏大的规模在理论上和假设中向古代世界追根溯源。他们最富有力量的口号之一是"皇权转移"（translatio imperii），让人想起古罗马人直接将"权力移交"给法兰克人，以及后来的德国统治者。[41]

这一口号以各式各样的形式出现。它被转化成豪华而夸张的铜像，这些雕像是马克西米利安一世（Maximilian I）位于因斯布鲁克的大型陵墓，建于 16 世纪，从未完工。陵墓工程的原初计划是竖起 34 尊巨型罗马帝王像，从尤里乌斯·凯撒开始，然后是一众哈布斯堡祖先和相关基督教圣徒——最后以马克西米利安一世自己收尾。[42] 由此开启了带有强烈宣传倾向的文学和历史叙事的大工程。野心最大的计划之一就是雅各布·斯特拉达自己实施的。1557年，他根据早期手抄本草稿，"私自发行"了博学僧侣奥诺弗利奥·潘维尼奥（Onofrio Panvinio）撰写的历史纲要的初版。潘维尼奥曾草拟了一份详细名单，包括罗马官员、执政官、胜利的将军和帝王；这份名单横跨两千多年的时间段，其间没有中断，从罗马城的创建者——神话人物罗慕路斯，到1556年退位的神圣罗马帝王查理五世。这一体现了学术勤奋和独创力的非凡成就，是为了服务于我们今天看来确实有些难以置信的帝王意识形态。[43]

费德里科的凯撒之屋是这种传统的一部分。提香是否如最近一种观念所认为的那样，依照费德里科本人的相貌特征塑造了奥古斯都像，以此着重强调贡扎加同凯撒们的对等关系，这一点仍不确定。提香的奥古斯都像的确和标准的文艺复兴版本大不相同，倒是和公爵的某些肖像略微相似；不过它同一些硬币上青年时期的奥古斯都的蓄须肖像更为吻合，几乎可以肯定，提香有渠道获得这些硬币。[44] 然而，善于观察的参观者注意到了十一凯撒像同隔壁"头像之屋"（Sala delle Teste）的雕刻头像（头像人物包括查理五世的心腹、支持者、亲信或祖先，而费德里科正是受查理五世的册封获得了公爵爵位）之间的"同频"。它是对古代和现代之间对应关系的一种暗示。[45]

难以确定的最后一点是，谁是参观者。由此而生的问题和所有帝王群像都息息相关，无论是画像还是纸上素描，大理石像还是蜡像。谁在注视着肖像，肖像又是为谁而造？特洛伊套间在我们看来是一间间尊贵气派的陈列室，其设计的初衷是为了炫耀和展示费德里科及其王朝。然而，这样的印象却与1540年套间刚竣工之后制作的贡扎加家族财产登记中列出的大量家庭物品不完全相符。同邻屋一样，凯撒之屋内有几张床和床垫，还有一架古典钢琴。[46] 当然，这并不意味着凯撒之屋的目的不是为了接受赞颂和敬仰。只是，19世纪前欧洲陈列室的功能不像我们现在普遍认为的那样固定不变，文艺复兴时期的"陈列室"的用途实则更加多元（从盛大的庆祝活动到卧室和音乐创作室）。不过确实可以看出，凯撒之屋的目标观众比我们最初设想的更为局限在皇朝内部和家庭范围，其图像的运作机制也蕴含着更广泛的内涵。换言之，将贡扎加呈现为罗马凯撒之威望和权力的继承人，这种手法与其说是针对皇室外的参观者，不如说是面向贡扎加家族成员。我们很容易忘记，对于那些大力宣传现代贵族或独裁者通过沿袭古代帝王传统而立足于世这一观念的统治者来说，需要说服的对象不仅包括其臣民和敌人——还有和普通人无异的贵族或独裁者自己。

## 从曼图亚到伦敦和马德里

委托建造了凯撒之屋的人却并未有太多机会享受或从中受益。一封流传下来的 1540 年 1 月初的信，提供了支付板条箱费用的证据，这些箱子是用来将提香肖像画完成品从威尼斯运至曼图亚的；[47] 同年 6 月底，公爵费德里科一世（Federico I）去世。凯撒之屋辉煌的原始状态没能维持多久。不到九年的时间——期间经历了一个摄政王和七个公爵——后来在 1628 年，多数画作连同贡扎加收藏的其他杰作被国王查理一世购得，踏上了运往英国的路。宫殿深度"改造"频频超支，再加上应对军事威胁需要筹集现金（1530 年代，费德里科额外获得的有争议领土最终被证明很难守护住，有些得不偿失），这些原因在一定程度上迫使贡扎加家族变卖了包括提香和朱里奥·罗马诺作品在内的大部分艺术收藏。此次变卖被差不多五百年后的现代学者们视为一场"悲剧"，然而实际上，正是这场所谓悲剧，反而挽救了更多本来会遗失的艺术品。因为在 1630 年的内战中，对声称拥有公国领地和爵位继承权的一方势力表示支持的奥地利军队，通过掠夺、偷窃和破坏等典型手段，洗劫了曼图亚这座城市，这次内战常被温和地称为"曼图亚继承权战争"（The War of Mantuan Succession）。[48]

对凯撒之屋的画作来说，"悲剧"的说法显得言过其实，这还有另一个原因。因为依照朱里奥·罗马诺设计方案布置的房间，早在卖给英王之前的数年里就被拆分了。1627 年的财产清单（在收藏品变卖时整理的）显示，凯撒屋的主元素——提香的"十一凯撒"、在这张清单上被归于罗马诺之作的其他帝王像、故事画及骑士像——已不在其原位，而是放置在俯瞰花园的"赛拉图箴言"房中，这是一个新画廊或者说"封闭的"门廊，由费德里科的孙子始建于 17 世纪初 [18 世纪进行了装修，现在叫作"镜厅"（Galleria degli Specchi）]。另外，清单还表明，两幅故事画——《罗马大火》和《克劳狄肩上的雄鹰》（*Eagle on the Shoulder of Claudius*）——已经用作宫殿中另一场所的门头装饰（而如何解释记录中赛拉图箴言里的整整"12"幅故事画与这两幅"离队"画作之间的不一致，这是另一个数字问题）。[49]凯撒之屋究竟何时以及为何被拆散，仍是个谜。也许仅仅是费德里科的继任者的装修计划和新爱好的牺牲品。不过讽刺的是，这个对后世帝王想象产生巨大影响的最负盛名的帝王陈列室之一，竟然十分短命。可能早在查理一世购买其核心作品的几十年前，凯撒之屋就已经四分五裂了。

说查理国王"购买"画作，其实是比较委婉的简略表达，事实上，由于这背后充满了肮脏的讨价还价，口是心非的两面派行为，不守信用的延期付款，以及纯粹的无能，最终导致了近四百件绘画和雕塑作品从曼图亚运往伦敦。多数情况下，国王对自己买到什么一无所知（是代理人挑选的结果，而不是国王陛下亲自拟定的清单）。这笔交易的主要协商者是一个叫丹尼尔·尼斯（Daniel Nys）的佛兰德经纪人，此人常被斥为自私自利，不讲道德，甚至称得上背信弃义。无论这种描述和评价是否公正，国王的代理人不愿支付现金，这让尼斯濒临破产。船运安排不合理，加上摆放凌乱而不紧凑的货舱，导致途中遭遇海上风暴时船上的水银（其包裹紧挨着画作摆放）泄漏，泼溅在画作上，有些画被染黑，模糊难辨。[50]

在这个错综复杂的故事里，凯撒之屋一些画作之归宿的重要细节信息——哪些被运至英国，在什么条件下抵达——仍含糊不清。长久以来，流传着一些荒诞不经的说法。18世纪初，一位去曼图亚参观的德国人发现有一件提香的帝王像原作在凯撒屋展出（只是"另外十一张肖像都不见了"），旁边陈列的是几个地球仪和海象的动物标本；这幅画极可能是一件复制品，或者是用于替补的诸多图密善肖像之一。一个世纪后，瓦萨里的《朱里奥·罗马诺生平》（*Life of Giulio Romano*）学术版的一个注释奇怪地声称，凯撒之屋的所有画作早在1630年曼图亚城遭洗劫时就已全部损毁，而根据另一异口同声的说法，画作已被带到英格兰。[51]

总的来说，关于水银泄漏造成的后果以及挽救画作的后续措施的讨论，倒是不出意外地较为严密谨慎（据称，将牛奶、唾液和酒精巧妙地混合在一起，能补救很多破损之处）。但是，提香的《维特里乌斯》肖像画上的"水银"痕迹却无法掩盖（或是《奥托》像，这是一个更早的身份误识）。根据 1630 年代末一份带注解的皇家收藏品清单，这张画被送至布鲁塞尔修复，取回时很可能已经不适合放在显著位置展出，因为——如清单所记录的——它被弃置在储藏室的过道上。[52] 原位置可能被换上一幅新画，由国王的御用画师安东尼·凡·戴克于 1632 年绘制，这幅维特里乌斯皇帝像让画家收到酬金共 20 英镑（半身像的市场价），他同时还以 5 英镑的报酬"修复了皇帝加尔巴的画像"。[53] 后来的文献中对此没有任何明确的记录。不过，"找出复制品"（或众多复制品）或"认出艺术家"成了流传在帝王之间的猜谜游戏。1639 年，一位拜访了英国王朝并有幸目睹查理国王藏品的法国人在描述作品时提到了提香十一帝王像，以及由"骑士凡·戴克先生"（Monsieur le Chavallier Vandheich）创作的第十二幅肖像，他说这幅画完成得太出色了，仿佛具有"让提香起死回生"的魔力。第十二幅肖像是否很可能就是那幅《维特里乌斯》？如果确实如此，那我们很容易忘记，无论如何提香可从未画过图密善像。[54]

可以肯定的是，凯撒之屋的画先是在伦敦，后辗转去马德里，在各种新环境下代表不同的意义。将帝王形象汇集成一个复杂而完满的整体的观念早已一去不返（曼图亚时期就已经开始消失了）。画作一经抵达伦敦，不仅马上被分别安置在不同房间里，而且还被放在不同的皇室建筑中，比如像《维特里乌斯》那样隐匿于怀特霍尔宫的储藏室走廊里，或是像那幅《奥托之死》故事画一样陈列于格林威治天文台。[55] 唯一还多少保留原始布置的是提香帝王像中的七幅（从尤里乌斯·凯撒到奥托，略去卡利古拉），它们挂在七张曼图亚骑士图旁边，这些骑士人物也被当成了凯撒："提香所作的尤里乌斯·凯撒半身像，朱里奥·罗马诺画的稍小一点的尤里乌斯·凯撒骑马像"，1640—1641 年的财产清单是这样描述的。[56] 这些画被挂在圣詹姆斯宫的所谓"画廊"里，后来在 1809 年的大火中被焚毁（整个故事总是伴随着大火和毁灭），很难弄清楚这些焚毁的画究竟曾被陈列于业已消失的画廊的何处。

从清单中的列表顺序来看，这七对"帝王"人物像被分成两组挂在狭长陈列室的侧墙，一组三对，一组四对，其时陈列室里共有 55 幅画。两组画分别位于一幅圭多·雷尼（Guido Reni）的作品两侧，这幅描绘火葬大力神的宏大场面的作

(a)

图5.11 提香帝王像和一些骑士像的核心作品藏于圣詹姆斯官的画廊。该画廊两端的两幅主导画分别是：（a）凡·戴克1633年创作的巨幅画，描绘了马背上的国王查理一世——与马可·奥勒留的罗马骑像遥相呼应（图1.11）；（b）［对开页］圭多·雷尼1617年绘制的令人难以置信的大力神羽化登仙图，画中他被火葬中的熊熊烈焰所吞噬（尺寸稍小，2.5米高）。

（b）

品也来自曼图亚，被挂在狭窄的端墙上。尽管清单上的描述平淡无奇（"大力神躺在一堆柴火上"），它却是古代神话中最著名的羽化登仙场景：凡人英雄浴火重生，将要化为不朽之神。画廊的黄金位置有一幅凡·戴克创作的全新的凯旋门下国王骑马像，这张巨幅画高达 3.5 米，构图平衡，陈列于房间另一端的终点——或者说起点，透过极为壮观的宏大建筑，我们可以看到远方的风景（图 5.11）。[57]

在查理国王的朝堂上，罗马帝王——无论是提香还是其他版本的肖像——用于强调和申明现代君主制。有时国王肖像以罗马帝王原型为参照模板。例如凡·戴克的凯旋人物像，至少可以说是罗马卡比托利尼山上著名的马可·奥勒留古代骑士像的间接衍生品；[58] 之前我们也提到过，凡·戴克那身穿盔甲的国王半身像正是以提香的《奥托》像为参照而作的，无论两者之间存在多么尴尬的关联。不过，画廊中的七对帝王像也以特别含蓄的方式参与了同在世君王之人物像的对话。

画廊的主轴线传递了重要而明确的宗教信息。一端是因宣布人类统治者之"君权神授"（divine right）而闻名的现代君主。而另一端是最负盛名的古代凡人英雄的典范，在神化时刻羽化登仙。罗马帝王像有助于突出这两端人物的对等关系。它们并非像一些评论家想象的那样，不过是"一排排'肖像'"，起的作用相当于凡·戴克之查理肖像的大型仪仗队（它们位于房间的另一端）。[59]实际上，它们簇拥在大力神周围，仿佛是神话人物在现实历史世界中的古代对应项。因为正像跨越人神之界的大力神那样，许多罗马帝王也被认为是跨越了"现实世界"中的相同界限。画廊展出的三位帝王，尤里乌斯·凯撒、奥古斯都和克劳狄，他们在死后都曾被官方追加为"神"。不夸张地说，每位帝王都处于皇权和神权之间的模糊边界之上。

皇宫这一区域的参观者也是经过高度筛选的（正如曼图亚的帝王厅那样，这片区域也是一个半私人化空间，国王在这里学习依照罗马帝王的形象观看自身，同时将这种形象强加于人）。不过任何了解罗马史的人都知道，正是罗马帝王构成了古代神话的羽化登仙之说与支撑着查理国王独裁理论的"人之神性"（human divinity）这一复杂思想之间的缺失环节。换言之，罗马帝王不仅仅是一人独裁制的化身，还是一副用来反思君王之权力和地位的透镜——有助于揭示大力神和国王之间，神性和人类统治者之间的关联。[60]

这些罗马帝王像给查理一世带来艺术享受，也让他学习到了经验和教训，其从中受益的时间要比曼图亚的费德里科公爵长得多。然而即便如此，也不过十年而已。1642年英国内战开始后，他几乎再也无暇顾及伦敦宫殿中的艺术收藏。1649年查理一世遭到处决后，多数包括艺术品、珠宝、皇室徽章和家具在内的"国王物品"被拿出出售，或用来抵债——债主一般通过变卖这些物品来收回他们借出去的钱。对囊中羞涩的新建议会政体来说，这是一种募集资金的方式，只不过，这种集资手段被装扮成共和政体破旧立新、大力打击皇室余孽的举措和姿态。[61]此时，凯撒之屋各个元素间的关联荡然无存，多数画作也历经曲折，分道扬镳。比如，十一骑士像（或骑马的帝王）于1651年被转让给拉尔夫·格林德（Ralph Grynder），格林德曾是皇家家具商，并且是债权人集团之一的主管。他将骑士像拆分并出售给不同买家，包括一位为法国国王路易十四供货的交易商（因此有三幅在法国马赛）。当查理二世（Charles Ⅱ）于1660年夺回父王的王位时，在短暂的"议会"统治之后，原作群像中只有两幅回归皇室收藏——这到底是该归功于新任国王手下的办事官员采取的威胁恫吓手段和强硬策略，还是画作的新主人出于政治考虑而开方便之门以示慷慨大方的结果，我们不得而知。[62]

只有提香的《凯撒像》没有分开。实际上，此时它们被重新组合成完整的"十二人"，分布在皇宫的不同位置——从侧楼梯到富丽堂皇的画廊——并作为整套作品，连同皇室收藏的许多其他珍品，出售给西班牙国王菲利普四世（Philip IV）。这次商业交易过程几乎和20多年前查理一世买入"曼图亚艺术品"时一样充满卑鄙下流的手段，为了压价可谓不择手段。这包括交易中绝口不提菲利普的名字，不透露任何和皇室巨额财富相关的蛛丝马迹——以及对一些艺术品的品质表现出有些嗤之以鼻的态度（或对或错）。[63]

十二凯撒像显然是受欢迎的抢手货，但并不是购买清单上的首选。菲利普国王的主代理人阿朗索·德·卡尔德纳斯（Alonso de Cárdenas）的第一反应，就是对凯撒像要抱有谨慎的态度。原因很简单，正如他在给一位大臣的便条中写到的，这套肖像画中的六幅损坏严重，且《维特里乌斯》是由凡·戴克所作。1651 年 11 月，不管是出于什么原因，他提出了更优厚的条件（可能是希望这次采购能让自己远超竞争对手，这些对手为了讨好菲利普国王，也在向他兜售查理一世的艺术珍品）。在写给西班牙王朝中的联系人的信中，卡尔德纳斯声称，他得到消息，至少从"画作的年代"来看，《凯撒像》中的九幅还算保存完好；其余三幅画中，只有《尼禄》损坏严重，无法修复。不过，他不得不承认，其中一幅替换品出自凡·戴克之手，"并不是所有人都对其高度评价"。经过持久的谈判，以及故意表现出不感兴趣的精明伎俩，最终，卡尔德纳斯以六百英镑的价格从查理一世的一个债权人组织那里购得整套十二凯撒像；成交价是其官方估价的一半。随后，这些被赋予提香艺术魅力的肖像画被发送至西班牙，同时众所周知的是，它们急需修复，而且是个混杂套组，不是纯粹的原始版本（假设替换画《维特里乌斯》和补充作品《图密善》都和提香本人没有任何关系，那这套群像可能还算不上真正的混杂品）。[64]

1652 年画作抵达马德里后经历了什么样的修补措施，我们不得而知。但它们很快成为皇家收藏的一部分，后者已经在搜集罗马统治图像上投入了大量资金。例如，在马德里市中心之外的布恩·丽池宫［理想的静居所（Nice Retreat）——

图5.12　西班牙皇室位于马德里的"理想的静居所"（布恩·丽池宫）陈列了大量象征着罗马帝王权力的图像。这张图是乔万尼·迪·斯蒂芬诺·兰弗朗科（Giovanni di Stefano Lanfranco）于1635年创作的《为罗马帝王祭祀》（*Sacrifice for a Roman Emperor*）——超过3.5米宽——集中表现了古代统治者和异教神之间的关联。为了保佑皇帝的平安和成功，一位年长的牧师正在主持一场祭祀仪式，身穿金色披风的皇帝注视着这一切——作为祭祀品的倒霉的公羊已准备就绪。

甚至差不多是皇帝的第二行宫]，菲利普陈列了一系列罗马主题的画作，十分引人注目，这些主题包括特定角色下的帝王形象：从军队演讲和接受宗教授勋，到皇室凯旋列队游行，再到帝王葬礼（图 5.12）。[65] 他新近购买的《十二凯撒》（*Twelve Caesars*）处于一个相似的皇室环境中，画作被悬挂于市中心另一处叫阿尔卡萨宫（皇家堡垒）的画廊里。

这间南方画廊位于一楼和国王卧室——既在私人领域，又在公共领域，这些作品被安放在一排排哈布斯堡王朝的著名人像及其他肖像画中间。此时，它们仅仅作为肖像画而存在；至此，这些画同复杂的曼图亚王朝全体藏品长达一个世纪的切割（或者说解放）总算画上了句号。

但是任何向画廊窗外望去的人——值得注意的是，画廊的别名为"肖像画廊"——应该会看到其他一些富有启发性的关联。因为，至少 1674 年花园在宫殿翻新过程中遭到毁坏之前，画廊一直俯瞰着帝王花园（Jardín de los emperadores）。正如更多的宫廷物品清单所显示的，花园里有两套从尤里乌斯·凯撒到图密善的十二凯撒现代半身像，列于其后的是菲利普的曾祖父查理五世的全身肖像（最后一位来自西班牙哈布斯堡王朝的神圣罗马帝国的皇帝）。在这样的布局下，凯撒像实际上组成了一支服务于现代君主的仪仗队。任何在花园里仰望的人，都能透过旁边画廊的窗户一眼瞥见史上最著名的现代帝王画像：这是帝王与帝王之间的对话。[66]

尽管"提香的帝王像"知名度很高，然而很难不去怀疑，它们此时似乎已经辉煌不再。这很有可能是它们为何被高悬于展区、接近天花板、足有两层楼高的位置的原因。进而解释了为何在1734年毁灭性的宫廷大火中根本无法对它们施救——尽管后来还有站不住脚的传闻说，它们在某处被见到过——画像最终被彻底地毁掉了。

## 复制的艺术

然而到大火为止，提香原作（不管它们以何种方式被凑成十二幅，或以何种方式被修复、替换或重绘）的故事并未完结。无论是初次陈列于曼图亚之后不久，还是被焚毁后的很长一段时间里，都有数以千计的复制品涌现出来，并成为整个欧洲大陆最耳熟能详的图像。它们不仅出现在城堡和宫殿里，还进入寻常百姓家；复制品的艺术承载媒介也形形色色，从绘画、素描到珐琅和铜像，不一而足。"复制"这个词容易降低仿制品的重要性。因为几乎是借助复制的生产过程才让提香的肖像画——即便对我们来说，不算是家喻户晓的形象——成为世代相传的罗马帝王标准面孔，至少到19世纪末皆是如此。"面孔"有时就是它们存在的意义。因为，尽管凯撒之屋最初的主要意义在于复杂繁琐的装饰布局、其穿插的叙事部分，以及故事画和皇室骑像，然而，后世对这种整体布局原汁原味的复制和重塑，目前我只发现了一例。那就是雅各布·斯特拉达的"小型曼图亚"，呈现了阿尔布雷希特五世的慕尼黑珍奇屋中的精华。几乎众所周知的是，复制过程一般都是将原初背景搁置一边，对全体肖像的展示——正如在阿尔卡萨宫的画廊那样，是为了融入各种不同的新环境。[67]

这种复制和仿造的尝试，在凯撒之屋的原作安装完工的仅二十年之后就开始了。1561年，艺术家贝尔纳迪诺·坎皮及其赞助人佩斯卡拉侯爵共赴曼图亚参加一场婚礼庆祝仪式；坎皮在曼图亚仿制了提香原作，并补充了一幅自己画的图密善肖像；据说，其风格同原作十分接近，以至于没人能看出区别。根据一个颇有影响的现代荒诞说法（此说法是对 16 世纪的一部画家传记完全错误的解读），坎皮把图密善肖像留在了曼图亚，将其当作礼物慷慨地赠予主人，这幅画就作为群像缺失的那一张，被置于凯撒之屋的临近展室里。而根据传记作者的记载，实际上侯爵把坎皮献给他的所有作品都带回了家。[68] 不过，坎皮很可能从这次经历中看到了赚钱的机会。因为，人们最近在意大利档案馆里发现了一套模仿提香帝王像的铅笔和钢笔素描画，签名是坎皮，绘制日期为 1561 年 7 月，每一张素描都附有简短的人物小传，外加关于人物服饰和着色的注释说明——大概是为以后生产更多的复制画提供模板，以满足市场需要。[69] 确实，就当时欧洲贵族收藏的坎皮复制的群像而言，至少有六套能找到相关文献记载：一套属于奥地利的神圣罗马皇帝斐迪南一世（Ferdinand I），三套为三位显赫的西班牙王朝成员所拥有，还有两套稍晚一些创作的肖像套组，绘制于 1580 年代——我猜想，从原则上来看，只要是贡扎加家族的宫殿，就一定有凯撒们的肖像——其拥有者是贡扎加家族的两个支脉，分别在萨比奥内塔、瓜斯塔拉（Guastalla）。[70]

不过，坎皮并不是这些复制品的垄断者。当地艺术家一直忙于为曼图亚贵族的宅邸绘制副本。1570 年代初，某公爵委托一位艺术家为西班牙朝臣安东尼奥·佩雷兹（Antonio Pérez）绘制了一套，作为馈赠礼品。[71] 从更远的范围来看，有证据表明，皇帝马克西米利安二世（Maximilian II）指派了一位来自维也纳的画家为自己生产复制画。17 世纪初，法尔内塞家族的罗马宫殿陈列着另一套复制肖像（放在十二凯撒半身像之后），根据后来的一份财务清单，这套画的作者——且不问对还是错——被认为是卡拉奇画家兄弟或其中之一所作。[72] 不过，就在原作藏品在威尼斯等待被转运至英国之时，曼图亚的贡扎加家族又为自己制作了一套画——看起来他们很快就对出卖最钟爱的财产（当然包括凯撒群像）一事颇为后悔，因此又订购了一些几乎一模一样的画来作为纪念。[73] 讽刺的是，还曾有一套复制品成了多余的累赘。1652 年帝王之屋原作抵达阿尔卡萨宫时，其风头马上盖过了一套已经被西班牙皇室收藏的仿制品。这一点至少可以从 1585 年的一封信中推断出来，信中提到了安东尼奥·佩雷兹收藏的艺术品的出卖问题。信中称，国王菲利普二

图5.13　复制提香帝王像原作对画家来说是一门大生意，不过，如今很难辨别现存副本的制作时间、作者以及为谁而作。信息最确定的复制品之一是左图：贝尔纳迪诺·坎皮于1561年为佩斯卡拉侯爵绘制的《奥古斯都》像。右图的《奥古斯都》像最初来自曼图亚当地的私人收藏。

世（Philip Ⅱ，菲利普四世的祖父）不太可能从佩雷兹手中购买凯撒像的仿制品，因为他已经"从罗马"为自己购置了一套。[74]

　　通过这些信息，我们不无失望地发现，要想将信件、清单和传记里记录的仿品同实际上存留下来的很多复制画套组相匹配，是多么困难的事情。除了坎皮的签名素描外，只有一幅复制画的信息是确定无疑的。由坎皮为佩斯卡拉侯爵绘制的第一套复制品，应该和达瓦洛斯（D'Avalos）侯爵收藏品里的那套是同一套，目前是那不勒斯国家艺术馆的馆藏（佩斯卡拉的家族姓氏即为达瓦洛斯）。偶尔也能重建起其他一些复制品的系谱关系。比如英国私人收藏中有一套鲜为人知的复制品，它来自一个同贡扎加家族有着密切关联的历史悠久的曼图亚家族——因此很可能是为当地精英阶层绘制的最早的仿制画之一（图 5.13）。[75]

　　对于其他复制作品来说，人们通过一代代欧洲贵族去追溯不同副本的历史，这一过程充满未解之谜和曲折而又难以下定论、别出心裁而又难以置信的各种尝试和努力。以现存于慕尼黑的一套复制画为例，这套画曾经是阿尔布雷希特五世珍奇屋里布置的"小型曼图亚"藏品中的核心内容，后来被切割成小块，作为慕尼黑王宫中豪华房间的门头装饰画。这些副本是否是坎皮曾经为斐迪南一世绘制，后来可能传给其女婿阿尔布雷希特的那套复制画呢？很有可能。但如果是这样的话，为什么套组中的图密善像同坎皮为佩斯卡拉侯爵绘制的截然不同（图 5.10e 和图 5.10a）？可能的情况是，尽管草拟了复制模板，坎皮却尝试着创新求变，充分利用了缺失的图密善肖像赋予他的创作自由。更大的可能性是，慕尼黑这套画根本不是出自坎皮之手。[76] 那么，皇帝鲁道夫二世所遗失的布拉格副本又是怎么回事？这些副本是不是为安东尼奥·佩雷兹绘制，后又公开出售的那批呢？或者，是否鲁道夫从父亲马克西利米安二世那里继承了这套 1572 年委托的复制品，并将其从维也纳带到了他的新"帝"都呢？[77]

谁知道？但无论鲁道夫的凯撒图是什么来头，它们在接下来几个世纪里产生的影响都大大超过鲁道夫本人的预期。因为几乎可以肯定的是，它们为 17 世纪的系列雕刻作品提供了参照物，让"提香的"帝王形象得以传遍欧洲，其受欢迎的范围远远超出王公贵族的豪华宅邸。1620 年代初，在皇帝斐迪南二世（鲁道夫的第二个继任者）统治期间，一代佛兰德版画名匠、布拉格宫廷御用雕刻家埃吉迪乌斯（或吉尔）·萨德勒制作了凯撒像的版画系列（图 5.2 和图 5.10f）。同安德里亚希和坎皮早年的素描画（在细节上极为相似）相比，这套版画在某种程度上不算是原版的精确复刻。也许他在布拉格临摹的副本本身就比较粗线条；也许萨德勒给"提香的作品"添加了更多的时代风情和北欧风味。然而，不论准确与否，这类版画成为画家开办的制图作坊里几代相传的主要产品，以数以百计的数量流入欧洲各大图书馆和资产阶级的素描室。[78] 在这之后，有记载的一些复制画可能仍参照了原作本身［比如，1720 年代莱斯特勋爵（Lord Leicester）藏于肯特郡彭斯赫斯特庄园的"仿制提香作品"的《十二凯撒》图是在原作仍陈列于伦敦时临摹的，这不是完全没有可能[79]］。不过从设计细节来看，多数存留下来的 17 世纪中期以后的复制版本，显然仿效的是版画作品。现今的罗马帝王面孔实则为模仿提香原作而创作的萨德勒版画系列的复制品。

事实是，多数以萨德勒版画为仿制模板的绘画版本几乎同任何被误以为提香原作的画作都相去甚远，这一点颇为尴尬。亚伯拉罕·达比收藏的那六幅几乎可以肯定是"第二代"复制版本中的一批（图 5.1），而曾挂在博尔索弗城堡里的一

图5.14 萨德勒的帝王复制画无处不在，其传播路径也不寻常。这是苏维托尼乌斯的著作在15世纪晚期的一个版本，约在1800年前后被重新装订，并在封面上添加了一些微型（不到4厘米高）珐琅肖像画，珐琅画的原型是萨德勒于1690年左右制作的雕刻作品。

套笨重的肖像画也是一样——城堡中还有围绕喷泉四周而立，凝视着喷泉中央的裸体维纳斯的帝王雕像。[80] 除了被过分乐观的态度蒙蔽双眼的人之外，任何人都很难在这些作品中觉察到大师的手笔。不过更重要的是，这些各具特色的凯撒们是以何种方式通过不同的艺术媒介进入到形形色色的环境之中。取材于萨德勒的奥古斯都像的皇室茶杯上的形象（图5.3），只是其众多帝王肖像复制画中的一例；这些肖像不再只陈列于画廊的墙上，而是出现在各种各样的"家居"用品上，无论是精美华贵的器具，还是日常普通物件。其中当然有一些供行家鉴赏玩味的物品，尽管尺寸不大（或者说，也可能正是因为规模较小），其设计却足以给人留下深刻印象。比如，一位18世纪末的藏书爱好者委托艺术家为其收藏的苏维托尼乌斯《帝王传》珍贵的1470年版本设计新封皮，封皮装帧上的图案重新采用了一世

图5.15 阿姆斯特丹的花园背景同
这位铅制帝王像之间的对比十分鲜
明。这尊肖像的尺寸（只有不到1米
高）同柏林的埃格斯17世纪晚期创
作的《奥托》像相同——人物的服
饰无疑揭示了此雕像同提香的《奥
托》像之间的关联。

纪之前制作于奥格斯堡的一套微型珐琅画，珐琅画参照了萨德勒的版画模板（同
样的珐琅画也出现在慕尼黑皇家宝藏库陈列的一对"盾牌"上）（图5.14）。[81] 但
与此同时，我在上一章阐述过的大批量生产的廉价装饰板图案上也可见萨德勒的
《卡利古拉》肖像（图4.6）。这类复制版作品可谓成千上万，不计其数。

　　萨德勒的雕刻画甚至被变形为雕塑。一些仍林立于宫殿艺廊和花园步道的大
理石或金属制的现代帝王肖像——如果仔细观察——居然都是取材于萨德勒的著
名雕刻作品。比如，在柏林夏洛滕堡的昔日皇家花园中，伫立着一套 17 世纪末的
帝王半身像，作者是雕塑家巴托洛梅乌斯·埃格斯（Bartholomeus Eggers）。正是
在这座雕像林立的花园里，与特奥多尔·冯塔纳（Theodor Fontane）小说的主人
公同名的艾菲·布里斯特（Effi Briest）曾于下午一边散步，一般思忖着如何辨别
哪尊是尼禄，哪尊是提图斯[82]。乍一看，这些半身像并不像是与萨德勒版画一模
一样的翻版。部分原因是，埃格斯在将版画中二维的侧脸像转化为三维立体雕像

时，丢弃了原作的某些特点。但是注意观察服饰和盔甲，有时（尤其是《奥托》像，胸前的链子和脖颈的褶皱很容易识别）雕像和版画原作还是很吻合的。最近一位艺术史家称这些半身像为"富有想象力的幻想"。也许有道理；但即便如此，它们也是经由埃吉迪乌斯·萨德勒的艺术生产而对提香原作展开独创性想象的产物（图 5.15）。[83]

现在，几乎很难重新想象 17 到 19 世纪的欧洲世界里，经过提香的重构以及萨德勒复制画在欧陆的广泛传播，罗马帝王已成为人们想象古代统治者的唯一标准方式；在此背景下，如果有人闭眼想象奥托的样子，眼前几乎无疑会浮现出这个版本的帝王形象。它们的影响至今仍未完全消失。在彼得·格林纳威（Peter Greenway）1991 年的影片《普罗斯佩罗的魔典》（*Prospero's Books*）中，可以瞥到一闪而过的萨德勒雕刻作品的镜头。就在几年前，《每日邮报》（*Daily Mail*）上一个关于发现疑似卡利古拉的罗马雕像（上文，63—64 页）的报道，其配图选择了萨德勒之《卡利古拉》像的彩色图片。人们还能买到印有萨德勒帝王像的商标的托特包、T 恤、手机壳和被套。[84] 可是，自 19 世纪末开始，它们却不再是人们耳熟能详的对象。如今，几乎无人再去观看和审视这种形式的罗马帝王像。

为何它们逐渐黯然失色？我猜测，部分原因是对"原作"日益增长的狂热膜拜（见证本章开始那些激动人心的"发现"）让人们更加难以对提香画作的遗失问题视而不见。不过更重要的原因是，在追寻古代帝王的真实面孔的过程中，提香将文艺复兴时期那略微华丽而繁复的现代风格同考古学的精确性激进地结合起来，而这种结合非但算不上多么创新，反而显得有些笨拙。1870 年代出版的一部提香传记已经捕捉到了这种氛围的转变。传记的作者们承认，提香原作也许远胜复制画，但他们还是对帝王像"矫揉造作的姿势"、"怪诞的"戏剧性和"不自然的浮夸风格"没有半点兴趣。[85] 这同画家卡拉奇兄弟之一所赞美的"无与伦比"可谓相去甚远。

# 墙上的文字

然而，萨德勒版画中有一个几乎被现代艺术史家完全忽略的要素。每幅帝王像下面也都附有几句拉丁诗文，总结和概括了帝王的成就和性格："两列拉丁铭文"的提示算是对其最典型和最常见的关注。谁是这些文字的作者仍是个谜；有时，这些诗文的语言十分蹩脚，以至于人们几乎无法将其转换成通顺的译文，因此，即便现代学者有时的确再版了拉丁诗，却鲜有公开出版的译文。但是，正如本书附录中诗文的完整版所显示的，这些诗句大多数是对统治者事业和道德的猛烈抨击。该如何解读这些文字？

即使在欧洲贵族的观念体系里，凯撒形象也扮演着不同角色。正如我们已经看到的，它们赋予了现代王朝合法继承者的身份。它们还为现代统治者树立了约束和规范言行的"典范"。有时这是正面的榜样。一位17世纪的西班牙理论家曾谨慎提议，应限制宫墙内帝王肖像的数量："本不允许安放雕像或画像。"早期的英语译文是这样翻译的："但是这些肖像作品可以帮助王储效仿先辈的光辉事迹。"[86]而更多时候，这类有着劝喻意味的范例（*exempla*）无论是文字还是图像，不仅包含供后人效仿的光荣榜样，还有训诫警示的意义，提醒世人哪些行为该加以规避。或者，正如一位16世纪的硬币研究者在一段稍显古怪的话中所强调的：从观察鳄鱼、河马、犀牛和其他巨型动物中，我们能学到很多——而观察可怖的帝王像也能让我们受益匪浅。[87]

这大概也是朱里奥·罗马诺为凯撒之屋设计故事画的部分目的所在。故事画里既有善举，也有恶行（奥托高贵的自我了断和尼禄"在罗马燃烧时仍拨弄琴弦"），便于观者自行对照，从隐含的寓意中吸取教训。[88]不过，萨德勒版画中的诗文则不止于此。

十二凯撒中，只有韦斯巴芗被明确赞美（"现在请看一位贤明凯撒的形象"）。其他人均受到或严厉或温和的批评。有些皇帝显然是重点抨击对象。提比略将其治理原则建立在"残酷的仪式和仇恨情绪"上，尼禄"恶行累累"，并"以大火焚毁了自己的国土，以剑刺死其母"，而图密善则"破坏了凯撒的盛名，玷污了帝王的神殿"。不过，那些本来被期待会广受好评的君主也未能免于批评和谴责。尤里乌斯·凯撒肖像下面的诗文，控诉了他的母子乱伦之罪（"侵犯亲生母亲，可谓罪大恶极"）。尽管不可否认，奥古斯都虽身居结束帝国内战之功，但其帝业初期却被贬为"一事无成"。即便是美德仅次于韦斯巴芗的提图斯，也被负面评价为"精明到暗地里享受（他的）乐趣而不被发现"。

这些恶言恶语、有失雅观的诗文，对几乎所有帝王人物都大肆奚落一番，它们针对的并非提香《凯撒像》的风格，而仅仅是对画作内容的详尽回应，很难弄清该如何解读它们。整套版画是萨德勒献给皇帝斐迪南二世的。皇帝本人读到每幅肖像下的诗句时，该作何反应？意外，震惊，还是啼笑皆非？萨德勒（或者笨拙的诗人）究竟想表达什么观点？诗句中暗示的信息是如何在那些拥有、仰慕或复制帝王经典图像的成千上万的人之中流传的？过去是否和现在一样，很少有人会去读它们？

问题的答案无从知晓。不过它们促使我们去努力思考凯撒形象更具颠覆性和争议性的阴暗面——所有思考都从另一皇宫（英国的汉普顿宫）开始，因为这里还有一套珍贵的遗失原作，最多的身份误识案例，以及——最重要的是——现代世界中最为夸大其词却又最不受欢迎的关于罗马帝王的描述之一。

———————— 第六章 ————————

# 讽刺、颠覆和暗杀

## 台阶上的凯撒

对于那些对"极端巴洛克风格"不感兴趣的人来说，很难接受伦敦郊外汉普顿宫中的"国王台阶"上的装饰画（若将"修饰过度"用在这里，还算是个比较礼貌的形容词）。[1] 这些完成于 18 世纪初的装饰画是宫殿改头换面大翻新计划的一部分，发起者是威廉国王和玛丽皇后，二人于 1688 年从玛丽的父亲手中夺取王位后，随即开始翻新工程。整体装饰出自意大利艺术家安东尼奥·维里奥（Antonio Verrio）之手，他同时也是个精明的商人，适应能力强，成功获得来自从查理二世到安妮女王（Queen Anne）的所有英国统治者的重要艺术委托订单，历经各种王朝、政治和宗教变革。维里奥这次的任务是以符合皇家风范的宏大风格，装饰由克里斯托弗·雷恩设计的仪式性台阶，楼梯直通二楼国王套房中的豪华会客厅，因此得名"国王台阶"（图 6.1）。[2]

如今当你拾阶而上时，很难透过庞大而夸张的装饰画去理解它的主题。第一眼映入眼帘的便是遍布天花板的各种古代男神和女神。有手持棍棒、腾云驾雾的大力神；有异常慵懒、衣着暴露的缪斯女神们（也悬浮于云朵间，缪斯上面是颇为洋洋自得的阿波罗）；以及下方头戴月桂花冠、表情略微呆滞的看起来像尼禄皇帝的人物，正漫不经心地拨弄着六弦琴（图 6.2b）。汉普顿宫旅游指南里记录了

图6.1　18世纪初，安东尼奥·维里奥为汉普顿宫"国王台阶"创作了巴洛克风格的盛大而华丽的画面。了解此画的背景故事有助于深入地理解作品之含义：这个背景故事源自皇帝朱利安所著的批评其前任皇帝的讽刺性著作《凯撒》（*Caesars*，公元4世纪中叶）。主墙上，一群地面上的罗马皇帝都希望能被准入天庭参加晚宴，左侧赶来加入他们的是亚历山大大帝。他们头上云朵中的餐桌已经备好，虚位以待。天花板上的众神清晰可见，悬浮在半空中云层间的是大力神，以及罗慕路斯（晚宴主人）和他的狼，左墙顶端是居于缪斯女神们之上的阿波罗，他斜倚在那里弹奏着七弦琴。

几代人对阶梯装饰画的困惑不解，此后终于在1930年代，一位艺术史家发现了这个大型装饰画的原始背景故事。维里奥实际上把一部讽刺罗马帝王的著作以绘画的形式表现了出来，此书作者正是罗马帝王之一：4世纪的朱利安皇帝，因在面对基督教崛起时试图复兴异教而闻名［因此绰号"叛教者"（the Apostate）］。《凯撒》是其众多流传下来的作品之一，其著作全部用希腊文撰写——从神秘的异教神学到一本名字颇为诙谐的书《厌胡者》（*Misopogon*，即 The Beard Hater），他在此书中以反讽的方式为自己的外形（包括胡须）辩护，同时还批评了一些不知感恩、忘恩负义的臣民。[3]

推动着《凯撒》一书情节的是个简单的笑话。正值罗马帝国举办盛大宴会之时，罗马的创建者罗慕路斯（已经成神）决定邀请已故帝王们参加诸神的筵席。

图6.2 "国王台阶"中的四位罗马统治者：（a）高傲的尤里乌斯·凯撒，背对着奥古斯都，后者正被哲学家芝诺（Zeno）缠住说个不停；（b）尼禄漫不经心地拨弄着六弦琴；（c）邻墙上，公元4世纪时期的皇帝朱利安在伏案写作，墨丘利（Mercury）或赫尔墨斯（Hermes）悬浮在一旁以激发他的创作灵感。

宴会主桌已严格按照奥林匹亚山诸神的等级次序安排就绪，从宙斯及其父克洛诺斯（Kronos）等主神由高至低一直到次神（minor gods）。次主桌已为鱼贯而入的帝王们准备好，遴选出来的皇帝阵容庞大，从尤里乌斯·凯撒到朱利安的前任，时间跨度覆盖四百多年。对众神来说，他们并不是讨人喜欢的客人。宙斯被警告说，小心凯撒，他在觊觎你的王国。而尼禄则被描写成想要超越阿波罗的狂妄之徒。哈德良除了寻找自己失踪的男友之外，一无所长。大多数有可能纵酒狂欢的帝王们立刻被取消了邀请资格，之后众神制定了更正式的——有时甚至滑稽可笑的——审核程序，来判断留下来的帝王们（尤里乌斯·凯撒、奥古斯都、图拉真、马可·奥勒留、康斯坦丁，以及最后一分钟被赫尔墨斯拉进比赛的亚历山大大帝）的价值。最后通过不记名投票，马可·奥勒留被宣布为获胜者；不过最终有哪些帝王得以与众神共进晚餐，不得而知。[4]

这才是理解装饰画的关键。朱利安的形象出现在靠近阶梯顶端的侧墙上，旁边是回头望着他的天神赫尔墨斯或墨丘利（据称给了他讽刺之作的灵感）（图6.2c）。[5] 画面的上层区域，奥林匹亚诸神悬浮于云雾缭绕之间，下方的空桌显然是在等待帝王们入座。不过，此时就在罗慕路斯和狼的下方，经过众神遴选而留下来的帝王们正在人世间翘首以盼，等待入场；同时，亚历山大大帝正从左侧走过来参加宴会，胜利女神紧随其后。不是所有帝王的身份都可以确定。除了弹琴的尼禄之外，帝王群像中心位置身穿红衣的人物最引人注目，几乎可以毫不费力地认出此人就是尤里乌斯·凯撒，右边紧挨着凯撒的是奥古斯都（身边穿着一袭白衣的同伴应该是哲人芝诺——根据朱利安的讽刺文里所写——他被众神指派给奥古斯都，目的是赋予其智慧）（图 6.2a）。

这是文本和图像的紧密契合。但最大的问题是：艺术家到底意欲何为？朱利安的《凯撒》几乎将所有罗马帝王都贬低为非恶即蠢之流，而维里奥为何用以这样一部讽刺书为蓝本的图像来装饰（或涂抹）皇室宫墙？这里很容易发现隐晦的宗教和政治寓意。一些现代解读在亚历山大大帝这一人物中发现了威廉国王本人，对亚历山大的刻画仿佛是所有罗马帝王的形象的叠加。或者更具体地讲，现代阐释者从中察觉到威廉国王的新教主张，与其前任詹姆斯二世（James Ⅱ）的天主教主张形成对抗，而画中的罗马统治者则代表着这种宗教对立。（芝诺这个有些阴险的人物是对神职人员的隐晦抨击？）另一种观点则更加巧妙地暗示，我们应把画当成一篇关于威廉国王作为统治者而具备哪些资质的"互动式文章"——画中将他塑造成截然不同的角色：不仅扮成因胜利而洋洋自得的亚历山大，还有朱利安本人（他宽容地将异教信仰和新教同等对待）；甚至当成云端的阿波罗，他看起来没有那么自鸣得意，反而尽显荣耀，仿佛把我们带回到那个辉煌的文明时代。[6]

这些推测都各有各的道理。当然，朱利安在 1700 年左右名气更大，其著作在当时也被更广泛地阅读（可即便在当时的文化精英圈之外，他也不是个辨识度太高的人物）。但是，理解装饰画中隐晦的含义还是困难重重。不管他的宗教宽容是否受到敬仰，朱利安作为新教信仰的象征，作为皈依的异教徒的公众形象显然有些微妙难解——更不必说一个很容易被忽视的事实，即亚历山大大帝实际上并非众神评选最佳帝王竞赛的获胜者，马可·奥勒留才是赢家。

更重要的是，致力于弄清装饰画隐藏的寓意让我们忽视了其表面含义。让人出乎意料之处并不在于我们能从中挖掘出什么秘密，而是在皇室宫殿中这样一个仪式感十足的区域里，将一众罗马帝王展现成荒唐可笑的失败者（马可·奥勒留除外）。这和我们通常认定的作为强力皇权象征的帝王形象相去甚远。为什么？

我们永远也无法了解维里奥或者威廉三世（William Ⅲ）当时的意图，甚至不可能知道那些沿阶梯上上下下的仆人和大使对这些画作何反应。几个世纪以来，对这件作品普遍的不解和困惑逐渐开始蔓延。不过，这些醒目而又令人困惑的画作，促使我们带着更多的疑问去审视这座宫殿里的其他帝王图像——并将目光投向一百多年后的 19 世纪，这是一个由展览、沙龙、画廊、竞赛和公众舆论组成的截然不同的艺术世界。同样在这个世界里，一些帝王图像的复杂性和前卫性（很容易被乏味地表述为"身披长袍的维多利亚人"或陈旧古典主义中的习惯用语）也常常被忽视。

不过，我们还是先来看一下汉普顿宫的其他凯撒图像，尤其是尤里乌斯·凯撒大帝。

## 曼特尼亚的凯撒

尤里乌斯·凯撒总是比其他罗马统治者激起更多的论争。作家、社会活动家和市民就应该站队哪一方的问题讨论了几个世纪：凯撒，还是其暗杀者？莎士比亚的《尤里乌斯·凯撒》（*Julius Caesar*）只是对这个问题进行了模棱两可的思考的杰出作品之一。14 世纪初，但丁将弑君者布鲁特斯（Brutus）、卡西乌斯（Cassius）置于地狱最底层，其足被塞入撒旦口中噬咬，所受待遇仅比出卖耶稣的加略人犹大稍好一点，后者的头部被撒旦啃噬。约一个世纪后，两位博学的意大利人文主义者就凯撒和大西庇阿的功过是非交换了意见，后者是打败汉尼拔（Hannibal）并拯救了罗马城的罗马共和国英雄［对于其中一位人文主义者波吉奥·布拉乔利尼（Poggio Bracciolini）来说，凯撒是破坏自由的暴君；而对另一位学者格里诺·委罗内塞（Guarino Veronese）来说，凯撒实则从腐化堕落中挽救了自由[7]］。当安德鲁·杰克逊在 19 世纪初遭到实行"独裁专制"的指责时，也许他知道（或不知道）自己之前的很多西方领袖都曾受到过这样的指控。最近，一位作家贴切地指出，一千多年以来，凯撒的帝业赋予了"抽象的政治思想分类以鲜活的血肉"。[8]

一些思想划分的根源显然来自现代政治观念（波吉奥同佛罗伦萨共和国的渊源是其厌恶凯撒的根本原因）。君主以及支持独裁者的君主派，同反独裁的共和派之间的分歧，从来就不是那么简单。无论你的立场在哪方，都不得不承认，凯撒

图6.3 "大指挥官之桌"的陶瓷桌面（直径约1米），中央的装饰图案是亚历山大大帝。除了尤里乌斯·凯撒之外，它还展示了一系列罗马帝王像，这些罗马帝王像聚集在该图案的下方：从右至左，奥古斯都、塞普蒂米乌斯·塞维鲁（蓄胡者）、4世纪的康斯坦丁大帝（戴着镶有宝石的头带）、图拉真，然后是凯撒自己（局部）。凯撒像（右边小图）下方图案表现的场面是，凯撒面对其敌人庞培大帝的首级时把脸转向一边。拿破仑于1806年委托定制了这张铜桌，后送给英王乔治四世，现藏于白金汉宫。

本人有很多值得称道之处：从一代代学童情愿或不情愿模仿的写作文风，到敢于挑战高风险且最终大获成功的军事"天赋"。在中世纪的"九伟人"中，凯撒同另外两位勇士编在一组，即亚历山大大帝和特洛伊英雄赫克托尔；在拿破仑委托定制的最昂贵的黄铜家具"大指挥官之桌"上也有凯撒的一席之地，同时出现的也有亚历山大大帝（俗丽的陶瓷桌面上镶嵌着装饰画，展现的是古典世界十二位"最伟大"的将领的头像和凯旋、屠杀场面）（图6.3）。[9]一直以来，当人们质疑凯撒的军事成就是建立在大屠杀而非天赋才能之上时，鲜有人关注古代罗马世界中凯

图6.4 约翰·迪尔（John Deare）创作于1796年的浮雕，表现了凯撒在船中作战，而右侧一个不列颠人正向罗马人发起进攻的场景。装饰板底下方的原始铭文表明罗马人不会获胜：HOV［V］NVMAD PRISTI［N］AM FORTVNAM CAESARI DE［F］VIT（"凯撒缺少一个取得传统意义上的成功的条件"，引自他关于入侵不列颠的自述）。迪尔显然可能是美国大革命的支持者，这尊超过1.5米宽的雕塑是为了装饰约翰·佩恩（John Penn）英国宅邸的壁炉而制作的；佩恩是宾夕法尼亚州开拓者威廉·佩恩（William Penn）的孙子。

撒的敌人，也很少有艺术家持有18世纪雕塑家约翰·迪尔的另类视角。他描述的画面乍一看像是凯撒英勇对战敌人不列颠人，然而，在配图的铭文中，他却提醒观众，战役将以凯撒一方遭受军事失败告终（图6.4）。[10]

不过，跳出书本和战场，凯撒其他值得效仿的美德几个世纪以来为全欧洲的画家和设计者提供了丰硕的题材，即便其背景故事已不再为我们大多数人所熟知。凯撒的"宽容仁慈"（*clementia*）一直是颇受欢迎的主题，尤其是他在开启了罗马一人统治的内战中获胜之后所表现出来的慈悲仁厚。内战冲突中，凯撒面对的敌军领袖是庞培大帝（拉丁文为Gnaeus Pompeius Magnus），他曾是一位野心勃勃、自我膨胀的征服者，后转为保守的传统派。公元前49年，在希腊北部法萨罗平原的激战中，庞培被凯撒击败，不久以后在试图逃至埃及避难时遭到背叛，并被斩首，落得个悲惨的下场。凯撒在庞培遇刺之后的行为，为古代和现代领袖们奉献了富有政治色彩的经验教训。

费德里科·贡扎加的得特宫里一个房间的天花板上表现了这样的画面，凯撒命令将庞培死后留下的"文件柜"中的物品烧掉：避免文件里的信息泄露而导致政治迫害，这是尽显凯撒之宽容大度的一个承诺（图6.5）。[11] 不少艺术家都尝试过捕捉凯撒在面对庞培的谋害者献上的敌人首级时，表现出悲伤和反感的场面（"大指挥官之桌"的桌面装饰中，这个场面作为凯撒的形象徽标出现在其肖像旁边）（图6.3）。同样，这也被认为是凯撒人性化和体面的标志，虽然有些愤世嫉俗的评论家怀疑这根本不是货真价实的仁慈，而是鳄鱼的眼泪。[12]

　　然而——不管他具备何种美德——凯撒的刺杀事件总是显得特别突出，他永远都无法为任何现代独裁者或君主树立起单纯坦荡的典范。摧毁了共和国统治体系的人最终自取灭亡（采用波吉奥的观点），成为高悬于君主头上的危险，甚至是死亡判决的象征。无论尤里乌斯·凯撒图像表面看起来多么喜庆欢乐，我们在欣赏的同时，脑中总是难免跳出"接下来可怕的场景即将上演"的想法。

　　这种不祥的预感显然影响了安德里亚·曼特尼亚创作的九张描绘公元前46年盛大的凯撒凯旋游行列队的系列画，该游行是为了纪念凯撒横扫整个罗马世界的军

图6.5　尤里乌斯·凯撒之宽宏大量的经典例证：坐在中央的凯撒命令将其战败之敌庞培的信件销毁——这样就不会再有可能被用来迫害他人的信息留存。这是得特宫"帝王会客厅"中的主要装饰画板，得特宫是贡扎加在曼图亚市郊的豪华行宫，由朱里奥·罗马诺于1520年代设计。

图6.6　安德里亚·曼特尼亚15世纪末的作品《凯撒凯旋记》中的前两个画面（此处和对开页）。差不多3米高的大型油画以古典方式描绘了这些绚丽夺目的罗马胜利游行：人们高举战利品、描绘战役场面的油画，以及写着口号的标语牌。画面中唯一的黑人曾被罗杰·弗莱（Roger Fry）用油漆涂抹掉，现被原位复原。

事胜利。这九幅15世纪末的名画原本是为贡扎加家族制作的（可能由费德里科公爵的父亲委托），也是查理一世于1620年代大批购得的艺术品中的一部分。[13] 此后，它们一直在汉普顿宫展出。曼特尼亚作品鉴赏中的趋势和风向在不断变化，画作本身的受损状态和拙劣的修复令人遗憾——最糟糕的莫过于艺术家罗杰·弗莱在20世纪初开始实施的修复，众所周知，为了和其他所有白人面孔相匹配，弗莱将胜利列队中唯一一位黑人士兵的面孔移除（图6.6）。[14] 不过总的来说，《凯撒凯旋记》所受的赞誉和维里奥《凯撒》遭到贬损的程度不相上下。正是部分赞誉——对罗马盛况如此精彩而生动的再现——遮蔽了所绘主题中令人不安的矛盾性。

　　凯旋系列画中，多数作品都集中在列队中的众多参与者身上，接踵摩肩的士兵、俘虏、好奇的围观者，以及沿罗马街道缓慢行进的战利品和珍贵艺术品。但是，如果这些看起来还是一个王朝取得军事大捷的自信宣言，那么最后一幅画的基调则发生了改变。画中，凯撒坐在凯旋战车上，面容枯槁，神情忧郁，似乎已预感了不到两年后自己将面临什么样的命运（图6.7）。[15] 他身后的突出人物更加剧了这种不安感。因为这里，"胜利女神"取代了奴隶，而后者在现实的胜利游行中的职责是反复在将领耳边低语，"记住你（只不过）是凡人"——以防他被成功冲昏头脑，忘记自己区区人类的身份，正如传说中发生在凯撒身上的那样。[16] 近距离观察会发现，画面其他地方暴露了更深的焦虑感。第二幅画中（图6.6），一个士兵高举的标语牌上明确记录着凯撒因征服高卢而享有的荣誉，不过结尾却出现三个不祥之词："invidia spreta superataq（ue）"（字面意思是"对嫉妒不屑一顾，并将其征服"）。[17] 当然，事实正好相反。任何对凯撒生平略微了解的人都清楚，其遇刺的原因之一就是他并未成功平息某些同胞的嫉妒之心。

至少这套作品里存在着一种同贡扎加家族或英国皇室对王朝权力或一人独裁制的野心格格不入的矛盾性。也许正是因为短命的议会制或曰共和制政府的领袖奥利弗·克伦威尔（Oliver Cromwell）读懂了作品的含义（而不是因为热爱曼特尼亚的绘画笔法），他才在查理一世处决后的"国王财物"拍卖品中撤回了《凯撒凯旋记》，将这套系列画收为国有。（对任何有可能称帝的君主来说，还有比这更好的警示吗？）然而，曾在汉普顿宫拥有举足轻重的地位的艺术品还另有一套，它

图6.7 曼特尼亚《凯旋记》系列画最后一幅中的凯撒坐在凯旋战车上，这个收尾场面引发了一连串棘手的问题（正如庆祝仪式也经常给罗马人自己出难题）。对丰功伟绩的歌颂是不是太过火了？这是不是骄傲导致堕落的典型例子？获胜将领有没有留意到在他耳边低语的"只不过是凡人"的警世之言？就凯撒而言，在其凯旋后不到18个月就发生了暗杀事件。

同样以尤里乌斯·凯撒为主题，且同样后来被克伦威尔保留，并以更尖锐的方式引发了这种意义的含混和矛盾性：这套作品就是曾由最著名的皇宫业主，国王亨利八世委托编织的一组珍贵挂毯画。挂毯画原作早已损毁和遗失，几乎被彻底遗忘（和提香《凯撒像》同病相怜），只有最精细熟练的考证研究才能依据后世的仿制和改造版本将其恢复原样。然而，它们却是英国都铎王朝最重要和最昂贵的艺术杰作之一——其精确的古典主题和难解的寓意，几世纪以来一直被误读。如果我们不怕麻烦，尽力去挖掘其表层之下的内涵（确实有些麻烦），一个引人入胜的故事就会浮出水面。

## 汉普顿宫的凯撒编织品

国王亨利于 1540 年代中叶购得了这十幅巨型佛兰德挂毯画，它们表现了尤里乌斯·凯撒的生活场景。挂毯画以毛线、丝线和金线织成，每幅高约 4.5 米——并排挂在一起时，它们的宽度几乎长达 80 米。一百年后皇家收藏品被估值时，这套挂毯价格高达 5022 英镑，成为所有"国王财产"中第二贵的物品。这个估价是提香《十一凯撒》像现金估值的四倍多（是这些画实际要价的八倍多），唯一超过它的价值的物品是另一套挂毯织锦画，几乎可以肯定也是亨利国王委托制作的：这套尺寸更大的挂毯画共有十幅，表现了关于亚伯拉罕的圣经故事的场景，估值在 8260 英镑。[18]

如今，很难从价格、声望及数量上去复原挂毯画在文艺复兴装饰艺术中的重要地位。（根据物品清单记载，共有 2500 多幅挂毯画遍布于亨利八世的各个宅邸，不过这个数字有点水分，因为一些挂毯仅作为普通的床品使用，而不是陈列的艺术品。）我们今天看到的挂毯，往往无精打采地挂在豪华老宅和画廊的过道上，颜色呈现出浅棕色或绿色，昔日的无上地位和风采荡然无存。它们鲜亮的色彩随着长时间的光照而褪色，流光溢彩的金属丝线也因氧化而黯然失色。到了 19 世纪，这些曾经比名画更让最富有的欧洲贵族梦寐以求的早期杰作——从罗马帝王凯旋庆典和大力神轶事，到伊甸园和福音书中的屠杀无辜婴儿，其主题可谓多种多样——却因乏味而毫无特色被丢弃一边。[19]

亨利八世的凯撒挂毯画几乎也不例外。16 世纪末，它们广受汉普顿宫到访者的关注和赞誉（一位观者还赞美图像仿佛被 "栩栩如生地织进了挂毯）。查理国王遭处决后，它们从皇室 "物品" 变卖清单中被撤出，并没有以获致高额收益的价格被卖掉，而是后来重回皇室收藏。直到 1720 年代为止，还有关于挂毯被修复和重换衬里的不同记载，有几幅被移至其他宫殿，它们被最后看到的时间是在1819 年［乐观人士坚信，肯辛顿宫中一幅水彩画《卡洛琳女王的会客厅》（*Queen Caroline's Drawing Room*）曾几乎被用作墙纸，挂在墙上镶框画的背后］。[20] 此后的某时——除非无人问津的它们被遗弃后，潜藏在某处皇家阁楼——它们很可能于 19 世纪被丢在相当于废料箱的某处。

不过，还是有还原亨利国王这套挂毯画的大致原貌的可能。因为作为艺术复制的素材，挂毯织锦画甚至远超绘画作品。编织图案的原始图纸——或者原始草图的复制品，甚至可能是复制品的复制品——在一个多世纪以后常被再利用或出售，其目的是生产出与某些画面大致相同的新版本。你完全可以期待这样一套大型系列画会有自身的衍生品——重新编织或稍加改动的迭代产品——收藏在文艺复兴时期的欧洲巨富家中。如果你观察得足够仔细，那么的确可以发现。

没有整套的亨利挂毯画衍生品流传下来。[21] 不过，一些高明的调查和考证已经在关于这套凯撒系列画之后世版本的很多零散记载，同公开展出或在欧美拍卖会上一闪而过的个别挂毯画之间，找到了令人信服的关联，这些物件在艺术市场上仍是藏家的收藏品，但其价格已远低于其曾经的报价。有几处尚存争议；但总的来说，多亏了曾挂在教皇尤里乌斯三世（Pope Julius III）、两位法尔内塞家族成员，以及瑞典克里斯蒂娜女王（Queen Christina of Sweden）墙上的挂毯画的后世衍生品，我们才得以对亨利八世的整套藏画有个比较清晰的认识。幸运的是，其中一幅画面的几张小型初稿草图的发现，帮助我们认定挂毯画背后的设计者是 16 世纪初的荷兰艺术家皮耶特·库克·凡·阿尔斯特（Pieter Coecke van Aelst）。[22]

在亲眼见过亨利的挂毯画真容的人的叙述中，只提及了两个场景的准确主题：公元前 44 年尤里乌斯·凯撒遭谋杀，以及四年前其敌人庞培遇刺。[23] 几乎可以肯定，凯撒之死的画面通过一幅仍在梵蒂冈展出的挂毯画中得以体现。这幅画标明的创作时间为 1549 年，根据文献记载，是教皇尤里乌斯三世于 1550 年代初定制

图 6.8　梵蒂冈一幅大型挂毯画（宽7米）上的凯撒遇刺场景，创作时间为1549年，几乎可以肯定是制作亨利八世那套画的同一作坊生产的。凯撒本人淹没在画面中央的一群刺客中；画面左侧的背景中，阿特米多鲁斯（Artemidorus）正在提醒他小心阴谋——然而他并未理会。

的一套挂毯画中的一幅；这套制作于布鲁塞尔的挂毯画共十件，制作时间就在国王亨利委托汉普顿宫那套画的不久之后——尽管没有后者那么奢华精美（教皇的这一套没织进金属线："没有金线"，一份清单明确记录道）（图 6.8）。[24]

它描绘了一个可怕的混乱局面，位于中心的凯撒被密谋者的匕首刺死；而在尺寸较小的背景画面中，哲人阿特米多鲁斯试图递给受害者一张便条，警告他提防即将发生的危险。（几位古代作家都曾讲述过这一轶事，不过还是莎士比亚搬上舞台的戏剧最知名。）[25] 画面上方有一大段织进布料的标题，内容是艺术史家对这一场景的"训诫说教式"解读，其结尾句如下："以公民之性命血洗全世界的人，自己最终落得个血染参议院议事厅的下场。"可能这确是一种道德说教。但同时也是一句经过节略的引文，出自公元 2 世纪罗马历史学家弗洛鲁斯（Florus）对凯撒之死的描述，选在这里作为理解文字下方场景的关键，而这些语句现在普遍无人知晓。[26]

它只是这些挂毯画配图文字中诸多引经据典的例子之一，这些古代典故常被遗忘、误读或者误译。

这幅《刺杀》（*Assassination*）图是最接近亨利八世那套挂毯画原作的作品了：二者均在同一个十年间被制成，并几乎可以肯定，参照了同样的设计图，出自同一批织工之手。[27] 然而，多亏了一条引人入胜但有时又充满曲折艰辛的探索之路，我们才得以确定那些曾经如此奢侈地装扮着汉普顿宫墙的大部分挂毯画中的其他罗马画面。通过跟进其中一段来体会一下探索之路上的一波三折，还是有价值的尝试——就从出现在 1935 年的拍卖会上，而后又销声匿迹的一幅 16 世纪挂毯画开始（图 6.9）。

这幅画表现了一群身穿罗马服饰的人物，试图用攻城锤和连踢带踹来强行撞开一扇禁闭的大门。如果不是标题文字显示其为尤里乌斯·凯撒的生平轶事，它可能不会引起我们的注意："Abripit absconsos thesauros Caesar et auro / vi potitur quamvis magne Metelle negas"［"凯撒夺走隐藏的财宝，用武力将金子据为己有 / 哪怕您明令禁止也无济于事，伟大的梅特卢斯（Metellus）"］。对了解内幕的观众

图6.9　1930年代，一件亨利八世的凯撒挂毯图的衍生品出现在艺术市场上；目前这幅画不知所踪。然而，画面却清晰可辨。凯撒在对抗庞培的内战中期返回罗马城——为了搜寻现金——破门而入，闯进了金库。

来说，此画描述了凯撒在同庞培争战之初，攻进罗马并强行占有锁在罗马金库里的现金，全然不顾庞培拥护者之一梅特卢斯的反对。[28] 不仅如此，一系列证据都让我们更加确定，这张挂毯画是亨利那套画其中一幅的衍生品。

第一个证据来自一份克里斯蒂娜女王 1654 年弃位后带到罗马来的挂毯画清单，其中一套是以尤里乌斯·凯撒为题材的。它包括《凯撒遇刺》（*Murder of Caesar*）和《庞培遇刺》（*Murder of Pompey*）两个场景，这同汉普顿宫记载的两个挂毯画主题完全吻合，这说明克里斯蒂娜的这套画同亨利那套密切相关。值得注意的是，这套作品还包含一张被描述为《凯撒闯入国库》（*Caesar Breaking into the Treasury*）的画。这种关联在另一份清单中得到了进一步证实，此清单列举了十张含有相似凯撒主题的挂毯画（可能是亨利挂毯画的另一套"衍生作品"），其所有者是帕尔马公爵（Duke of Parma）亚历山大·法尔内塞（Alexander Farnese），购于 1570 年。每张挂毯画都是以编织标题中的第一个词作为其在清单上的简写代称——比如，"Abripit"意味着画中标题文字里第一个出现的词是 Abripit（Abripit absconsos……）。[29] 更确定的是，还存在视觉关联。1714 年，为了庆祝一位法尔内塞公主同西班牙的菲利普五世（Philip V）联姻，帕尔马大教堂的整个正立面，都挂上了家族收藏的两套凯撒主题挂毯画（亚历山大之母也早在 1550 年收藏了一套）。在一张描绘经过隆重装饰的大教堂的精细版画中，我们可以看到靠近地面正门右侧，赫然悬挂着（尽管画是反向的）的正是凯撒破门而入的图案（图 6.10）。[30]

这样一来——多亏了对历史档案的研究以及幸存下来的衍生作品——具有钻研精神的艺术史们，逐渐能够拼凑出汉普顿宫挂毯画原作的样貌。新近发现的一张华丽挂毯画是《凯撒跨越卢比孔河》（*Caesar Crossing the River Rubicon*），跨越卢比孔河这一行动标志着凯撒入侵意大利以及由此开启了内战。这幅画于 2000 年出现在纽约拍卖会上，[31] 并且——在我撰写本书时——正在一间地毯画陈列室里静候买主（图 6.11）。此画的主题和说明性文字，"Iacta alea est"（木已成舟），也和克里斯蒂娜女王以及亚历山大·法尔内塞的清单吻合，而在教堂正面右上角也可见相似的图案。[32] 同样的情况也适用于在意大利和葡萄牙发现的三幅挂毯画中的一个笼罩着不祥气氛的画面。画面中，一群人在向一位先知或巫师讨教，而在

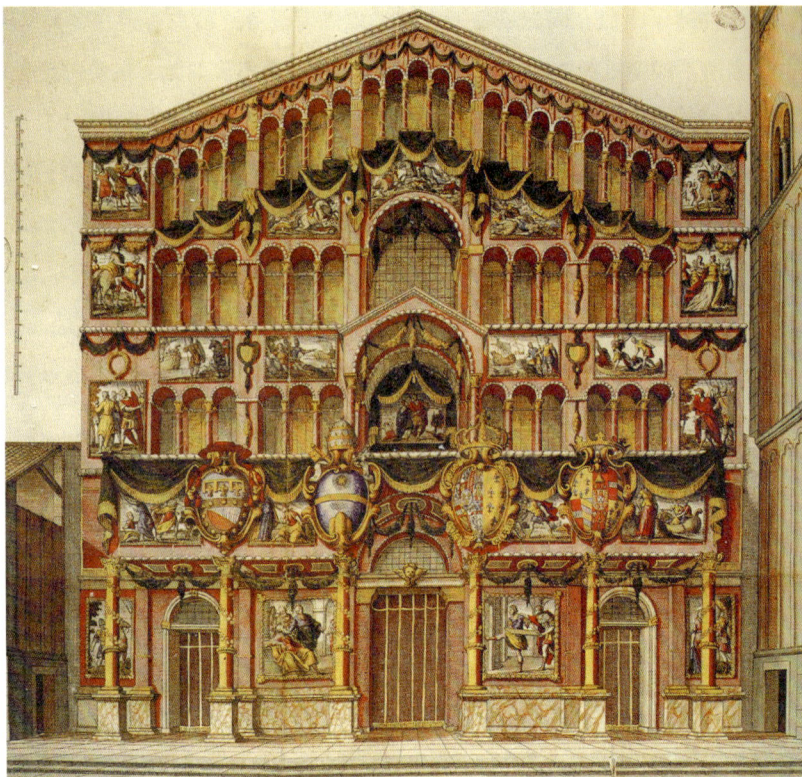

图6.10　一张当代版画表现了意大利帕尔马大教堂1714年为庆祝一场法尔内塞家族的婚礼而被隆重装点的场景——几张"凯撒挂毯画"得以展示。比如，正门右侧是凯撒破门闯入国库（图6.9）；上方右侧是凯撒跨越卢比孔河（图6.11）；正立面中央右侧是凯撒的敌人庞培被斩首（从波伊斯城堡一件幸存的挂壁画中得知）。

一些更加毛骨悚然的版本中，这群人的周围遍布各种蛇和蝙蝠，背后有一口女巫的大锅。每幅画的配图文字都不同，其中一幅上面写着"Spurinna haruspex Cesaris necem predicit"（"先知斯珀利纳预言了凯撒之死"）——这成为凯撒在遇刺前不久收到的另一个警告，这个可怕的预测提醒他应该"小心三月十五日"（用莎士比亚的措辞）（图 6.12）。[33]

　　可以预见，在这些重构中存在各式各样尚待解决的问题。如果我们将所有后世作品叠加起来，会发现数量超过亨利的十幅挂毯画及其他主要壁挂作品。是否有些画是后来添加进去的，或是替换作品？对于后世编织品的创作日期和次序也存在诸多不确定性，有些可能制作于17世纪下半叶。归根结底要根据镶边（尽管有些画已经被移除或替换）的风格和配图文字的不同形式来做减法。一般来说，文字篇幅越短，时间越晚。一些陈列在拍卖场的个别作品，是否曾属于克里斯蒂娜女王或法尔内塞家族收藏的成套挂毯画作品，这是另一个谜题。[34]但总的来说，成功还原和重塑了亨利八世艺术收藏中最华贵奢侈的艺术品，是学术考证工作的一个胜利。

但是，除了一件事。没有艺术史家（那些16和17世纪仿效原作图案的艺术家中，也几乎无人能识别）能准确识别出凡·阿尔斯特获取灵感的古代源头。[35]结果是他们严重曲解了一些画面中的场景，也完全忽视了这些罗马帝王形象中的一些反常含义。

图6.11 凯撒靠近卢比孔河，河边遇到一位（"罗马"的）女性人物。壁毯上的配图文字确定了这一场景。文字开头写着"Iacta alea est"，意思是木已成舟。接下来的内容是，"……他穿过卢比孔河，追随着天意（并且），如此草率地占领了里米尼（的城镇）"。

图6.12　这张16世纪的挂壁画（约4米见方）中的场面，通常被指认为尤里乌斯·凯撒在向先知斯珀利纳求教；配图文字为"尤里乌斯·凯撒在这里逃离了狂暴和喧嚣"。但是身后的大锅、怪异的蝙蝠和"占卜者"的性别，都表明此画另有其意（见207—208页）。

## 挂毯上的卢坎

国王亨利的挂毯画并不像我们通常假定的那样，仅仅描绘了凯撒生涯中的关键事件。作为一个整体，它们也并不是以苏维托尼乌斯的《帝王传》或其他古代历史著作作为蓝本设计的。系列画中几乎每个我们有直接证据来证明的画面，都显然受到了公元 1 世纪诗人马库斯·阿奈乌斯·卢坎纳斯（Marcus Annaeus Lucanus）的启发，现在一般我们称其为"卢坎"（Lucan）。卢坎遭受尼禄皇帝的迫害，在卷入一次失败的政变后于公元 65 年被迫自尽，其留存于世的史诗《内战记》（*Pharsalia*）（标题指的是最终的法萨罗战役）以凯撒和庞培之间的内战为主题。此作对内斗进行了白描式的深刻剖析，几乎是一部实验性反史诗，作品中没有将任何人物表现为真正的英雄。它对一人独裁制发起的旗帜鲜明的抨击究竟深刻到什么程度，长期以来争论不断；不过，卢坎笔下的凯撒（和庞培一样）显然有着严重的性格缺陷，其军事技能、欲望和野心最终将其引向可怕的毁灭性结局。[36]

亨利的挂毯画聚焦的远非尤里乌斯·凯撒人生的高光时刻，而是透过作为帝制受害者的一位古代异见诗人之眼，对内战的视觉性描绘和刻画——换个视角定睛再看，让作品含义更加一目了然。[37]

最初让我注意到卢坎可能是挂毯画灵感之源的因素，是画中那些普遍被当成先知斯珀利纳（Spurinna）预言凯撒之死的场景。无疑，这是凯撒生平中的一个知名事件，其中一幅存留版本上的编织配图文字对此有明确说明；而其他版本的文字内容则较为含混不清。[38] 但是，原作的设计初衷不可能是这样——原因很简单，因为斯珀利纳是位男性，[39] 是一位德高望重的先知或占卜师（拉丁语叫 *haruspex*）。而这幅画中的主要人物肯定是女性，并且——还有蛇、蝙蝠和大锅——完全是一个女巫的形象。她只能是卢坎《内战记》中那个令人毛骨悚然的著名人物——埃里克索（Erictho），来自希腊北部色萨利的可怕的亡灵巫师（necromancer，画中她甚至戴着典型色萨利风格的帽子），她以尸体为食，施咒召唤出地狱之魂。[40] 挂毯中描述的画面，正是诗歌中庞培之子前来询问埃里克索关于其父与凯撒之战的结果的场景——然后她借助一具临时复活的尸体，作了庞培即将战败的预言。

现代学者却给这个人物贴上"斯珀利纳"的标签，之所以被误导至此，不光是因为他们自身对卢坎《内战记》（以及斯珀利纳的性别）不太熟悉，还因为对挂毯之一的错误识别过于自信。挂毯画生产的一大谜题就是谁制作了这些配图文字，它们在发挥作用时反映了何种程度的精细严谨和专业学识，文本又是如何被传播或修改，在编织匠人手中代代相传。为何这幅挂毯画中配图文字发生了错误，原因尚不清楚：是对原文出处不熟悉，还是为重新诠释故事场景而做出了具有建设性的积极尝试？不过有一点是清楚的：原图设计者凡·阿尔斯特脑中想的肯定是卢坎笔下的埃里克索。

以此为起点，其他真相也就自然而然地浮出水面。《内战记》中另一同样经典且未被正确辨识的场景，体现在这套挂毯画的三幅衍生品中。其中，一幅藏于威尔士的波伊斯城堡（图 6.13），目前仍挂在帝王半身群像的不远处；另外两幅则出现在拍卖场。其中两幅画的配图文字将战斗场面称为凯撒"杀死巨人"，另一幅称为凯撒"指挥进攻"。[41] 问题是，在诸多记录尤里乌斯·凯撒丰功伟绩的史书或传奇中，没有任何一处提到过与巨人的搏斗，虽然他有时确实对进攻做出亲自指挥（像雕塑家约翰·迪尔想象的那样）。然而答案很简单。因为画中——尽管没有现代艺术史家注意到——尺寸较小的人物（同"巨人"搏斗的凯撒）站在高高的尸体堆上。熟悉《内战记》的人会发现，这场面明显指向的是凡·阿尔斯特原本想要表达的主题：法萨罗决战前夕，凯撒麾下一位叫卡西乌斯·斯开瓦（Cassius Scaeva）的士兵在围袭迪拉基乌姆（靠近阿尔巴尼亚的现代城市都拉斯）的庞培阵营时所表现出的英勇无畏。为防止庞培军队的逃脱，斯开瓦从凯撒的围攻墙上抛下已倒地牺牲的同伴的尸体，站在可怕的尸体堆上同敌人搏杀。（"他并不清楚在一场内战中，勇敢是多大的罪过"，卢坎阴郁地评价道。）最终，斯开瓦被庞培的一名优秀弓箭手（即画中的那位"巨人"）射中一只眼，随后他把箭拔出，继续战斗。这是一个表现尴尬的"英雄主义"的场面，和巨人或者更普遍的"凯撒指挥进攻"的说法毫无关系。[42]

这套挂毯画中唯一同《内战记》无关的就是凯撒遇刺这幅画。（诗作没有完成，还没到刺杀事件就戛然而止，也有假设认为作者本来也无意写到这一步。）其他所有可确定的画面——即便其他古代作者对这段历史有时也有所提及——都能直接追溯到卢坎的叙事诗中。《凯撒闯入国库》是其最著名的故事套路之一；还有《凯撒跨越卢比孔河》（河边的女性人物是卢坎独具特色的细节，没有在其他著作中出现过）；以及《谋杀庞培》，当庞培抵达埃及时遭叛徒斩首，这也是存留于波伊斯城堡的那幅画中的可怕场景。[43]

尽管编织的配图文字常常很混乱，但偶尔也保持着与《内战记》的关联。比如，有一套挂毯画描绘了庞培奔赴战场前与妻子科尼利娅（Cornelia）悲伤诀别的场面，在如此残酷的一首战争史诗中，这是少有的温情场面。多数现代批评家和早期现代配图文字撰写者都将此画误解为凯撒与他的妻子道别，但是一条文字纠

图6.13 这幅藏于波伊斯城堡的挂毯画是亨利八世原作的17世纪衍生品（宽4米多），其配图文字描述的场景为"凯撒发起进攻"。然而图像本身的细节——一名战士踩在尸体堆上，一位神射手正瞄准他——表明原作设计者是以卢坎《内战记》中的著名故事为蓝图。它表现了凯撒的战士卡西乌斯·斯开瓦站在可怖的尸体堆上奋力击退敌军，并被庞培阵营的弓箭手射中一只眼的场景。

正了这个错误："庞培大帝将奔赴军营；科尼利娅悲伤地驶向莱斯沃斯（Lesbos）岛……"（在这一场景的另一个版本中，配图文误将人物当成凯撒，而庞培阵营的标识"SPQR"——罗马元老院和人民——在将军身后的军旗上清晰可见）。[44] 而在另一幅画中，即便是卢坎著作的直接引文也未被察觉。一幅表现法萨罗战役的画面上方，配图文字的开头写道"Proelia …… *plusqua\<m\> civilia*"（战争……比内战还糟糕）。这句名言直接摘自《内战记》的第一句，开头即引入了最不道德的战争主题。无论配图文字的作者是谁，他指向的都是这套挂毯画最初的灵感之源。[45]

到底是什么样的因素，把无知、误解和坚定的重释信念组合起来，共同将重塑了卢坎《内战记》之历史故事的一套挂毯画，转变成"凯撒生平中的重要事件"，这无从知晓。正如挂毯画上的配图文和清单条目所显示的那样，这是个至少可以追溯到 16 世纪末的过程，比现代艺术史家的尝试还要早得多。毋庸置疑，当亨利八世的臣下打开来自布鲁塞尔的装着国王所购最昂贵艺术品之一的货箱时，他们看到的是一套描绘了黑暗的史诗级战争的作品，这场战争预示着罗马未来的一人制统治，并为随着凯撒遇刺而终结的独裁时期铺平了道路。其中有什么教训吗？

## 负面反应

如果只把亨利挂毯画上的画面看成是对君主制直截了当的抨击，就未免太过简单了。我当然并不是想说——尽管这个想法很有趣——当臣下们在琢磨该如何向国王陛下解释新购艺术品中令人意外的寓意时，肯定个个面露难色。我们无从知晓委托过程或亨利八世自己的内心想法。不过，也没有理由去猜想国王和他的顾问未能得到他们所期待的，甚至要求的东西。

中世纪和文艺复兴的整个时期，至少在欧洲精英阶层中间，卢坎的史诗一直颇受欢迎（尽管流行程度还比不上奥维德或维吉尔的作品），我们发现了几种解读这部作品的路径，有几种对我们来说有些陌生。直到 17 世纪下半叶，比较标准的政治解读方法才开始占上风。13 世纪让·杜·图因（Jean du Thuin）的《尤里乌斯·凯撒史》（*Hystore de Jules César*）把卢坎的史诗改编成法语白话文体，将凯撒塑造成具有豪侠气概的骑士英雄形象，他和克里奥帕特拉的关系（《内战记》未完成的终章中的重大主题）也变成圆满的宫廷罗曼史。这可能间接地为后世的几十部戏剧奠定了基础［最著名的是亨德尔的《凯撒大帝在埃及》(*Giulio Cesare in Egitto*)］，不过要构建几乎全新的故事，需要对卢坎的叙事版本做出大幅度修改。许多读者视这部史诗的意义为警惕内战的危险，而不是可怕的暴君专制，倒也并不意外——当然，这对英国都铎王朝来说是有益的一课。[46]

也就是说，即便现存多重解读，这些挂毯画图像中蕴含的令人不安的独裁统治元素，也不能被轻描淡写地一笔带过。很难想象，它们中的一些——无论来自什么渠道——是为了教给亨利八世的小儿子爱德华具有现实意义的一课，或者为国王本人带来某种宽慰（比如粉饰他通过解散修道院而从中获取暴利的事实，仿佛这和凯撒闯进国库一样是具有非凡意义的重大举措）。[47]这些图像同几十年后参照苏维托尼乌斯传记制作的阿尔多布兰迪尼泰扎杯上的画面形成对照，而鲜明的对照更突出了这一点。这套挂毯画并未涉及任何皇权之成功传承的预兆，而是包含女巫以死尸招魂术来预测未来的失败这类内容。如果泰扎杯上唯一的帝王之死场面是奥托勇敢的自我了断，这套画里凡·阿尔斯特关注的则是所有主角的血腥谋杀场景。无论你站在哪一方，结局都不是圆满的。

这种负面形象的组合和重复更加剧了观者的不安感。想象一下，18世纪初的年月里，某人常在汉普顿宫到处闲逛，无论是宫内居民或参观者，还是臣下或君主，至少在理论上（当然取决于何人获许去何处），他们能看到挂在原位的那套挂毯画，附近不远处不光有将帝王画成未能赴神之晚宴的失败者的"国王台阶"，还有曼特尼亚在画中对过分膨胀的权力的委婉警告。无论当时的参观者从中得出什么结论，这些宫廷作品对我们来说也另有警示作用，提醒我们不要将罗马帝王的现代形象一律视为——对那些当权者来说亦是如此——让人放心的正面形象。当然，正如我们已经看到的，很多帝王图像只表现了正面的一面。然而，在汉普顿宫这样一个皇室风格最浓厚的现代环境里，墙上图像的功能和意义更为复杂：它们促成了罗马皇权的负面或矛盾的艺术表现同现代国王权力之间的对话；它们提出了疑问，借助以古观今的视角去看待现代君主制究竟有多大可能性；它们甚至提供了一面滤镜，现代君主可以透过镜片去直面君主政体中的不和谐之音。

# 帝王恶行和帝国史

对于宫廷内外更广泛的受众来说，表现罗马皇权的图像总是同对帝王恶行的刻画紧密相连——还伴随着帝王政权的系统性腐化的暗示，而那些帝王恶行则是帝国腐朽体制的标志。这一观念在基督教历史中留下了不可磨灭的印记，尼禄及其他异教统治者对基督徒的迫害成为图像制作的主要内容，无论是 12 世纪普瓦捷大教堂彩色玻璃上的图案（图 1.6），还是虔诚的宗教画，抑或近几十年的一些恐怖电影。不过这一观念在不同领域的延伸，远远超出了宗教范围。

通过隐藏于图像下方的诗歌而提出关于凯撒美德的另类观点，埃吉迪乌斯·萨德勒并不是唯一这么做的商业版画艺术家。另一位佛兰德艺术家扬·凡·德尔·斯特雷特（Jan van der Straet）［又名斯特拉丹乌斯（Stradanus）］设计的帝王肖像画也以同样不太友好的手法表现了皇帝形象，他的版画作品在 16 世纪末和 17 世纪初被多位雕刻师大量复制（图 6.14）。在这些版画中，配图的拉丁诗句不仅仅刻画了普通恶徒，还挖掘了几乎每位帝王最糟糕的一面。毫不意外，根据诗中所言，尼禄如果远离政治，只专注于他的里尔琴，会是个更贤明一点的统治者［正如诗中嘲讽的，他该挥舞琴拨（plectrum），而不是权杖（secptrum）］。而奥古斯都也因模糊自己与神之间的界限而受到谴责，当妻子莉维娅在其耳边低语时，他犯下的错误（根据一个有关奥古斯都之死的生动但不太可信的改编故事）才得以揭示："当你（奥古斯都）胆敢自比于神时，莉维娅用毒药来提醒你不要忘记自己终有一死的命运。"只有韦斯巴芗和提图斯逃过了批评，部分原因是——对我们来说不太舒服——他们毁掉了耶路撒冷的圣殿。[48]

然而在这些版画上，对帝王的敌意并非只刻在诗句里。每尊肖像的背后都有凯撒的生平场景；在一些版本中——马背上的帝王被刻画成骑士像的样子——更多的画面被刻在基座上。这些画面的重点绝大多数都放在死亡、毁灭、帝王施虐癖和铺张浪费等题材上。比如，奥古斯都人像的背景中出现了著名的"十二众神之华宴"，同诗歌中的说法相吻合，宴会上——他身穿华服，其敌人认为这样的服饰近于渎神——奥古斯都本要扮演太阳神阿波罗；基座正面描绘的应该是莉维娅

（a）　　　　　　　　　　　　　　（b）

图 6.14　扬·凡·德尔·斯特雷特的两幅帝王像出现在阿德里安·克拉特（Adriaen Collaert）16世纪末的版画中：（a）奥古斯都；背景是那场奥名昭著的宴会，宴会上他扮成阿波罗神的形象；基座上表现的是阿克提姆岬海战（在这次海战中，他击败了安东尼和克里奥帕特拉），以及奥古斯都吃下莉维娅递过来的有毒无花果。（b）图密善；背景右侧，图密善遇刺；基座正面，他在戳苍蝇；配图诗句控诉他是"家族最令人痛恨的耻辱"，而且"无缘无故滥杀无辜"。

递给她丈夫一个掺有致命毒药的无花果。而在图密善像的基座正面，则无疑是年轻的皇帝用笔戳苍蝇的场景。[49]

　　同样表现青少年残忍行径的图像，也出现在鲁本斯 17 世纪初几幅有趣的素描中。鲁本斯因对古文物研究的兴趣及帝王肖像创作而著称，其肖像画包括"多位艺术家"绘制的十二凯撒系列中的单幅《尤里乌斯·凯撒》像，以及另外两组不同的帝王群像，部分原作流传至今，另外一部分则是根据复制画重新创作的。[50]这些肖像作品既包括凯撒像这样严肃平实的人像刻画，也不乏鲜活而富有人情味，流露出稍许不敬态度的作品。不过再不敬，也比不过现存柏林的一张充满戏谑意味的素描图，这是画在一张纸的两面的帝王像草图。[51]

　　这些素描图很可能是某个更大的艺术项目的非正式设计图纸。比如，"veni, vidi, vici"（我来了，我见过，我征服）这句话明确了一位人物的身份为尤里乌斯·凯撒，鲁本斯在凯撒旁边写着"sine fulmine"（没有雷电），仿佛仍在犹豫该给人物赋予什么特性。不过，作为幽默诙谐的人物漫画，有些素描也似乎具有了新的生命力。草稿纸另一面（图 6.15）的韦斯巴芗像一脸凶相，几乎有些可笑，根据苏维托尼乌斯传记中记载的韦斯巴芗的常用绰号"赶骡夫"（*mulio*），我们确定了此人物的身份；而一旁年轻的图密善正在戳苍蝇（"*ne musca*"，鲁本斯在旁边写道，借用了苏维托尼乌斯的嘲讽之语，即"连一只苍蝇"都不愿与之为伴）。[52] 无论这些素描画的终极目的为何，它们提醒了我们——正如 14 世纪维罗纳石膏下面的滑稽漫画那样（图 1.16）——即便是那些生产了象征着帝王权力的严肃图像的艺术家们，其脑中同时还存有对罗马帝王的另类想象，那是一种更接地气的，具有喜剧效果的形象。

不过，艺术家们带着质疑的态度，以更尖锐而精细的方式开始系统性探索罗马帝王的弱点，以及以其为象征的政治和社会体制的瑕疵，还是几百年后的事情。正是在这段时期里，我们有更丰富的渠道去了解那些对皇权形象的不敬回应，无论这些图像的设计可能出于多么虔诚而满怀敬意（或正好相反）的初衷。这是一

图6.15　鲁本斯绘在一张素描纸（长约20厘米，宽约40厘米）上的帝王漫画，创作于约1598至1600年之间。左手边的韦斯巴芗被画了两次（第一次在上方，旁边附有他的建筑；下方文字是"绰号为'赶骡夫'的执行官"）。提图斯面对着韦斯巴芗，旁边引用了他战胜犹太人的事迹（还有一条注释显然是写给艺术家自己的："检查一下皇帝是否有图拉真纪念柱上的军事参谋随行"）。右侧画有两个版本的图密善，其中一个正在瞄准苍蝇，一旁的文字是"ne musca"——"连一只苍蝇都不愿（与之为伴）"。

个截然不同的艺术世界和艺术体制环境。无论在数量上还是风格多样性上,这一时期的绘画生产和保存都远超以往(到了1850年代,每年单是在巴黎就有上千件新作展出,任何形式的归纳概括都无法将所有艺术品一网打尽);不仅如此,这还是一个充满各种画廊、公共展览、艺术学院、全新教学形式、形形色色的赞助人和买家、众声喧哗的意识形态之争,以及由艺评、解说和报刊组成的新一代艺术圈——各式各样前所未有的当代讨论和探索向我们敞开。

初看之下,作为"现代世界中的罗马人"之大众图像,18世纪末和19世纪的绘画仅次于一排排的大理石像。它们重塑了罗马历史和神话中的场面(同时还有来自古希腊、现代民族主义神话,以及《圣经》中鲜为人知的生僻典故的名场面),其规模往往十分巨大,据称其创作旨在达到教育和启迪的目的。道德榜样(*Exemplum virtutis*,可敬行为的表率)是这些所谓"历史画"经常触发的流行关键词之一——这个对现代画廊观众来说可能早已毫无新意的艺术类型,却曾一度占据欧洲美术学院设定的艺术等级链顶端长达数十年(紧随其次的是风景画或其他主题的小幅画这些"二等"类型)。[53] 然而,人们对历史画褒贬不一的反应远超想象。

在没有其他证据的情况下就认定几世纪前的权力图像能有条不紊地按计划流传下来,这种武断的假设是靠不住的(所有古埃及法老的大型图像都可谓毁誉参半)。比如,之前我们已经在版画讽刺诗中粗略体会到了罗马帝王的"品行可嘉之表率"长期以来具有多么矛盾的双刃性。不过从18世纪中期开始,大量艺评专栏文章为我们提供了丰富的鲜活例证,从中可以看出大众对罗马帝王乃至总体罗马文化的反应是何其充满分歧,大相径庭。

例如,英国讽刺作家威廉·梅克比斯·萨克雷(William Makepeace Thackeray)显然不是唯一对雅克–路易·大卫(Jacques-Louis David)画作中塑造的罗马英雄之光辉形象提出质疑的人。早年的布鲁特斯(尤里乌斯·凯撒的暗杀者的传奇祖先),将犯有政治背叛罪的两个儿子处以死刑,在现代家庭生活中,他真的算优秀典范吗?严厉施教和施虐癖的界限在哪里?[54] 泰奥菲尔·戈蒂耶(Théophile Gautier)在欣赏让–莱昂·热罗姆的盛大华美之作《奥古斯都时代》(图6.16)时,油然而生敬仰钦佩之情,同时亦伴有不安和疑虑,有此感受的恐怕不止他一人。这幅画的委托人是拿破仑三世(Napoleon Ⅲ),曾于1855年在巴黎

图6.16 让-莱昂·热罗姆的《奥古斯都时代：基督的诞生》（*The Age of Augustus*, *The Birth of Christ*, 1852—1854年），一张宽10米的巨幅画，它融合了多个精确的历史典故，并将耶稣诞生同奥古斯都统治关联起来。艺术家和作家立于皇帝御座右侧。安东尼和克里奥帕特拉躺在台阶上，右边可见尤里乌斯·凯撒的尸体——尽管尸体大部分被身穿白色托加袍的刺杀者布鲁特斯和卡西乌斯遮挡住了。两侧挤满了处于罗马统治下的各种族民众：左边是一位被拽住头发拖进来的裸体女俘虏，右边是帕提亚人（Parthians）正在归还曾经从罗马军队夺走的军旗。

世界博览会上展出。击败敌人（安东尼和克里奥帕特拉卧于台阶之上，已经死去）的奥古斯都皇帝立于画面中央，为向他列队致敬的蛮族国家们带来了和平；不过，在对将耶稣诞生同奥古斯都时代关联起来的中世纪古老故事的重新演绎中，一个经典的诞生画面出现在帝王祭台下方的醒目位置。戈蒂耶这里关注的（像其他人所担心的那样）并非古典和哥特风格的尴尬混合，而是向皇帝致敬的很多人来自最终击垮罗马帝国的国度。难道这幅画既是对罗马灭亡的警示预言，又是对奥古斯都丰功伟业的称颂与赞美？[55]

从另一方面来看，艺术家有时也被判定为没能完成记录帝王美德的重任。1760年代，路易十五（Louis XV）向三位不同的艺术家委托了三幅画，这些用来装饰国王乡间宅邸的作品，描绘了国王古代前辈的光辉事迹：奥古斯都关闭雅努斯神

图 6.17　卡尔·凡·洛（Carle van Loo）1765 年的画作，尺寸为 3 米见方，表现了奥古斯都关闭罗马的双面神雅努斯神庙大门的场景——这一举措在传统中象征着整个罗马世界处于（少见的）和平状态的时刻。这幅画后来为 1802 年拿破仑同英国签订和平协议提供了恰如其分的背景环境。

庙，这一举措象征着罗马世界的和平（图 6.17）；图拉真耐心倾听一位穷苦妇人的求助；马可·奥勒留在饥荒中分发面包。哲学家和评论家德尼·狄德罗（Denis Diderot）——在敬仰帝王的同时——对这些画的艺术表现水准颇为不屑。"你画的奥古斯都太糟糕了，"他想象着同画家本人的对话，"你画室里难道找不出一位学徒敢告诉你这个人像有多么僵硬、平庸且矮小吗？……那可是一位帝王！"；至于图拉真的画面，他嘲讽说，"只有那匹马还值得一看"。至于路易十五本人，他似乎还收到了其他反对意见。他很快将这些画扔出了豪华狩猎别墅：他要的衣着清凉的仙子图挂在墙上，而不是什么用来说教的帝王美德典范。讽刺的是，其中两幅画［《奥古斯都》（Augustus）和《马可·奥勒留》（Marcus Aurelius）］后来被适得其所地再利用。1802 年，拿破仑的下属在寻找适用来装扮亚眠（Amiens）房间的装饰图时看到了这些画，正是在这个房间里"第一执政官"（拿破仑的正式官衔）同英国人签订了和平协议——两幅画从此就一直留在了这座城里。[56]

然而，我接下来要讨论的并不是在大肆炫耀的罗马美德中被发现瑕疵的图像，而是艺术家直面统治者的权力僭越、帝国腐朽和王朝更替中的脆弱和暴力的那些图像：首先是一组于同一年在巴黎制作和展出的画作，描绘了十二凯撒中最声名狼藉的恶徒；其次是一套风格更为多元的图像，刻画了从尤里乌斯·凯撒到尼禄等帝国统治者的谋杀事件，就帝国体制自身的本质提出了一系列重要而又棘手的问题。

## 维特里乌斯的 1847 年

1847 年对于皇帝维特里乌斯来说，是自他在公元 69 年内战期间短暂而声名狼藉的统治之后，在艺术界中收获最大的一年。长久以来，他一直是辨识度最高的罗马统治者之一，这要归功于威尼斯的格里马尼主教收藏品中那尊"他的"半身像（雕像人物根本不是维特里乌斯，很可能是公元 2 世纪某个身份不明的罗马人）（图 1.24）。维特里乌斯的形象在当时十分盛行的观相术展示中扮演着重要角色，并且——以难以察觉的伪装——悄然进入一系列的名画之中。不过至少在 1847 年的巴黎，也就是骚乱和抗议不断，最后爆发了废除国王路易·菲利普（Louis Philippe）及其"七月王朝"那场革命的前一年，维特里乌斯的形象开始遍布全世界。

他最著名的亮相是作为一枚宝石浮雕出现在一幅画上，这幅画成为一年一度的巴黎"沙龙展"上两千多件全新艺术品中最轰动的作品：它就是托马斯·库图尔的巨幅画《帝国堕落时代的罗马人》[或简称为《狂欢》（The Orgy）]（图 6.18）。这幅画公开展出之前就在如火如荼的宣传活动中被大肆炒作，最终的成品也没有让公众失望。60 多年后，美国一本艺术杂志上有篇文章曾呼吁美国每所小学里都应陈列一幅此画的复制品，因为它是"绘画史上最伟大的布道"。（美国小学生真是幸运地躲过一劫，人们不禁会想。）[57]

这种布道并未通过有教育意义的榜样，而是借助道德败坏的夸张形象给人以启示和鞭策；它是震惊和——毫无疑问——戏谑的结合体。整个画布充满了东倒西歪的罗马赴宴者，他们不同程度地裸露身体，正处于彻夜狂欢派对的尾声（旭日似乎刚刚升起）。他们周围是代表这座城市昔日辉煌的人物雕像，画面边缘有几位面容严肃的旁观者，显然没有加入"寻欢作乐"中。它展示了罗马的道德沦丧，其中不乏一些意外转折和复杂棘手的问题，特别是统领画面全景的大理石裸体英雄像，我们该如何理解？大理石像的塑造参照了卢浮宫的一尊雕像，雕像人物按照传统被认定为日耳曼尼库斯——雕像人物同下方那些半裸的淫荡赴宴者们形成对比，似乎在提醒我们，赤身裸体出门既可以保持体面，也可能有失体面。日耳曼尼库斯是大阿格里皮娜的丈夫，在伟大的罗马传统中一直是个成功且颇受欢迎的王储，曾被视为皇位的潜在继承人。不过，他还是道德败坏的卡利古拉皇帝的父亲，据传公元 19 年在其伯父提比略皇帝的授意下，日耳曼尼库斯被毒死。画中的他作为一种提示而存在——无论画面刻画的是什么年代的"堕落"场景——腐败的迹象在帝国统治之初就不可避免地显现了。[58]

这幅作品在其创作年代还具有更广泛的时代寓意。不管当时的政治局面如何，评论家们并未将此画解读为对君主体制的有限抨击；不过它曾被普遍视为对财富分配不均，以及对当时法国精英和资产阶级毫无顾忌的道德败坏行为的批判。[59] 一组刊登在讽刺杂志《黄蜂》（Les Guêpes）上的漫画，巧妙地刻画了不同沙龙参观者的反应，尖锐地提出了批评。在其中一则漫画中，一个小偷谴责画中的资产阶级把所有食物吃个精光。另外一则变相地讽刺了社会失衡状态：一个被贴上"功利主义者"标签的人指出，光是库图尔这幅画所用的帆布，就能为一个贫困家庭提供足够的衣料。[60]

然而，在左侧这堆赴宴者当中，一位带有维特里乌斯显著特征的半睡半醒的人物——如此昏昏欲睡、无精打采，甚至没注意到离他鼻尖只有几英寸的唯一裸体侍女——更赋予了这幅画以额外的锋芒。尽管在今天这一人物常被忽略，但 1847 年的评论家普遍认出他的身份，并含糊地提到"维特里乌斯式"的荒淫无度。"只有维特里乌斯·凯撒才享有的荣耀"，一位诗人在针对这幅画的一篇讽刺性评论文章中欢呼道。[61] 那么，画面中的他到底在做什么？

某种程度上来说，他是"堕落"时代的另一线索。皇帝是否被解读为组织这场狂欢的主人？如果是这样，那么罗马的道德沦丧之路是否在公元 69 年就已经启

图6.18　罗马之堕落以庞大的规模展现在托马斯·库图尔的油画《帝国堕落时代的罗马人》之中，整幅画宽近8米。太阳已渐渐升起，但这场罗马人的纵饮狂欢仍进行正酣；左侧赴宴人群中少数的一位已经半睡半醒的人物，其外貌特征——1847年画作首展时即被评论家认出——是以格里马尼的《维特里乌斯》（图1.24）为参照而创作的。

程了？从另一层面来看，他可能是艺术家向委罗内塞曾用典故的致敬，库图尔经常宣称后者是他的灵感之源。[62] 在《最后的晚餐》中，委罗内塞给肚满肠肥的男管家装上一副格里马尼之《维特里乌斯》的面孔（图 1.23）；这里，艺术家是在通过给他的人物安上同一张面孔而向委罗内塞的艺术手法致意。不过，这里还暗含着其他意义。任何熟悉维特里乌斯的人生经历和不堪结局的人（弗拉维王朝上台之际，他被拖至罗马大街上活活虐打致死，尸体被钩子钩住扔进了台伯河），都会在此人物身上看到强烈的暗示，即这场纵情狂欢——无论它激发了对现代生活方式的何种想象——注定走向毁灭。对注意到这点的观者来说，皇帝面孔是一种视觉承诺，该受的惩罚无计可逃，终将到来。至于委罗内塞的那幅画，罗马帝王的外貌特征几乎是对整个画面的内嵌式评论，并成为我们解读作品的关键性元素。

　　不过，这个人物并不是 1847 年沙龙展观众遇到的唯一维特里乌斯像。众画家向画展贡献了从古代神话到早期教堂中的圣徒和殉道者等诸多古典主题，其中有一位艺术家将罗马帝王推至舞台中央。这位艺术家就是如今已鲜为人知的乔治·鲁热（Georges Rouget），因其是雅克－路易·大卫最喜欢的助手而被记住。鲁热参展了两件尺寸完全相同的作品，两幅画互为对照：其中一幅描绘了未来帝王提图斯向父皇韦斯巴芗学习善治艺术的温馨场面；另一幅引人注目的习作标题为《罗马皇帝维特里乌斯和释放给野兽的基督徒》（*Vitellius, Roman Emperor, and Christians Released to the Wild Beasts*）（图 6.19）。以格里马尼收藏版本（略微瘦削）为原型而塑造的皇帝，端坐在画面中，凝视着前方，显然沉浸在自己的思绪中；他背对着身后的竞技场，我们能依稀辨认出场上面对着猛狮的受害者。他肩旁有一位戴着镣铐、手持耶稣受难十字架的殉道者，画面下方一位女性抬头目不转睛地望着他。[63]

　　一些评论家打趣说，相比于库图尔的堕落群像，鲁热只用了三个人物形象就表现了罗马的邪恶。不过就场面的动态布局来看，人物的意义却十分含混。我们是否视其为不顾旁人哀求，坚持站在怜悯、慈悲对立面的皇帝？或者，我们更有可能想象画家在向我们展示皇帝脑中虚构的异想世界（这位年轻女性也许代表他的良心不安）？如果是这样，这种布局也许预示着某些图像（我们将在下一章看到），这些图像关注权力给强权者带来的麻烦，以及即便是最残忍的暴君也无法摆

图 6.19 乔治·鲁热的《罗马皇帝维特里乌斯和释放给野兽的基督徒》对罪恶（或者良心负罪感）进行了精细描绘。画作只有 1 米高，1847 年首次展出。维特里乌斯本人实际上和迫害基督徒事件无关，背景中的罗马圆形斗兽场是在其统治结束之后建成的。不过，相比于鲁热在另一幅配对画中刻画的"贤君"提图斯，这幅画展现了一个令人不安的残忍帝王形象。

脱人类困境和焦虑的折磨。[64] 不过，这同维特里乌斯在这个特殊年份的艺术界里承担的另一个富有争议的角色相去甚远。

1847 年夏天，法国十位雄心勃勃的年轻艺术家花费数月时间，描绘了维特里乌斯被杀的残酷画面。他们都是通过了罗马奖最后一轮比赛的天才画家（也是幸运儿），这一比赛的胜者不但名气大增，还会得到供其长期定居罗马的一笔丰厚奖金。比赛过程很简单，不过常伴有争议。每年，每位入围初赛的选手都要依据美术学院评审会公布的主题画一幅画，然后由评委会委员进行评判。[65]1847 年 5 月，评委会描述了他们要求参赛选手表现的画面：维特里乌斯被拖出其罗马的藏身之处，双手捆在背后，他的头被强行抬起对着剑尖，这样，其刺杀者"能更容易地实施凌辱"。九月末宣布了冠亚军获得者：第一名，儒勒–尤金·勒内普弗；第二名，保罗–雅克–艾米·博德里。两人的作品（图 6.20）都画风恐怖，画面中的皇帝面孔不仅完全暴露，还被愤怒的暴民拉扯着。[66]

（a）

图 6.20　刺杀维特里乌斯是1847年罗马奖绘画比赛设定的主题：（a）一等奖获得者是儒勒–尤金·勒内普弗（Jules-Eugène Lenepveu），其参赛作品是一张场面血腥的小幅画，只有30多厘米高，画面背景是和史实无关的城市全景（其中的图拉真纪念柱是在维特里乌斯死后50多年才竖起的）；（b）[对开页]二等奖被保罗–雅克–艾米·博德里（Paul-Jacques-Aimé Baudry）斩获，作品画面没有那么残忍，尺寸也稍大一些（差不多1.5米宽）。

　　评论家们剖析了评委们的判定结果。一种关键观点认为勒内普弗的情感渲染过于夸张；根据由画家转行为评论家的艾蒂安–让·德莱克律兹（Etienne-Jean Delécluze）的说法，博德里的画则太过"狂放粗野"，像是维特里乌斯时代土生土长的"高卢人"所绘；其他人则就色彩和透视层面评头论足，或暗示关于此奖还

（b）

有其他的有力竞争者。不过，对于绘画主题本身，也存在着不安情绪。此前的绘画创作不乏神秘死亡或血腥主题（比如朱迪斯斩首赫罗弗尼斯的圣经故事，或尤里乌斯·凯撒之敌，共和派理想主义者加图的剖腹自尽）。但是在罗马奖的比赛史上，这是第一次，也是唯一一次选择暗杀帝王的主题。正如德莱克律兹所言，这并不是一个适合精描细画的主题。"哪怕作品诠释得再完美，从一幅表现维特里乌斯皇帝这样一个残忍恶徒，被手持正义之剑的士兵和罗马市民慢慢割开喉咙，随后拖行致死的画面中，又能获得什么审美的满足感？"[67]

我们如何解释这种对这位短暂在位的皇帝维特里乌斯，以及他的荒淫无度、良心负罪感和终被杀害的关注？如果认为这些维特里乌斯主题和当时对路易·菲利普和七月王朝的不满情绪之间存在直接的关联，那未免太天真了。绝大多数报纸和杂志评论都集中于讨论艺术技巧层面的细节，或最多涉及宽泛的社会相似之处——根本没把罗马帝王当作法国国王的隐晦类比对象。另外，为公平起见，罗马奖比赛的最终选题是通过抽签的方式在三个候选题目中抽出的（1847年，候选题目里还有另外两个平淡一些的主题）。[68] 不过，如果否认两者间存在间接的联系，也同样过于幼稚。德莱克律兹关于人民"手中掌握正义"的评论，无疑映射了那个时代潜在的政治观点，尤其是这篇评论还刊登在强力支持君主制的杂志上。很难不去怀疑，那十位被关在炎夏画室里描画罗马皇帝遭受私刑场面的青年艺术家们，是否真的完全没注意到这一切同外面已悄然酝酿的革命起义之间的关联。通过一个例子，我们就知道他们并非毫无察觉。第二年，就在国王垮台后不久，博德里（二等奖获得者）曾在一封信中抱怨 1848 年罗马奖大赛的选题不痛不痒，乏味至极：题目是"圣母玛利亚家的圣彼得"（Saint Peter in the house of Mary）。他不禁发问，君主制之下，他们拟定了个"暴君之苦难"这样一个题目，而到了共和国新时期，却想出一个毫无可比性的无聊题目，怎么会这样？[69] 至少，他注意到了。

## 刺杀

刺杀主题一直吸引着艺术家们，带有各种政治倾向的凯撒遇刺题材，成为中世纪以来颇为流行的主题。不过，刺杀主题并不仅限于血腥暴力、暗中投毒、宫廷阴谋或民众起义。在据称只有一位皇帝（韦斯巴芗）未遭毒手且得以寿终正寝的十二凯撒史中，刺杀还是帝位继承，甚至是帝国体系自身的重要组成部分。很多文艺复兴时期的绘画对此主题都视而不见，它们更热衷于以未来吉兆的方式正面地表现皇权更迭。对他们来说，通过描画落在帝王肩上的一只雄鹰来突出强调克劳狄的伟大——像苏维托尼乌斯的积极欢快的叙述那样——要比刻画一个蜷缩在窗帘后，目睹先帝被杀而瑟瑟发抖的可鄙帝王要好得多。从另一方面来看，19世纪的艺术家们无论是否受到当时政治局势的驱动，都常会借助对行刺场面的想象性重塑来质疑帝制本身，并对统治者的不堪一击和权力真正的去向作出深刻思考。而帝王之死的方式被证明是对整个政体的有效诊断。

这类绘画中影响力最大的一幅就是热罗姆 1859 年绘制的《凯撒之死》（Death of Caesar）（图 6.21），此作被广泛复制成版画，甚至用作莎士比亚的剧作《尤里乌斯·凯撒》的舞台布景参照物。作品给观众留下的深刻印象，可以和同样出自热罗姆之手的《奥古斯都时代》（图 6.16）相媲美。画中的独裁者倒在元老院议厅中庞培雕像脚下，颇具讽刺意味。不过，此景是刺杀事件业已发生之后的场面，

图6.21　让-莱昂·热罗姆1859年的画作《凯撒之死》描绘了令人不寒而栗的权力更替场面。死去的凯撒倒在其敌人庞培的雕像前，只占了宽1.5米画幅的一小部分。此时重要的是后续事件，以及刺客（聚集在画面中央）接下来会采取什么行动。

后续行动已经实施，此时在没有凯撒的世界里，政治变革正在上演：一些议员逃之夭夭；一位身材高大的绅士正在伺机而动；手持匕首的刺客此时已被控制（事实证明只是暂时的）。热罗姆刻画的这个最具象征意义的刺杀场面之一，同之前的同类作品形成了意味深长的对照。多数情况下（比如图6.8中的梵蒂冈挂毯画），凯撒都是死亡画面中的关注焦点；哪怕尚存一息，受害者也仍是画面的主角。这里热罗姆在提醒着我们，专制权力是何其短命，转瞬即逝。画中的凯撒形象沦为左下角一捆血迹斑斑的白布，几乎很难被注意到。[70]

　　一些画家选择其他的刺杀时刻来传达不同的观点。比如，因反对腐败君主制而著称的画家让-保罗·劳伦斯（Jean-Paul Laurens）绘制了公元37年的提比略之死的场面——根据古老的传言，这位老皇帝是被其继任者卡利古拉或侍从马克罗（Macro）结果了性命（即便是睡梦中平静死去，也不足以消除皇帝实际是被窒息而死的怀疑）（图6.22）。此画中的刺客身材魁梧，几乎被认定为就是马克罗，他只需微微屈膝，手掌在提比略喉咙上一压，就能送虚弱的老皇帝归西了。画面象征着帝国权力交接的国内环境（罗马世界之命运的决定发生在一间卧室里），它

图 6.22  在1864年的《提比略之死》（*Death of Tiberius*）中，让-保罗·劳伦斯将皇帝死于床榻的场面放大为一张标准的大型"历史画"（宽近2.5米）。对于帝王来说，驾崩于床榻间并不能保证他不是死于谋杀。

彻底颠覆了王位继承的可靠叙事：这里所表现的并不是提比略把皇位传给卡利古拉；后者从前者那里窃取了王位。[71]

在对四年之后下一轮帝王继承的塑造中，传统叙事也遭到了挑战。卡利古拉同其妻女死于一场由心怀私怨而萌生叛意的帝国侍卫（"禁卫军"）策划的阴谋中。正是在这次刺杀后，由于找不到临时接替卡利古拉的合适人选，据说禁卫军从其藏身的幕布后将人到中年、行动迟缓，显然能力有限的克劳狄拖拽出来，在欢呼中拥戴其为罗马最高统治者（*imperator*）。[72] 长期旅居伦敦的荷兰画家劳伦斯·阿尔玛－塔德玛，在 1867 至 1880 年间将这一场景画了三次。

阿尔玛－塔德玛在 19 世纪艺术史中的地位颇有争议。他因表现优雅而闲适的罗马家庭生活而著称，其画面背景观察细致，逼真程度几乎贴近当时考古学关于真实的标准（题材多样，包括浴女、阳光明媚的大理石露台上的约会，或古代艺术家陈列室里的顾客）。对一些现代评论家而言，他将一种全新的历史元素融入历史画中，其作品更关注普通而日常的"历史"生活，带有一种更具民主意味的趣味。对其他人来说，他是在重复腐朽而陈旧不堪的古典主义，在激进的现代主义面前，古典主义显得越来越过时，气数已尽（尽管事实上他是当时最畅销的画家之一）。还有些人认为，他的画为了迎合暴发户（*nouveaux riches*）顾客而将古典主题商业庸俗化。阿尔玛–塔德玛去世后不久，罗杰·弗莱在笨拙地修复着汉普顿宫的曼特尼亚之作《凯撒凯旋记》期间，还尖酸而阴阳怪气地提到阿尔玛–塔德玛对"文化程度不高的中下阶层人士"的吸引力：他的画看起来仿佛他认为罗马世界是用"香气四溢的肥皂"建起来的。[73]

阿尔玛–塔德玛之作中有关罗马帝王题材的画并不多，不过其复杂精巧程度远不是弗莱笼统而愚蠢的概括所能涵盖的，而且也绝非"一知半解"的水平就能理解的。[74] 比如《埃拉伽巴路斯的玫瑰》（*Roses of Heliogabalus*）中壮观的画面，记录的不仅仅是一个因弄巧成拙而闷死客人的帝王恶作剧；它生动地指出一个居于罗马帝国文化核心的矛盾——（至少在古代想象中）即便是帝王的慈善和慷慨也可能是致命的（图 6.23）。不过接下来，阿尔玛–塔德玛对克劳狄即位的表现方式引发了更复杂的问题。

这幅画是其所作的三个版本中的第二幅，初次展于 1871 年，其标题为《一位罗马皇帝：公元 41 年》（*A Roman Emperor, AD 41*）（图 6.24），也是最具挑战性的一幅（即便艺术家似乎对几年以后重拾这个主题不太高兴——或者可能很高兴——这一次是画在小尺寸画布上）。描绘的场面再明确不过。躺在画面中央的是被杀害的卡利古拉一家人；几名禁卫军成员（还有几位女性，当时的评论家认为她们是"妓女"）从左侧拥挤而入；而右侧另一位禁卫军在向刚刚荣升皇帝的克劳狄鞠躬致敬，后者则畏缩于幕布之后。作品中有各种各样的明显细节。新晋皇帝穿着一双好看的高级红色鞋子（根据苏维托尼乌斯的叙述，正是这双露出来的鞋子暴露了他的藏身之地）。可是，他并无与其帝位相配的实权：做决断的人是禁卫军，新皇必须遵循他们的命令行事，这里的权力徒有其表。[75]

所以，《一位罗马皇帝》是否在暗示，公元 41 年是帝国史的一个转折点，因为暴力战胜了法律秩序？这样的话，画中那尊独特的奥古斯都大理石像——和热

图 6.23　在《埃拉伽巴路斯的玫瑰》（1888年）中，劳伦斯·阿尔玛–塔德玛抓住了帝王权力的矛盾性。这幅宽2米多的巨幅画集中表现了埃拉伽巴路斯（218—222年在位）将玫瑰花瓣洒向宾客的"慷慨之举"；然而根据此传说，最终客人们却在花瓣中窒息而死。

图 6.24　阿尔玛–塔德玛的这幅画描绘了卡利古拉之死和克劳狄的即位（《一位罗马皇帝：公元41年》，于1871年首次展出）。画幅宽近2米，中央是卡利古拉的尸体，而克劳狄（将无意中成为继任者）被发现藏在幕布之后。背景中的奥古斯都雕像对整个帝王体制提出了疑问。这是否有悖于奥古斯都最初的计划？这种谋杀是否一开始就深植于帝国历史之中？

罗姆刺杀场面中的庞培雕像不同的是，这尊大理石像沾染了受害者的血手印——代表了曾经崇高的帝国政权历史（奥古斯都死前的大概 25 年间，公元 14 年）。不过还有更为复杂的暗示，奥古斯都雕像这里指向的是一直居于帝国政体核心的暴力和无法无天。房间后面的一幅画上无疑也表明了这一点，画下方边缘处标有"阿克提姆岬"的字样。正是这场海战于公元前 31 年让奥古斯都登上集权巅峰。然而它是对抗同为罗马人的对手马克·安东尼（Mark Antony）的内战中的一场战役。这里传达的寓意显然是——有点像库图尔的《帝国堕落时代的罗马人》中那尊日耳曼尼库斯雕像所表达的含义——罗马帝国体系最初即建立在暴力和无序之上。说得更直白一些，（罗马）君主制建立于非法的架构之上。

和罗杰·弗莱不同的是，19 世纪晚期的艺术权威约翰·拉斯金（John Ruskin）认识到了阿尔玛 – 塔德玛作品中的政治尖锐性，尽管他并不喜欢。[76] 可能一些潜在买家也有同感。这幅画十年内都未售出，后来被美国收藏家威廉·T. 沃尔特斯（William T. Walters）买走——现藏于巴尔的摩的沃尔特斯艺术博物馆。

## 尼禄的结局

然而，如果说有一幅画最能巧妙而简明扼要地体现 19 世纪艺术家批判性探索帝国体制之本质和基础的能力的话，那非瓦西里·斯米尔诺夫（Vasily Smirnov）的作品莫属，这位艺术家的故土并非巴黎、伦敦或荷兰，而是在莫斯科和圣彼得堡。不过他曾于 1880 年代在欧洲四处游历，参加过巴黎的艺术沙龙展，于 1890 年去世，年仅 32 岁。他最知名的作品是一幅关于尼禄皇帝的大型画，其刻画的尼禄形象既不是维里奥墙画中那个无精打采的演奏者，也不是"在罗马燃烧时仍拨弄琴弦的人"，这幅画就是《尼禄之死》（The Death of Nero）（图 6.25）。[77]

斯米尔诺夫的创作紧贴苏维托尼乌斯对公元 68 年尼禄临终前最后几个小时的生动描述，其时军队和整座城市都已与他为敌。[78] 他成了宫中弃儿，昔日顺从的奴仆对他的呼唤置之不理——最终他赶往城外别墅。在那里，一位仆人帮助他屈辱地了断了此生（他无法独自完成），他的尸体被几位女忠仆抬去埋葬。画中的她们正在这么做：把尸体抬到家族墓地。

图6.25　权力烟消云散后会发生什么？瓦西里·斯米尔诺夫1887年4米宽的巨幅画，集中表现了死去的尼禄被丢弃一边的画面，只有三个女人在处理他的尸体——他呼风唤雨的权力，他的众多手下、随从，全部消失不见了。

　　不过，角落里有一尊著名雕像，是房间里唯一一件艺术品，我们能立刻认出它就是《男孩与鹅》（*The Boy and the Goose*）——其各种版本遍布于希腊-罗马世界。这是一件备受争议的作品（图 6.26）。它到底是纯粹的媚俗之作（kitsch），还是高雅的风格作品？它是神话，还是现实？最重要的是，这个男童意欲何为：他是在天真无邪地玩乐，还是要杀掉这只家禽？在这幅画中，男童雕像无疑是已散尽的帝王财产中余留下来的装饰品［根据博学的普林尼的说法，尼禄最奢华的宫殿"金屋"（Golden House）里，曾有此雕像的一个版本 [79]］。不过，雕像的意义肯定不止于此。它将雕像自身的阐释困境转移到皇帝人物本身。尼禄的罪孽有多深重？他的放荡越轨行为究竟是天真无邪之乐，还是少年虐待癖？归根结底：是不

图6.26　斯米尔诺夫画中角落里的雕像（图6.25）是一尊著名的（令人困惑的）由一个男孩和一只鹅组成的古代雕塑作品。这尊雕像的一个版本曾为尼禄所有，不过这个大理石男童（逗弄/勒死/折磨这只鹅）是否象征着尼禄本人？

是所有暴君其实都不过是孩童（或者所有孩童都是暴君）？就整幅画而言，男童雕像阐明了这个场景的困境，以及帝王权力的困境。

不过，还有转折。谁买了这幅画？它并未像阿尔玛–塔德玛的《一位罗马皇帝》那样十年未售出。俄国沙皇亚历山大三世（Alexander Ⅲ）几乎是立刻将其收入囊中。[80] 乍一看，这对君主来说似乎是有些奇怪的选择。不过，可能沙皇也像亨利八世那样，喜欢视其为引发人们反思一人独裁制的复杂性和困难性的作品。

———————— 第七章 ————————

# 凯撒之妻……无可置疑?

## 阿格里皮娜和骨灰

　　1886 年，就在阿尔玛－塔德玛创作了克劳狄皇帝不太体面的即位场面第一个版本的前一年，他重塑了罗马帝国史上另一个揭露独裁政治之残暴和腐败的画面（图 7.1）。初看时，你可能会把这幅画当作画家对罗马家庭生活带有梦幻色彩的描绘。画面中没有士兵，甚至没有男性——只有一个孤零零的女子斜倚在长榻上，若有所思地凝视着一个可能是珠宝匣的盒子。

　　然而仔细观察就会发现，情况完全不同。女士斜躺之地只可能是一座大型坟墓：墙上刻有墓志铭；而她身后的字迹清晰可辨，"DM"是"Dis Manibus"（意为献给逝者的灵魂）——罗马纪念碑上的标准常用语——的缩略形式；左下角的台阶则暗示画面背景是在地下；所谓珠宝匣很可能是她刚从墙上壁龛中取下的小骨灰盒。画的标题表明了它的确切身份:《阿格里皮娜探望日耳曼尼库斯的骨灰》（*Agrippina Visiting the Ashes of Germanicus*）。换言之，阿尔玛－塔德玛对这位皇室女主人公大阿格里皮娜（这个称谓是为了和她女儿"小阿格里皮娜"区分）悲剧性一生中的一个画面进行了想象。[1]

　　她沉浸在其亡夫日耳曼尼库斯的记忆中无法自拔——在库图尔的画中，他的塑像审视着正在发生的"堕落"场面——曾是古罗马津津乐道的故事。[2]

图 7.1  探望家族墓穴的阿格里皮娜怀抱着其夫日耳曼尼库斯的骨灰盒，她刚从壁龛中将其取下放在身边。阿尔玛-塔德玛1886年的画，以紧凑的尺寸（不到40厘米乘以25厘米）刻画出一种幽怨的家庭生活气氛。

　　人们普遍认为是心怀嫉妒的伯父提比略皇帝下令杀害了日耳曼尼库斯；让作家们驻足留恋的不光是公元19年这位风华正茂的青年将领在叙利亚一命呜呼的故事，还有阿格里皮娜的忠贞不渝——作为奥古斯都皇帝凤毛麟角的直系亲生后代——其皇族血统甚至比丈夫还要高贵。她需要将丈夫的骨灰带回两千多英里之外的罗马，参加来自公众的隆重迎接活动（日耳曼尼库斯之死带给她的伤痛，曾被比作戴安娜王妃去世后在现代民众中爆发的悲痛之情[3]）。这里，阿尔玛-塔德玛刻画的是阿格里皮娜一人再次探访家族墓地的场景；她又一次举起已成为个人标志或护身符的骨灰盒。墙上铭牌上的名字"日耳曼尼库斯"清晰可辨。

　　然而，之后发生了更糟的事情。至少在标准版本的传说中（实则另有实情），阿格里皮娜并未明智地选择低调隐退。相反，她通过一系列令人钦佩的坚守原则、忠于家庭的行为或毫无意义的偏执顽固之举（如何评价取决于个人视角），与提比略及其党羽大胆对抗。最终在公元 31 年，她被流放到意大利海岸附近的一座小岛上，在那里，她死于饥饿（或被饿死）。到了她的儿子卡利古拉（那些深爱母亲的恶魔帝王之一）执政时期，她的骨灰才被运回罗马。当时安放骨灰的大型纪念石碑保留了下来，不过，石碑的故事也充满曲折。中世纪它被重新发现，进而作为谷物测量容器被循环利用，到了 17 世纪才恢复其古物的地位，并被安放在罗马卡比托利尼博物馆至今。（1635 年，曾有罗马市民忍不住在石碑的新底座上刻了个粗俗的笑话：他们表示，把一个因拒绝食物而饿死的女人的纪念碑改造成测量谷物 / 食物的容器，这确实有点反讽意味。）[4]

阿格里皮娜的传说，以及阿尔玛 – 塔德玛对墓中遗孀的悲痛之情的刻画（更不必说 17 世纪罗马市民招摇过市的"幽默"），就皇室家族中女性的角色及其古代和现代形象等提出了更重大的问题。迄今为止，本书中提到的罗马帝王之妻女、母亲及姐妹的艺术再现，只扮演着次要角色。一直以来，和帝王或她们的兄弟和儿子相比，女性形象的确少之又少。不过，有些女性也获得了名人地位。比如，一尊公元 2 世纪皇帝安东尼·庇护之妻福斯蒂娜的罗马半身像，在 16 世纪曾是安德里亚·曼特尼亚和伊莎贝拉·德·埃斯特（Isabella d'Este）两人的著名争夺对象，后者最终以杀得很低的成交价从资金短缺的画家手中买到了这尊古董胸像［不过，如果此古董就是现在仍陈列于曼图亚公爵宫的那尊平庸乏味的《福斯蒂娜》半身像（图 7.2），很难看出它有什么值得大费周折的优点］。[5] 而在现代艺术家利用女性人物揭露皇朝腐败的众多绘画作品中，《阿格里皮娜探望日耳曼尼库斯的骨灰》只是其中一例。

本章将探索帝王等级制度中的女性历史，而这段历史也是复杂王朝谱系的一部分。这些女性既有名人，也有名气不大的，从奥古斯都之妻莉维娅［由于演员简·菲利普斯（Siân Phillips）在 1970 年代的 BBC/HBO 系列剧《我，克劳狄》（I, Claudius）中成功演活了莉维娅，其恶人恶行又获得了新的知名度］到梅萨丽娜（克劳狄的第三任妻子，据古罗马传说曾在妓院里做兼职）或奥克塔维娅（尼禄贤惠的第一任妻子，其命运是亲眼目睹身边最亲近、最钟爱的人在自己面前倒地死去）。不过，她们都做过什么？她们的重要性体现在哪里？古代和现代视觉图像中她们是如何被描绘的？我们已经在新晋政治领袖（皇帝、王子和男性继承人）的艺

图 7.2 这尊差不多真人大小的罗马半身像，可能是（或不是）安东尼·庇护（138—161年在位）的妻子福斯蒂娜的肖像，伊莎贝拉·德·埃斯特和曼特尼亚在16世纪初曾为其展开争夺。无论其身份的识别正确与否，人物发型的风格特征说明这尊肖像可追溯到2世纪中叶。

术再现中，看到一人专制开始总是同革命性变化形影相随的：对于皇室家族的女性来说，是否也是如此？将目光聚焦于女性，我们会有何收获？本章结尾我们将仔细审视大阿格里皮娜和小阿格里皮娜：一位是绝不妥协的殉道者；另一位是克劳狄之妻和尼禄之母，最终落得个被捅数刀而惨死的可怖下场。我们将揭开鲁本斯一幅争议之作中的另一个阿格里皮娜的真正身份，这也是我列举的最后一个身份误识的案例。

## 女性与权力？

根本就没有"罗马女皇帝"这个概念。几乎很难完全避开这个词（我承认，下面的几页内容会悄然出现几位"女皇"）。授予朝中最重要女性的各种荣誉也表明一定程度的公众知名度，比如"奥古斯塔"（Augusta），乃是对应"奥古斯都"

的女性头衔。莉维娅自己就是获此称谓的第一例：丈夫死后，她的正式称呼是"朱莉娅·奥古斯塔"（我猜想，这名字在当时和现在一样令人困惑），早年在一首"夸张得可笑"的诗里，她被高调地称为"罗马第一公民"（接近于"女王"）。[6]然而，抛开诗歌中的夸大其词不谈，帝王配偶并没有正式的官位，当然也就没有女性拥有王位的可能性。当我们谈起皇室家族的女眷时，我们指的是身份混杂、不断变化的，由帝王之妻女、母亲、姐妹、表姐妹和情人等构成的一个群体，她们的影响力和重要性各有不同，不过在等级制度中都没有正式地位。

即便如此，在罗马作家的书写中，这些皇族女眷比早年共和时期的精英女性要强大得多。事实是否如此，很难确定。我强烈怀疑，莉维娅或其他女性如果知道古往今来的作家们赋予她们的巨大影响力，或者据传她们亲手除掉了多少麻烦的竞争对手，可能会大吃一惊（当然，在一个腹膜炎病例和中毒致死案都分不清的时代，谣言四起也再正常不过）。但是无论真假，对女性权力的这一看法可直接追溯到一人独裁制的构架中。

首先，在像罗马帝国这样的宫廷文化中，顶层统治者身边的人总是有较大的势力。这是一种"近水楼台先得月"的权力，它属于那些有机会直接接触帝王的人，无论是晚宴时闲聊，还是替皇帝刮胡子或（更甚者）与之同床共枕。在一定程度上，无疑会产生由于就近优势而存在的权力，这正是关于女人就是"宝座后面的力量"（the power behind the throne）这句古老的陈词滥调的来源。不仅如此，女性充当了完美的借口和方便的手段，用来解释帝王决策中的谜团、矛盾以及变幻莫测；因此女性影响常被夸大。独裁专制的到来，意味着权力从共和论坛或参议院议厅的公开讨论转移到隐秘的走廊和皇宫中的政治阴谋小集团。宫墙之外无人知晓王朝内部的决策是如何——以及由谁——作出的。[7]而将一切归咎于妻女、母亲或情人的影响是再方便不过的万能借口（"他这么做是为了取悦莉维娅"，或梅萨丽娜，或茱莉亚·马梅娅，或别的什么人）。现代媒体有时也会借助同样的手段来解释白宫、唐宁街十号或英国皇室的内部运作活动〔比如伊万卡·特朗普（Ivanka Trump）、切丽·布莱尔（Cherie Blair）或梅根·马克尔（Meghan Markle）〕。

但是在罗马，这些同女性在王朝继承策略中的核心性相关。简而言之，女人在繁育合法继承人方面的决定性作用，构成了两种截然不同的女性类型的基础，

表 2

# 朱利奥·克劳狄王朝：主要女性人物

盖乌斯·尤里乌斯·凯撒，†前 44 年

茱莉亚 = 马库斯·阿迪乌斯·拜耳巴斯

阿缇维 = 盖乌斯·奥克塔维乌斯

斯克利波尼娅 = 奥古斯都（前 27 年—14 年）= 利维娅，†29 年 = 提比略·克劳狄乌斯·尼禄，†前 33 年

尼禄·克劳狄乌斯·德鲁苏斯 = 安东尼娅

奥克塔维亚，†约前 11 年 = 盖乌斯·克劳狄乌斯·马塞勒斯

马库斯·克劳狄乌斯·马塞勒斯，†前 23 年（1）= 茱莉亚，†14 年 =（3）提比略 = 维普撒尼娅·阿格里皮娜·阿格里皮斯，†前 12 年（2）=
马库斯·阿格里帕

阿格里皮娜 = 日耳曼尼库斯·凯撒

克劳狄（41—54 年）=（1）梅萨丽娜

=（2）小阿格里皮娜，†59 年

里维拉 = 德鲁苏斯

德鲁苏斯·凯撒

该犹斯·凯撒

卢修斯·凯撒

大阿格里皮娜，†33 年 = 日耳曼尼库斯·凯撒

德鲁苏斯 = 利维拉

波斯图穆斯·阿格里帕

大阿格里皮娜，†33 年 = 日耳曼尼库斯·凯撒，†19 年

茱莉亚·利维拉

奥克塔维娅，†62 年（1）= 尼禄波皮娅，†65 年（2）=

布里塔尼库斯，†55 年

小阿格里皮娜，†59 年 = 多米提乌斯·阿赫诺巴布斯

德鲁希拉

提比略（盖梅勒斯）

卡利古拉（37—41 年）= 卡桑尼娅

尼禄·凯撒

德鲁苏斯·凯撒

尼禄（54—68 年）

这两种类型主导着古代写作和想象。第一种类型是朝廷内品行端正，尽职尽责地繁衍后代，并协助权力移交的女性。而第二种则是梅萨丽娜或莉维娅的同类，拥有致命的投毒技能，在现代想象中有着更突出的地位。（传统的女性犯罪：隐秘而不动声色，带有家庭色彩，以反常的"烹饪法"置人于死地。）她们的行为扰乱了有序的权力更迭，无论是通过通奸还是乱伦——或者在王位继承的格局中动了危险的私心，以及为了自己的后代能顺利上位而一心一意地将任何竞争者都铲除掉。

这意味着，对于强加给皇室女性的淫乱可耻行为的谴责，可能体现了她们必须担负的包袱，虽然未必需要这样。（当时的大多数人所掌握的有关梅萨丽娜性生活的可靠信息，并不比我们当代人多。）正如很多类似的父权制结构中那样，它无疑反映了罗马帝国王朝意识形态的压力点之一：也就是如何监管那些以繁衍合法后代为目的的群体的性行为，以及如何调节帝王对其子嗣可能并非"他的"亲生后代的焦虑（在一个永远无法确定真相的时代）。曾经在罗马帝国统治的一百多年内，没有一个亲生儿子实际上真正继承了其父王的帝位，这一事实让焦虑的状态更加雪上加霜。韦斯巴芗不光是公认的第一位于 79 年寿终正寝的帝王，他还是第一位由亲生儿子接替王位的皇帝。[8]

这些焦虑正是那句著名引语的根源，引语现在几乎成了一则谚语——"身为凯撒之妻，应该无可置疑"（Caesar's wife must be above suspicion），我把它改编一下，作为本章的题目。[9]这句谚语起源于凯撒早年生涯中的一个事件，当时他还是个野心勃勃的年轻政治家，距离他成为罗马独裁者还有几十年的时间。据传有一次，他当时的妻子庞培娅（Pompeia）在指挥一次仅限女性参加的特殊宗教仪式时，一个男人混进了集会。传言称，这是情人间的恶作剧，这个男人和庞培娅有染。凯撒宣布他自己并不怀疑妻子，但还是和她离了婚，因为凯撒之妻应该"无可置疑"。[10]有关奥古斯都之死的各种互相矛盾的故事版本，以更含混的方式表现出同样的焦虑感。其中一个我们已经熟悉的版本是，莉维娅将毒药涂抹在长在树上的无花果上，这是皇帝最喜欢的水果（"顺便说一句，别碰无花果"，电视上的莉维娅提醒儿子提比略，令人印象深刻）。另一个版本来自苏维托尼乌斯，它过于强调这对帝王夫妻之间的深爱，显得有些滑稽：临终前奥古斯都和妻子吻别，同时用尽力气喃喃地说，"永远铭记我们的婚姻，莉维娅，永别了……"。[11]

奥古斯都的临终病榻上到底发生了什么，我们不得而知（没有特别理由去相信这些五花八门的故事中的任何一个）。但是，罗马作家笔下这些相互矛盾的叙述场面，直接指向关于帝王之死、帝位接替，以及权力结构内部女性潜在的破坏作用的困境。从某种程度上来看，罗马官方艺术中"女皇帝"的再现是对以上这些焦虑感的呼应。

## 大型和小型雕塑

罗马雕像的画廊里有大量皇室女性人物，并有大量证据证明我们遗失的数量更多。（比如，根据对无雕像之基座的记录）然而，要确定女性雕像的身份，比辨认她们的丈夫、兄弟和儿子还要难。这些女性图像中的创新和突破并不比男性图像少，实际上可能更有颠覆性。新的帝国政治局面显著影响了权力顶层男性肖像的风格。在整体公众雕塑中，专制和王朝第一次将女性推上了展示台，最初是作为皇权等级结构的一部分，之后的题材则更为广泛。在独裁制开始实施之前，罗马城本身并不存在用公共雕像来纪念现实中真人女性的既定传统。（而对于女神来说，或在罗马世界其他区域，情况就完全不同了。）[12] 然而，准确地辨识女性雕像的身份简直难于登天。

和男性雕像一样，最基本的困难在于，只有一部分肖像是配有姓名的；没有构建人物身份的科学手段。不过这只是开始。尽管女性雕像在将统治家族图像传至帝国全境的过程中也扮演了重要角色，然而她们的数量总是少于男性雕像。当然，存世的也就更少：比如，莉维娅像约有 90 尊，这还是不严格的统计，而奥古斯都像多达两百多尊。换言之，用来进行比对和对照的素材少之又少。

此外，甚至几乎没有外部标准来作为比较和判断的基准。在识别男性人物时，将肖像同硬币头像或苏维托尼乌斯描述的帝王特征相比对的做法，往往不太可靠（微型图像很难与全尺寸塑像匹配，而苏维托尼乌斯那绘声绘色的描述也很难和苍白的大理石比较）。但是，这至少也算个线索——而在女性雕像的辨识研究中，我们甚至不敢奢望这些。罗马硬币上确实出现过帝国女性的头像，但是数量要比帝王本身少得多，[13] 而苏维托尼乌斯也没有像刻画男性当权者那样，系统地描绘过他

图 7.3　流传下来的13尊帝王雕像中的三位女性，比真人尺寸稍大，曾经伫立于意大利北部的罗马小镇维拉伊埃的一处公共建筑中。底座上铭刻的文字中有关于其身份的证据，不过更关键的是她们看起来是何其相似。三个人物分别是：

（a）莉维娅；（b）大阿格里皮娜；（c）小阿格里皮娜。

们的妻子和女儿们的外表。环境和出土地点也许能帮上点忙，尤其是遇到帝王群像的情况。比如，罗马著名的"和平祭坛"（Altar of Peace）的雕带上，奥古斯都像身后不远处的莉维娅像的身份确凿无疑。[14] 不过，即使在这些群像中，女性人物那几乎相同、平淡无奇的古典容貌，引发了关于其本来身份的无休止争论。意大利北部维拉伊埃小镇公开展出的三尊皇室女性雕像（图7.3）足以说明这一点。根据同一地址发现的刻有铭文的底座，我们比较肯定她们是莉维娅和大小阿格里皮娜；然而在普通观众眼中（我不确定专家的眼光是否会好多少），不如说她们是一模一样的三胞胎姐妹。[15]

多数情况下，雕像中女性的发型提供了最可靠的线索，至少帮助我们了解雕塑制作的时期，以及有哪些历史人物入选的可能性较大。女性发绺的精确分布所透露的确切信息更少，而在识别男性雕像的身份时，它们倒是发挥了巨大作用。[16] 更重要的线索是发式的总体特征，它随时间而不断改变，从公元1世纪初的扁平而低调的发型，到70年后弗拉维王朝以及之后更为精美复杂的盘头造型（图7.2）。不过这里冒出另一个问题。事实上，除非某种皇室背景提供清晰的线索，几乎不可能确定某肖像到底是帝王的某个女性亲戚，还是梳着同样时髦发式的富婆，或是特意模仿"女皇"外形打扮的某位女性。[17]

相似性是这些"女皇"雕像的标志。就男性皇室成员的肖像来说，在艺术表现上总会有类同和差异之间的权衡取舍。朱利奥·克劳狄王储看起来都很像，正是为了和特别成功的奥古斯都尽量难以区分。不过，在位的帝王也需要辨识度，或者在某些情况下——比如韦斯巴芗——他们需要强调与前任皇帝的明显不同。因此，尽管帝王"容貌"有时虚无缥缈，但是一直存在对尤里乌斯·凯撒、奥古斯都或尼禄之标准形象的期待，并且这期待还将继续。无论古代文学里不同的角色原型是多么个性鲜明、丰富多样且相互冲突，罗马帝国的官方艺术（我们找不到任何这些女性的非官方艺术再现作品）似乎突出强调的几乎都是她们平淡无奇的同质化特征，甚至是——除了发式之外——可互换性。

并非古代雕塑艺术或雕塑家们没能力区分女性。不管是谁制作了这些女性肖像作品，他们大概率从未面对面地见过这些女士（正如他们也没见过帝王和王储），而是根据罗马发放出来的某个模板来进行创作。那么问题又来了，谁——如果有的话——是整个过程的掌控者？这仍是个谜。鉴于我们对皇宫运作模式的了解，很难想象皇帝和他的谋士们坐下来决定所有皇室家族的女人都要被刻画成一个样子。（或者，有时像帝国晚期时那样，女性面容的刻画必须同其丈夫匹配。[18]）然而，不管达到什么效果，相似性是重点。它是一剂良方，用来克服政治等级中的女性个体之要求、欲望和不忠的潜在破坏效应，而这种破坏力却是罗马文学想象中极为突出的一部分。这些重复的女性形象强调了其作为帝王美德和王朝延续之通用象征符号的作用，她们并不是个体的代言人。这些女性肖像的其他方面也证明了这一作用。

图 7.4　一块古代宝石浮雕上的小型女性肖像，只有不到7厘米高（边框是17世纪加上去的）。它很可能是专为某位皇室成员打造的肖像，但是关于这位女性和孩童的身份，仍有争论。可能性比较大的有梅萨丽娜及其儿女布里塔尼居斯和奥克塔维娅。

其中一个方面隐藏在一件罗马宝石浮雕上的小型人像中（图7.4），此珠宝曾属于法国国王的收藏（外加一个17世纪安装的全新边框），也曾被鲁本斯拥有，艺术家还以其为模板画了一张素描。其做工之考究，造价之昂贵，表明这类宝石浮雕同古代宫廷有着非常紧密的关系，无论它们是宫廷装饰物还是外交礼品

（这些都是非常典型的皇室物件）。但是创造这类肖像所需要的精致外观和高超技巧——过程精密复杂，要在面积很小的宝石表面上进行切割，图案不同部分的颜色才会显现——会掩盖古怪反常而错综复杂的作品含义。

首先，我们遇到了同样的老问题：艺术家和所用模特（多数身份不详）的身份，以及肖像人物的身份（多数都存在争议）。关于浮雕首饰上这位女士的身份，说法不一，有梅萨丽娜、小阿格里皮娜、卡利古拉之妻卡桑尼娅以及他的妹妹德鲁希拉之说。然而不管肖像人物是谁，图案的设计逻辑才是最重要的关注点。女士身后有一个盛满水果（古代艺术中富饶和多产的普遍象征）的丰饶角（cornucopia，代表丰饶的羊角），但是在羊角顶端微微露出一个孩童的形象，略微显得不太和谐——可能是个男孩；但后续的重新切割让人很难确定孩童的性别，哪怕借助鲁本斯可能不完全精确的素描画也不行。另一人物传统上被视为一个女孩，她的身体依偎在女人的另一侧肩膀上。[19]

假设丰饶角上的孩童是男孩，说明它强调的不是田间水果的多产，而是繁衍皇位继承人的旺盛生殖力。公开赞美"女皇"为母后，似乎不足为奇，宣扬这一母性角色的其他大型和小型罗马作品为数不少。不过这个例子可能有更多值得玩味的内容。让我们假设这位女士就是梅萨丽娜。（这是普遍看法，但母亲的身份部分取决于两个孩子的性别，或者左下方的人物究竟是不是孩童。）如果是这样，那么这一形象不但完全不是对"皇后－作为－娼妓"的讽刺，而且几乎试图消除这样的观念，强调皇室女性形象在保证男性王位顺利继承中发挥的作用：不多也不少。

只是，事后看来，我们才意识到这种权力交接并非如预期那般顺利。如果浮雕首饰中的女士确为母亲梅萨丽娜，那丰饶角上作为王朝希望而现身的小男孩就是布里塔尼居斯，卡利古拉皇帝之子，早年十几岁时在一次晚餐中突然"适时地"倒地暴毙，这样保证了他不会对其继兄尼禄的王位继承资格构成威胁。罗马历史学家塔西佗（Tacitus）暗示，你可能以为死因是自然死亡，但尴尬的是，火葬的柴堆却提前准备好了。[20]

以女神的形象来表现"女皇"是另一个预防视觉领域出现女性权力、代理和越轨行为等所谓危险的方法。罗马想象中神权和帝王权力中间存在各种各样的重叠；古典宗教中最令现代观众困惑的元素之一（查理一世的画廊中有所指涉，汉普顿宫的台阶上被戏仿），就是一些帝王及其女眷死后被官方通过神庙、祭司和膜拜仪式等手段奉为"非凡之神"。[21] 而皇族男性成员生前常被表现成人类偶像的角色（将军、雄辩家等）。而赋予"女皇"以女神的外形则更为常见——或者更准确地说，她们的雕像通常结合了帝国女性的面部特征和女神的服饰、特性和姿势。

　　例如，无论身份识别对错，一尊通常被认为是梅萨丽娜怀抱婴儿布里塔尼居斯的雕像（图7.5），实际上模仿了公元4世纪一尊和平女神厄瑞涅（Eirene）怀抱其子财富之神普路托斯（Ploutos）的著名希腊雕像的姿势——部分借用了宝石浮雕中同样的精美图案，用象征着人类绵延繁盛的孩童，替换了代表物质繁荣的现金或庄稼。[22] 更加引人注目的一件作品，是20世纪出土的一批罗马雕塑品中的一块大理石雕刻饰板。

(a) 　　　　　　　　　　　　　　　　　　(b)

图7.5　女神形象和皇室女眷形象之间的界限很模糊。这里，图（a）中（可能是）梅萨丽娜怀抱婴儿的雕像，借鉴了图（b）中一尊和平女神怀抱其子财富之神的著名古希腊雕塑（见于后来的罗马版本）。

距离罗马几百英里以外，在如今土耳其境内一座叫阿弗罗狄西亚的小城里，这些大理石饰板——有几十块——曾经装饰着一栋由一群当地权贵为纪念罗马帝王及其皇权而建造的建筑。饰板图案颂扬了朱利奥·克劳狄王朝历史上的各种成

图7.6 出土于现代土耳其境内古城阿弗罗狄西亚的公元1世纪的罗马皇室家族纪念碑上，一块雕刻饰板（高约1.5米多，曾被放在很高的位置，从地面仰望很难看清细节）描绘了小阿格里皮娜——或者是女神克瑞斯（Ceres）？——正在为皇帝尼禄加冕。

功事迹和重要时刻，其中一块被普遍认为是描绘了小阿格里皮娜为儿子尼禄加冕称帝的场面（图 7.6）。[23] 她的面孔和发式都与其他所谓阿格里皮娜肖像非常匹配。然而她的姿势、服饰和又一次出现的丰饶角，显然融合了人们熟悉的女神克瑞斯的古代形象，这是一位庇护——除其他方面以外——庄稼、丰收和各领域生产力的女神。

很多现代观者已经将这种凡人女性和女神的融合当成理所当然的手法，因乏善可陈而令人失望。博物馆的标签和照片说明的介绍也很简括，"作为克瑞斯的阿格里皮娜"（Agrippina *as* Ceres），要么就是"扮成维斯塔的莉维娅"（Livia *in the guise of Vesta*），诸如此类，却没人追问"as"或"in the guise of"的真正含义是什么。这些皇后扮成女神是在为女性公众形象的展示提供合适的艺术典范吗？或者，通过女性权力的微妙隐喻或女皇神性强有力的直白宣言，将她们塑造成超人类形象？或者恰恰相反？目的是让观众看到"作为阿格里皮娜的克瑞斯"（Ceres *as* Agrippina），"扮成莉维娅的女灶神维斯塔"（Vesta, the goddess of the hearth, *in the guise of* Livia）？[24] 这里，我们以新的提问方式关注雕像身份问题：我们追问的不是"到底是小阿格里皮娜还是大阿格里皮娜？"，而是"是阿格里皮娜，还是女神克瑞斯？"。

这里并无唯一的正确答案。一位观者看到的巧妙视觉隐喻，在另一位眼中可能是女皇和女神之间乏味呆板的对等关系。不过此传统是磨平这些皇室女性的个性色彩，并降低其地位崛起风险的另一手段。尼禄加冕的雕塑装饰图向我们展示了这一传统是如何实行的。无论你是否相信关于阿格里皮娜如何策划操纵尼禄登上宝座的耸人听闻的传说（包括用毒蘑菇的著名伎俩除掉当时的丈夫克劳狄），根据罗马的情况，很难想象一位凡人女性会因稳固其子的皇位继承权而被公开纪念。克瑞斯女神和阿格里皮娜的形象重叠，有效地掩盖了皇权继承这一动态关系中的人为干预因素的任何迹象，并将其转化到神的层面上去。（即便是一些犬儒派，对此可能也还是会摇头。）说得更笼统一点，女皇和女神的人物融合既是一种纪念和传颂皇室女性的姿态，同时也是抹除其个性和世俗权力的策略。

## 母亲、女家长、受害者和妓女

这两种截然不同的皇室妇女形象——一种是官方视觉艺术对个性的刻意抹除，另一种是文学传统丰富多彩，有时带有反文化倾向的形象——都对现代再现艺术打下了印记。[25]首先，事实证明，几乎永远不可能创造一个同十二凯撒像匹配且令人信服的十二"皇后"群像。的确，卡比托利尼博物馆的帝王之屋里，众多女眷肖像与帝王像并肩而坐，而且在曼图亚的凯撒之屋的整体设计图案里，王朝代际承接中的一些空白被画有帝王之妻母等女眷肖像的小型圆形饰板填补了。然而，却没有苏维托尼乌斯这样的历史学家去勾勒出一套皇室妇女的正统群像；即便是把聚焦点限定在帝王配偶上，皇后的数量也比帝王要多得多（几乎每位帝王都曾结过好几次婚）；除了不断变动的发式潮流，并没有用来区分诸位皇后身份的古代"面容"。无论存在多少模糊的边界、人物替换和身份误识问题，我们熟悉的十二凯撒现代群像通常都稳定而精确：有且只有凯撒们。

有时，爱冒险的艺术家也会尝试创作一套和帝王像相似的皇后像，或是出于对对称感和完整感的追求，或是想为过于严肃的皇室肖像景观添加些许香艳的风味。不过，这并不像看上去那么容易。在 17 世纪初的雕刻家埃吉迪乌斯·萨德勒流传下来的最知名且最具影响力的这类系列群像作品中，问题变得尤为明显。因为萨德勒的创作并未止于十二帝王和描写他们的——部分辛辣，部分无礼——附带诗句。他还塑造了十二个和帝王配对的皇室女性塑像，凑成一整套 24 人的群像（图 7.7）。

萨德勒这套作品的灵感之源一直是一个谜。女性肖像的版画上没有原始作者的姓名（这和确认了提香为"创作者"的那些凯撒像不同——包括图密善肖像，尽管其作者并非提香）。那么，这些女士肖像难道是萨德勒为了把男女双方都囊括到作品里而自创的？或者说，假如它们是复制品，那么原作曾经在哪里，现在又在何处？关于此问题的答案一直众说纷纭。不过，曼图亚档案馆以及别处的发现让我们几乎可以肯定，这些女性人像最终可以追溯到 1580 年代当地艺术家西奥多·祁齐（Theodore Ghisi）绘制的一套皇后（imperatrici）像，作为提香之《十一

图 7.7　17世纪初，埃吉迪乌斯·萨德勒制作了一套和帝王像配套的十二"皇后"像的版画。她们并不算耳熟能详的人物，其人物顺序是按照她们的十二位丈夫排列的：

（a）庞培娅；（b）莉维娅；（c）维普撒尼娅·阿格里皮娜；（d）卡桑尼娅；（e）埃利亚·帕缇娜（Aelia Paetina）；（f）梅萨丽娜；（g）利比达（Lepida）；（h）阿尔比娅·特兰提娅（Albia Terentia）；（i）佩特罗尼娅（Petronia）；（j）图密蒂拉（Domitilla）；（k）马蒂娅（Martia）；（l）多米缇娅·龙吉娜。

凯撒像》的补充——肖像被放置在它们自己的房间里，也就是宫殿中某处的"皇后之屋"（Camera delle Imperatrici）。[26] 画作是如何陈列的，其具体位置在哪里，以及后续情况怎样（或者其复制版本后来又怎样了，这些复制品可能是萨德勒灵感的直接来源），很大程度上只能凭借猜测。没有任何迹象表明它们也曾作为交易的一部分和其他"曼图亚艺术品"（原文为"Mantua peeces"——译者注）一起被运至英国。我们现在对它们的所有了解都来自版画。

从某种程度上来看，这些女性人物像和帝王像达到了高度匹配。它们也是以独特的四分之三高度刻画的，萨德勒的版本中，女性肖像下方也附有诗句，不过和凯撒们的配诗相比，她们的诗行总体少了些充满敌意的抨击（一些最声名狼藉的皇室"恶女"逃过了严厉的谴责，悲情母亲的人设多于娼妓形象）。[27] 这套女性肖像也曾在遍布欧洲的几套油画作品中被仿制。坦白讲，这些油画平淡无奇，毫无特色，而在一些其他艺术媒介中，它们的复制版本则更为吸引人。苏维托尼乌斯《帝王传》的精美封面上的微型珐琅画上，就出现了这些皇室女性的面孔（图5.14）；而皇室茶杯上采用的萨德勒创作的奥古斯都形象，同茶碟中央的莉维娅凑成了一对。（当茶杯放在茶碟上时，莉维娅像就被恰到好处地隐藏起来，或者说被严严实实地遮住了。）（图7.8）不过也存在一些显著的不同。

除了一个例外，所有这些身穿荷叶边连衣裙的女性都看起来差不多，毫无个性——无论是外貌还是服饰——她们身上看不到帝王像的个性特点。比如，仅从外表上很难区分佩特罗尼娅（维特里乌斯之妻）和马蒂娅·富尔维娅（*Martia Fulvia*，提图斯之妻）。而配诗则更加令人困惑。其中一首诗的作者被一位女性人物的身份彻底搞糊涂了，他显然（错误地）把尤里乌斯·凯撒那"无可置疑"的第二任妻子庞培娅想象成了凯撒敌人庞培的女儿。[28] 而实情是，帝王通常不止一个妻子，且错综复杂的婚姻（委婉的说法）只会产生更多的问题。而皇室女性肖像中唯一一位特点鲜明的人物背后也隐藏着盘根错节的婚嫁关系。皇帝奥托早年只有一位妻子，叫波皮娅，后来嫁给了尼禄。可能是为了避免这套肖像中可能引起的麻烦，艺术家在刻画与尼禄配对的皇后时略去了波皮娅，而是选择了他后来的妻子（也叫梅萨丽娜，和另一位同名皇后不是同一人，尽管有血缘关系），并且在奥托这里，用其母亲替换了他的妻子。奥托之母的形象比较突出，原因很简单，

图 7.8 和装饰着萨德勒《奥古斯都像》（图5.3）的皇室茶杯配套的茶碟，上面的人像也是萨德勒创作的奥古斯都之妻莉维娅的头像。（不过，一个关于女性隐形问题的讽刺性评论写道，茶杯放在茶碟上时，莉维娅像就消失不见了。）

她的外表看起来比其他人老得多。

构建一套十二"皇后"像最终似乎暴露了一个事实，那就是按照和塑造帝王肖像相同的规模来完成这个计划是不可能的。女性肖像之间的常规性雷同，其身份的困惑，以及缺乏任何供后世艺术家发现、仿效或改造的独具特色的古代"面容"，都是让计划几乎无法实施的因素。

萨德勒版画（或者它们的参照作品）并不是唯一的例子。类似的困境以更直白的方式体现在一个世纪前富尔维奥的传记大纲《杰出人物像》中，这本著作有整套勋章风格的罗马男女名人肖像，每位还配有人物小传。一位叫科苏提娅（Cossutia）（她可能在尤里乌斯·凯撒年轻时嫁给了他，这样的话庞培娅就是凯撒的第三任妻子）的女性人物没有肖像，其生平仅用一句话概括。而另外两位女性——普劳蒂拉（Plaudilla）和安东尼娅，前者也许是公元 3 世纪的皇帝卡拉卡拉的妻子，而后者可能是奥古斯都的侄女——则是有肖像，却无传记。不管这是富尔维奥学术诚信的体现，还是无合适证据的情况下不会贸然填补空白的保证，抑或对力求人物全集完整性的嘲笑（以上参见 134 页），书中的空缺均和女性相关，这绝非巧合。而在后来稍晚的一本富尔维奥著作的盗版中，一幅科苏提娅的肖像填补了原来的空白。但是这幅肖像和科苏提娅没任何关系：实际上它是皇帝克劳狄的缺乏男子气概的肖像，为了某种目的而被有意或无意地借用。确切地说，在这里，男人代替了女人。[29]

对这些现代艺术家而言，重塑一套正宗而真实、自成体系的女性版十二凯撒是不可能的。但是，除去空缺、不确定性和千篇一律的图像（可能部分图像的身份还被艺术家解放了），早在中世纪，西方艺术家就乐于围绕这些女性的权力和无力感，重新构架出丰富多彩的故事。像阿尔玛－塔德玛在其阿格里皮娜怀抱骨灰盒的那幅画中一样，他们把有关女性的古代轶事、讽刺故事和闲话八卦加以利用和润色，来揭示帝国腐败和无辜受害者的悲剧。他们透过女性视角重新创作了罗马专制统治的动态过程，尽管这些有点毛骨悚然的作品经常流露出厌女倾向。艺术家的皇后们以各种形象示人，从性掠食者到清白无过的女主角，不一而足。

奥博利·比亚兹莱（Aubrey Beardsley）在19世纪的几幅画中把梅萨丽娜塑造成妓女，可谓对帝国罪恶的重新想象，令人难忘。在其中一幅里，皇后身披黑色斗篷迈入黑夜，与黑暗融为一体。我们的注意力移向她那具有挑逗意味的羽毛帽，惹眼的粉色长裙，袒胸露乳的外表（图7.9）（呼应了一位罗马讽刺作家提到她"镀金的乳头"[30]）。这是令人不安且略微困惑的形象。梅萨丽娜是否准备出发去妓院过夜，而她阴森恐怖的表情——与她同行的女伴也看起来气势汹汹——是否暗示着她一门心思要寻欢作乐？还是她正在返家途中，回到被她戴了绿帽子的克劳狄的宫中，因为意犹未尽而有些扫兴？无论是哪种情况，这幅画描绘了权力最顶层危险的性乱行为，同时揭露并嘲弄了欲求不满的可悲女人，进而含蓄地挪揄了被羞辱的无能丈夫。[31]

在这幅新艺术（art-nouveau）风格的画作中，比亚兹莱采用了无处不在的梅萨丽娜传统形象，以独树一帜的方式直面"堕落"主题。梅萨丽娜是包括英国18世纪漫画家詹姆斯·吉尔雷（James Gillray）在内的艺术家们特别钟爱的角色，因为她是代表女性可怕的无节制性欲的典型形象。说实话，有时需要努力寻找，才能在作品中瞥见她的身影。吉尔雷的一幅内容粗俗的讽刺性版画，对斯特拉斯莫尔夫人（Lady Strathmore）与仆人通奸、酩酊大醉、抛夫弃子的行为进行了嘲弄和抨击（不用说，肯定存在故事的另一面），背景墙上钉着一幅梅萨丽娜的画。[32] 不过，梅萨丽娜在另一张关于著名通奸女的嘲弄性卡通画（图7.10）中，客串了一个更能说明问题的角色："滑稽的"爱玛·汉密尔顿夫人（Lady Emma Hamilton），她穿着睡衣，身材肥胖，正透过卧室窗户绝望地看着纳尔逊勋爵（Lord Nelson）的舰

图 7.9　奥博利·比亚兹莱1895年创作的梅萨丽娜同其女伴（或者是仆人或奴隶）夜间出行图。整幅画高不到30厘米，女主角突出的形象让同伴淡入黑夜的背景中，把所有关注点都吸引到了裙子上——还有皇后的胸部。

图7.10　詹姆斯·吉尔雷1801年抨击爱玛·汉密尔顿（纳尔逊勋爵的情人）的画中，她目睹纳尔逊的船队离开。地板上有一堆其丈夫收藏的古董，其中有一尊梅萨丽娜头像，摆放在一个阳具模型和维纳斯像之间。标题增加了画面的（让人不适的）喜剧效果："狄多（Dido）王后，万念俱灰！"让人想起罗马神话中的迦太基缔造者狄多女王，在遭到其情人"英雄"埃涅阿斯（Aeneas）遗弃后自杀，后者扬帆远航，去追寻自己的命运。

队启程去法国，而上了年纪的丈夫在她身后的床上酣睡，对一切浑然不觉。[33]

　　地板上摆放着威廉·汉密尔顿爵士精心收藏的珍贵古玩——包括一尊放置在断裂阳具模型（配有脚和尾巴）和维纳斯裸体像之间的所谓梅萨丽娜头像，而后者显然在窥视着维纳斯的胯部。这里又一次提出了我们的笑点究竟在哪里的棘手问题（谁是最大的蠢货：爱玛·汉密尔顿，她丈夫，还是她的情人纳尔逊？）。对于熟知梅萨丽娜生平的人来说，她的图像提供了一种抚慰作用，保证她代表的放荡失序行为终将走到尽头。（如库图尔《帝国堕落时代的罗马人》中的维特里乌斯像）这正是我们在一个清晰而残酷的画面（图7.11）中所目睹的，此画作者将古代名人之死的场面刻画得独具特色：梅萨丽娜在御花园中立即被丈夫的心腹处死——按照一位古代作家所写，像一堆"花园里的垃圾"般被处理掉。[34]

"熟知人物生平"当然至关重要。如今,这些形象背后的故事对我们来说和《旧约》中晦涩生僻的知识一样陌生。(也许它们永远不会成为人们普通的日常认知的一部分)不过,只需稍加解码,就能领会艺术家们如何对这些故事加以利用并巧妙地改编,借此对权力等级中的女性作用进行尖锐的反思——并开启了一扇洞悉帝国核心之腐败现象的天窗。仔细比较不同的故事版本,就会发现背景、关注点或人物角色的微小变化如何催生了截然不同的各种反思。

这些故事中有一个令人意外地产生了巨大影响力,它让罗马诗人维吉尔同奥古斯都和皇帝的姐姐奥克塔维娅相遇。此故事取自一部写于诗人死后4世纪的平淡无奇的传记,其所述事实也无从考证,它讲述了维吉尔为了能让皇帝先睹为快,进宫朗读其创作的史诗《埃涅阿斯纪》(Aeneid)的选段。可是朗诵被突然打断。当他读到有关奥克塔维娅最近刚刚死去的儿子马塞勒斯的片段时,这位母亲由于

图 7.11 乔治·安东尼·罗什格罗斯(Georges Antoine Rochegrosse)在1916年创作的这幅大型油画(近2米宽)中,夸张地创作了作品《梅萨丽娜之死》(Death of Messalina)。画面中的梅萨丽娜身穿红裙,一位士兵将其抓住,而左侧她的母亲(曾试图劝说女儿体面地自行了断)则转过头去不忍直视。

图7.12 安吉莉卡·考夫曼（Angelica Kauffman）的画《维吉尔为奥古斯都和奥克塔维娅朗读〈埃涅阿斯纪〉》（*Virgil Reading the 'Aeneid' to Augustus and Octavia*）（1788年），女人是这个场景的主角。她们位于画面（宽1.5米）中央的突出位置；两位仆人手扶着奥克塔维娅（诗人提到其死去的爱子时，她因悲伤过度而昏倒）；皇帝和诗人则被置于画面的两侧。

悲伤过度而昏厥过去，很久都没苏醒过来。[35]对于18世纪和19世纪的画家来说，这是个极为流行的主题，部分原因是它完全依靠艺术的创造力来征服观众：在绘画中捕捉诗歌的巨大情感冲击力，这是个挑战。而安吉莉卡·考夫曼（我认为值得关注的少数女画家之一）恰恰做到了这一点，她在1788年一幅非常"接地气"的作品《维吉尔为奥古斯都和奥克塔维娅朗读〈埃涅阿斯纪〉》（图7.12）中展现了这一著名事件。画中奥克塔维娅晕倒了，维吉尔看起来为他造成的后果感到不安，又充满同情，奥古斯都则显得有些吃惊且不知所措，而两位能干的女仆——其中一个向诗人投去责怪的目光，仿佛在埋怨"瞧瞧你干的好事"——正在忙着照顾受害者。[36]

不过，其他艺术家则为这个事件添加了一层更阴森邪恶的色彩——尤其是让-奥古斯特-多米尼克·安格尔（Jean-Auguste-Dominique Ingres），他曾在五十多年间里就这一事件绘制了至少一百幅素描以及三幅画。但他对画中人物进行了重要的补充。[37] 据当时罗马的传闻，莉维娅与马塞勒斯之死有牵连，因为她担心在成为奥古斯都王位继承人的竞争中，这位年轻人会成为自己的儿子提比略的对手。这批画的创作始于 1810 年代（图 7.13），安格尔的作品中没有考夫曼的理智仆人，取而代之的是优雅成熟、冷峻而令人生畏的莉维娅这一人物，而在此事件的古代叙事中并未提及莉维娅。她的态度暴露了其罪行。她对奥克塔维娅的遭遇表现出敷衍的姿态，在两幅画中，她的目光移向远方，仿佛对这些事件没有任何情感投入，或者至少脑中正在盘算着什么更重要的事情。最后一幅画（图 7.13c）是对早前一张版画着色的成品，完成于 1864 年。画中的一尊马塞勒斯雕塑在一群人物中占据首要地位，两位年长的朝臣（早期版本中也出现过）在角落里窃窃私语，两人周围簇拥着已知真相的人群。另一侧，一位女仆恐惧地举起双手，其形象被画布边缘裁掉一半——正如任何天真的观众从画面中解读出真相后所做的反应那样。

这里，安格尔巧妙地暴露了不同版本的皇室女性之刻板印象：无辜的受害者和王位后面的致命权力。但他做的远不止这些。他指出了腐败的独裁统治的另一面相，其范围之广和程度之深远超库图尔在《帝国堕落时代的罗马人》中那粗俗原始的恣意享乐和纵情狂欢。安格尔的刻画初看颇像家庭生活场景（类似"穿长袍的维多利亚人"），然而这样看似普通的场景中，却存在极度令人不适的邪恶与堕落。这是一个人类的正常规则不再适用的罗马帝国王朝：凶手冷漠地抱着受害者的母亲，而为此难过的似乎只有那位女仆。

## 阿格里皮娜母女

不过，正是在对阿格里皮娜母女的视觉重塑中，我们发现了艺术家们对罗马王朝和皇室家族最引人入胜且令人不安的反思。从第一王朝伊始到终结，这对母女是皇权的传递过程中的关键人物。大阿格里皮娜是奥古斯都同第二任妻子斯克利波尼娅的孙女，也是在其公元 14 年离世时唯一一位仍然在世且未遭流放的孙辈

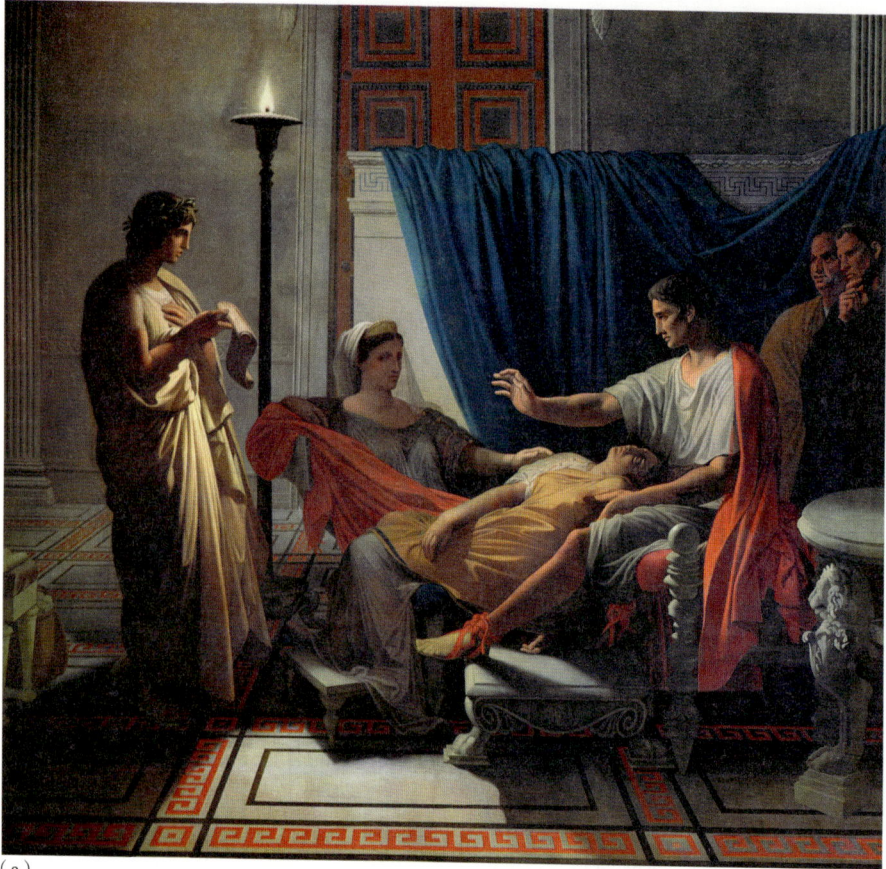

（a）

图7.13　从19世纪初到1864年，让-奥古斯特-多米尼克·安格尔以不同的设计和规模，多次重拾维吉尔为皇室家族朗诵诗歌这一主题场景。不过，莉维娅的存在为画面增添了一丝邪恶的意味，据说，她与奥克塔维娅的儿子马塞勒斯之死有牵连。这三幅画中：（a）最大的一幅，约创作于1812年，长宽大约3米，画面中奥古斯都抱着姐姐，而莉维娅则冷眼旁观；（b）〔对开页〕1819年以后的一版，是从一张更大的画中裁剪下来的一块尺寸约1.5米的正方形，画面只聚焦于三个主人公；（c）〔对开页〕一个尺寸更小的版本（大概长60厘米，宽50厘米），创作于1864年，是在之前的一幅版画基础上完成的，画面中央是一尊马塞勒斯雕像——最左侧的仆人面对此场面做出突然退缩的反应。

（b）

（c）

后代。她的女儿小阿格里皮娜是皇帝克劳狄的最后一任妻子，以及最后一位朱里奥·克劳狄皇帝尼禄之母。正如梅尔夫人在吃了亏后才发现的，现代观众很容易将母女二人混淆（我猜，也包括古代观众）。两个阿格里皮娜看起来极为相似，日耳曼尼库斯坚忍的遗孀总是面临被错认成其诡计多端且心狠手辣的女儿的危险。[38]

阿尔玛－塔德玛是将大阿格里皮娜塑造成不朽形象的众多艺术家之一。18 世纪以来，艺术家们的重要主题集中在她带着丈夫的骨灰从叙利亚返回家中的忠诚之旅。这意味着她手捧骨灰盒、头戴面纱的塑像遍布于欧洲各公园和画廊（不过，正如 18 世纪人们已经意识到的那样，每一尊罗马女性雕像都能看到阿格里皮娜的影子[39]）；其中自然便带有各种细微差别的叙事画。比如，本杰明·韦斯特在 1760 年代，也就是完成《沃尔夫之死》（*Death of Wolfe*）的几年前，曾在创作中集中刻画了大阿格里皮娜抵达意大利的场景——将其塑造成一个仪式感十足的英雄时刻，几

图 7.14　本杰明·韦斯特的不朽之作（宽2.5米）《阿格里皮娜带着日耳曼尼库斯的骨灰抵达布林迪西》（*Agrippina Landing at Brundisium with the Ashes of Germanicus*）（1768年）。手捧着丈夫遗骸的阿格里皮娜，在其子女和随从的陪伴下刚刚抵达意大利的布林迪西。这群焦点人物脸色苍白，但四周光线明亮，人们纷纷聚集在港口观看这个大场面，他们发出赞叹，并同逝者家眷一同哀悼。

图7.15 这张15世纪晚期的木刻画取自一本薄伽丘的德国版《名媛》（*On Famous Women*），它以中世纪的风格刻画了阿格里皮娜所受的惩罚和折磨。右侧的皇帝提比略指挥着一切；左侧，惊恐的阿格里皮娜正被两个皇帝的爪牙强行喂食。

乎是真的将聚光灯照射在高贵的女主角身上，她把骨灰盒抱在胸前，仿佛抱着自己的孩子（图 7.14）。[40] 半个世纪后，J.M.W. 特纳（J.M.W. Turner）也重塑了这一场景，不过他将阿格里皮娜和孩子们画成台伯河岸上被庞大的古罗马纪念碑完全遮蔽的微型群像，几乎难以发觉。这幅画的原初设计是为了搭配另一幅表现罗马城现代废墟的作品——其意义远不止暗示阿格里皮娜的悲剧是罗马陷落的开端。[41]

阿格里皮娜故事的其他部分也被记录下来。尼古拉斯·普桑（Nicholas Poussin）于 17 世纪描绘了她在日耳曼尼库斯临终床榻上悲痛的场面，年轻的卡利古拉在她旁边，既代表着未来的希望，同时也是威胁[42]——这个主题后来成为青年法国艺术家们为争夺 1762 年罗马奖雕塑大赏而用大理石来表现的主题。[43] 甚至还有一系列令人不安的中世纪形象（同 17 世纪那些在她墓碑底座上撰写铭文的罗马人的"幽默"甚为相近），表现了这个遭到流放的不幸女人。图 7.15 描绘了提比略的党羽为防止她殉难而对其强行喂食，画面所有元素都是当时的中世纪风格。

不过总的来说，过去三百多年来，无论有哪些关于其执迷不悟的批评，大阿格里皮娜都被证明完美适用于表达各种政治立场。无论是卫道士，还是强调配偶忠诚、憎恨暴君专制的反君主制激进派，她都是完美的结合体。然而在王室中间，她也有利用价值。韦斯特表现她抵达布林迪西的画，让他作为艺术家在英国建立了声誉。部分原因是这幅画很适合为乔治三世的遗孀母亲奥古斯塔所用——几乎也预示了后来梅尔夫人面临的困境——据说，由于对儿子的控制和影响，她曾被讽刺为堪比小阿格里皮娜。[44]韦斯特的画发挥了作用，让奥古斯塔皇太后忠贞遗孀的形象得以还原，正如大阿格里皮娜那样。

在标准的罗马历史叙事中（不管是否准确），小阿格里皮娜的问题之一正是她对儿子尼禄的控制力过强。不仅如此，嫁给克劳狄之后，她绕开克劳狄和梅萨丽娜的亲生子，即不幸的布里塔尼居斯，设法将16岁的尼禄迅速推上王位。根据历史故事，尼禄统治之初，她确实是宫中最强大的政治势力，这一地位因她引诱了少年尼禄，并同其保持乱伦关系而得以巩固。（图7.16的描绘比较得体，这幅图出自一本记录十二凯撒性生活的粗俗的18世纪软色情书籍。）不过很快，尼禄对母亲忍无可忍，公元50年代末期——按照故事的说法——他下决心将阿格里皮娜除掉，让自己彻底从她的魔掌中解脱出来。接下来，恶人变成了受害者。

尼禄的第一次尝试以失败告终，过程几乎有点滑稽。他命人打造了一艘可拆卸的船，当阿格里皮娜出海时，船会按照计划自我解体——可是计划受了挫，因为他母亲原来会游泳。所以他只好借助更传统的办法，派杀手团去行凶。罗马作家们就刺杀过程中最为可怕、私密的，且很可能是凭空想象出来的细枝末节大书特书。根据其中一个叙述，阿格里皮娜的临终遗言是请求刺客刺向她的子宫。苏维托尼乌斯讲述了尼禄（手握酒杯）如何在母亲死后审视着她的裸体，并对其身体的某些部位发表了褒贬之言。[45]

图7.16　18世纪晚期最著名的色情书之一：《十二凯撒的私生活遗事》（*Monumens de la vie privée des XII Césars*），出自"达卡维尔男爵"（Baron d'Hancarville）（他喜欢这样称呼自己）之手，此书聚焦于十二凯撒的性生活，尤其是他们妻子的风流韵事。和其他画面相比，这个尼禄同阿格里皮娜在一起的场景比较优美而纯洁。

图 7.17 在这幅创作于1878年，宽1.5米多的画中，约翰·威廉·沃特豪斯重点刻画了弑母后悔恨的尼禄 [《弑母后悔恨的尼禄》（*The Remorse of Nero after the Murder of His Mother*）]。画中年轻皇帝的形象酷似一个情绪化的现代忧郁少年。

　　刺杀事件一直在小阿格里皮娜的现代形象中占主导地位，从尼禄为下达弑母之令在一场盛大晚宴中短暂休息的时刻，一直到约翰·威廉·沃特豪斯（John William Waterhouse）对其罪行之后续效应的反思。（他试图深入洞悉这位年轻的施虐狂的病态心理，并采用了苏维托尼乌斯的观点，即尼禄皇帝因其所为饱受内疚的折磨。）（图 7.17）[46] 不过，皇帝同母亲的赤裸尸体之间的关系，才是最流行的主题。自 17 世纪末以来，几张带有窥视癖倾向且令人不安的图画，重现了尼禄审视尸体的场景：有时似乎正在对遗体进行临床鉴定；有时皇帝几乎无法直视他犯下的罪行；有时他很不自在地试图靠近这位曾经既是母亲又是情人的女性。无论是在一幅画中阿格里皮娜死后躺在上面的豹皮地毯，还是很多画中几乎称得上性感美女的酥胸和慵懒姿势，几乎不可能忽视作品中伴有的暴力的色情意味（图 7.18）。

　　然而，阿格里皮娜之胴体的"吸引力"可追至几百年前的中世纪，当时手草本彩图和木刻画中反复出现这样的画面，即尼禄不仅仔细观察着身体，而且还监督着（或者至少在一张画中，实际上是他亲自上阵）尸体的解剖过程。在几个毛

图 7.18 阿图罗·蒙特罗·卡尔沃
（Arturo Monteroy Calvo）1887年的
大型油画《面对母亲尸首的尼禄》
（*Nero before the Corpse of His Mother*）
宽5米。左侧的皇帝握着阿格里皮娜的
手，凝视着她的半裸身体。右侧的谋
士则以令人不舒服的好奇心（对我们
来说）仔细检查着尸体。

骨悚然的场景里——彩色画面最可怕——女人的腹部正在被切开，体内器官外露。
受害者是否已经死亡，并不总是交代得很清晰，这就产生了他们到底是在验尸还
是在活体解剖的问题（图 7.19）。

　　虽然这些画面中的诸多元素都可追溯到关于谋杀余波的古代叙述中（比如，
一些画中出现了苏维托尼乌斯提到过的一杯酒），但解剖及其细节并非罗马故事。
所有这些图像都是一个更为精细且广受欢迎的中世纪叙事的例证，这个故事详述

了尼禄如何切开母亲的身体，这样才能找到她的子宫。此叙事出现在很多地方，如 13 世纪的《玫瑰传奇》（*Roman de la Rose*），一个多世纪之后乔叟的《坎特伯雷故事集》（*Canterbury Tales*）中恶毒"僧侣的故事"（"他割开她的子宫，凝望着 / 那正是他出生的地方"），15 世纪早期的神秘剧，以及卖座电影《耶稣受难和耶稣之死复仇记》（*Le mistère de la vengeance de la mort et passion Jesuchrist*），简称《耶稣基督的复仇》（*Revenge of Jesus Christ*）。它以不同的欧洲语言在各种手抄本和

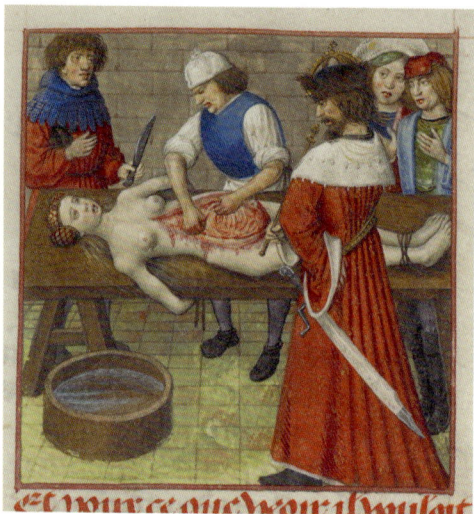

图7.19　一张15世纪晚期的《玫瑰传奇》手抄本中的小幅画，刻画了身穿红色中世纪服装、正在观看解剖母亲的尼禄（她的脚踝被绑在一起），她的子宫完全暴露出来：几乎无异于屠宰场面。

印刷版中广为流行，并通过各种辅助性的次要叙事，戏剧化了犹太人因耶稣受难而受到的惩罚，这种惩罚随着韦斯巴芗和提图斯毁掉耶路撒冷的圣殿而达到高潮。解剖阿格里皮娜就是这些次要叙事之一。此故事到底是被搬上了舞台，还是仅仅通过叙述而传播，我们无法完全确定。不过有一本法国印刷品包含有表演和舞台指令的内容。阿格里皮娜看起来还活着，因此她"被绑在长椅上，腹部朝上"。谢天谢地，接下去的部分提到"需要给她切腹的道具（*fainte*）"。这是一场精彩的戏剧表演，不是解剖现场。[47]

　　有时这个故事被看成中世纪时期人们热衷于暴力和极端景象的恶劣案例，作家、艺术家和剧场经理抓住一切机会，试图为本已足够残忍的事件添加更多血腥和暴力元素。晚期的图像还同当时关于科学解剖的讨论联系起来。（它何以违背道德，或者何以无可非议？该如何再现它？）不过更重要的是，此故事同女性在帝位继承和权力移交中发挥的作用这个问题之间的关联。因为故事的核心的确保留了同古代叙事的联系，这种叙事讲述了阿格里皮娜如何露出腹部，并要求行凶者刺向她的子宫。正如乔叟曾强调过的（这个细节在其他作品中也重复出现过），尼禄想找到母亲的生殖器官。当然它暗示了两人的乱伦关系。不仅如此，这个故事以直白的和隐喻的两种方式展示、阐明且"剖析"了女性在塑造帝王和传宗接代中扮演的角色。

接下来一些故事版本中的情节支撑了以上解读，这包括13世纪一部被称为《金色传奇》(Golden Lgend)的圣徒传记。在书中的"圣彼得传"中，尼禄坚决要求解剖其母的医生想办法让他怀孕。医生清楚这要求绝无可能实现，就给了尼禄一剂藏有小青蛙的药饮，青蛙在他的腹中生长，最后导致他腹痛难忍，不得不通过呕吐把青蛙"生"了出来——而此时他沮丧地发现，自己生出来的是一只脏兮兮且沾满血的青蛙。医生们责怪是他的错（毕竟他没能怀胎满9个月），而青蛙则被安全地锁藏起来，直到皇帝倒台时，这只可怜的小生灵才被活活烧死。[48]

故事的出处不得而知。它可能与两个古代传说有间接的关联：一个是尼禄曾在戏剧中扮成分娩的女人；另一个是他想转世变成青蛙。[49]然而它表达的寓意显而易见：离开女人，男人不光无法繁衍后代，而且就帝王而言，他们也不能将手中权力顺利传递下去。这个表现弑母之残酷后果的故事包含解剖、精神性假孕和青蛙等元素，表面上看似一个耸人听闻的中世纪奇幻叙事，而实则指向的是有关女性在罗马帝国和王朝继承中的作用这类重大问题；它以出人意料的形式，向我们再现了潜藏于古代和现代"皇后"形象中的重要论争和焦虑。

## 阿格里皮娜三世

从风格上来看，阿格里皮娜被切腹的图像同鲁本斯一幅优雅而备受推崇的画作大相径庭，这件作品绘于17世纪初，只比那些剖腹画晚了一百年左右，如今它挂在华盛顿国家美术馆中展出。这张题为《日耳曼尼库斯和阿格里皮娜》(Germanicus and Agrippina)的双人肖像画，带我们重返本章开始讨论过的大阿格里皮娜。它刻画了这对坚定而忠诚的年轻夫妇的并排侧像——阿格里皮娜在前面，挡住了丈夫肖像的一部分。而在另一幅出自同一画家之手，描绘了相同人物的画作中，尽管构图基本相同，但是人物位置却完全颠倒，男人在女人前面，这幅画现藏于美国教堂山的阿克兰艺术博物馆（图7.20）。艺术史家们就以下问题展开了争论，如两幅画的相关特征（有些喜欢华盛顿版本，有些则更中意教堂山版本），男性和女性之突出地位发生变化的原因，以及有关画板的微观历史（其中一个观点是，根据木制背衬的构造，华盛顿版本中的"日耳曼尼库斯"是后来添加的内

（a）                                                           （b）

图 7.20　鲁本斯创作于17世纪早期的两幅皇室双人肖像（均为半米多高），现在通常被认为是日耳曼尼库斯和妻子大阿格里皮娜：（a）此版本目前藏于华盛顿的美国国家美术馆；（b）这个版本尽管和前一幅相似，但是人物的位置颠倒了过来，现藏于北卡罗来纳州教堂山的阿克兰艺术博物馆。不过这两位人物早前还被指认为皇帝提比略和其第一任妻子，即另一位阿格里皮娜，此说法倒也不一定是错误的。

容，而原初计划是只绘"阿格里皮娜一人"的肖像）。然而，无论这些争论如何圆满解决，总是会冒出更加有趣的身份问题，这对我们解读画面产生了重大影响，将意想不到的不同层面引入"阿格里皮娜之谜"中。[50]

　　这一双人－侧像形式是鲁本斯采用古代模板进行创作的经典例子；因为鲁本斯认真研究过的古代宝石和硬币经常以这种方式设计头像。尽管显然不是完全照搬模板，作品的灵感源头之一常被认为是"贡扎加宝石浮雕"（Gonzaga Cameo）（图 7.21），鲁本斯 1600 至 1608 年间在曼图亚工作时，十分欣赏这块宝石古董，宝石上的人物在现代历史中曾被当成奥古斯都和莉维娅，亚历山大大帝和母亲奥林匹亚斯（Olympias），日耳曼尼库斯和大阿格里皮娜，尼禄和小阿格里皮娜，埃及的托勒密二世和妻子阿尔西诺伊（Arsinoe），以及几乎任何你能想到的古代名人夫妇。[51] 人们甚至试图将鲁本斯的"日耳曼尼库斯"肖像的独特特征，明确为当时被当作艺术家熟悉或可能熟悉的古代硬币和宝石上的王子肖像，这个尝试野心勃勃

图 7.21 被称为"贡扎加宝石浮雕"的艺术品，高近16厘米，制作时间可能要追溯到公元前3世纪（不过这取决于人像的身份，也有可能制作于几世纪之后）。其并排侧像的设计也出现在其他古代宝石浮雕饰品中，也为图7.20中鲁本斯的设计提供了参考模板。

但最终无果。[52] 不过，尽管这些画作的整体设计确实体现了一种独具特色的古代形式，我们还远远不清楚鲁本斯本来想描绘的肖像是否就是日耳曼尼库斯和阿格里皮娜。

每幅画中的男女肖像在历史上都曾被赋予不同的名字，这让人想起诸多罗马肖像本身的身份变动。根据 1791 年的一份巴黎拍卖图录，阿克兰版本曾被认为画的是 18 世纪拜占庭皇帝康斯坦丁六世和与其共同摄政的母亲艾琳（Irene）的双人像；1959 年以来，在教堂山的多数时间里，此画被谨慎地命名为《罗马皇室夫妇》（*Roman Imperial Couple*）。[53] 而华盛顿版本则于 1960 年代初购于维也纳，自 1710 年以来，它一直被称为《提比略和阿格里皮娜》（*Tiberius and Agrippina*）。[54] 不过在华盛顿，质疑声立即四起，到了 1990 年代末，它又被正式更名为《日耳曼尼库斯和阿格里皮娜》（*Germanicus and Agrippina*）；最近，阿克兰博物馆也效仿华盛顿国家美术馆，将其《罗马皇室夫妇》改成了现在的《日耳曼尼库斯和阿格里皮娜》。为什么？

将画中男性的相貌与其他所谓日耳曼尼库斯像（"阿格里皮娜"从来就不是这类身份识别中的主角）进行比对，这种尝试通常不太可信。除此之外，身份变动后面的强大推动力实际上是，如果稍微了解一下历史故事就会知道，《提比略和阿格里皮娜》不太可能配成一对出现在人像画里。我们不禁会思考，鲁本斯怎会把绝不妥协的阿格里皮娜同其死敌提比略放在一起——后者或是将她处死，或是逼迫其自尽。这完全不合常理。

说到这里，我必须引入一个新角色。因为不只有两个阿格里皮娜，事实上是有三个。如家系图（表 3）所示，大阿格里皮娜是奥古斯都之女茱莉亚和第二任丈夫马库斯·维普撒尼乌斯·阿格里帕所生的女儿，她的全名为维普撒尼娅·阿格里皮娜。而阿格里帕之前结过一次婚，婚后育有一女，也叫维普撒尼娅·阿格里皮娜，我们现在通常只以"维普撒尼娅"来称呼她，这样做主要是为了避免太多阿格里皮娜造成的混乱和困扰。在古代，一直到至少 18 世纪以前，她和其他人一样被称为阿格里皮娜。实际上，一直以来都有三位叫阿格里皮娜的女性。

第三个阿格里皮娜是未来皇帝提比略的第一任妻子。在萨德勒的皇后群像中，

**表 3**

## 阿格里皮娜（THE 'AGRIPPINAS'）

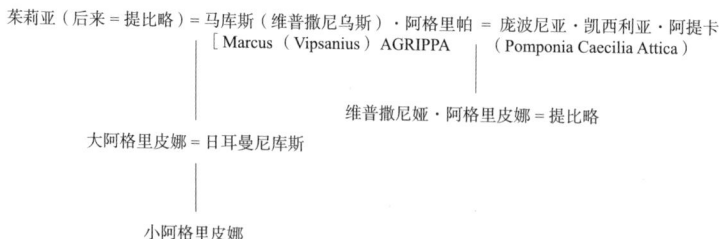

茱莉亚（后来 = 提比略）= 马库斯（维普撒尼乌斯）·阿格里帕 = 庞波尼亚·凯西利亚·阿提卡
［Marcus（Vipsanius）AGRIPPA］ （Pomponia Caecilia Attica）

维普撒尼娅·阿格里皮娜 = 提比略

大阿格里皮娜 = 日耳曼尼库斯

小阿格里皮娜

艺术家也是按照这样的人设来刻画她的（用的名字是阿格里皮娜）（图 7.7c）。维也纳艺术藏品的图录明确地称其为提比略之妻——而华盛顿准备开启新的识别方向的专家馆长们也十分清楚，提比略确实同一位叫"阿格里皮娜"的女性结过婚。不过，以现代观点来看罗马历史的话，一直很难将这两位皇室成员当成合理的配对肖像人物（更不必说这些画中对"提比略"的理想化再现，更令人出乎意料）。[55] 这种显而易见的不协调意味着，皇帝和他的第一任妻子维普撒尼娅·阿格里皮娜被弃之一边，新的身份取而代之。我们永远不可能知道鲁本斯真正的想法，但是没有足够的理由假定传统的身份判定是错误的，确有一些证据表明它有可能是正确的。

原因是，原来的标题体现了对这幅画特别丰富的解读。古代和现代文学作品中的提比略可能总体名声不佳（一个脾气阴郁的伪善者，尽管是莉维娅的亲生子，却是奥古斯都王位继承人的下下之选），不过，根据苏维托尼乌斯的传记，他全身心地爱着一个女人，那就是维普撒尼娅·阿格里皮娜。然而，继父奥古斯都逼迫他同维普撒尼娅离婚，并为了王朝大计迎娶茱莉亚，也就是奥古斯都的女儿（这让婚嫁关系更加错综复杂，因为茱莉亚曾是马库斯·维普撒尼乌斯·阿格里帕的妻子，后者是又是维普撒尼娅·阿格里皮娜的亲生父亲）。提比略强烈反对这个提议（在标准的叙事中，茱莉亚后来成了一堆麻烦的源头，故事中出些许厌女色彩，也是预料之中），可在这件事上他别无选择——他一直没从这件事中走出来。根据苏维托尼乌斯的记载，离婚后，提比略仍为维普撒尼娅·阿格里皮娜伤心不已，有一次，他在罗马大街上看到她，随即尾随着她，一边走一边哭泣。此后，他身边的保镖十分谨慎，以确保皇帝再也不会瞥见她的身影。[56]

现在，也许我们能稍微理解这个同一画框中并排凝视前方、却未彼此相望的双人像。的确，很难想出体现提比略和他的挚爱阿格里皮娜之间的关系的更好方式。换言之，通过将人物尺寸放大到几乎真人大小以及讲述新的故事，鲁本斯为几乎已经老掉牙的古代宝石浮雕图案注入了新的视觉生命力，赋予了视觉形式以新的意义。

我们再次认识到，命名会带来多大的不同——即便这个例子里，产生巨大影响的是同一个名字。

———————— 第八章 ————————

# 后记

## 回顾往事

1802 年 12 月，年轻的爱尔兰女士凯瑟琳·威尔莫特（Catherine Wilmot）在其漫长的欧洲之旅期间停留在佛罗伦萨。参观了乌菲齐美术馆后，她在写给兄弟的家信中分享了美术馆中的亮点。说实话，乌菲齐美术馆在当时并不像在今天这样是艺术杰作的宝库。大量珍贵作品已被运至南方的巴勒莫，以远离拿破仑的势力范围（结果证明并不算成功），后者因筹建卢浮宫的新博物馆而对这些艺术品觊觎已久。[1] 即便如此，令人吃惊的是——不过我希望现在看来，并不意外——位居威尔莫特女士最喜爱的馆藏艺术品之首的，竟是一整套晚至公元 3 世纪的罗马帝王半身像，这套作品可谓集各种古代原作、现代翻版、仿制品和杂交混合体之大成。"最让人赏心悦目的莫过于，"她写道，"从尤里乌斯·凯撒到加利努斯（Gallienus）的罗马帝王。"不过，对于帝王配偶的胸像，她却嗤之以鼻，称它们是帝王对面强颜欢笑的可怕皇后。[2]

正如我们所看到的，欧洲文艺复兴后几百年来，罗马帝王形象——无论是在博物馆的陈列架还是在其他场所——激发了人们浓厚的兴趣。帝王形象在大理石雕塑、铜像、绘画、素描、蜡像、银器和壁挂毯等艺术媒介中得以再现，它们出现在椅背、陶瓷茶具或彩色玻璃窗上，帝王们的地位至关重要。在过去与现在的对话中，帝王面孔及其生平事迹轮番——甚至同时——被标榜为现代王朝权力的合法代言人；也因名声不佳遭到质疑，导致典范形象受损；或被谴责为腐败的象征。正如现代"雕像战争"中那些备受争议的形象那样，帝王像为有关权力以及对权力不满的论争提供了一个焦点。（帝王形象对我们来说也是个颇有助益的提醒，纪念肖像的功能不只是为了歌功颂德。）不仅如此，它们也为再现王公贵族或担负得起画像和雕像费用的富有人士提供了参照范本。实际上，欧洲人像制作的整体风格都源于硬币上罗马帝王的小型头像，及其半身像或全尺寸雕像。至少一直到 19 世纪，大量贵族、政客、哲学家、士兵和作家的雕像都身穿托加袍或罗马战服，这不能仅仅被解释为时尚怪癖使然。

罗马帝王的现代形象总是含有某种尖锐性，有时这种锋芒潜藏于它们看似温和而保守的表象之下。我最喜欢举的一个例子——值得留到本书终章里欣赏——即是半身像《年轻的屋大维》（后来的奥古斯都皇帝），作者是非裔美籍雕塑家艾德蒙尼娅·刘易斯（Edmonia Lewis），此作参照了梵蒂冈艺术藏品中的一尊同题材雕像（图 8.1）。刘易斯有着非凡的职业生涯，在家乡她曾因种族歧视而受挫，后赴罗马深造，并作为职业艺术家而获得成功，后来她移居伦敦，直到 1907 年在那里去世。就外表而言，无论其技巧如何，此作的确平淡而无挑战性，几乎有些故作伤感。直到我们意识到，就在她塑造《年轻的屋大维》的同时，刘易斯同时也在创作其名气更大的雕塑《克里奥帕特拉之死》（The Death of Cleopatra）（图8.2），这件作品首展于 1876 年的费城百年庆典展览会（Centennial Exhibition）。对《克里奥帕特拉之死》的解读一直备受争议。这是为了纪念非洲皇后吗？或者刘易斯故意让自己手中的克里奥帕特拉形象有别于非裔美国女性？也许她是在暗示非裔美国歌曲和布道中蓄奴"老法老"（Old Pharaoh）的形象？无论答案是什么，这尊女王像都采用了全新的再现方式。早前的很多艺术家关注的都是她在公元前 30 年决定自杀前的那一刻，而不是将她描绘成残忍的罗马征服者用来炫耀的战利品。从未有人像刘易斯那样去刻画克里奥帕特拉离世时的痛苦——对这尊塑像的首批观众来说，还是颇为震惊的。然而谁是残忍的罗马征服者？不是别人，正是"年轻的屋大维"。两尊雕像并排立于刘易斯的工作室中，同步打造成型，这一事实果断颠覆了帝王半身像平淡温和的表面形象；人像呈现出的甜美和纯真被削弱了。[3]

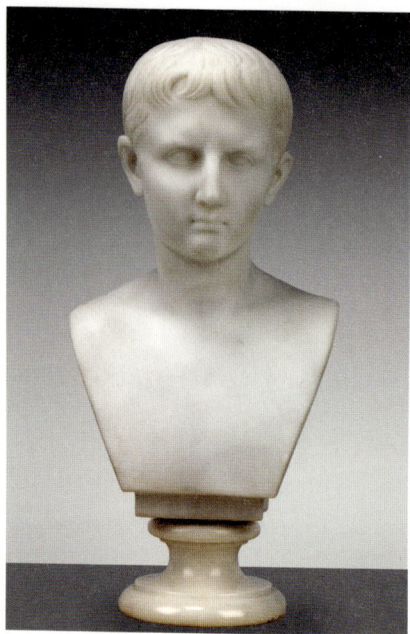
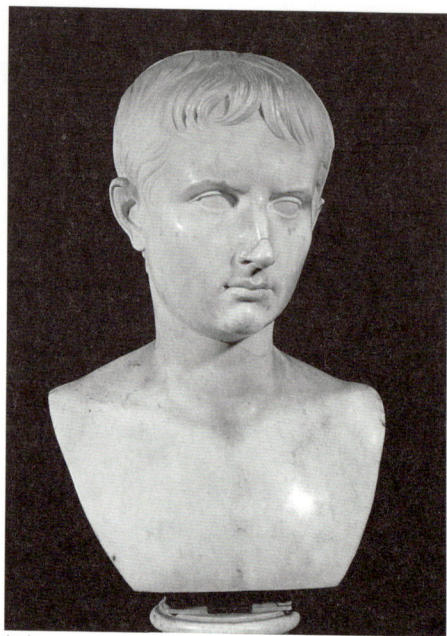

（a） （b）

图8.1 艾德蒙尼娅·刘易斯创作的不到真人大小的年轻屋大维像（a）（只有40多厘米高），完成于1873年，模仿的是梵蒂冈的一尊罗马雕像（b），这尊雕像是19世纪被广泛复制的最为流行的帝王形象之一。

　　但是故事还有转折，这把我们引向本书的另一重要主题。当刘易斯在1870年代创作她的雕像时，没人怀疑那尊仍被称为屋大维的梵蒂冈胸像就是无比年轻的奥古斯都皇帝，屋大维这个名字他一直用到公元前27年；按照常见的说法，此胸像发现于19世纪初奥斯蒂亚罗马港口的文物挖掘现场。现在，它被叫作《年轻的屋大维》仅仅是沿用了旧时惯例。因为如今根本没人相信此雕像刻画的是屋大维，反而相信它刻画的是屋大维的潜在继承人和后继者中的常见人物。可以预见的是，不少观点称这尊半身像甚至连古董都不是，而是一件现代作品或赝品——同奥斯蒂亚的关联要么是一厢情愿的臆想，要么是彻头彻尾的虚构。最有趣的一个设想认为，雕像制作于安东尼奥·卡诺瓦的工作室，因此它同拿破仑皇帝像的略微相似远非巧合。尽管最新研究的结果有利于古董说（最近的档案调查也支持奥斯蒂亚是其发现地的说法），然而设想刘易斯的《年轻的屋大维》像模仿任何古代罗马皇室人物那

图8.2 这尊艾德蒙尼娅·刘易斯的超过真人尺寸的克里奥帕特拉像（即便是坐像，女王身高也有1.5米多）让首批观众颇为震惊，因为它表现的是女王的将死之躯（而不是临终时刻）。雕像本身有一段奇特而悲伤的历史。1876年费城展览会的首展之后，它"消失了"整整一个世纪，后于1980年代在一个废品堆放场里重新露面（这期间，它曾有一段时间被当作一匹马的墓地的标志物）。

样参照了 19 世纪初的拿破仑像，这倒是个带有时代错位色彩的绝妙反讽。⁴

无论正确答案是什么，这些古代和现代的《年轻的屋大维》像突显了凯撒形象的流动性与多变性，不管是不是真的有十二位皇帝。它们建立在罗马王朝的确定性之上，有时以严格而固定的分类方式得以呈现，甚至——正如罗伯特·科顿勋爵的图书馆分类方案那样——充当着知识自身之明确组织的象征。然而，这种固定性只是表面的。从古至今，凯撒图像史就是一个历经身份的建设性改变，以及不幸或故意的身份误识的历史：被重塑成克劳狄的卡利古拉，和儿子提图斯混为一谈的韦斯巴芗，最后的晚餐中采用维特里乌斯之面孔的肥胖的"切肉者"，或者——就阿尔多布兰迪尼泰扎杯而言——图密善像错误地拧在了记录提比略生平场景的浅杯上。帝王像分类体系的灵活性非常强，以至于在科顿图书馆中，福斯蒂娜和克里奥帕特拉也被塞进了"正统"的凯撒阵容。提香可以将其凯撒像的数量控制在十一，而牛津谢尔登剧院外的十三或十四尊无名石像已成为英国最著名的"罗马帝王"群像。当然，能正确无误地认出帝王身份，这一点在很多情况下也十分重要。（我希望我已证明了一点，如果在一群堕落的罗马狂欢者中忽视了昏迷不醒的"维特里乌斯"，那很可能会错失整幅画的重点。）不过，对大多数人来说，将帝王身份和面孔正确匹配的能力可能总体上并未比前人更糟。实际上，难以下定论，这正是凯撒图像所带来的部分乐趣所在，也是其具有强大视觉生命力的部分原因。他们并不是肖像学里的某类化石。

## 帝王在当下

如今，当人们步入乌菲齐或其他任何一家博物馆中，没人会径直走向罗马帝王的半身像。而且——尽管关于如何再现历史人物的争论仍在继续（如果莎士比亚的《尤里乌斯·凯撒》上演时，角色穿上托加袍、紧身裤和紧身衣，或者某个现代独裁统治的统一制服，会有什么不同？）——给一尊当代雕像穿上罗马服装会显得荒唐可笑。⁵ 古罗马服饰不再像约书亚·雷诺兹所认为的那样，是永恒和不朽的标志，而是更多时候代表着奇装异服；它不再是纪念雕像界的一员，而是属于托加袍 – 狂欢派对的世界（图 8.3）。

图 8.3　1934年1月，富兰克林·D.罗斯福总统在白宫举办托加袍派对，庆祝52岁生日。不管他是否受到安德鲁·杰克逊之担忧的困扰（第6页），据说这个罗马主题是他的工作人员和朋友针对罗斯福正在变成一个独裁者这样一种指控而开的一个讽刺玩笑。

当然，罗马帝王的图像仍然无处不在，它们出现在广告、报纸和卡通画中。不过有人会说它们已沦为平庸的简略表达，其影响范围也局限于一些再熟悉不过的陈词滥调。尼禄和他的"小提琴"是目前为止最常见和最易被即刻认出的；不过，这个短语现在与其说是对权力的反思，不如说是一种现成的象征符号，用来批评那些不务正业、心思没放在当下真正问题之上的政客（图1.18b）。这类陈旧用语离记者们的文字游戏并不遥远，它们出现在杂志专栏文章中，就某位美国总统或英国首相到底谁最像罗马帝王作出推断。当我自己面对类似问题时，我的回答通常是"埃拉伽巴路斯"，对这位皇帝闻所未闻的提问者们只会深感意外——并且作为福利，这些问题将他们引向阿尔玛–塔德玛的伟大画作（图6.23）。

曾充满挑战意味的肖像最终落入视觉艺术的俗套，然而事情远比这复杂。我不会断言，和两三个世纪之前相比，罗马帝王形象在当今西方艺术中已成为更加重要的元素。因为事实的确不是这样。但是，如果我们观察得再仔细一点，就会发现当代绘画和雕塑与这些古代统治者的碰撞比我们想象的要多得多。萨尔瓦多·达利就是个极致的例子，他反复采用图拉真的形象，并声称这位西班牙出生的皇帝是自己的祖先——甚至幻想图拉真纪功柱的螺旋阶梯预示着现代遗传学的双螺旋结构。[6] 其他艺术家则反复回到帝王头像这一题材，仿佛这是西方肖像艺术的源头，无论是亚历山大·塞维鲁（我们的讨论以他为起点）之母茱莉亚·马梅娅，还是土耳其艺术家格治·古兰（Genco Gülan）用巧克力（以大理石和丙烯酸的混合物来保存）刻画的可怖的独眼奥古斯都（图 8.4a、图 8.4b 和图 8.4c）。格里马尼的《维特里乌斯》的影响也持续发酵，最令人印象深刻的是 19 世纪和 20 世纪之交，梅达尔多·罗索（Medardo Rosso）创作的闪耀而夸张的铜鎏金半身像：皇帝被浓缩成一团肥肉，一颗肥硕的头颅（或者用馆藏图录更委婉的语言，"面部特征显示了艺术家铸模的流体技巧"[7]）。相比之下，几百年后吉姆·戴恩（Jim Dine）的版本将大理石雕像转化成看似合理的有血有肉的人像（图 8.4d 和图 8.4e）。安迪·沃霍尔（Andy Warhol）很可能也对这个《维特里乌斯》像有所关注。据我所知，尽管他从未在作品中使用这个独特的面孔，但是几乎可以肯定，这个头像对他有吸引力。换言之，2011 年我在华盛顿准备构成本书的系列讲座时，有一次闲逛走进乔治城的一家古董店——在店里惊讶地发现一尊格里马尼《维特里乌斯》的大型桃花心木塑像，也许略显粗俗，但充满活力和想象力，看上去其创作时间大概可追溯到 18 世纪。我认真研究的样子肯定看起来像个潜在的买家，一位员工走过来告诉我这件作品曾为沃霍尔所有。假设这是真的（不仅仅是个精明的销售策略），我们不禁疑惑，艺术家是否意识到，16 世纪以后，格里马尼的《维特里乌斯》的面孔在视觉复制文化中占据多么至关重要的地位——毕竟，复制艺术是沃霍尔的个人商标。

然而，在关于独裁和腐败的重大论争中，或面对艺术再现之本质这类更基本的问题时，帝王形象及其帝国故事起了什么作用？在这里，艺术家们仍在进行着强有力的介入。比如，在一幅显然带有游戏意味的拼贴画中，英国雕塑家艾莉森·威尔丁将几乎讽刺得恰到好处的名字"罗慕路斯·奥古斯都"（Romulus Augustus）（据说这位少年是 5 世纪末最后一位统治西罗马帝国的皇帝）同"皇帝蛾"（Saturnia Pavonia，即 emperor *moth*）并置（图 8.5）。不过关键在于，她把飞蛾图案和罗慕路斯·奥古斯都硬币图案的切割碎片重组成几何图像。换言之，如果罗马帝王权力的再现最初是通过硬币在文艺复兴时期得以重建的话——这里威

图8.4　一直到21世纪的现代帝王头像：

（a）《茱莉亚·马梅娅》，版画，长约25厘米，宽约30厘米，
　　　作者詹姆斯·威林（James Welling）（2018）；

（b）《茱莉亚·马梅娅》，绘画，长约75厘米，宽约55厘米，
　　　作者芭芭拉·弗里德曼（Barbara Friedman）（2012）；

（c）《巧克力皇帝（奥古斯都）》［Chocolate emperor（Augustus）］，
　　　制作材料包括巧克力、熟石膏、大理石和丙烯酸，高60厘米，作者格治·古兰（2014）；

（d）《皇帝维特里乌斯》（*Emperor Vitellius*），铜鎏金，比真人尺寸小一点（34厘米），
　　　作者梅达尔多·罗索（1895）；

（e）《维特里乌斯头像》（*Head of Vitellius*），炭笔、水彩和丙烯酸，只有1米多高，
　　　作者吉姆·戴恩（1996）。

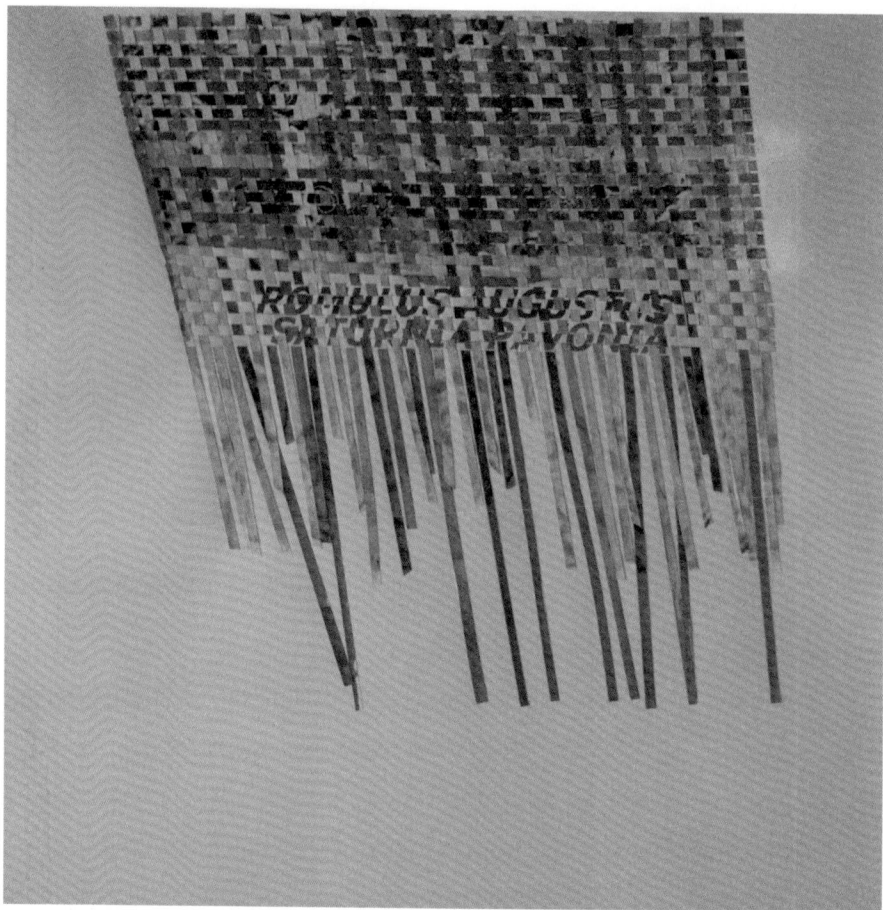

图8.5　艾莉森·威尔丁2017年创作的拼贴作品，约37平方厘米，不光利用了"皇帝蛾"这一概念，还回顾了硬币人像的文艺复兴传统：拼贴画部分制作于罗慕路斯·奥古斯都（475—476年在位）硬币图案的切割片段。

尔丁以同样的方式捕捉到了它的最终毁灭。40年前，安塞姆·基弗在《尼禄作画》（*Nero Paints*）中利用尼禄——作为皇帝和艺术家，以截然不同的方式表现了毁灭，来反思纳粹在东欧地区的暴行。在1970年代和1980年代，基弗的作品经常涉及德国面对其纳粹历史的能力（无能）。画中，一块调色板盘旋在满目疮痍的景观之上，画刷喷射着火焰，仿佛它们自己就是毁灭的推手（图8.6）。它不仅就艺术和独裁之间的关系（尼禄的临终遗言，"这世界将要损失一位多么伟大的艺术

图 8.6　在这幅创作于1974年的（面积约为2米乘以3米）大型油画中，安塞姆·基弗将一块艺术家的调色板放在正在燃烧的荒凉景色中；通过对这位艺术家皇帝的指涉，这张题为《尼禄作画》的作品就艺术、权力和毁灭之间的关系提出了问题。

家"），以及艺术家在作为暴行的起因及暴行的见证人中所起的作用进行质疑（所有艺术家都会"在罗马燃烧时仍拨弄琴弦"吗？），还就我们虽感觉不适，却还是要担起理解艺术家／独裁者的责任提出问题。正如基弗的著名宣言所称，"我并不认同尼禄或希特勒，但为了理解何为疯狂，我必须稍微重现一下他们的所作所为。"[8]

　　然而，20世纪以来，正是在动态图像中，我们发现了有关罗马独裁制以及它同我们的伦理学和政治学之间关系的最激烈、最受关注的各种争鸣与辩论。本书的主线故事即将接近尾声之时，电影已成为艺术和论争的主导媒介。任何结局和后续都必须聚焦于电影，而在电影诞生之初就受到了古罗马图像、帝国暴行，以及其道德冲突，其政治和宗教争端的影响。[9]正是在电影里，我们广泛接触到曾追踪研究过的古代王朝、暴君或仁慈的统治者，不光通过那些顶级的精英艺术作品，

（a）

（b）

图8.7　热罗姆描绘圆形竞技场中的帝王的画作，记录了展示帝王权力的壮观场面。《角斗士》（*Pollice Verso*）[字面意思是"翻转拇指"（Turned Thumb）或"拇指朝下"（Thumbs Down）]的画幅宽1.5米，绘制于1872年（a）。画面中，皇帝坐在左侧包厢中无动于衷，而右侧观众则明确表示获胜的角斗士应该杀死被打败的对手。雷德利·斯科特电影中的露天圆形竞技场（b）直接受到这幅画的启发——用他的话说，"这幅向我道出了罗马帝国所有的辉煌和邪恶。"

还通过大批量生产的装饰板或广为传播的廉价复制画中的帝王图像。

一些 20 世纪中期的电影，可以说是普瓦捷大教堂里描绘的尼禄皇帝对基督徒实施迫害的彩色玻璃的直系衍生作品——比如，《圣袍千秋》（*The Robe*）或《暴君焚城录》（*Quo Vadis*）——这些电影将罗马独裁者的世俗权力同基督教道德观中的精神力量对立起来。1970 年代 BBC 改编自罗伯特·格拉夫斯（Robert Graves）的名著《我，克劳狄》的同名电视剧聚焦于国内腐败（以及堕落）的观念，而这一观念早在库图尔和阿尔玛 – 塔德玛的画作里，以及罗兰森（Rowlandson）和比亚兹莱的版画中就有探讨。2000 年，雷德利·斯科特的票房热门电影《角斗士》展示了一人独裁统治的政治困境，对于亨利八世的挂毯画设计者，或创作了提香皇帝王像之萨德勒版画版本下方那蹩脚的讽刺诗的作者来说，这种困境再熟悉不过。而在这部电影中，也体现了绘画艺术的直接影响。因为斯科特对罗马帝国圆形竞技场之角斗场面的再现，高度参照了热罗姆描绘皇帝在专属包厢中主持角斗表演的大型油画作品（图 8.7）。我禁不住去猜想，热罗姆本人可能会喜欢上动态图像这个想法。[10]

不过那将是另外一个故事，需要另一本书来讲述。

• • •

只剩下最后一个问题尚待解决：本书开头提到的由海军准将杰西·D. 埃利奥特从贝鲁特带回的所谓亚历山大·塞维鲁石棺怎么样了？我向读者保证，它的同伴"茱莉亚·马梅娅"的灵柩现在安全地保存在布林茅尔学院的回廊里。不过，亚历山大·塞维鲁那具石棺的经历就没那么简单了。目前，它也得以安置，只不过 1980 年代中期从广场上——在那里它看起来越来越格格不入——被移至马里兰州休特兰的史密森储藏库，和看起来很奇怪的物品放在一起。现在它就在那里，通常被塑料布包裹着，固定放在运输部门里（出于什么原因我还没想明白）。石棺上还附着纪念安德鲁·杰克逊拒绝葬于此石棺的标签，只是如今它被老式玩具马车、旧交通标志牌和报废的赛车所包围（图 8.8）。古代石棺同现代技术与商业废弃物之间的后现代并置，对我来说颇具吸引力，无论石棺最初的主人是否为皇帝，这种场景是他永远也想象不到的。与此同时，我又为它感到可悲。尽管我一直在讨论

图8.8 安德鲁·杰克逊拒绝安葬于其中的石棺的最终归宿之处，有些奇怪。照片里它暂时摆脱了塑料布的束缚，被放置在马里兰州一处史密森储藏库的运输部。

长久以来罗马帝国遗产的重要性，但是就体现帝国从辉煌到平庸或逐渐被遗忘的历程而言，你实在找不到比这更好的例证。

埃利奥特为这尊石棺及其同伴所抱有的可笑野心，永远没机会实现了。没有哪位美国总统会长眠于此。不过，埃利奥特也有一些更朴素的目标。正如他所言，他"有兴趣将这些古代遗产介绍给大家，并坚信它们会深受本国古董爱好者和博学之士的喜爱和欣赏"。[11] 就我个人而言，我希望他的信心不会落空，这具石棺有一天能从塑料布中解放出来，广场上会重新为它留出几平方米的空间。在某些方面，它是个再普通不过的罗马石棺。然而有关此石棺的充满自豪、论辩、争议和政治信仰，当然还有光荣的（或无耻的）身份误认的故事，体现了本书的诸多主题。

# 致　谢

本书的撰写断断续续，前后历经十年。诸多好友、同事和慷慨的机构都给予了我莫大的帮助和支持。写作想法最初形成于华盛顿高级视觉艺术研究中心，2011 年我在那里开设 A.W. 梅隆系列艺术讲座时，中心款待了我（并给我提供了一间极好的办公室）。感谢那里的所有人，尤其是伊丽莎白·克罗珀（Elizabeth Cropper）、彼得·卢克哈特（Peter Lukehart）和泰瑞沙·奥马利（Therese O'Malley），以及莎拉·贝策（Sarah Betzer）和劳拉·魏格特（Laura Weigert）（给我介绍了挂壁画的神奇魅力）。也是在华盛顿，我还从以下这些人那里受益匪浅，并和他们度过了愉快的时光，他们是霍华德·亚当斯（Howard Adams）、查尔斯·邓普西（Charles Dempsey）、朱迪·哈勒特（Judy Hallett）、卡罗尔·马图施（Carol Mattusch）和亚历克斯·内格尔（Alex Nagel）（当时在史密森集团任职）。

本项目研究工作的开端，以及十年后——以一种整齐的对称——项目的完成都是在罗马美国学院（American Academy in Rome），在那里我多次获得宝贵的机会，在最优越的条件下开展我的工作——那里图书馆藏书丰富，食物美味可口，同行专家优秀博学。正如本书献词中的致谢提到的，我要感谢罗马美国学院的全体同仁，尤其是在最近驻留期间有幸遇到的林恩·兰凯斯特（Lynne Lancaster），约翰·奥克森多夫（John Ochsendorf）和凯瑟琳·克里斯蒂安（Kathleen Christian），后者和我分享了她关于"凯撒"的知识。我还要感谢耶鲁大学的朋友和同事。2016 年，我曾就本书一些主题在耶鲁开设了罗斯托夫采夫讲座（Rostovtzeff Lecture），并从讲座后的研讨会中受益匪浅。参加研讨会的有史蒂芬·坎贝尔（Stephen Campbell）、迈克尔·库尔博建（Michael Koortbojian）、诺埃尔·伦斯基（Noel Lenski）、帕特丽夏·鲁宾（Patricia Rubin）和（远程）宝拉·芬德伦（Paula Findlen）。之后我作为古典文学系和耶鲁英国艺术中心的特邀嘉宾又在耶鲁度过了精彩而富有成果的一个月。我要特别感谢艾米丽·格林伍德（Emily Greenwood）和马修·哈格雷夫斯（Matthew Hargraves），以及所有那些（在整个项目期间）欢迎一位古典主义者闯入他们中间的艺术史家和文艺复兴学者们。

如果不是两年的项目研究休假，本书可能还要花更多的时间才能完成，而促成这一切的是利华休姆信托基金会（Leverhulme Trust）资助的高级研究奖学金。对这样一个在求真、求知上无所畏惧的组织，我无比感激。

还有许多人以不同的方式提供了帮助。我要特别感谢马尔科姆·贝克（Malcolm Baker）、弗朗西斯·库尔特（Frances Coulter）、弗兰克·达贝尔（Frank Dabell）、菲利普·哈迪（Philip Hardie）、西蒙·杰维斯（Simon Jervis）、索斯滕·奥珀（Thorsten Opper）、理查德·奥文登（Richard Ovenden）、迈克尔·里夫（Michael Reeve）、乔瓦尼·萨托利（Giovanni Sartori）（提供关于萨比奥内塔的帮助）、蒂姆·施罗德（Tim Schroder）、茱莉亚·西蒙（Julia Siemon）、亚历珊德拉·斯特列科娃（Alexandra Streikova）（在斯洛伐克提供的帮助）、卢克·塞森（Luke Syson）、卡利·伏特（Carrie Vout）、杰伊·韦斯伯格（Jay Weissberg）、艾莉森·威尔丁、大卫·威尔（David Wille）和比尔·扎克斯（Bill Zachs）；感谢安德鲁·布朗（Andrew Brown）、戴布斯·卡德维尔（Debs Cardwell）、阿曼达·克雷文（Amanda Craven）和埃莉诺·佩恩（Eleanor Payne），他们为我在疫情期间寻找一枚罗马硬币式的巧克力上的图像提供了帮助。和以往一样，彼得·斯托萨哈德（Peter Stothard）阅读并改进了整个原稿；黛比·惠特克（Debbie Whittaker）火眼金睛，帮我挑出许多错误，并追查到被我断定为无迹可寻的信息；罗宾·科马克（Robin Cormack）及其家人和我一同踏上寻找帝王像的征程，并分享他们的专业知识，用照片或其他形式。（我已经不止一次思考嫁给一位专业艺术史学家的乐趣和好处！）

最后，我也要特别感谢那些将本书介绍给全世界的人：米歇尔·科米（Michelle Komie）、肯尼·瓜伊（Kenny Guay）、特里·奥普雷（Terri O'Prey）、约迪·普莱斯（Jodi Price）、凯斯林·史蒂文斯（Kathryn Stevens）、苏珊娜·斯通（Susannah Stone）（她找到一些非常难以解释的图像）、弗朗西斯·伊芙（Francis Eave）、大卫·卢亚克（David Luljak）和原稿的几位匿名评论者。

没有你们，我不可能写成这本书。

# 附　录

## 萨德勒的皇帝和皇后系列人像下面的诗句

这些诗歌使用的拉丁文（我保留了原来的拼写）总体比较粗俗，有时更糟——几乎无法翻译。我的译本采用直译的方法，没有掩饰原文的粗鄙风格，并修正了一些语法和标点错误。我注意到诗中的一些句子是对苏维托尼乌斯传记段落（以及其他地方）的直接呼应。

### **1 C ( aius ) Julius Caesar**

Omine discincti metuendus Caesar amictus,
  Et mediū zona non religante latus:
  Feralis scelere et vitiatae in nocte parentis,
  Maternum visus commaculasse torum.
  Tantorum impleuit praesagia dira malorum
  Et certam somnum iussit habere fidem.
  Legibus hic Vrbem dedit, ordinibusque solutam
  Iunctus et infandis cui fuit ille modis.

### 凯厄斯·尤里乌斯·凯撒
（Caius Julius Caesar）

凯撒，不缚带的斗篷预示着不祥，皮带也不系在腰间，他让人心生畏惧：梦到自己玷污了母后的床榻，他夜里侵犯了自己的母亲，这样的行为罪大恶极。巨大灾祸的可怕预言在他身上一一应验，他证明了梦境（字面意义是"睡眠"）原来可以实现。他赋予了破碎之城以法律和秩序，以难以形容的方式融入了这座城市。

（服饰：《尤里乌斯凯撒》45；乱伦：《尤里乌斯·凯撒》7）

## ❷ D(ivus) Oct ( avianus ) Augustus

Dum rata mactati nitor remanere, tuorque

Acta Patris, dignum tum gero laude nihil;

Nilque quod emineat, supra ac nos euehat istam,

Quae mihi bellorum laus socianda venit.

Ad famam imperiumque sibi iam Julius armis

Strauit iter: Trita currere vile via est.

Ista noua, ac maior fuerit mihi gloria, Janum

Extinctis bellis sub domuisse sera.

## ❸ Tiberius Caesar

Iste feros ritus, et plus quam immitia corda

Firmamenta sui qui ratus imperij est

Dedidicit quas vitali cum sanguine leges

Vel Natura dedit, vel sibi fecit Amor.

Matrem, atque Vxorem, natosq, nurinq, nepotesq

Omnes fax habuit pabula saeuitiae.

Odisse hic sese populum, ac sua facta probare

Nam voluit, laetum reddidit interitu.

## 神圣的屋大维 · 奥古斯都
（The deified Octavian Augustus）

我努力证明和捍卫被谋害的父亲实施的法令。我毫无建树，既没有什么值得荣耀的成就，也没有脱颖而出或取得超越性的军事辉煌。尤里乌斯凭借武力为自己铺就了通往名誉和权力的道路。在已经铺好的路上狂奔没有益处。一旦战争被扑灭，我就关闭雅努斯神庙，把这个双面神驯化得服服帖帖；对我来说，这才是更伟大的崭新荣誉。

（关闭雅努斯神庙的大门：《奥古斯都》22）

## 提比略 · 凯撒
（Tiberius Caesar）

他以为野蛮的仪式和憎恨之情是其权力的基石，却忘了自然或爱给予生命之血的法则。他的怒气（煽动）让自己母亲和妻子、子女、儿媳和孙辈全部成为残忍行径的牺牲品。因为他想让自己成为人们憎恨的对象，却还要人们崇拜其丰功伟绩，只有他的死才大快人心。

（对亲眷的对待：《提比略》51—54；"让他们恨我吧"：《提比略》59）

## **4** C ( aius ) Caesar Caligula

Laetitiam picto poteris cognoscere
vultu
 Vrbi olim quanta hoc regnum ineunte
fuit.
 Venit ad imperium multo fumantibus
aris
 Sanguine, et innumerâ per fora caede
boûm.
 Principio haud melior quisquam, quo
denique peior
 Nemo fuit, cecidit cum sibi gentis
amor.
 Vnam Romani te, qui truncare cupisti
 Ceruicem populi, factio caedit ouans.

## **5** D ( ivus ) Claudius Caesar

Qui miséra tristís nescit imperi mala,
 Et quanta regno insit dolorum copia,
 Angustiarum quantaque hinc vis
effluat:
 Me videat, ac dominatui dicat vale.
 Me sors tulit praecelsum ad hoc
fastigiū
 Existimantem poenam ad insontem
rapi
 Mortis metu trementem, et inde desijt
 Discordiarum nunquam, et insidiarum
agens
 Me factiosus tum pauor ciuilium:
 Ac scelus ad extremum abstulit
venefici.

## 凯厄斯·凯撒·卡利古拉
( Caius Caesar <u>Caligula</u> )

　　在浓妆的脸上你能看到喜悦，正如他开始执政时这座城市的人们何其兴高采烈。他登上权力宝座，溢满祭祀之血的圣坛上，无数头牛羊成了刀下客。开始他有多好，后来就有多糟，人民对他的爱也一笔勾销。你妄图把砍刀伸向罗马人民唯一的脖颈，然而兴冲冲制定的阴谋诡计却未能得逞。

　　（就任时的祭祀仪式：《卡利古拉》14；希望罗马人民只有"一根脖颈"：《卡利古拉》30）

## 神圣的克劳狄·凯撒
( The deified <u>Claudius</u> Caesar )

　　要是有谁不了解权力引发的可怖与愁楚，统治中的种种乱象和弊病，以及压得人透不过气的艰难困苦，那不妨看看我，然后马上和独尊天下做个永别。命运将我推上权力巅峰，尽管天真如我，却要接受惩罚，终日在死亡恐惧中瑟瑟发抖，打那以后就从未停止过对派系分裂和密谋的担忧。最终我没能逃过惨遭投毒的劫数。

　　（对接受惩罚的思考：《克劳狄》10；他对密谋的恐惧：《克劳狄》36）

## 6 Nero Claudius Caesar

Caesareā  Nero progeniem stirps
vltima claudens

Nequitiæ cumulum fecit, et ille
modum.

Igne solum patrium, ferroque abolere
parentem,

Et genus omne suum, se quoque
nixus erat.

Segnitie euicta potuit se perdere
tandem,

Et matrem, quibus et vita adimenda
fuit:

At patriam haud potuit, matremque
ex ignibus eius

Hic nouus Æneas sustulit ante suam.

## 7 Sergius Galba

Hunc capiti nostro vidit splendere
nitorem

Septima Luna, eadem hoc vidit abisse
decus.

Stantem ope nam Fortuna suâ
indignata columnā

Proruit: exitij sed mea caussa fuit.

Nam Capitolina inuidit Venus ipsa
monile

Parui Fortunae Tusculi ab vrbe Deae.

Inde queri visa est noctis mihi moesta
p（er）umbrā

Ereptura datum munere cassa dat

---

### 尼禄·克劳狄·凯撒
( Nero Claudius Caesar )

　　尼禄，凯撒系谱上的最后一位后代，他坏事做尽，终结了这个王朝。他试图以大火摧毁自己的国土，持利剑弑母，掏空国库，最后毁灭自我。一旦他克服了懒惰，他最终具备了让自己和母亲都走向覆灭的破坏力，两人的性命都被夺取。但是他毁不掉的是自己的祖国，这个新埃涅阿斯先于母亲将祖国从熊熊大火中拯救出来。

　　（和埃涅阿斯的比较：《尼禄》39；他的懒惰：《尼禄》49）

### 塞尔吉乌斯·加尔巴
( Sergius Galba )

　　第七个月份见证了照耀在头上的光辉，而就在同一月荣耀灰飞烟灭。因为受到冒犯的幸运女神福尔图娜（Fortuna）用自己的智谋击倒了立柱；不过失败的原因还是归咎于我自己。卡比托利尼山的维纳斯对福尔图娜从图斯库鲁姆小镇得来的项链羡慕不已。她（福尔图娜）穿过黑夜的阴影，幽怨地出现在我身边，即将没收给予我的赠礼，我被剥夺了曾经获得的奖赏。

　　（第七个月：《加尔巴》23，福尔图娜和项链；《加尔巴》18——这也是曼图亚的凯撒之屋中与加尔巴肖像配对的故事画的主题：前文，163页）

## **8** M ( arcus ) Sylvius Otho

Ad regnum ingressus fuit hic vt apertus Othoni

Per miseram facta proditione necem:

Hic idem fuit extremus regni exitus. Auli

Vi sibi cum gladijs adueniente super.

Suspector magni et quoniam fuit iste Neronis,

Nomine quem voluit saepe referre Nero,

Rettulit atque fuga: ac manibus tum denique mortem

Persimilem sibi et hic coscijt ipse suis.

## **9** Aullus Vitellius

Si te tam miserum factura haec sarcina tandē,

Aule, fuit regni; quid tibi pulsus Otho est?

Mens hominum euentus, sortisque ignara latentis

Exitiosa boni tincta colore petit.

Quid tam suspecti hoc habuit tum culmē honoris?

Quid non at potius turbinis, atque mali?

Te carcer tulit infelix, laqueusque reuinxit,

Factusque es cribrum, et carnificina miser.

## 马库斯·西尔维厄斯·奥托
### ( Marcus Sylvius Otho )

经过可怕的谋杀和背叛，皇权统治之路向奥托开启，然而随着奥鲁斯（Aulus）的军队携刀剑拼杀过来并占了上风，他的统治也走向了终点。因为是尼禄的崇拜者，他总想在自己的姓名中重复尼禄这个名字，哪怕是在逃亡中也在模仿着尼禄；最后他和他的追随者同样死于非命。

（对尼禄这个名字的使用：《奥托》7；奥托及其追随者的自杀：《奥托》11—12）

## 奥鲁斯·维特里乌斯
### ( Aullus Vitellius )

奥鲁斯，如果担任统治者的负担最终让你如此悲惨，为何当初还要将奥托驱赶？人们脑中往往对潜藏的结局和命运浑然不觉，自寻披着美好外衣的毁灭。如此靠不住的荣耀巅峰有何好处？骚乱和罪恶又有何害处？你不幸锒铛入狱，头套绞索，被暴打成筛子，沦为一场屠戮行径的悲惨受害者。

（谋杀：《维特里乌斯》17）

## 10 D ( ivus ) Vespasianus Augustus

Effigiem iam cerne boni nunc
Principis: est quam
 Laetior obscuro sol vt ab imbre nitet.
 In medium tres, qui inter te, et venere
Neronem,
 E medio miseris hi periere modis:
 Te fatū quoniam iam tunc poscebat,
erasque
 Principis exemplum sancte future
boni.
 Augebis laudes, augebis inique
triumphos
 Ante voles ò qui vertere cumque
pium.

## 神圣的韦斯巴芗·奥古斯都
( The deified <u>Vespasian</u> Augustus )

现在看看这位明君的形象。他更受人民的喜爱，仿佛阴雨后普照的阳光。你和尼禄之间的三位皇帝，都以恐怖的方式灭亡。既然命运垂青于你，你的确像神一样，树立了明君的榜样。啊，无论你是何人，你这个有失公允的人，如果你想超越这个虔诚的统治者，你定要提升他的名气，增加他的胜利。

## 11 D ( ivus ) Titus Vespasian ( us )

Laudatae soboles stirpis laudatior
ipse,
 O Tite, virtutum clara propago Patris.
 Delitiae, quo tum viuebas, atq amor,
aeui
 Vne voluntates surripuisse sagax.
 Vsurpet sine laude qius <i>&lt;sic&gt;</i> o tam
nobile nomen?
 Tempora iam quod ad haec obsolet
ista minus.
 Perdidit, heu, subito quod non te
numen amicum.
 Si Tibi res fuerat perdere acerba
diem.

## 神圣的提图斯·韦斯巴芗
( The deified <u>Titus</u> Vespasian )

你是名门之后，作为继承人你更加声名显赫。哦，提图斯，贤明父王的著名后代。你生活的时代充满爱和快乐，而你的聪明才智足以让你暗中快活。不是备受尊敬的人，谁会有资格接管如此高贵的名号？因为直到现在，它还没有褪色。唉，只要有一天没去帮助民众，你便觉得糟糕至极，可一个不友好的鬼魂却突然摧毁了你。

（提图斯数着日子，只要没帮助到别人，这一天便是"浪费"：《提图斯》8）

## 12 Flavius Domitianus

Debueras regimen non tu fecisse bienni

    O fortuna Titi; ast esse perenne magis

    Flauius hunc si post facturus stemma pudendū

    Caesareum vitijs criminibusque fuit.

    Caesaris hic quantum nituit fraterq, paterque

    Nomen inobscurat, commaculatque tholum.

    Admisit sors hoc, quod conspiratio mendum

    Insectans odijs firma abolere parat.

## 弗拉维乌斯·图密善
（Flavius Domitian）

    哦，提图斯的命运之神，你不应该只让他在位短短两年。如果不是后来弗拉维乌斯的邪恶和罪行让凯撒们蒙羞，提图斯的统治最好能万代千秋。父兄的荣耀光芒普照，而图密善却让凯撒之名阴云密布，将圣地玷污。命运之神承认了这个污点，为了抹去污点，一场强大的密谋已准备就绪，带着浓烈的恨意将他追赶。

## 13 Pompeia Iulii Caes ( aris ) Vxor

Illa ego sum Patris, sum Coniugis obses amoris

    Nata, marita eadem sumque furoris obex.

    Sed quid nostra virum seu iam retinere parentem

    Vincla valent, regni ius ubi quisque petit?

    Qualis amicitiam patris te Caesar adegit

    Velle amor et nexu sanguinis esse ratam?

    Vt non omne ferus fas non abrumpere posses;

    Et quae prima loco, prima malisque forem.

## 庞培娅，尤里乌斯·凯撒之妻
（Pompeia, the wife of Julius Caesar）

    我生来就要践行自己对父亲和丈夫的爱的誓言。作为妻子，我竭力阻止疯狂行径，当两人都在力争统治权时，我的链条要有多坚固，才能拴住父亲和丈夫？凯撒，到底是什么样的爱驱使着你，想要得到我父亲的友谊，并通过血缘关系获得认可？所以你不能因残忍暴虐而完全背弃信仰；而我的地位越是高高在上，我承受的苦难就越是无法估量。

    （作者似乎将凯撒之妻庞培娅和庞培大帝的一个女儿，或凯撒之女兼庞培之妻茱莉亚混为一谈了。）

## 14 Livia Drusilla D ( ivi ) Oct ( aviani ) Augusti Vxor

Imperium placidis aurigabatur
habenis

Pax, fera cum quaeuis natio colla
daret.

Livia cum charo transmisi laeta
marito

Tempora, et Augustis inuidiosa
dehinc.

O felix vna ante alias, duplicique
beata

Sorte viri: bona quod secla tulere
bonum.

Post vitam finis capit hunc tranquilla
quietam.

Inter nostra cadens oscula demoritur.

### 莉维娅·德鲁希拉,神圣的屋大维·奥古斯都之妻

( Livia Drusilla, the wife of the deified Octavian Augustus )

和平用温柔的缰绳驾驭着帝国,每个凶狠的部落都俯首称臣。我,莉维娅,和亲爱的丈夫,一起将幸福时光传递,让后世的皇帝们艳羡不已。哦,我独自一人,比任何女人都幸运,有幸享受我夫君带来的双重福气:美好的时代为我们带来善意。安度一生后,他在平静中安息。在我们的吻别中,他与世长辞。

(皇帝临终时的吻别:《奥古斯都》99;"O felix una ante alias"引自维吉尔的《埃涅阿斯纪》3,321——指的是特洛伊公主波吕克塞娜(Polyxena),在阿喀琉斯的墓前献祭。)

## 15 Agrippina Tiberii Vxor

Altius ad viuum nostri persedit
Amoris

In Tiberi charos intima plaga sinus.

Iulia nec quamuis tetigit furtiua
cubile

Coniugis illa méi, tota potita viro est.

Agrippina animum Tibéri,
mentemque tenebat

Atque oculos tenuit post aliquando
suos.

Iulia non tenuit, rapuit quae gaudia
nobis:

Nam Patris exilium lege, virique tulit.

### 阿格里皮娜,提比略之妻

( Agrippina, the wife of Tiberius )

在最敏感的内心深处,提比略为爱我而深深痛苦。尽管暗中爬到了我丈夫的床上,茉莉亚永远也不可能完全抓住这个男人的心房。阿格里皮娜曾吸引了他的目光,甚至在此后很长一段时间内,她将继续占据他的心灵和思想。茉莉亚夺走我们的快乐,但她的快乐并不长久,在她父亲和丈夫的统治下,她遭到了流放。

(目光:《提比略》7,参考前文,273页)

## 16 Caesonia Caesar ( is ) Caligulae Vxor

Haec quae Caesareo videnda coetu
Augustas nitet inter, aureoque
Ornatu muliebriter renidens
Nil distat reliquis; recondit audax
Vultum foemina casside, ac sub armis
Vires abdidit illa delicatas.
Haec protectaque parmula rotunda
Ibat iuxta equitans comes marito;
Castrensis caligae vnde nuncupato
Imprimis ea Caesari probata est.

## 17 Aelia P ( a ) etina Claudii Vxor

Hanc ego cur sedem vxores sortita tot
inter
Quae numeror de bis Aelia quarta
tribus?
Claudius immodice tot quando
vxorius arsit
Nonadamans omnis, dissimilisque
fuit.
Culpa quidem nostrum leuis, ac non
improba nexū
Abscidit: ast alias dat scelus esse
reas.
Tandem hunc, quae natum cupit
Agrippina videre
Iam dominum, insidijs perdere dicta
suis.

卡桑尼娅，凯撒·卡利古拉之妻

( Caesonia, the wife of Caesar Caligula )

她将要嫁给凯撒，在皇后们中间熠熠生辉。作为一个戴着闪闪发光的黄金配饰的女人，她和其他女性并无多大分别；这个大胆的女人头戴面罩，身上的武器隐藏了她的娇柔之力。她手持用来自卫的小型圆盾，常作为丈夫的伴侣骑马伴其左右；因此她获得了这位以军靴命名的凯撒的特别认可。

（军装和一起骑马：《卡利古拉》25）

埃利亚·帕伊蒂娜，克劳狄之妻

[Aelia P ( a ) etina, the wife of Claudius]

作为六位妻子中的第四位，为何我能在众多皇后中赢得如此地位？克劳狄无节制且投入地渴望拥有众多妻子，他并不是完全铁石心肠。一个无关紧要的小错误，破坏了我们的和睦。其他女人却犯下罪恶的行径。最终，迫切让自己儿子登上如今的王位的阿格里皮娜，密谋灭掉了克劳狄。

（六位妻子，包括两次婚约：《克劳狄》26）

## 18 Statilia Messallina Claudii Neron ( is ) Vxor

Amplexus Claudi ad dulces Octavia primum

    Spreta, ac iussa mori mi patefecit iter.

    Deinde Sabina, grauis pulsu quae calcis obiuit

    Tam magni nuptam Principis esse dedit.

    Cuius quanta fuit non formidasse furorem

    Laus mihi, materiam nec tribuisse malo:

    Pellice tam doleo Agrippina facta noverca;

    Mi socrus, ac mater Coniugis illa mei est.

## 斯塔迪莉娅·梅萨丽娜，克劳狄·尼禄之妻

（Statilia Messallina, the wife of Claudius Nero）

克劳狄之女奥克塔维娅遭到唾弃，并被下令处死，这为我奔向他甜蜜的怀抱铺平了道路。下一个皇后萨宾娜，被皇帝踢了一脚，死于厚重的鞋跟之下，让我有机会成为如此伟大的帝王的新娘。由于对他的暴怒无所畏惧，也没有恶行的劣迹，我收获了不少赞誉。同样，我也后悔被迫做了继母，而阿格里皮娜成了他的情妇。她是我的婆婆，我丈夫的母亲。

（萨宾娜死于"鞋跟之下"：《尼禄》35。诗句末尾提到的家庭关系有些难以理解；作者很可能将尼禄之妻梅萨丽娜同作为克劳狄之妻的那位梅萨丽娜混为一谈；而且／或者他可能把拉丁文noverca 和 nurus——"继母"和"儿媳"两个词弄混了。）

## ⓳ Lepida Sergii Galbae Vxor

Heu, quae tam rigidi potuit vis effera
fati

E Sergi charo me rapuisse sinu?

Quem nunquam vinclo excussa
Agrippina iugali

Peruicit cineri destituisse fidem:

Et tamen illa suas artes tentauerat
omnes,

Nec minus et vim collegerat iste
suam.

Inieci desiderium quod amata marito

Ipsa mei, vita caelibe gessit agens.

## 利比达，塞尔吉乌斯·加尔巴之妻
( Lepida, the wife of Sergius Galba )

呜呼，冷酷命运到底运用什么样的野蛮之力，把我从塞尔吉乌斯爱的怀抱中夺去？从婚姻束缚中解脱出来的阿格里皮娜，从来未能劝诱他放弃对亡妻的忠贞：尽管她把诡计花招用尽，也丝毫没能动摇他的决心。因为曾被深爱着的我，激发了丈夫对我的思念，所以他选择继续过着单身汉的生活。

（利比达的早逝和加尔巴对阿格里皮娜的拒绝：《加尔巴》5）

## ⓴ Albia Terentia Othonis Mater

Vxoris sedem impleui moestissima
mater

Tam nato tristis, quam dulci laeta
marito.

Huius spectaui testes probitatis
honores

Mansurum decus erecti sibi
marmoris; atq hunc

Prosper laudatis tandem tulit exitus
actis.

Coniugis ille expers （ sed spem
dilecta fouebat

Messallina ） parum felici claruit
ausu

Dum petit imperium caussam sibi
mortis acerbae.

## 阿尔比娅·特兰提娅，奥托之母
( Albia Terentia, the mother of Otho )

可悲的母亲，我承担起了妻子的责任，为我的儿子悲伤，为我亲爱的丈夫感到快乐。我目睹了那些见证他正直诚实品质的光荣事迹，人们竖起了一尊纪念其不朽荣耀的雕像；最终他体面地死去，他的事迹饱受赞誉。他未曾婚娶（不过亲爱的梅萨丽娜激起了他的希望），因追求王权不幸失败而闻名，这也是他死亡悲剧的原因。

（奥托对梅萨丽娜的希望：《奥托》10）

## 21 Petronia Vitellii Prima Vxor

### 佩特罗尼娅，维特里乌斯的第一任妻子
（Petronia, the first wife of Vitellius）

Vxor sanguinei non illaetabilis Auli
Coniugis exitium nil miserata doles.
Nec deiecta doles aduersam coniuge
sortem;
Sors quia nam misero laeta carere
viro est.
Vulnerum, et indignae tum post
ludibria mortis
Cumque viro amissi nominis, ac
decoris:
Fundo hausit faecem istius Fundana
doloris.
Imperij, ac gaudi pocula prima bibis.

嗜血的奥鲁斯的快乐妻子，尽管你同情丈夫的死，却不会为之哀悼。失去了丈夫，你也不会为厄运叹息。离开可怕的丈夫是不幸中的万幸。皇帝受伤后饱受侮辱，而后屈辱地死去，名声和荣誉也烟消云散，饮下这些哀恸苦果的是冯达娜（Fundana）。而你享受的是权力与快乐的第一杯美酒。

## 22 Flavia Domicilla Vespasiani Vxor

### 弗拉维娅·多米契拉，韦斯巴芗之妻
（Flavia Domicilla, the wife of Vespasian）

Vidissem nostri meliora reducere
quondam
Tempora Caesareum quae diadema
viri;
Et praematuro celerem quae tempore
frugem
Cepissem nati de probitate Titi:
Heu rapidum morior. Mihi ducere
longa negatū
In gaudis tecum fila marite tuis.
Caesareas inter quam tu mirare
maritas
Priuato viuens sum sociata viro.

我将很愿意看到我丈夫的帝王冠冕有一天能让人民重温美好时光；也愿意看到我品行良好的儿子提图斯快速成长，早日修成正果：唉，可惜我死得太早。我的丈夫，我没有机会与你天长地久，快乐地度过一生了。诸多凯撒之妻中，我是你爱慕的人；当我在世时，我是普通公民的伴侣。

## 23 Martia Fulvia Titi Vespesian ( i ) Vxor

### 马蒂娅·富尔维娅，提图斯·韦斯巴芗之妻
( Martia Fulvia, the wife of Titus Vespasian )

Tam bone si cunctis coniux mi diceris esse

Inuide cur quæso mihi es; quid rogo parce mihi es?

Ipsa quoque heu demens quae sum diuortia passa

Debueram nodum velle manere tori

Quando vsus natam tuleramus pignora nostri;

Coniugij ac dulce hoc munus vtrique fuit.

Non me fronte vides dulci gratante marito;

Nec peramata vides coniugis ora Tito.

如果你，我的丈夫，像你们说的对所有人都很好，为何你对我怀有敌意；我要问，出于何种原因你对我这么刻薄？唉，我自己不幸经历了离婚，我肯定希望这场姻缘能持久，女儿就是我们结合的见证；对于婚姻里的这份回报，你我都很高兴。在我这里，你看不到甜美的表情和兴高采烈的丈夫；这张妻子的面孔也不是提图斯所钟爱的。

（女儿的出生和离婚：《提图斯》4）

## 24 Domitia Longina Domitiani Vxor

### 多米缇娅·龙吉娜，图密善之妻
( Domitia Longina, the wife of Domitian )

Vxor inhumani saevique auuersa mariti

Moribus, esse proba, ac non nisi iusta potes.

Non te rupta fides spretae aut commercia taedae

Participem damnent caedis inesse viri.

Tantam si mundo posses subducere pestem

Laus, quae nunc aliqua est, tunc tua tota foret

Grande tyrannorum quisquis de morte meretur.

Vita tyrannorum non habet illa fidem.

作为毫无人性、凶暴残忍之人的妻子，你与丈夫性格迥异；你可以正直诚实，如果没有正义就毫无意义。破碎的信仰和遭到践踏的婚姻，让你不会因为参与了对丈夫的谋杀而受到谴责。如果你能为世界除掉如此巨大的祸害，荣耀——如今你已经拥有一些——将完全属于你，无论是谁都该从暴君之死中获得奖励。暴君的人生没有忠义可言。

（离婚和再婚：《图密善》3；她参与谋害图密善的阴谋：《图密善》14）

# 注　释

## 第一章　广场上的帝王：导言

1　有关购入石棺的许多细节信息（包括准确日期和购得方式，以及从何人手中购买）一直模糊不详：史蒂文森（Stevenson），《一具古代石棺》（'An Ancient Sarcophagus'）；华伦（Warren），《更多奇怪的小路》（'More Odd Byways'），255—261页；沃什伯恩（Washburn），《一具罗马石棺》（'A Roman Sarcophagus'）。埃利奥特在《演讲》（*Address*）中为自己颇具争议性的职业生涯的辩护（书中他提供了一些有关石棺的细节，"附录"，58—59页）。一个现代考古学分析：沃德-伯金斯（Ward-Perkins），《四个罗马花冠石棺》（'Four Roman Garland Sarcophagi'）。

2　关于此段统治期的现代记载：安多（Ando），《罗马帝国》（*Imperial Rome*），68—75页；库里科夫斯基（Kulikowski），《帝国的胜利》（*Triumph of Empire*），108—111页；罗恩（Rowan），《在神的庇护下》（*Under Divine Auspices*），219—241页（主要讨论钱币）。查理一世：皮科克（Peacock），《查理一世的图像》（'Image of Charles Ⅰ'），尤其是62—69页。亚历山大肖像作品的概览：伍德（Wood），《罗马雕塑头像》（*Roman Portrait Sculpture*），56—58页、124—125页。关于刺杀的不同动机：希律狄安（Herodian），《罗马史》（*Roman History*），6页、9页；《罗马帝王纪，亚历山大·塞维鲁》（*Augustan History, Alexander Severus*），59—68页；佐纳拉斯（Zonaras），12页、15页。

3　拉弗雷利（Lafrery），《24肖像》（*Effigies viginti quatuor*）；关于出版商拉弗雷利（或Lafreri），参考巴歇尔（Parshall），《安东尼奥·拉弗雷利的〈反射镜〉》（*Antonio Lafreri's Speculum*），尤其是3—8页。亚历山大并未轻易摆脱第24位的位置；比如，他出现在泰特勒（Tytler）19世纪的著作《通史要素》（*Elements of General History*）中的排名里，612页。

4　马克西米努斯的残忍：希律狄安，《罗马史》6，8和7—，1；《罗马帝王纪，两个马克西米尼》（*Augustan History, The Two Maximini*）1—26页；奥勒留·维克托（Aurelius Victor），《论帝王》（*On the Emperors*）（*De Caesaribus*）25页（文盲）。

5　《罗马帝王纪，亚历山大·塞维鲁》，63页。

6　哈伍德（Harwood），《石棺的某些记载》（'Some Account of the Sarcophagus'），385页；回顾他早年在埃利奥特手下服役的近30年岁月，作者——当时是海军少将——系统分析了石棺同帝王夫妇之间的关联（尽管"茉莉亚·马梅娅"的拉丁语铭文把他给难住了）。

7　这个故事的各方面都存在争议：罗马城外的古墓群是否和亚历山大·塞维鲁有关；卡比托利尼石棺是否是皇帝母子的灵柩，波特兰花瓶是否发现于石棺内。存疑的讨论：斯图尔特·琼斯（Stuart Jones），《罗马的英国学校》（'British School at Rome'）和德·格鲁蒙德（de Grummond）（编辑）《百科全书》（*Encyclopaedia*），919—922页。对出土古董有充分文献证明的非存疑派：佩因特（Painter）和怀特豪斯（Whitehouse），《发现》（'Discovery'）。到了1840年代中期，著名的旅游指南已经开始提醒读者不要将石棺同亚历山大母子联系起来："这一观点已被现代权威所否定"，默里（Murray）1843年的《游客指南》（*Handbook for Travellers*）坚称。波特兰花瓶本身的复杂历史：https://www.britishmuseum.org/research/

collection_online/collection_object_details.aspx?objectId=466190&partId=1。

8　杰克逊的信：史蒂文森，《一具古代石棺》；华伦，《更多奇怪的小路》，255—261页。针对杰克逊和其他人的"独裁专制"的指控：马拉默德（Malamud），《古罗马》（*Ancient Rome*），18—29页，科尔（Cole），《共和主义，帝政主义》（'Republicanism, Caesarism'）；威克（Wyke），《凯撒在美国》（*Caesar in the USA*），167—202页。

9　1960年代信息介绍牌的安装：沃什伯恩，《一具罗马石棺》。

10　斯图尔特（Stewart），《作为墙纸的木版画》（'Woodcuts as Wallpaper'），76—77页（讨论了一张16世纪晚期装饰有皇室风格贴纸的床）。室内设计公司提姆尼·福勒（Timney Fowler）（http://www.timneyfowler.com/wallpapers/roman-heads/）提供现代版本。

11　这部分的题目借用于基思·霍普金斯（Keith Hopkins），《充满神的世界：罗马世界中的异教徒、犹太人和基督徒》（*A World Full of Gods: Pagans, Jews and Christians in the Roman World*），伦敦，1999。

12　阿尔福尔迪（Alföldi），《模型和圆形浮雕》（'Tonmodel und Relief medaillons'）；布恩（Boon），《一个罗马糕饼师的模具》（'A Roman Pastrycook's Mould'）。圭兰迪（Gualandi）和皮内利（Pinelli）在《胜利》（'Un trionfo'）中提出异议，认为这些物品并非此类模具，但是也没提出更合理的用途。

13　这类肖像的范围和功能：费逸

凡（Fejfer），《罗马肖像》（*Roman Portraits*），372—429 页；斯图尔特，《社会史》（*Social History*），77—142 页。帝王的专有形象比我们有时想象的更为常见；关于它们可能在宗教方面的重要性，参考费舍威克（Fishwick），《帝国教派》（*Imperial Cult*），532—540 页。

14 完整图录：博雄（Boschung），《奥古斯都肖像》（*Bildnisse des Augustus*），107—194 页；巴特曼（Bartman），《莉维娅像》（*Portraits of Livia*），146—187 页。估计总量（主要根据每年可能的产出量）：普凡纳（Pfanner），《关于肖像生产》（'Über das Herstellen von Porträts'），178—179 页。亚历山大和茱莉亚·马梅娅现存肖像的完整图录：韦格纳（Wegner），《马克里努斯·比特·巴尔比努斯》（'Macrinus bis Balbinus'），177—199 页、200—217 页。参见后文，64—73 页。

15 奥古斯都，《功业》（*Res Gestae*）24："城市中，我自己的站姿、骑马和坐在战车上的银像多达八十尊。我把它们全部拆除。"罗马人有时将贵重金属雕像视为危险的奢侈品；不过声称将自己的荣耀变成神的荣耀，这是典型的奥古斯都自我标榜的谦卑姿态。

16 沃克和比尔布雷尔（Walker and Bierbrier）的《古代面孔》（*Ancient Faces*）对这些有着详细的介绍。

17 塞普蒂米乌斯·塞维鲁及其家人的画像：马修斯和穆勒（Mathews and Muller），《基督教艺术的黎明》（*Dawn of Christian Art*），74—83 页。物品清单及相关讨论的文字部分发表于 POxy.

12，1449，一些关键部分在罗兰森的《女性与社会》（*Women and Society*）44 期中被准确地翻译过来；相关讨论还出现在《基督教艺术的黎明》第 80—83 页中，书中提出，有卡拉卡拉以及茱莉亚·马梅娅伴其左右的塞普蒂米乌斯的幸存图像，是清单中列出的物品之一（尽管关于莎草纸上提到有四千件卡拉卡拉皇帝的木板画的说法是基于想象和翻译错误）。马可·奥勒留的导师的评价：弗朗托，《致马库斯·凯撒》（*Ad Marcum Caesarem*）4，12，4。拉丁文文本的细节不明，但是大概意思还是清晰的（尽管有些人认为他是在向画像"致敬"，而不是"嘲笑"画像）。其他遗失的肖像画：巴特曼，《莉维娅像》12，碑文图录 45 和 52。公元 2 世纪一个被形容为"帝王和所有杰出人士之肖像画家"的墓志铭（*CIL* 11，7126，翻印于费逸凡，《罗马肖像》，420 页）可能说明有一位肖像画艺术家专攻皇室和上层阶级的人像；不过它更有可能表明，这位画家受雇于皇室和"精英人士"。

18 普瓦捷大教堂的玻璃：格兰布朗（Granboulan），《向往天堂》（'Longing for the Heavens'），41—42 页（尤其是关于尼禄的信息，见下文，注释 24）。洛萨十字架及有关其再利用的问题（浮雕上的人像是否被识别为皇帝？它是否被富有创意地重新诠释和基督教化了？）：维比拉尔（Wibiral），《奥古斯都都父王》（'Augustus patrem figurat'）；金尼（Kinney），《古代宝石》（'Ancient Gems'）（113—114 页是关于十字架的部分）；更笼统的介绍有塞提斯（Settis），《收集古代雕塑》（'Collecting Ancient Sculpture'）。后来有一件相似作品是16世纪德国明登（Minden）大教堂的一具十字架，也包含尼禄的古代浮雕像，这个十字架也提出了类似问题：它是否被识别出来，或者这是否代表了基督教必胜的信念姿态？〔菲德洛维奇（Fiedrowicz），《对基督教的迫害》（'Christenverfolgung'），250–251页〕。

19　凡尔赛宫的凯撒像：马拉尔（Maral），《真假古董》（'Vraies et fausses antiques'），104—107页（110—111页提到了一堆更为奢华的帝王胸像，头部是铜制的，围在上身的布料是镀金的）；米歇尔（Michel），《马萨林》（Mazarin），315—318页（关于那些从红衣主教马萨林藏品中购得的艺术品）；马尔古伊而斯（Malgouyres）《斑岩》（Porphyre），130—135页。波伊斯城堡的帝王系列：诺克斯（Knox），《波伊斯的长廊》（'Long Gallery at Powis'）〔在安德鲁斯（Andrews）的《托林顿日记》（Torrington Diaries）中有18世纪的相关评论，293页〕。博尔索弗城堡的喷泉：沃斯利（Worsley），《"巧修边幅"风格》（ 'The "Artisan Mannerist" Style'）。

20　其中一部颇具影响力的论述就是洛马佐（Lomazzo）的《论艺术》（Trattato dell'arte），629—631页（说明了帝王的刻画应该主要，但不是完全以苏维托尼乌斯传记和《罗马帝王纪》中的描述为准）。

21　立体装饰：下文122—123页、133页。16世纪德国座椅：《辉煌的德累斯顿》（Splendor of Dresden）95期（以图说明了尤里乌斯·凯撒座椅；马科斯（Marx）《游荡的物件》（Wandering Objects），206—207页。挂壁画：下文，199—210页。

22　西班牙军官的项链：斯蒂努伊特（Sténuit），《无敌舰队的珍宝》（Treasures of the Armada），206—207页，256页，265页（关于沉船上的财宝的发现，尽管曾误认了被刻画为拜占庭风格的人物）；弗拉纳根（Flanagan），《爱尔兰无敌舰队之遗产》（Ireland's Armada Legacy），185页、198页；在线阿尔斯特国家博物馆（National Museum Ulster）（https://www.nmni.com/collections/history/world-cultures/armada-shipwrecks）。明格蒂的作品：巴尔贝里尼和孔蒂（Barberini and Conti），《陶艺艺术家明格蒂》（Ceramiche artistiche Minghetti）〔关于1881年米兰国际展览会上陈列的四尊明格蒂制作的帝王像，参见《访客指南》（Guida del visitatore），157页〕。这套凯撒像如今散落在世界各地：提比略像、卡利古拉像和图密善像藏于伦敦的维多利亚和阿尔伯特博物馆；尤里乌斯·凯撒像和尼禄像在都柏林的爱尔兰国家博物馆；我在日内瓦、里斯本、博洛尼亚，以及私人收藏或商业艺廊或拍卖会上，发现了另外九尊。除了位置确定的帝王像总数（14尊）之外，都柏林和澳大利亚的一家商业艺廊都拥有一尊尤里乌斯·凯撒像和一尊提图斯像的复制品，这说明我们面对的不是一套仅有十二人的帝王群像。

23 德森（Dessen），《十八世纪的模仿艺术》（'Eighteenth-Century Imitation'）将荷加斯画中的尼禄放置在同时代其他影射皇帝的作品的语境中。漫画：纳皮奥内（Napione），《回到尤里乌斯·冯·施洛塞尔》（'Tornare a Julius von Schlosser'），185页（关于维罗纳整个系列，参见下文98页、323页注释35）。

24 关于尼禄、彼得和保罗的法国中世纪传统（包括普瓦捷大教堂的玻璃窗）：亨德森（Henderson），《尼禄的天谴及相关主题》，（'The Damnation of Nero and Related Themes'）；托马斯（Thomas），《彼得的艺术》（The Acts of Peter），51—54页；克洛普（Cropp），《尼禄，帝王和暴君》（'Nero, Emperor and Tyrant'），30—33页。圣彼得大教堂大门上的尼禄：格拉斯（Glass），《菲拉雷特的创新》（'Filarete's Renovation'），将肖像同为了神圣罗马皇帝加冕仪式用的长方形大教堂关联起来［更多的细节在尼尔根（Nilgen）的《圣彼得之战》（'Der Streit über den Ort der Kreuzigung Petri'）中］。

25 这个故事的精髓在于德尔斐神谕（Delphic oracle）而不是西比尔女巫，至少可以追溯到6世纪初［约翰·马拉拉斯（John Malalas），《编年史》（Chronicle）10, 5页］，并且出现在很多不同版本中：卡特勒（Cutler），《屋大维和女预言家西比尔》（'Octavian and the Sibyl'）；怀特（White），《奥古斯都的幻想》（'The Vision of Augustus'），雷布尔德（Raybould），《女预言家系列》（The Sibyl Series）37—38；博埃和潘迪（Boeye and Pandey），《幻想家奥古斯都》（'Augustus as Visionary'）。其他不太知名的合成故事则将帝王史和基督教历史结合：例如，公元4世纪福斯蒂娜［皇帝马克森提乌斯（Maxentius）的妻子］拜访在狱中的亚历山大港的圣凯瑟琳的神话在很多艺术家的作品中得以体现，包括雅各布·丁托列托［作品藏于威尼斯的主教宫（Patriarchal Palace）］和马蒂亚·普雷蒂（Mattia Preti）［作品现藏于代顿艺术学院（Dayton Art Institute），代顿，俄亥俄州］的作品。

26 费里尼电影中的帝王雕像（表现了古代和现代罗马罪恶的对等）：科斯特洛（Costello）《费里尼的路》（Fellini's Road），61页；德·桑蒂（De Santi），《甜蜜生活》，157—163页；洛伊什纳（Leuschner），《罗马美德》（'Roman Virtue'），18页。出现在《甜蜜生活》中的一些（现代）帝王胸像的身份识别：布奇诺（Buccino），《古董》（'Le antichità'），55页。

27 现代再现艺术和我们对古代证据本身的理解之间的这种反馈回路：海克斯特（Hekster），《帝王和帝国》（'Emperors and Empire'）。

28 温克尔曼，《说明》（Anmerkungen）9［《辨别古董和现代作品、原作真品和复原品之间的差异》（'das neue vom alten, und das wahre von den Zusätzen zu unterschieden'）］；参见格舍（Gesche），《古代物件的问题》（'Problem der Antikenergänzungen'），445—446页。

29 雕像被描述为16世纪的作品，关于它被盖蒂博物馆购得：《购得物品/1992》

（'Acquisitions/1992'），147 页；迈纳和达赫尔（Miner and Daehner），《竞技场上的帝王》（'Emperor in the Arena'）（进一步的讨论包括关于创作时间在 180 年代的争论）。2008—2009 年的展览在网上有记载（包括浅层分析的细节），网址：http://www.getty.edu/art/exhibitions/commodus/index.html。

30 卡瓦切皮（Cavaceppi），《合集》（Raccolta），卷 2，129 页；"用耳朵来看画"（chi le osserva con le orecchie）借用了巴廖内（Baglione）的《人生》（Le vite）139 页中的说法，巴廖内用这句话指代他的竞争对手卡拉瓦乔（Caravaggio）的顾客。英国买家的轻信引发了英国人自己尖锐的评论：罗马的古董市场"长时间以来掏空了所有珍贵的古迹，所以十分有必要建立一个劣质货造假工厂，因为有一半英国人每年都来这里寻宝"，E. D. 克拉克（E. D. Clarke）1792 年评论道［奥特（Otter），《生活和遗迹》（Life and Remains），100 页］。不过一切总是取决于作者的观点。基本规则是，其他人都是容易上当受骗的人，只有作者自己才是博学多识的内行。比格纳米尼和霍恩斯比（Bignamini and Hornsby），《挖掘和交易》（Digging and Dealing）是对现代罗马早期的艺术市场的全面介绍。

31 赝品、复制品和原作之间的模糊界限：萨特维尔（Sartwell），《赝品的美学》（'Aesthetics of the Spurious'）（假设了真实和伪造之间的二十一个阶段！）；埃尔金斯（Elkins），《从原作到复制品》（'From Original to Copy'）；伍德，《赝品、仿制品、虚构》（Forgery, Replica, Fiction），穆尼耶和纳蒂韦尔（Mounier and Nativel），《复制和伪造》（Copier et contrefaire）。帕多瓦文物（The Paduans）：伯内特（Burnett）在琼斯（Jones）（编辑）的《赝品？》（Fake?）中，136—139 页；谢尔（Scher）（编辑），《名声的货币》（Currency of Fame），182—183 页；伯内特，《文艺复兴时期的硬币造假》（'Coin Faking in the Renaissance'）；塞森和桑顿（Syson and Thornton），《美德的对象》（Objects of Virtue），122—125 页。

32 卡拉多利（Carradori），《基本指令》（Elementary Instructions），40 页。

33 其重新加工的历史：沃克在琼斯（编辑）的《赝品？》的 32—33 页，以及《克吕提厄：一个虚构的女人？》（'Clytie: A False Woman?'）（这尊雕像身份的可能性之一是仙女克吕提厄）。

34 卡瓦切皮，《合集》，卷 2，123—130 页，有关卡瓦切皮艺术理论的探讨，在迈耶和皮瓦（Meyer and Piva）（编辑）的《修复的艺术》（L'arte di ben restaurare），26—53 页。

35 完整的说明：博达特（Bodart），《仪式和纪念碑》（Cérémonies et monuments）。葬礼上发布悼词的人的花园里有一尊凯撒雕像，此人名为凯撒里尼（Cesarini），这并非巧合［关于凯撒里尼的收藏，参见克里斯蒂安（Christian），《帝国没有终点》（Empire without End），295—299 页］。实际上，名字本身可能是将雕像原作（乐观地）识别为尤里乌斯·凯撒的原因。"伟大的领导者"的生涯：拉图阿达（Lattuada），《亚历山德罗·法

尔 内 塞 》（*Alessandro Farnese*）。其纪念物的概览（包括雕像）：施拉芬（Schraven），《节 日 的 葬 礼 》（*Festive Funerals*），226—228 页。其他这类混搭雕塑（至少包括同一房间内另一尊伟大的领导者像）：洛伊什纳，《罗马美德》，6—7 页。

36 斯塔提乌斯（Statius）的应景诗（《希尔瓦》）（*Silvae*）卷 1，第 1 首，84—87 页，就是这种做法的唯一证据；不过也存在其他的类似操作（比如有两幅画将皇帝奥古斯都的脸叠加到亚历山大的面孔之上：普林尼，《博物志》（*Natural History*），卷 35，93—94 页）。

37 哈斯凯尔和佩妮（Haskell and Penny），《品味与古董》（*Taste and the Antique*），133—134 页。

38 通过 1806 年他写给夸特梅尔·德·昆西（Quatremère de Quincy）的一封信中判断，卡诺瓦相信（或觉得说出是明智的）原作雕像刻画的是小阿格里皮娜；参见夸特梅尔·德·昆西，《卡瓦诺及其作品》（*Canova et ses ouvrages*），143 页，书中提到卡诺瓦甚至在未完成创作之前就大力反驳了关于他抄袭的指控（值得注意的是，他的其他作品中很少有与古代原作如此相似的例子）。围绕着此作品的争议，在选择阿格里皮娜作为临摹对象的过程中，梅尔夫人可能扮演的角色，以及卡诺瓦的政治意图：约翰斯（Johns），《通过历史关联的颠覆》（'Subversion through Historical Association'）和《安东尼奥·卡诺瓦和政治庇护》（*Antonio Canova and the Politics of Patronage*），112—115 页；

德雷珀（Draper）在德雷珀和舍夫（*Draper and Scherf*）（编辑）的《玩火》（*Playing with Fire*）中，106—108 页（减少了卡诺瓦的颠覆意图）。

39 卡文迪什（Cavendish），《查茨沃斯庄园手册》（*Handbook of Chatsworth*），34 页（夜间寻访）；95 页（梅尔夫人的抱怨）。查茨沃斯收藏的构成，包括这件作品：亚里顿（Yarrington），《"意大利的天空下"》（'"Under Italian skies"'）。公爵在后来的一封信中描述了梅尔夫人的痛斥场景，她"不停大声地抱怨，称（法国官方）无权卖掉那尊雕像，而我也没资格买"，关于信中这部分的文字：德文郡《珍宝》（*Treasures*），80 页（还翻印了稀有的《查茨沃斯庄园手册》中的一些段落）；克利福德（Clifford）等人，《三女神》（*Three Graces*），93 页。

40 巴洛尔斯基（Barolsky），《奥维德和现代艺术变形记》（*Ovid and the Metamorphoses of Modern Art*）这部新近的研究著作强调了这一点。

41 霍尔和斯特德（Hall and Stead），《人 民 的 经 典 史 》（*People's History of Classics*）。

42 萨洛蒙（Salomon），《委 罗 内 塞 》（*Veronese*），17—22 页；费尔（Fehl），《委罗内塞和宗教审判》（'Veronese and the Inquisition'）（包括宗教裁判所对委罗内塞的审问文字，其间他将画中人物描述为"一个我想象出来的正在自我消遣的切肉者，他来这里是为了看看餐桌服务的情况"。

43 格里马尼的《维特里乌斯》的历史以及现代艺术中它的更多版本在下文中有讨

论，75—76 页、218—226 页。

44 约瑟夫斯（Josephus），《犹太古史》（*Jewish Antiquities*），卷 18，89 页。

45 苏维托尼乌斯的生平和写作：华莱士·哈迪尔（Wallace Hadrill），《苏维托尼乌斯》（*Suetonius*）；鲍尔和吉普森（Power and Gibson），《传记作家苏维托尼乌斯》（*Suetonius the Biographer*）。

46 苏维托尼乌斯在文艺复兴时期的流行，包括彼特拉克对他的喜爱：孔蒂（Conte），《拉丁文学》（*Latin Literature*），550 页。中世纪手稿：里夫（Reeve），《苏维托尼乌斯》（*Suetonius*）。印本的数量：伯克（Burke），《古代史学家的流行程度考察》（'*Survey of the Popularity of Ancient Historians*'）。

47 皇室家族雕像：罗斯（Rose），《王朝的纪念》（*Dynastic Commemoration*）。其他不同媒介中不同的主题化人物：海克斯特，《帝王与祖先》（*Emperors and Ancestors*），[ 例如，221—224 页，3 世纪皇帝德西乌斯（Decius）在其硬币上展示了一系列"贤明"的前辈帝王 ]；马图施，《帕比里庄园》（*The Villa dei Papyri*）。

48 我在《他是否真的很普通？》（'*Was He Quite Ordinary?*'）一文中更充分地解释了对皇帝的《沉思录》（*Thoughts*）（或 *Meditations*）的这种尖刻观点。

49 和阿格里皮娜一样，叫福斯蒂娜的皇室女性为数不少，令人困惑。这位被称为"小福斯蒂娜"，用以区分皇帝安东尼·庇护之妻"大福斯蒂娜"。她们同作为马克森提乌斯之妻的福斯蒂娜根本

50 茱莉亚·马梅娅的现代形象，参见下文，图 8.4a 和图 8.4b。

51 对于《罗马帝王纪》之若干问题的简要回顾（包括作者何人、写作时间和动机）：孔蒂，《拉丁文学》，650—652 页。埃拉伽巴路斯的生涯：安多，《罗马帝国》，66— 68 页；库里科夫斯基，《帝国的胜利》，104—108 页。

52 例如，在哈斯凯尔和佩妮的《品位与古董》一书里，关于 95 件艺术品的图录中，只有 4 件罗马肖像（卡拉卡拉、康茂德，以及马可·奥勒留两个版本的肖像），还有一件帝国女性像（阿格里皮娜），一位王储（日耳曼尼库斯）和三尊据说刻画的是哈德良男友安提诺乌斯的雕像。在巴坎（Barkan）的《挖掘过去》（*Unearthing the Past*）中，199 幅图像里只有六张和"帝王"稍微扯上点关系（包括对马可·奥勒留之坐骑的腿部素描）。可比较一下阿尔德罗万迪的《古代雕塑》（'*Delle statue antiche*'）（参见下文 53 页），文中列举了作者 16 世纪在罗马看到的公开展出的将近几百尊帝王半身像。

53 关于这一形象的"支离破碎"，参见诺克林（Nochlin），《破碎的身体》（*Body in Pieces*），7—8 页；古典的指称对象在爱德华兹（Edwards）的《书写罗马》（*Writing Rome*）中有解释，15 页。

54 例如，时代错位（Anachronicity）是伍德的《赝品、仿制品、虚构》一书的主旨。

55 见下文，283—285 页。

56 众多关于国王、朝代或上层权力建构的知名研究有：康纳汀（Cannadine），

不是同一人（上文，注释 25）。

《仪式的语境、表演和意义》（'Context, Performance and Meaning of Ritual'），康纳汀和普莱斯，《皇室仪式》（*Rituals of Royalty*）（主要聚焦于传统社会）；伯克，《伪造》（*Fabrication*）；杜达姆（Duindam），《王朝》（*Dynasties*）（包括对仪式以及更狭隘的政治关注的讨论）。"自我塑型"（Self-Fashioning）是我从史蒂芬·格林布拉特（Stephen Greenblatt）[《文艺复兴时期的自我塑型》（*Renaissance Self-Fashioning*）和其他出处]那里借用的一个术语。

# 第二章　十二凯撒名录

1　发现和识别：隆（Long），展览图录中《凯撒的凝视》（'Le regard de César'），隆和皮卡尔（Picard）（编辑），《凯撒》（*César*）。比如关于卢克·隆（Luc Long）对头像外表的反应的报道：http://www.ledauphine.com/vaucluse/2010/08/16/cesar-le-rhone-pour -memoire-20-ans-de-fouilles-dans -le-fleuve。2009 年，一部名为《尤里乌斯·凯撒半身像》（'Le buste de Jules César'）的纪录片由 Eclectic Production 制作，而另一部关于头像公开展出的纪录片《凯撒，承载记忆的罗纳河》（'César, le Rhône pour mémoire'）则于 2010 年由 French Tv-Sud 拍摄。

2　评论家包括：保罗·赞克（Paul Zanker）（比如，http://www.sueddeutsche.de/wissen/caesars-bueste-der-echte-war-energischer-distanzierter-ironischer-1.207937）；库尔博建，《凯撒的神圣化》（*Divinization of Caesar*），108—109 页（他提出，类似这件作品的立柱或方形石柱界碑上的半身像套组，都是专门的私人纪念碑，而非公共纪念碑）。约翰森（Johansen），《凯撒肖像》（'Les portraits de César'）这篇文章接近于"两面兼顾"的说法，既强调此头像和其他凯撒肖像的重合之处，又坚称我们必须对其肖像的各种变体保持"开明的"态度（81 页）。

3　金尼，《马，国王》（'The Horse, the King'），斯图尔特，《马可·奥勒留的骑像》（'Equestrian Statue of Marcus Aurelius'）。

4　对浮雕宝石上的帝王形象的识别仍有争议：沃伦威德（Vollenweider）和阿威索-博鲁斯岱（Avisseau-Broustet），《浮雕宝石和凹雕宝石》（*Camées et intailles*），217—220 页；朱利亚尼和施密特（Giuliani and Schmidt），《凯撒的礼物》（*Ein Geschenk für der Kaisar*）；简要介绍，比尔德和亨德森（Beard and Henderson），《古典艺术》（*Classical Art*），195—197 页。鲁本斯，关于这块以及其他宝石：德·格鲁蒙德，《鲁本斯和古代硬币》（*Rubens and Antique Coins*）；新近更简要的相关文章：波因顿（Pointon），《重要的宝石》（'The Importance of Gems'）。

5　温克尔曼，《古代艺术史》（*Geschichte*），第二部分，383 页；毛格瑞（Mallgrave）翻译，《历史》（*History*），329 页["最富有经验的古董鉴赏家，最威严的红衣主教阿里桑德罗·阿尔巴尼（Alessandro Albani）怀疑根本没有真正的凯撒头像存留下来"〕。

6　尤里乌斯·凯撒的生涯：比尔德，《罗马元老院与人民》(SPQR)，278—296页；格里芬(Griffin)，《尤里乌斯·凯撒指南》(Companion to Julius Caesar)。"战争罪行"：普林尼，《博物志》，卷7，92页；普鲁塔克(Plutarch)，《小加图》(Cato the Younger) 51。这段"独裁"历史（以及公元1世纪早些时候的独裁官苏拉将军的先例）：林托特(Lintott)，《罗马共和国宪法》(Constitution of the Roman Republic)，109—113页；凯维尼(Keaveney)，《苏拉》(Sulla)。

7　关于谁算是"第一皇帝"的问题：海克斯特，《帝王与祖先》，162—177页。国家元首(princeps)这个头衔的影响：华莱士·哈迪尔，《第一公民》('Civilis princeps')。

8　希腊先例：索恩曼(Thonemann)，《希腊化世界》(Hellenistic World)，特别是145—168页〔这些肖像总是比它们乍看起来更充满不确定性：在统治者的头像同已故亚历山大大帝的头像难以区分，而人们又很难分清亚历山大的头像同神话中的大力神赫拉克勒斯(Heracles)的肖像〕。在罗马城外的地区（城外是关键），地中海东部的几座城市早在公元前50年代就似乎在它们的硬币上，生动刻画了凯撒对手庞培的头像〔詹金斯(Jenkins)，《最近购得之物》('Recent Acquisitions')，32页；克劳福德(Crawford)，《没有王子的哈姆雷特》（意为没有主角的戏剧演出，去掉本质之物。——译者注）('Hamlet without the Prince')，216页〕。这是当

时的一个风向标。

9　罗马肖像的社会角色：斯图尔特，《社会史》，77—107。丧葬和纪念活动的习俗：弗劳尔(Flower)，《祖先的面具》(Ancestor Masks)。

10　布罗茨基的诗歌:《诗集》(Collected Poems)，282—285页；英文版首次刊发于《纽约书评》(New York Review of Books) 1987年6月25日〔回忆了诗人与一尊帝王半身像的相遇，并思考了古代和现代独裁历史，以及大理石头像在过去和当下之间进行调和的矛盾方式——这些主题在布罗茨基因卡比托利尼山上的马可·奥勒留铜像有感而发写成的文章中得以进一步讨论，《向马可·奥勒留致敬》('Homage to Marcus Aurelius')〕。具有独特的罗马风格的头部肖像：比尔德和亨德森，《古典艺术》，207页（在对肖像艺术的总体思考中提到，205—238页）。一个将大理石头像称为"斩首"和谋杀之前兆的罗马暗指：普林尼，《博物志》，卷37，15—16页。

11　戴奥(Dio)，《罗马史》(Roman History)，卷44，4页；苏维托尼乌斯，《尤里乌斯·凯撒》，卷76。凯撒肖像的现代概述和主要作品的分析：赞克(Zanker)，《恼人的雕像》('Irritating Statues')；库尔博建，《凯撒的神圣化》，94—128页。细致入微的讨论：卡达里奥(Cadario)，《凯撒雕像》('Le statue di Cesare')。

12　希腊和土耳其的基座：罗比次切克(Raubitschek)，《碑文笔记》('Epigraphical Notes')。在意大利：芒克·霍特(Munk Højte)，《罗马帝王像

基座》（*Roman Imperial Statue Bases*），97页。

13 苏维托尼乌斯，《尤里乌斯·凯撒》，卷45。

14 一件神话中的罗马国王安库斯·马奇乌斯（Ancus Marcius）的虚构肖像制作于公元前56年，显示出"凯撒的"容貌特征：*RRC* 425/1。硬币上非常不同的凯撒形象，公元前47或前46年制作于地中海东部：*RPC* 1，2026。

15 希腊和罗马古典文化名人的古代"肖像"中，绝大多数（也许是所有）都是常规的"典型"形象，同肖像"真人"的实际外表无关；希拉·迪龙（Sheila Dillon）的探讨很有帮助：《古希腊人像雕塑》（*Ancient Greek Portrait Sculpture*），2—12页。

16 将苏维托尼乌斯的描述同一般帝王雕塑进行的比较中，涉及的更广泛问题：特林布（Trimble），《巨型身体》（'Corpore enormi'）。

17 温克尔曼，《古代艺术史》，第二部分，383页；毛格瑞翻译，《历史》，329页。E. Q. 维斯孔蒂（E. Q. Visconti）在他的梵蒂冈［《庇奥·克莱门蒂诺美术馆》（*Museo Pio-Clementino*），178页］部分收藏品的图录中评价一尊被认为是尤里乌斯·凯撒像的半身像时写道："铜币上的凯撒像缺乏艺术性，轮廓并不分明，银币和金币上的肖像因尺寸太小也不足以清晰可辨，银币凯撒像的不确定性给了那些善于取名［真正字面意义的'取教名者'（battezzatori）］的人以大显身手的机会；他们在很多头像和胸像中认出了凯撒，尽管除了几处普遍的外貌图之外，这些肖像根本和凯撒没有什么相似之处。"

18 众所周知，宝石很难判定制作日期，多数再现凯撒的宝石作品如今都被认为是现在产物。更为可信的古代竞争者之一：沃伦威德，《宝石上的凯撒像》（'Gemmenbildnisse Cäsars'），81—82页，插图12：1、2和4页；约翰森，《古老的肖像》（'Antichi ritratti'），12页（两篇文章都举了其他例子）。来自希腊得洛斯（Delos）岛的古代陶器的一块破旧碎片上，塑造了一个被当作凯撒的头像：西贝尔（Siebert），《尤里乌斯·凯撒肖像》（'Un portrait de Jules César'）。

19 《纽约时报》1925年1月13日报道了这次发现。持更为强烈的怀疑态度的讨论：安德伦（Andrén），《希腊和罗马大理石雕刻品》（'Greek and Roman Marbles'），第31期，108页。

20 舍费尔（Schäfer），《三个肖像》（'Drei Porträts'），20—23页。这次发现的影响（罗纳河头像紧随其后）：威克，《凯撒》（*Caesar*），1页。

21 不同专家对幸存下来的凯撒像总数的看法各有不同，这不仅取决于他们掌握的材料和新发现，而且还取决于他们持有标准的严格程度。以所有艺术媒介来计算，150件是个宏大且慷慨的数字。1882年，伯努利（Bernoulli）［在《肖像图像学》（*Röische Ikonographie*）中，这是第一次系统而全面地制作肖像目录的尝试］声称共有60尊头像。此后这个数字上下波动。1903年，弗兰克·斯科特（Frank Scott）在《肖像作品》（*Portraitures*）一书中兴致勃勃地编辑了一份共包括84件作品的图录

（不过他对一些作品表示严重怀疑，还有一些仅是他间接得知），他坦白这是份颇为业余的总结。最近期比较严格的目录将数字缩减至接近 20：约翰森，《古老的肖像》和《大理石中的肖像》（'Portraits in Marble'）［后来在《凯撒肖像》（'Portraits de César'）中又谨慎地将阿尔勒的《凯撒》收到目录中］。

22 哈德孙河的凯撒像的不同说法：安德伦，《希腊和罗马大理石雕像》，第 31 期，108 页）。"绿凯撒"的考古：施皮尔（Spier），《尤里乌斯·凯撒》（'Julius Caesar'），包含更多的参考文献。关于它的一些不同的身份识别：克雷纳（Kleiner），《克里奥帕特拉和罗马》（Cleopatra and Rome），130—131 页［在《凯撒的神庙》（'The Temple of Caesar'）中部分进一步发展了费舍威克有关克里奥帕特拉雕像的观点，尽管克雷娜自己在《罗马雕塑》（Roman Sculture）中更为谨慎，45 页］；赞克，《恼人的雕像》，307 页（"他来自尼罗河的崇拜者之一"）；约翰森，《古老的肖像》，49—50 页（一件现代作品）。

23 阿尔德罗万迪，《古代雕塑》，200 页，描述其为马尔科·卡萨利（Marco Casale）从父亲那里继承而来的财产。阿尔德罗万迪之地名表的背景：盖洛（Gallo），《乌利塞·阿尔德罗万迪》（'Ulisse Aldrovandi'）。目前关于卡萨利家族收藏的凯撒像的不同观点：约翰森，《古老的肖像》，45 页（文艺复兴时期）；桑托里尼·乔尔达尼（Santolini Giordani），《卡萨利古董》（Antichità Casali），111—112 页（主要是罗马收

藏品）。我的猜测（也仅仅是猜测），阿尔德罗万迪对雕像的展示，既体现了此雕像的作为名作的特殊地位，同时也表明主人对宝物被盗的担心［如弗洛狄（Furlotti）著作《辗转中的古董》（Antiquities in Motion）的第 190 页所提到的］。

24 此雕像历史：斯图尔特·琼斯（编辑），《古代雕塑图录·保守宫》（Catalogue of the Ancient Sculptures... Palazzo dei Conservatori）1—2 和阿尔贝特尼（Albertoni），《尤里乌斯·凯撒雕像》（'Le statue di Giulio Cesare'）（两人都同意雕像的核心是古代的，可能追溯到公元 2 世纪）；约翰森，《大理石中的肖像》，28 页（回顾了一些认为制作日期在 17 世纪的观点）；维斯孔蒂，《庇奥·克莱门蒂诺美术馆》，179 页（将其视为他所知的两个身份确定的凯撒像之一）。这张决定性的 16 世纪草图，作者乔瓦南托尼奥·多西奥（Giovannantonio Dosio）：胡森（Hülsen），《速写本》（Skizzenbuch），32 页（尽管实际上多西奥的素描画题为尤里乌斯·凯撒的继任者《屋大维》）。这件雕塑似乎也符合阿尔德罗万迪 16 世纪的一本指南中的对凯撒雕像的描述（《古代雕塑》，180 页）。

25 作为墨索里尼之典型标志的经历：劳伦斯（Laurence），《旅游、城镇规划和罗马精神》（'Tourism, Town Planning and romanitas'）（关于里米尼雕像，190—192 页）；内利斯（Nelis），《建构法西斯身份》（'Constructing Fascist Identity'）（完整的书目资料）；邓尼特（Dunnett），

《罗马精神的修辞学》（'The Rhetoric of Romanità'）。

26　勒·巴尔斯-托西（Le Bars-Tosi），《詹姆斯·米林根》。

27　雕像在美术馆展出的历史和不断变动的身份可以在手写图录和一系列美术馆指南中找到：《物品总览，1845 年》（*Synopsis of Contents 1845*），92 页（"一个身份不明的头像。购于 1818 年"）；《物品总览，1846 年》（*Synopsis of Contents 1846*），92 页（"一个尤里乌斯·凯撒的头像。购于 1818 年"）。斯科特，《雕像》（*Portraiture*），164—165 页记录道（错误的记载：他误读了消息来源），它曾属于罗马的卢多维西（Ludovisi）藏品。

28　巴林·古尔德（Baring-Gould），《凯撒的悲剧》（*Tragedy of the Caesars*），卷 1，114—115 页。

29　莱斯·霍姆斯，《凯撒的征服》（*Caesar's Conquest*），xxvi。公正地说，对于莱斯·霍姆斯而言，其题为《尤里乌斯·凯撒半身像》（'The Busts of Julius Caesar'）的序言文章（xxii—xxvii）开篇即承认，任何这些胸像的身份识别都是危险的，他温和地批评了巴林·古尔德"在自己最钟爱的半身像中读出了'凯撒的理想形象，或者说将这种理想形象强加于凯撒肖像'"，他还回顾了其他一些最有竞争力的凯撒幸存形象（很多如今已被完全遗忘）。不过归根结底，他还是无法抗拒大英博物馆的半身像。

30　巴肯，《尤里乌斯·凯撒》，11 页。

31　孔布（Combe）等人，《古代大理石像合集描述》（*Description of the Collection of Ancient Marbles*），39—41 页（引文，39 页）；《物品总览，1855 年》（*Synopsis of Contents 1855*），88 页中略微谨慎的措辞"被认为是表现了尤里乌斯·凯撒的头像"可能已经体现了一定程度的犹疑不决。

32　富特文格勒，《新伪造品》（*Neuere Fälschungen*），14 页［"是带着伪造的腐蚀痕迹的现代作品"（'eine modern Arbeit mit künstlich imitierter Korrosion'）］。

33　钱伯斯，《人类不可征服之精神》（*Man's Unconquerable Mind*），27 页（选自 1936 年 5 月 27 日发表的演讲）。他解释说自己在图书馆工作时，很喜欢休息时去瞻仰一排排罗马帝王肖像："一直走到尤里乌斯·凯撒半身像的对面才结束。我自忖，这些肖像上我有幸一睹世间精英人士的风采……然后就神清气爽地回去工作。"关于"凯撒之妻，无可置疑"这个说法，参见下文 214 页内容。

34　阿什莫尔，《伪造品》（*Forgeries*），4—8 页；琼斯，《赝品？》，144 页评价了它在 1990 年一次"赝品"展中的重要地位；它已经在 1961 年大英博物馆的一次"赝品和以假乱真的复制品"展览中出现过。索斯滕·奥珀为我指出了这件作品和法尔内塞藏品中的《尤里乌斯·凯撒》之间的相似之处，后者曾于 18 世纪晚期由雕塑家卡洛·阿尔巴契尼（Carlo Albacini）修复过——鉴于对法尔内塞《凯撒像》（*Caesar*）（现藏于那不勒斯）的熟悉程度，奥珀认为阿尔巴契尼可能是大英博物馆胸像的创造者。这样的话，说明那些最初将其划为大英博物馆"身份不明头像"的人并未发现其中的相似点。

35　波拿巴的古城图斯库鲁姆艺术藏品的历史：利维拉尼（Liverani），《古董收藏》（'La collezione di antichità'）［包括其部分藏品散落到萨沃伊地区（Savoy）阿格列城堡（Castello d'Aglié）的皇家官邸中］。图斯库鲁姆的挖掘：帕斯夸里尼（Pasqualini），《卢西亚诺·波拿巴的文物挖掘》（'Gli scavi di Luciano Bonaparte'）。1840年前后，卡尼纳（Canina）在撰写其《描绘》（Descrizione）一书时仅把头像称为身份不明的老者（150页）。

36　波尔达，《图斯库鲁姆的肖像》（'Il ritratto tuscolano'）、《心理现实主义》（'Psychological realism'）等：赞克，《恼人的雕像》，303页（本应是一篇客观冷静的论文，然而偶有毫无特色的夸大其词之嫌）。

37　汤姆·布丹多普（Tom Buijtendorp）和体质人类学家玛雅·霍洛西（Maja d'Hollosy）以图斯库鲁姆头像为参照，携手共同重塑了凯撒面孔，这件作品中的人物粗糙且毛发杂乱，并在莱顿国家文物博物馆展出：https://www.rmo.nl/en/news-press/news/a-new-look-at-julius-caesar/；《每日邮报》2018年6月25日（新版3D重建肖像显示，"尤里乌斯·凯撒"的头在出生时被压扁了，头部有个"奇怪的凸起"）。"从科学角度出发"对图斯库鲁姆头像的进一步关注：斯帕拉维格纳（Sparavigna），《侧面轮廓》（'The Profiles'）；卡洛塔（Carotta），《隐身的凯撒》（'Il Cesare incognito'）（用这尊头像来支撑其古怪的想法，即尤里乌斯·凯撒就是耶稣基督！）。

38　这件凯撒像作为唯一一件留存下来的取材于真人的肖像作品：西蒙（Simon），《凯撒肖像》（'Cäsarporträt'），134页；克雷纳，《罗马雕塑》（Roman Sculpture），45页；（为给自己留条退路，有些骑墙的意思）波利尼（Pollini），《从共和到帝国》（From Republic to Empire），52页。关于死人面部模型的讨论：隆，《凯撒的凝视》，73页。公元2世纪的一位史学家在著述中记载了凯撒蜡像，其制作目的是在其葬礼上起到煽动人群情绪的作用［阿皮安（Appian），《内战2》（Civil War 2），147页］，不过从严格意义上来讲，我深深怀疑凯撒遗体的状态是否适合做死人面部模型。

39　通过把确实流传下来的凯撒雕塑按照"类型"分组，并依据某种想象出来的原型来将其分类，这是罗马肖像艺术研究中的一个常见策略。此原型被认为很可能取自真人，然而实际并非如此。此方法首先为约翰森的《古老的肖像》，其次为赞克的《恼人的雕像》提供了理论基础。

40　"一个平庸的复制品"：隆，《凯撒的凝视》，67页。2010年3月13日的《电视综评》（Télérama）报道了社交媒体上对阿尔勒凯撒像欣喜若狂的反应：http:// www.telerama.fr/art/ne-ratez-pas-le-buste,53355.php（已失效）；推特上的热情却仍然不减［"触摸凯撒的头像是一种难以形容的快乐"（toucher la tête de César a été un plaisir indéfinissable），2020 年 4 月 24 日 ]。

41 阿什莫尔的《伪造品》第 5 页提到了这些钻孔，但是基本上对其忽略不谈。耶鲁大学英国艺术中心的同事们认为，钻孔可能 "原本" 被填满，并用熟石膏掩盖住（是实情，但我想这对基本论点并无多大影响）。

42 这一 "凯撒" 的身份识别：卡廖蒂（Caglioti），《德西德里奥·达·塞梯格纳诺：人物简介》（'Desiderio da Settignano: Profiles'），尤其是 87—90 页；瓦卡里（Vaccari），《德西德里奥的浮雕作品》（'Desiderio's Reliefs'），188—191 页。其背景简述：卡廖蒂，《15 世纪的浮雕》（'Fifteenth- Century Reliefs'），70—71 页。参考下文，130—131 页。

43 不再被当成凯撒古代形象的现代 "肖像作品" 在建立传统凯撒肖像学方面的作用：皮珀（Pieper），《艺术家的贡献》（'The Artist's Contribution'）。

44 展览图录包括：夸雷利（Coarelli）（编辑），《神明韦斯巴芗》（Divus Vespasianus）；萨佩利·拉格尼（Sapelli Ragni）（编辑），《安齐奥和尼禄》（Anzio e Nerone）；托梅伊和雷亚（Tomei and Rea）（编辑），《尼禄》（Nerone）；拉·洛卡（La Rocca）等（编辑），《奥古斯都》（Augusto）；夸雷利和吉尼（Ghini）（编辑），《卡利古拉》（Caligola）（343—346 页关于新 "卡利古拉"）；《尼禄：凯撒、艺术家和暴君》（Nero: Kaiser, Künstler und Tyrann）。有关 "卡利古拉" 的狂热、且有时耸人听闻的故事：《卫报》（The Guardian）2011 年 1 月 17 日；《每日邮报》2011 年 1 月 19 日 [《道德败坏的暴君》（'the debauched tyrant'）]，《每日电讯报》（The Daily Telegraph）2011 年 7 月 12 日 [《一个嗜权如命的疯癫性欲狂》（'a crazed and power-hungry sex maniac'）]。意大利 "官方" 叙述：吉尼等人（编辑），《卡利古拉的踪迹》（Sulle tracce di Caligola）。

45 艾迪生，《对话》（Dialogues），卷 1，22 页。

46 1822 年以来人们提出的不同身份：史蒂凡尼（Stefani），《食品市场的偶像》（'Le statue del Macellum'）（结论是，茱莉亚和布里塔尼居斯，前者提图斯皇帝之女，后者为克劳狄之子）；更简短的有多赫尔（Döhl）和赞克，《雕塑》（'La scultura'），194 页（建筑的地方创建人）；斯莫尔（Small），《皇族神社》（'Shrine of the Imperial Family'），118—121 页、126—130 页（小阿格里皮娜和布里塔尼居斯）。

47 来自现代土耳其阿弗罗狄西亚古城的重要系列帝王像上的铭文姓名（克劳狄和尼禄）：史密斯（Smith），《帝国浮雕》（'Imperial Reliefs'），特别是 115—120 页。即便没有明确的标签，也没人能否认图拉真纪功柱上反复出现的帝王形象就是图拉真本人。

48 芒克·霍特，《罗马帝王像基座》，229—263 页。

49 关于这些发型细节的讨论一直异常激烈，争辩之语有时颇为冒犯，正如对凯撒雕像过于夸张的反应令人反感一样。

关于研究方法的一个中立但具有批判性的探讨：史密斯，《类型学和多样性》（'Typology and Diversity'）（回应博雄的《奥古斯都肖像》）。对此方法先入之见的挑战：伏特（Vout），《安提诺乌斯、考古学和历史》（'Antinous, Archaeology and History'）[随后费琛（Fittschen）在《罗马帝王肖像》（'Portraits of Roman Emperors'）中对此不太客气地作了回应]；伯内特，《奥古斯坦革命》（'The Augustan Revolution'），特别是29—30页。

50 比尔德，《罗马元老院与人民》，337—385页；埃德蒙森（Edmondson），《奥古斯都》（Augustus）。"诡计多端的老爬虫"（'the tricky old reptile'）是一句出自公元4世纪皇帝朱利安之口的讥讽语（《凯撒们》，309页）。

51 奥古斯都像在当代（以及在其所处时代）的重要性：赞克，《图像的力量》（Power of Images）（一部古典叙事）；比尔德和亨德森，《古典艺术》，214—225页；霍舍尔（Hölscher），《视觉力量》（Visual Power），176—183页。有关帝王肖像作为帝王"替身"作用的更笼统概括：安多，《帝国艺术形态》（Imperial Ideology），206—273页。

52 这些艺术品的各种身份识别：波利尼，《盖乌斯和卢修斯·凯撒》（Gaius and Lucius Caesar），100页、101页；更广泛地了解发绺细节和识别标准，可参见8—17页。为改编身份而对帝王头像的"再造"习惯：瓦尔纳（Varner），《残缺和转变》（Mutilation and Transformation）。

53 韦斯巴芗的帝王生涯和政治形象：莱维克（Levick），《韦斯巴芗》（Vespasian）（对尿液征税：苏维托尼乌斯，《韦斯巴芗》，23页）。推动着它们的肖像和意识形态：夸雷利（编辑），《神明韦斯巴芗》[特别是赞克的《从韦斯巴芗到图密善》（Da Vespasiano a Domiziano）]，以及本书402—403页关于我所制的图2.12的探讨。

54 对这些问题的介绍：布里连特（Brilliant），《肖像》（Portraiture）；伍道尔（Woodall），《肖像》（Portraiture）；韦斯特（West），《肖像》（Portraiture）。

55 《纪念物》（Mementoes），34页。

56 内战期间图像的作用：塔西佗，《历史》（Histories），卷1，36页；卷1，55页；卷2，55页；卷3，7页（指的是加尔巴在"城市"中的形象，而不仅仅是军事环境）。加尔巴肖像：法布里科蒂（Fabbricotti），《加尔巴》（Galba）。通常被称为"四帝之年"：摩根（Morgan），《公元69年》（69 AD）。

57 苏维托尼乌斯，《奥托》，12页；《加尔巴》，21页。

58 在绘画和雕塑中，这一雕像之各种版本的传播之广令人难以置信：贝利（Bailey），《格里马尼〈维特里乌斯〉的变形记》和《变形记……：补遗和勘误》（'Metamorphoses of the Grimani "Vitellius"' and 'Metamorphoses...: Addenda and Corrigenda'）；扎多克–约瑟夫斯·杰特（Zadoks-Josephus Jitta），《创造性误解》（'Creative Misunderstanding'）；费琛，《肖像画廊》（Bildnisgalerie），186—234页和《画像的人物》（'Sul ruolo

del ritratto'），404—405 页，409 页；《根据古董》（*D'après l'antique*），298—311页；普林奇皮（Principi），《菲利波·帕罗蒂的维特里乌斯》（'Filippo Parodi's Vitellius'）（特别是 59—61 页记录了很多热那亚的现代雕塑版本）；贾纳塔斯欧（Giannattasio），《一个头像》（'Una testa'）（关于"雕塑天才"）；《热罗姆》（*Gérôme*），126—129 页，以及比尼（Beeny），《血之场面》（'Blood Spectacle'），42—45 页（关于《凯撒，万岁！》（*Ave Caesar!*））；更多例子参见下文 218—226 页。格里马尼艺术收藏的历史：佩里（Perry），《主教多梅尼科·格里马尼的遗产》（'Cardinal Domenico Grimani's Legacy'）；罗西（Rossi），《多姆斯·格里马尼》（*Domus Grimani*）。

59 观相术：波特（Porter），《灵魂之窗》（*Windows of the Soul*）（早期现代史）；巴顿（Barton），《权力和知识》（*Power and Knowledge*），95—131 页（在古典世界）。颅相学：波斯基特（Poskett），《心灵的材料》（*Materials of the Mind*）。

60 德拉·波尔塔，《人类生理学》（*De humana physiognomonia*），卷 Ⅱ，29 页。鲁本斯在刻画帝王和其他人物时深受德拉·波尔塔论著的影响：麦格拉斯（McGrath），《连一只苍蝇都不放过》（'Not Even a Fly'），699 页；麦甘克（Meganck），《鲁本斯画人像》（'Rubens on the Human Figure'），57—59 页；乔恩克希尔（Jonckheere），《肖像》（*Portraits*），35—37 页。

61 海登，《关于绘画的讲座》（*Lectures on Painting*），64—65 页。

62 《曼彻斯特时报和公报》（*Manchester Times and Gazette*）1841 年 1 月 13 日。戈伊德的自传，《为生活而战》（*Battle for Life*），296—334 页提供了其讲座的标准文本，尽管其中卡拉卡拉替代了维特里乌斯。

63 关于日期的各种不同观点：贝利（Bailey），《格里马尼〈维特里乌斯〉的变形记》，105—107 页，进一步讨论在达米科（D'Amico），《假冒维特里乌斯》（*Sullo Pseudo-Vitellio*）。

## 第三章　硬币和肖像，古代和现代

1 罗马硬币中模特的身份识别和阐释：罗贝尔-卡鲁维（Lobelle-Caluwé）的《一个男子的肖像》（*Portrait d'un homme*）（首次提出本博的说法）；波歇尔特（Borchert）（编辑），《梅姆林的肖像画》（*Memling's Portraits*），160 页，坎佩尔（Campell）等编辑，《文艺复兴的面孔》（*Renaissance Faces*），102—105 页（关于"世间名气"的引用，105 页）；莱恩（Lane），《汉斯·梅姆林》（*Hans Memling*），205—207 页，213—214 页；克里斯蒂安森和韦佩尔曼（Christiansen and Weppelmann）共同编辑，《文艺复兴时期的肖像》（*Renaissance Portrait*），330—332 页；纳勒兹提（Nalezyty），《彼得罗·本博》（*Petro Bembo*），33—37 页。维科，《对话集》（*Discorsi*）第 1 页和 53 页写到尼禄硬币（以及卡利古拉和克劳狄硬币）的"美感远超其他作品"；可参见卡纳利（Cunnally），《杰

出人物像》（*Images of the Illustrious*），160 页。

2　莱特鲍恩（Lightbown），《波提切利》（*Botticelli*），38 页；庞斯（Pons），《男子肖像》（'Portrait of a Man'）。对梅姆林肖像画的直接回应：纳托尔（Nuttall），《梅姆林》（'Memling'），78—80 页。

3　詹森（Jansen）最近的研究，《雅各布·斯特拉达》（*Jacopo Strada*），目前是关于斯特拉达职业生涯所有方面的核心参考点，并附有完整的传记（对提香的肖像给予了正面评价，1—8 页、868—873 页）。关于提香和斯特拉达的早期讨论：弗里德曼（Freedman），《提香的〈雅各布·德·斯特拉达〉》（'Titian's *Jacopo da Strada*'）；雅费（Jaffé）（编辑），《提香》（*Titian*），168—169 页；伏特，《古典艺术》（*Classical Art*），107—108 页（指出收藏者和雕塑的情色暗示）。"两个贪食者"的说法（doi giotti a un tagliero）源自尼科洛·斯托普（Niccolò Stop）的信件，经詹森在《雅各布·斯特拉达》中引用和讨论，605 页、871—872 页〔原始文献在慕尼黑，国家档案馆（Hauptstaatsarchiv），《古籍图书馆》（*Libri Antiquitatum*），4852, fols.153—154〕。

4　更多细节：《雅各布·丁托列托》（*Jacopo Tinroretto*），136—137 页；布尔（Bull）等编辑，《肖像画》（'Les portraits'）（文章将两幅肖像做了对比，并令人信服地反驳了奥塔维奥肖像出自丁托列托女儿之手的观点，并提供了 X 射线作为证据，证明创作过程中两幅构图中的变化）。"源源不断的硬币"（perenni vena scaturiunt）这句话出自杰罗拉莫·博尔格尼（Gerolamo Bolgni）〔引自戴莱西（D'Alessi）的评述版《海尔洛尼米·博诺尼》（*Hieronymi Bononni*），第 8 页〕。对硬币无处不在的现象更笼统的概括：卡纳利，《杰出人物像》，3—11 页。然而我们注意到，另一幅类似的（失明）幸运女神用羊角状容器倾倒硬币的画——出自切萨雷·里帕（Cesare Ripa）差不多近代出版的，经多次翻译的寓意画册中——是表现女性"挥霍无度"的象征（《图像学》（*Iconologia*），163 页），暗示一种反叙事的可能。

5　哈斯凯尔，《历史和它的图像》（History and Its Images），13—79 页（其观点不可避免地成为本章的支撑点，尽管我强调的重点有所不同。）在接下来的内容里，我援引哈斯凯尔只是为了让读者去关注和我的主题具有特殊相关性的那些讨论。

6　莎士比亚，《爱的徒劳》，第 5 幕，第 2 场，第 607 行（正如拉法埃拉·塞罗（Raffaella Sero）给我指出的，《亨利四世第二部》（*2 Henry IV*）第 4 幕第 2 场第 40 行中，在提到凯撒"那个罗马的鹰钩鼻的家伙"时，可能指的是一枚硬币图像）。关于估算硬币生产总数量的综述：诺雷尼亚（Noreña），《帝国理想》（*Imperial Ideals*），193 页。

7　彼特拉克和查理五世：彼特拉克《书信集》（*Letters*）19, 3 页。赛利亚克：斯卡拉蒙迪（Scalamonti），《生活》（*Vita*），66—67 页；格拉斯，《菲拉雷特和发明》（'Filarete and the Invention'），34—35 页。更多的例

子：布朗（Brown），《意大利宫廷肖像》（'Portraiture at the Courts of Italy'），26页。后来的一件礼物是1522年由一位通信者送给德西德里奥·伊拉斯谟（Desiderio Erasmus），暗含罗马皇帝和道德寓意之间的联系："四枚贤德（*bonorum*）君主的硬币"，在《伊拉斯谟书信》（*Correspondence of Erasmus*）中被提及，第1272号（我加的斜体）；首次出版于伊拉斯谟的《论纯洁》（*De puritate*），97—98页。

8  彼特拉克，《书信集》19，3页。

9  彼特拉克和查理四世之间复杂和互动和互赠礼物：阿斯科利（Ascoli），《地方聚居地》（*Local Habitation*），132—134页、144—145页；盖拉德（Gaylard），《空心人》（*Hollow Men*），5—6页。彼特拉克在钱币学中的重要性：威廉姆斯（Williams），《彼得罗·本博》，270—280页。查理回赠的凯撒像：彼特拉克，《书信集》19，13页（肯定是一枚硬币，但是拉丁文词汇（*effigiem*）确实有些语意模糊）。为表示慷慨之意，查理很可能一直允许彼特拉克在其著述中使用尤里乌斯·凯撒像作为现代统治者的另一典范 [威克，《凯撒》（*Caesar*），132—133页；丹德莱特（Dandelet），《帝国的复兴》（*Renaissance of Empire*），20—26页]。

10  "纪念章论点"最积极的和支持者是塞巴斯蒂亚诺·埃里佐（Sebastiano Erizzo）[在他的《对话》（*Discorso*）中，1—112页]。而另一方，也就是正确的一方的铁杆拥护者，包括埃内亚·维科（在他的《对话集》1，28—34页；令

人困惑的是，28、29和32页在第一版中被错误地标成36、37和40页；安东尼·奥古斯丁（Antonio Agustín）[在其《对谈录》（*Dialogos*）1，1—25页]。现代讨论：丰塔纳（Fontana），《争议》（*La Controversia*）（将辩论进行到18世纪）；更为简略的：卡纳利，《杰出人物像》，136—138页。

11  菲拉雷特，《论述》（*Treatise*）1，316页（原稿：Lib. XXIV, *Magl*, fol. 185r）。

12  维科，《对话集》1，52页。维科之死：伯顿（Bodon），《埃内亚·维科》（*Enea Vico*），45页。

13  维科，《对话集》1，48页；艾迪生，《对话录》（*Dialogues*）1，21页。

14  所谓"稀缺性"：韦斯（Weiss）《文艺复兴时期的发现》（*Renaissance Discovery*），171页。普莱斯：卡纳利，《杰出人物像》，37—39页。

15  格兹乌斯，《C.尤里乌斯·凯撒》（*C. Iulius Caesar*）。他的生平和写作：哈斯凯尔，《历史和它的图像》，16—19页；卡纳利，《杰出人物像》，190—195页。在《早期作品生活……想象》（*Vivae…imagines*）（对开本3r）的感谢信中，就硬币与文学叙事相比而体现出的历史重要性，格兹乌斯对维科的话作出了密切回应。

16  致谢声明的目录，和硬币收藏的流行：卡纳利，《杰出人物像》，41—46页；凯勒泰（Callatay），《论战》（'La controverse'），269—272页。两人都对名字的准确性提出了质疑 [德克赛尔（Dekesel）对一些可疑的反常现象进行了细致调查，《休伯特·格兹乌斯》

（'Hubert Goltzius'）]。凯勒泰还注意到，追求历史真实性的理想总是同一些样本为"赝品"这样的事实相矛盾，以格兹乌斯和其他人的情况来看，一些绘画和描述至少已经被"加工过了"。

17 公主的夸耀：克罗尔（Kroll），《来自莉泽洛特的信》（*Letters from Liselotte*），133 页；德文原文，坤策尔（Künzel），《来自莉泽洛特的信》（*Die Briefe der Liselotte*），291 页（她进而自称藏有410 枚硬币）。尽管原始数据前后不一致，但洛伦佐·德·美第奇（Lorenzo de' Medici）（1449—1492）的硬币收藏肯定远远超过两千枚［证据：弗斯科和科尔蒂（Fusco and Corti），《洛伦佐·德·美第奇》（'Lorenzo de' Medici'），83—92 页］。

18 金属印模：霍布森（Hobson），《人文主义者和钉书匠》（*Humanists and Bookbinders*），140—142 页。装饰箱：哈格（Haag）（编辑），《仿古》（*All'Antica*），238 页（接下来的 239 页上是一套镶有原始罗马硬币的镀金碗）。关于圣杯：《哥特珠宝》（*Tesori gotici*），第 29 期。（非常感谢弗兰克·达贝尔和杰伊·韦斯伯格为我介绍了这件无与伦比的艺术品。）

19 维尔容（Viljoen），《纸面价值》（'Paper Value'），211—213 页。

20 卡纳利，《关于莫斯和（文艺复兴）人》［'Of Mauss and (Renaissance) Men'］，特别是 30—32 页，卡纳利正确地强调，关于文艺复兴时期对古代艺术的观点是"以硬币为中心的"（nummocentric），这和我们现代"以大理石为中心的"（marmorcentric）视角形成鲜明对比。

21 对文艺复兴时期对罗马硬币的再现和改编的综述，以及更多的例子：费琛，《关于古代肖像的角色》（'Sul ruolo del ritratto antico'），388—394 页；哈斯凯尔，《历史和其图像》，特别是 26—36 页；巴契（Bacci），《皇帝的画像》（'Ritratti di imperatori'）。

22 费尔莫（Fermo），市图书馆（Biblioteca comunale），MS 81。带有更多参考文献的讨论：布朗，《威尼斯和文物》（*Venice and Antiquity*），66—68 页；施密特（Schmitt），《走向复兴》（'Zur Wiederbelebung'）。

23 这部作品有三个手稿：一份在梵蒂冈（梵蒂冈教廷图书馆，Chig. Ⅰ Ⅶ 259），这是一个亲笔签名的复制版，但是缺少开头部分（仅以塞普蒂米乌斯·塞维鲁统治期开始）；第二份在维罗纳（市图书馆，Cod CCIV），完成的插图少了很多；还有一个比较支离破碎的版本在罗马［瓦利切利亚纳图书馆（Biblioteca Vallicelliana），Cod. D 13］。简要讨论：韦斯，《文艺复兴时期的发现》，22—24 页。对硬币关联的深入研究：施密特，《走向复兴》；卡波杜罗（Capoduro），《皇帝的肖像》（'Effigi di imperatori'）；伯顿，《维内兰达古董》（*Veneranda Antiquitas*），203—217 页（表明这一系列始自尤里乌斯·凯撒，而不是人们通常认为的奥古斯都）。

24 巴黎，BNF，MS lat. 5814。讨论：亚历山大（编辑），《彩页》（*Painted Page*），157—158 页。将贝尔纳多·本博视作委托人的争论几乎是压倒性的：纳勒兹提，《彼得罗·本博》，53 页。

25 富尔维奥，《杰出人物像》。简介：韦斯，《文艺复兴时期的发现》，178—179 页；哈斯凯尔，《历史和它的图像》，28—30 页；更多的内容参见下文 164 页和 253 页。

26 雷梦迪的版画：维尔容，《纸面价值》（他的十二凯撒像和苏维托尼乌斯的群像不完全一致，其中图拉真取代了卡利古拉；参见下文的 131—133 页）。佛罗伦萨浮雕：卡廖蒂，《15 世纪的浮雕》；巴契，《皇帝的画像》，30—47 页。

27 画之屋总体设计方案中的帝王：克里斯蒂安森，《天才安德里亚·曼特尼亚》（Genius of Andrea Mantegna），27—38 页；坎贝尔（Campbell），《安德里亚·曼特尼亚》（Andrea Mantegna），203—211 页，并参见下文 169 页，注释 40。

28 关于修道院肖像的不同视角：伯内特和斯科菲尔德（Schofield），《圆形浮雕》（'Medallions'）；莫斯切克（Morscheck），《切尔托撒纪圆形浮雕》（'The Certosa Medallions'）。霍顿（Horton）纪念章：https://heritagerecords.nationaltrust.org.uk/HBSMR/MonRecord.aspx?uid=MNA165052；哈考特和哈考特（Harcourt and Harcourt），《凉廊圆形雕饰》（'Loggia Roundels'）。群像套组中的第四件描述的是迦太基将军汉尼拔。无论是在图像学上还是在名号上，凯撒、尼禄和阿提拉像都和帕维亚修道院的圆形装饰图案有关联（伯内特和斯科菲尔德，《圆形浮雕》，nos17、33 和 18）；就阿提拉肖像而言，两个地方的图案和拉丁文铭文都可以追溯到更早的

金属纪念章［布朗，《威尼斯和文物》，146 页；巴契，《目录》（'Catalogo'），180—183 页］。

29 布朗，《确证的细节》（'Corroborative Detail'），91 页；帕纳扎（Panazza），《仿古的侧像》（'Profili all'antica'），224—225 页（尽管布朗认为无名帝王是尤里乌斯·凯撒和奥古斯都，而帕纳扎则认为是克劳狄和提比略，对我来说，他们看起来更符合奥古斯都和提比略的组合）。可以比较提香的画作《基督戴荆冠》（The Crown of Thorns）（现藏于卢浮宫），画中一尊清晰标有"提比略"字样的半身像统领着整个场面，而提比略正是耶稣受难时期的在位帝王。

30 布朗，《确证的细节》。

31 鲁伊勒，《手册》（Promptuaire）1，A4v。在这个例子中，真实、伪造和幻想之间脆弱的边界，以及更广泛的讨论：帕金森（Perkinson），《从〈纪念的艺术〉开始》（'From an "Art de Memoire"'），特别是 700—707 页。参见下文，99 页。

32 卡拉卡拉和马可·奥勒留的混淆：卡波杜罗，《皇帝的肖像》，292—295 页，以及 308—309 页。韦斯巴芗和提图斯这对父子皇帝的全名几乎一模一样；因此雷梦迪的错误也是情有可原的。

33 参见下文，131—132 页。

34 伯内特和斯科菲尔德，《圆形浮雕》，6 页。

35 芒雄阿里奥和这些画作之间的关联：卡波杜罗，《皇帝的肖像》；纳皮奥内，《子拱门》（'I sottarchi'）。整个方案；理查兹（Richards），《阿蒂吉耶罗》

（*Altichiero*），35—75 页。

36 这一神像出现在硬币上，而这枚硬币是在加图授权下铸造的（RRC 462/2），或者——甚至更加匹配——是一位年长的同名亲信铸造的（RRC 343/2 a 和 b）。富尔维奥，或是他的制图师很可能将这些四周刻着"加图"字样的硬币人物之一当成了加图本人的肖像。

37 卡纳利，《杰出人物像》，96—102 页；哈斯凯尔，《历史和它的图像》，30—32 页。

38 关于这一图像的出处，见上文，注释 28。

39 阿雷蒂诺，《基督的人性》，466—467 页。这本书对提香的影响：沃丁顿（Waddington），《阿雷蒂诺，提香》（'Aretino, Titian'）。[这为以下一个事实提供了巧妙的解释，即提香画作《基督戴荆冠》中的半身像（上文注释29）似乎和尼禄像有相似之处，尽管胸像被明确标注为提比略：卡西尼（Casini），《基督和马尼戈尔迪》（'Cristo e i manigoldi'），113 页。]

40 *all'antica* 这个术语首先用于 17 世纪初的英国[《牛津英语词典》（*Oxford English Dictionary*）]。关于这个词的严肃用法的介绍性讨论：埃尔斯（Ayres），《古典文化》（*Classical Culture*），63—75 页；塞森和桑顿，《美德的对象》，78—134 页；贝克（Baker），《大理石索引》（*Marble Index*），特别是 34—35 页，77—87 页，92—105 页。

41 肖像的委托制作（为表对大学收到的皇室捐赠的感谢）：威利斯（Willis），《建筑历史》（*Architectural History*），55—57 页、59—60 页。关于此主题的尖刻批评，可见于我写给博客的一条评论（2012 年 1 月 18 日）中：www.the- tls. co.uk/king-georges-leave-the- university-library/（已失效）。

42 在下文中，我对这一传统进行了必要的概述。尤其是对大理石雕塑中微小却重要的差异的深入剖析，以及对时间和功能细微转变的敏锐观察：克拉斯克（Craske），《沉默的修辞》（*Silent Rhetoric*）；贝克，《大理石指数》（后者挖苦道，威尔顿的乔治像可以理解为对莱斯布雷克作品的戏仿：106 页）。

43 庇特（Pitt）的雕像原本伫立于国家债务偿还办公室（National Debt Redemption Office）的首相纪念碑处：达利，约翰·索恩（John Soane），253—254 页。其历史以及转运到彭布罗克学院：沃德-杰克逊（Ward-Jackson），《公共雕塑》（*Public Sculpture*），60—61 页。

44 贝克，《大理石指数》，79 页；《"一种企业公司"》（'"A Sort of Corporate Company"'），26—28 页。"融合"这个词是贝克选用的。后者注意到，肖像的模特丹尼尔·芬奇（Daniel Finch）在其位于拉特兰郡的乡间宅邸伯利山庄中藏有关于凯撒生平场景的画作。

45 参见雷德福（Redford），《慕雅者》（*Dilettanti*），19—29 页，《塞里奥·吕多》（'Serio Ludo'）这篇文章是同类讨论的早期版本。这幅画的图注文字（只出现在肖像套组中的这一幅中）表明，对萨克维尔的描绘是按照他在佛罗伦萨狂欢节[农神节（Saturnalia）]上的扮相来想象的，"扮演成从军队归来的罗马执政官"。纳普顿系列画的其他人物肖像中也有提香之帝王像的痕迹［尤其是威廉·丹尼（William Denny）的画像，显然模仿了提香的克劳狄像）。

46 参见伍德，《凡·戴克的"提香工作室"》（'Van Dyck's "Cabinet de Titien"'），680页；格里菲斯（Griffiths），《英国斯图亚特王朝时期的版画》（The Print in Stuart Britain），84—86页；这幅画在惠洛克（Wheelock）等人著的《安东尼·凡·戴克》（Anthony van Dyck），294—295页中有讨论（没有提及来源）。查理一世的总体形象：皮科克，《查理一世的图像》。

47 原始布局和收藏：安吉里考斯（Angelicoussis），《沃波尔的罗马军团》（'Walpole's Roman Legion'）。在六位"帝王"和两位皇室女性之中（有几个人物的身份显然是被搞错了），两位最知名的古代半身像是康茂德和塞普蒂米乌斯·塞维鲁：https://collection.beta.fitz.ms/id/object/209386 和 https://collection.beta.fitz.ms/id/object/209387。目前的建筑环境：丘蒙德利和摩尔（Cholmondeley and Moore），《霍顿庄园》（Houghton Hall），78—83页。

48 苏维托尼乌斯，《奥古斯都》，29页。

49 RCIN 51661：https://www.rct.uk/collection/51661/dish。描画的帝王有凯撒、奥古斯都、加尔巴、腓力普斯（Philippus）、霍斯蒂利安（Hostilian）、普罗布斯（Probus）、马克西米安（Maximian）和李锡尼（Licinius）。斯凯沃拉故事最著名的古代版本：李维（Livy），《历史》（History）2, 12—13页。中央场景的肖像和帝王头像的设计都是艺术家［伊利亚斯·耶格尔（Elias Jäger）］从戈特弗里德（Gottfired）的《编年史》（Historische Chronica）中的插图借用而来的。

50 这尊雕像参照了公元前5世纪奥林匹亚山神庙中的主神宙斯像。虽然雕像上的铭文强调了共和制的"自由"精神，但是也无法抹去其中的尴尬之处，即这里华盛顿被刻画成了神。关于这尊饱受谩骂的雕像的更多文字：威尔斯（Wills），《华盛顿的公民美德》（'Washington's Citizen Virtue'），以及《辛辛纳图斯》（Cincinnatus），55—84页；克拉克（Clark），《被保护的偶像》（'An Icon Preserved'）；萨维奇（Savage），《纪念碑战争》（Monument Wars），49—52页。华盛顿自己对于"执着于古代装束的奴性"的疑惑：菲茨帕特里克（Fitzpatrick），《作品集》（Writings），504页（一封写给托马斯·杰斐逊的信）；麦克奈恩（McNairn），《凝望英雄》（Behold the Hero），135页。

51 贝克（《大理石指数》，92—95页）认识到以现代大理石像来表现一位共和主义者所产生的问题，但在我看来，他低估了这些问题。"英国精英统治者同罗马共和国的政治理想的自我认同"（92页）当然是以公元前1世纪的重要文学文本为基础的，尤其是西塞罗的著作；但是这无法在幸存的艺术作品中大范围匹配。在其他著述中［《关于写实主义的肖像雕塑》（'Attending to the Veristic Sculptural Portrait'）］，贝克深入研究了古代肖像艺术"毫无保留"（warts and all）的写实风格——而现代学术界倾向于将这种风格同共和时期而不是帝国时期关联起来——并思考了此风格在18世纪图像绘制中是以何种方式被采用的。不过这种风格和帝王版本比起来要少见得多，并且贝克发现（57页）它常用于那些有着特殊古代趣味的肖像模特们（也就是说，这个风格的文化意义似乎大于政治含义）。

52 霍利斯在别处使用了自由帽和匕首，表明了他忠于自由的决心：汉福德（Hanford），《"我们要把它们传播出去"》（' "Ut spargam" '），171页（作者将这句拉丁语写在全新的书本封面上）；埃尔斯（编辑），《分裂的哈佛》（Harvard Divided），154—155页。众多现代反抗暴政的大规模运动中都曾使用过原始罗马硬币（RRC 508.3）〔参见伯恩斯（Burns）等人，《瓦莱里奥·贝利·维琴蒂诺》（Valerio Belli Vicentino），369页；布瑞斯勒（Bresler），《古代和仿古之间》（Between Ancient and All'Antica），151页〕。

53 马斯登（Marsden）（编辑），《维多利亚和阿尔伯特》（Victoria and Albert），70—71页。

54 由普朗（Prown）引用，《本杰明·韦斯特》（Benjamin West），31页。

55 麦克奈恩，《凝望英雄》，91—108页；佩利（Paley），《乔治·罗姆尼的〈沃尔夫将军之死〉》（'George Romney's Death of General Wolfe'）。罗姆尼的这幅画（1763年）如今已遗失，而彭尼的画作（也创作于1763年）现藏于牛津阿什莫尔博物馆，尺寸更小的一个版本则存于

佩特沃斯宅邸（Petworth House）〔根据沙玛（Schama）在《确凿无疑》（Dead Certainties）第28页的内容，画作"十分脆弱"〕。罗马服饰和现代装束的抗衡问题，早在莱斯布雷克于18世纪初为建筑师詹姆斯·吉布斯（James Gibbs）而作的大理石肖像中就已显现出来：贝克，《大理石指数》，92—94页。

56 韦斯特画作的背景和人们不同的反应（从皮特到雷诺兹）：沙玛，《确凿无疑》，1—39页；麦克奈恩，《凝望英雄》，125—143页（皮特，127页）；米勒（Miller），《三种死亡》（Three Deaths），40—43页（皮特，42页）。

57 高尔特（Galt），《生平、研究和作品》（Life, Studies and Works），45—51页。

58 伏尔泰，《书信集》（Letters），51页；这是埃尔斯《古典文化》一书的主题。

59 普林斯顿大学，凯恩女士44。进一步讨论：弗格森（Ferguson），《图像学》（'Iconography'）；斯特内曼（Stirnemann），《调查》（'Inquiries'）。

60 这一主题有各种各样的变体。其中最有趣的之一就是一群人文主义组成的"罗马学院"（Roman Academy），以彭博尼奥·莱托（Pomponio Leto）为首，他们崇尚并模仿古代文化，甚至穿戴罗马服饰，并庆祝异教罗马节日：比尔（Beer），《罗马学院》（'The Roman Academy'）。

61 关于文艺复兴时期肖像艺术发展的很有用的最新综述：塞森，《见证面孔》（'Witnessing Faces'），鲁宾（Rubin），《理解文艺复兴肖像》（'Understanding Renaissance Portraiture'）。

62 乔万尼和皮耶罗的肖像：塞森，《见证面孔》，13—15 页，以及 166—168 页在同一展览图录中〔克里斯蒂安森和惠普曼（编辑），《文艺复兴时期的肖像》〕；以及《伟大的遗产》（Eredità del Magnifico），44—46 页。艺术家所有作品的背景：卡廖蒂，《米诺·达·费埃索莱》（'Mino da Fiesole'）。

63 有关文艺复兴时期的纪念章的介绍：谢尔（编辑），《名声的货币》（配有极为精美的插图），聚焦于意大利的更简短介绍，塞森和桑顿，《美德的对象》，111—122 页。主要图录包括：阿特伍德（Attwood），《意大利纪念章》（Italian Medals）；波拉德（Pollard），《文艺复兴时期的纪念章》（Renaissance Medals）。

64 这封给莱奥内洛·戴斯特（Leonello d'Este）的信是人文主义学者弗拉维奥·比昂多（Flavio Biondo）于 1446 年写的〔诺加拉（Nogara），《未发表的作品集》（Scritti inediti），159—160 页〕；塞森和桑顿的简评，《美德的对象》，113—114 页。菲拉雷特的反思：《论述》1，45 页（原始手稿：Lib. Ⅳ, Magl., fol. 25v），关于这一实践的更广泛的讨论，胡布（Hub），《建立理想城市》（'Founding an Ideal City'），32—39 页。

# 第四章　十二凯撒，多还是少

1 关于这些泰扎杯最详尽的讨论（包括对早期研究的完整参考）是西蒙编辑的一本论文集《银质凯撒像》（Silver Caesars）。镀金不是最初就有的，而是于 19 世纪添加的〔奥尔康和施罗德（Alcorn and Schroder），《19 世纪和 20 世纪史》（'The Nineteenth and Twentieth-Century History'），154 页〕。

2 处于罗马政治权力和政治声誉核心的凯旋庆祝场面被文艺复兴时期的君主和艺术家所模仿：比尔德，《罗马人的胜利》（Roman Triumph）。将凯旋场面一贯地置于最后位置是泰扎杯整体设计的一个显著标志〔比尔德，《苏维托尼乌斯，银质凯撒像》（'Suetonius, the Silver Caesars'），41—42 页〕。

3 苏维托尼乌斯，《加尔巴》4。

4 苏维托尼乌斯，《尼禄》25；《尤里乌斯·凯撒》37。

5 西蒙，《文艺复兴时期的知识文化》（'Renaissance Intellectual Culture'），46—50 页。皮罗·利戈里奥的相关版画作品的最清晰版本收录在德·穆西（de' Musi）的《罗马辉煌鉴》（Speculum Romanae Magnificentiae）画册之中。

6 BMCRE 1，第 236 期，245 页。

7 关于"十二凯撒"的最近比较精彩的讨论：克里斯蒂安，《凯撒，十二》（'Caesars, Twelve'），附有更多的参考书目。我所借鉴参考的比较重要的早期研究：拉登多夫（Ladendorf），《古董研究》（Antikenstudium）；施图佩里西（Stupperich），《十二凯撒》（'Die zwölf Caesaren'）；韦格纳，《肖像画系》（'Bildnisreihen'）；费琛，《肖像画廊》，65—85 页。

8 马丁（Martin），《装饰品》（The Decorations），100—131 页。这一设计的灵感来源之一

是杨·卡斯珀·盖瓦提乌斯（Jan Casper Gevartius），后者曾一直为哈布斯堡家族创作了苏维托尼乌斯帝王像的现代版本（107 页），并为这一盛事留下配有插图的记载。更多新近的探讨：纳普和普特南（Knaap and Putnam）（编辑），《艺术、音乐和奇观》（*Art, Music, and Spectacle*）。

9　15 世纪最早的雕塑原型：下文，130—131 页。

10　格里马尼大主教的这一套帝王像（尽管不是苏维托尼乌斯的十二帝王）似乎是将那些他自己坚信是古代之作的样本汇聚在一起才齐的，其中有那尊著名的维特里乌斯像：佩里，《红衣主教多梅尼科·格里马尼的遗产》（'Cardinal Domenico Grimani's Legacy'），234—238 页。

11　费琛，《肖像画廊》，64 页［"英格兰境内迄今为止未发现知名的十二凯撒群像"（Aus England sind mir Zwölf-Kaiser-Serien bisher nicht bekannt worden），他接下来继续思考，这种缺失是否是英国素来痛恨专制主义的结果。］实际上，是存在（或曾经存在）很多凯撒群像的：例如，16 世纪和 17 世纪初，在赫特福德郡的西奥波尔斯（Theobalds in Hertfordshire）的装饰品中，曾包括十二凯撒的画作和两套半身像［格鲁斯（Groos）（编辑），《瓦尔德斯泰因男爵的日记》（*Diary of Baron Waldstein*），81—87 页；亨茨纳（Hentzner），《英国游记》（'Travels in England'），38 页；科尔，《西奥波尔斯，赫特福德郡》（'Theobalds, Hertfordshire'），特别是

102—103 页；威廉姆斯，《收藏和宗教》（'Collecting and Religion'），171—172 页。］；肯特郡的古德斯通公园的花园里，有一套"十二凯撒的巨型半身像"［尼尔（Neale），《座位的景观》（*Views of the Seats*），sv 古德斯通，肯特郡］；剑桥郡的安格尔西修道院（下文，125 页）。博尔索弗城堡也是一个绝佳的例子（上文，14 页），不过城堡里只有八尊凯撒像；还有为尤斯顿庄园所购得的一套凯撒像（下文，127 页）。凯瑟琳·当特（Catherine Daunt）在她的博士论文《肖像集》（*Portrait Sets*）中进一步深挖了帝王群像，40—41 页、47—49 页。凯撒像在文艺复兴时期的英格兰的突出地位：霍普金斯，《文化用途》（*Cultural Uses*），1—2 页。

12　鲍格才别墅公园中 17 世纪的群像本放置在鲍格才宫，后于 1830 年代移至公园：莫雷诺和斯特凡尼（Moreno and Stefani），《鲍格才画廊》（*Borghese Gallery*），129 页。德拉·波尔塔所作半身像由鲍格才家族于 1609 年购得：约埃莱（Ioele），《普里马·迪·贝尔尼尼》（*Prima di Bernini*），16—23 页、194—195 页（试图弄清德拉·波尔塔作坊里制作的几套不同的凯撒像）；莫雷诺和斯特凡尼，《鲍格才画廊》，59 页。法尔内塞宫的帝王半身像：热斯塔兹（Jestaz），《物品清单》（*L'Inventaire*），卷 3，185 页；黎贝塞尔（Riebesell），《古列尔莫·德拉·波尔塔》（'Guglielmo della Porta'）；卡拉奇创作的提香帝王像的复制画，以及与之配对的帝王半身像：热斯塔兹，《物

品清单》，卷3，132页；罗伯森，《艺术赞助》（'Artistic Patronage'），369—370页。另外一些意大利作品：德士玛和弗莱多里尼（Desmas and Freddolini），《宫殿中的雕塑》（'Sculptures in the Palace'），271—272页。

13 https://art.thewalters.org/detail/14623/the-archdukes-albert-and-isabella-visiting-a-collectors-cabinet/。向为我推荐了这幅画的朱莉娅·西蒙（Julia Siemon）表示感谢。

14 鲍尔和豪普特（Bauer and Haupt），《艺术珍品清单》（'Das Kunstkammerinventar'），nos 1745, 1763。

15 https://historicengland.org.uk/listing/the-list/list-entry/1127092。

16 斯特拉达，《罗马帝王》（Imperatorum Romanorum），介绍部分为出版商安德里亚斯·格斯纳（Andreas Gesner）撰写（他将此作品推荐给"那些因年事已高或视力欠佳而对微型图案望而却步的人士"）。这一版（盗用了斯特拉达的文本）在十二凯撒的基础上将帝王像的数量扩展到118位，从尤里乌斯·凯撒到查理五世。

17 沃德罗普（Wardropper），《里摩日珐琅》（Limoges Enamels），38—39页。修复过程改变了骨灰盒上的人物阵容；比如经过19世纪的复制后，现在有三个维特里乌斯的形象。

18 "中产阶级"：写给托马斯·本特利（Thomas Bentley）的信，1772年8月23日（韦奇伍德博物馆档案，E25-18392），可在线查阅：http://www.wedgwoodmuseum.org.uk/archives/ search-the-archive-collections-online/ archive to-mr-bentley-mrs-wedgwood-worse-dr-darwin-sent-for-transcript-page-1-of-5。韦奇伍德的商业手段：麦肯德里克（McKendrick），《约西亚·韦奇伍德》（'Josiah Wedgwood'），特别是427—430页；《约西亚·韦奇伍德和瓷器的商业化》（'Josiah Wedgwood and the Commercialization of the Potteries'）。陶瓷装饰板本身：赖利（Reilly）和萨维奇（Savage），《韦奇伍德：肖像圆形浮雕》（Wedgwood: The Portrait Medallions）。

19 莱斯曼和考尼格·雷恩（Lessmann and König-Lein），《蜡像制作》（Wachsarbeiten），76—88页。一部改变我对蜡制品艺术有失公允的负面观点的著述：潘扎内利（Panzanelli）（编辑），《须臾之身》（Ephemeral Bodies）。

20 这是约翰·芬奇爵士（Sir John Finch）为其赞助人阿灵顿伯爵（Earl of Arlington）委托定制的凯撒像：雅各布森（Jacobsen）《奢侈和权力》（Luxury and Power），125页，借鉴了国家档案馆的文件，公文98/10, FO 40; 98/11, FO 173（1669年和1670年）。雅各布森还引用了日记作者约翰·伊芙林（John Evelyn）对半身像的负面回应——通过塞特福德古宅博物馆展出的帝王像中幸存的一对雕像来判断，这种评价有失公正。［在此感谢塞特福德和金斯林博物馆的奥利弗·博恩（Oliver Bone），后者为我提供了丰富多彩的地方历史详细资料，也包括在小镇剧院之外迎接观众的一段经历。］

21 克里斯蒂安，《凯撒，十二》，155页、

156 页。

22 夏普（Sharpe），《罗伯特·布鲁斯·科顿勋爵》（Sir Robert Cotton），48—83 页；提多（Tite），《手稿图书馆》（Manuscript Library）；库恩斯（Kuhns），《科顿的图书馆》（Cotton's Library）。

23 保罗（Paul），《鲍格才艺术收藏》（The Borghese Collections），24 页。

24 24 尊半身像是莱昂内·克莱里奇（Leone Clerici）19 世纪的作品（12 尊希腊人物，另外 12 尊是罗马人物像，其中有七位是帝王，既有贤主，也有暴君）：《指南》（Handbook），16—17 页。［在此向纽约公共图书馆为我查找到这个信息的迪丽德尔·E. 多诺霍（Deirdre E. Donohue）和文森佐·鲁蒂利亚诺（Vincenzo Rutigliano）致以谢意。］

25 提多，《手稿图书馆》，92 页，图 33。

26 米德多尔夫（Middeldorf），《十二凯撒》（'Die zwölf Caesaren'）；卡廖蒂，《15 世纪的浮雕》（纠正了米德多尔夫的一些结论，并引用 15 世纪的相关文件）；更简要的讨论：费琛，《肖像画廊》，65 页。尽管并非硬币风格的设计，德西德里奥的《尤里乌斯·凯撒》（图 2.4f）常被认为原本是一套十二帝王像的其中之一，不过证据有些站不住脚。

27 比如纽约大都会博物馆和阿姆斯特丹国立博物馆的错误：Amsterdam: http://www.metmuseum.org/art/collection/search/345691; https://www.rijksmuseum.nl/nl/collectie/RP-P-OB-76.860。

28 莱斯曼和考尼格·雷恩，《蜡像制作》，76 页。

29 博赫（Boch），《公开庆祝的描述》（Descriptio publicae gratulationis），124—128 页，参考网址：http://www.bl.uk/treasures/festivalbooks/Book Details.aspx?str Fest=0137；穆利尼（Mulryne）等人（编辑），《欧罗巴的凯旋》（Europa Triumphans），492—571 页，特别是 564—566 页。

30 富尔维奥的"空白"：见下文 253 页。

31 奥登伯格（Oldenbour），《荷兰的帝王图像》（'Die niederländischen Imperatorenbilder'）；乔恩克希尔，《肖像》，115—118 页。维特利乌斯出自亨德里克·格兹乌斯之手，和休伯特·格兹乌斯没有关系；创作奥托像的艺术家不详［杰勒德·凡·洪特霍斯特（Gerard van Honthorst）和亚伯拉罕·布隆梅特（Abraham Bloemaert）都曾被猜测过］。

32 克佩（Koeppe）（编辑），《宫廷艺术》（Art of the Royal Court），260—261 页。

33 这一排列计划可追溯到 18 世纪晚期：《鲍格才家族和古董》（I Borghese e l'antico），204—205 页。

34 费琛，《肖像画廊》，特别是 17—39 页。里摩日骨灰盒（Limoges Casket）也正是遵循了同样的"在制品"原则，结果其十二凯撒像中出现了三个维特里乌斯的形象（图 4.5，参考上文注释 17）。

35 个别作品的创作日期和真实性：斯图尔特·琼斯（编辑）《古代雕塑图录·卡比托利尼博物馆》（Catalogue of Ancient Sculptures ...Museo Capitolino），186—214 页；费琛和赞克，《罗马肖像图录》（Katalogder römischen Porträts）（比较新的目录。但是帝王之屋的肖像散落在整本目录的各处，而不是集中囊括在一个章节里）。

36 博物馆的起源和早期历史：阿雷塔（Arata），《诞生》（'La nascita'）；贝内代蒂（Benedetti），《新宫》（Il Palazzo Nuovo）；帕里西·普雷西切（Parisi Presicce），《出生与命运》（'Nascita e fortuna'）；迈纳（Minor），《建筑文化》（Culture of Architecture），190—215 页；保罗，《卡比托利尼博物馆》（'Capitoline Museum'）；柯林斯（Collins），《雕像之国》（'A Nation of Statues'），189—198 页；卡波尼的作用在其日记中有所记载：弗兰切斯基尼和韦尔内西（Franceschini and Vernesi）（编辑），《卡比托利尼雕像》（Statue di Campidoglio）。博物馆之建设目的的定义写进了 1773 年为馆藏购买的雕塑作品的合同里，曾被保罗《卡比托利尼博物馆》的第 24 页中引用。

37 博塔里和弗戈基尼（Bottari and Foggini），《卡比托利尼博物馆》（Museo Capitolino）（最初出版于 1748 年；我的描述是基于 1820 年的版本）。

38 图拉真和华盛顿的比较：格里芬（编辑），《古迹》（Remains），353 页。艺术和权力之间的模糊界限：《纪念物》，34 页。被误认的阿格里皮娜：威尔逊（Wilson），《日志》（Journal），33 页。

39 马洛（Marlowe），《不稳的地方》（Shaky Ground），15 页："过去不同时期之建筑的时代贮藏器"。

40 争论：弗兰切斯基尼和韦尔内西（编辑），《卡比托利尼雕像》，40—41 页（克劳狄）、50 页（庞培）。

41 到 20 世纪初为止，帝王之屋肖像的构成历经变动，可通过以下资料查找：加迪（Gaddi），《罗马贵族》（Roma nobilitata），194—196 页；洛卡泰利（Locatelli），《卡比托利尼博物馆》（Museo Capitolino），45—53 页；《默里游客指南》（Murray's Handbook for Travellers）（1843 年），433 页；《默里游客指南》（1853 年），200 页；《默里罗马指南》（Murray's Handbook of Rome）（1843 年），51 页；斯图尔特·琼斯（编辑）《古代雕塑图录·卡比托利尼博物馆》，186—214 页（配有 1910 年左右陈列架上肖像作品的详细细节）。我个人在博物馆的观察所得，证实了馆藏处于流动之中的观点。2017 年，用于帮助参观者弄清肖像人物身份，了解每尊头像背后历史的信息菜单，被证明是个错误百出的指南。在一些关键之处，提供的信息和当前布置并不吻合：比如，本来应该安放莉维娅的地方，却放了一尊奥古斯都头像。

42 根据 1736 年加迪的《罗马贵族》194 页内容中的描述，其位置是在"能看得见门的地方"，所以可能是在中间；1750 年，洛卡泰利在《卡比托利尼博物馆》的 46 页将其放在"两扇窗之间"；斯图尔特·琼斯（编辑）《古代雕塑图录·卡比托利尼博物馆》276 页指出，它在帝王之屋里一直陈列到 1817 年。

43 如今这个人物被认为是一位佚名运动员，或是在岩石上小憩的年轻人：斯图尔特·琼斯（编辑）《古代雕塑图录·卡比托利尼博物馆》，288 页。洛卡泰利在《卡比托利尼博物馆》第 47

页的内容里将其描述为位于"陈列室中央"。这些雕像不断变动的身份导致很多混淆。迈纳在《建筑文化》第202页和206—208页，将帝王之屋中的安提诺乌斯当成了现在名气更大的卡比托利尼博物馆的安提诺乌斯，并因此错误地解读了一幅1780年的素描（206页）。不过更令人困惑的是，卡比托利尼的安提诺乌斯似乎曾短暂地栖身于帝王之屋，后来又被卡波尼移至大厅（参见加迪，《罗马贵族》，194页；以及弗兰切斯基尼和韦尔内西（编辑），《卡比托利尼雕像》，124页）。

44 维纳斯：哈斯凯尔和佩妮，《品味与古董》，318—320页。维纳斯代替了安提诺乌斯，后者继而又被阿格里皮娜所取代：斯图尔特·琼斯（编辑）《古代雕塑图录·卡比托利尼博物馆》，288页、215页。

45 剧场：鲍里斯（Borys），《文森佐·斯卡莫齐》（Vincenzo Scamozzi），160—167页。萨比奥内塔小镇及其剧院的文化背景：贝苏蒂（Besutti），《音乐和舞台》（'Musiche e scene'），以及下文180页。

46 这些帝王像的故事，以及早期系列中那些存留下来的帝王像的当前位置，成为牛津大学一项研究的考察对象：https://www.geog.ox.ac.uk/research/landscape/projects/heritageheads/index.html。

47 比尔博姆，《倾校倾城》，在罗伯茨（Roberts）的戏仿作品《朱莱卡在剑桥》（Zuleika in Cambridge）中，实际上女主人公发现剑桥学子似乎对她的魅力更有抵抗力。

48 比尔博姆，《倾校倾城》，9—10页。

49 《泰晤士报》（The Times）2019年2月19日［一封威尔·怀亚特（Will Wyatt）写的信，引用了雕塑家迈克尔·布莱克（Michael Black）的话——他很喜欢讲笑话］。

50 西蒙（编辑）《银质凯撒像》：尤其是西蒙，《追根溯源》（'Tracing the Origin'）；萨洛蒙，《十二泰扎杯》（'The Dodici Tazzoni'）；奥尔康和施罗德，《19世纪和20世纪史》。

51 关于误识的更详细介绍：比尔德，《苏维托尼乌斯，银质凯撒像》。至少在19世纪晚期，这些画面被自信地当成图密善的生平场景：达塞尔（Darcel）（编辑），《斯皮策收藏》（Collection Spitzer），24页［尽管底座上被划掉的"韦斯巴芗"（VESPASIANUS）字迹说明曾有人持不同观点］。

52 苏维托尼乌斯，《提比略》20。

53 苏维托尼乌斯，《提比略》6，48和9。

54 苏维托尼乌斯，《卡利古拉》19；《图密善》1。

55 麦克法登（McFadden），《阿尔多布兰迪尼泰扎杯》（'An Aldobrandini Tazza'）："三家博物馆的合作行动……将人像重新归位到各自所属的浅杯上"（51页）；http://collections.vam.ac.uk/item/O91721/the-aldobrandini-tazza-tazza-unknown/。

# 第五章　最著名的凯撒

1 就本章的撰写工作来看，我非常感谢弗朗西斯·库尔特，我们之间进行了多次交流和讨论，她正在准备一篇关于提香凯撒图的篇幅更长的研究论文，并慷慨地和我分享了她了不起的专业知识。达比收藏和布雷特：科特雷尔（Cottrell），《艺术珍品》（'Art Treasures'），有关威灵顿的援引信息，633 页和 640 页。科特雷尔借用了达比收藏系列的私人图录中布雷特的注释，在铁桥峡谷博物馆档案中有一幅复制品（E 1980, 1202）；在标题"提香凯撒图"之下，布雷特大肆吹捧六幅画的品质（"这些高贵的画……是无法超越的艺术品"）。这里我要感谢铁桥峡谷博物馆的乔治娜·格兰特（Georgina Grant）为我提供了私人图录中相关部分的复印件。这些信息同布雷特本应卖给已故荷兰国王的六张凯撒图有何关联，我并不清楚！《每日新闻报》（The Daily News）1864 年 4 月 2 日，第 2 页对这次未完成的交易有记载。围绕着这些画的困惑难以摆脱：韦西（Wethey），《提香的画》（Paintings of Titian），239 页；还有克罗和卡瓦尔卡塞勒（Crowe and Cavalcaselle），《提香》（Titian），423 页。这些学者认为画的所有者是亚伯拉罕·休姆（Abraham Hume），而不是亚伯拉罕·达比。

2　关于这些画一些新近的重要讨论：韦西，《提香的画》，235—240 页；具有更多细节的讨论，蔡茨（Zeitz），《提香》（Tizian），59—103 页。阿尔卡萨宫大火：斯图尔特，《马德里》（Madrid），81—82 页（一段简短但令人心寒的叙述："只有几位宫廷仆人死于大火"），以及博蒂诺（Bottineau），《阿尔卡萨宫》（'L'Alcázar'），150 页〔引用了法国画家让·朗克（Jean Ranc）作为亲历者的

一段更简短的叙述，大火就是从他的宫廷画室开始蔓延的〕。

3　《文学报》（The Literary Gazette），1842 年 3 月 20 日，187—188 页；私人图录中布雷特的部分，见上文，注释 1。

4　《国家评论》（National Review），《曼彻斯特展》，第 5 期（1857 年 7 月），197—222 页，引文在 202 页〔作者乔治·里士满（George Richmond），匿名撰文〕。

5　佳士得拍卖，1867 年 6 月 8 日，拍卖品号 127—132，标题为"以下画作曾于 1857 年在曼彻斯特展出"。其中一幅《提比略像》于 1867 年被詹姆斯·卡耐基（James Carnegie）以 4 几尼的价格买走，后于 2014 年以"提香·韦切利奥"（Tiziano Vecellio）名下的作品再度被拍卖：http://www.christies.com/lotfinder/Lot/after-tiziano-vecellio-called-titian-portrait-of-5851119-details.aspx。

6　《早报》（Morning Post）1829 年 11 月 6 日，3 页；《北威尔士纪事》（North Wales Chronicle）1829 年 11 月 12 日，2 页；《苏格兰使者》（Caledonian Mercury）1829 年 11 月 12 日，2 页和其他地方。八千英镑：诺斯科特（Northcote），《提香》（Titian），171 页。

7　另有一些关于它们幸存于英国境外的传奇故事。其中一个 20 世纪的错误观点认为，慕尼黑的版本（同样的复制品）实际上为原作：维兰特（Wielandt），《下落不明的帝王画像》（'Die verschollenen Imperatoren-Bilder'）（提出了这个观点），后遭到韦西及其他人的驳斥，《提香的画》，238 页。

8　最旗鼓相当的作品也许当属安东尼奥·滕佩斯塔（Antonio Tempesta）的《马背上的十二凯撒》（*Twelve Caesars on Horseback*）（1596 年），不仅是十分受欢迎的版画作品，而且被复制成各种艺术媒介［皮科克，《舞台设计》（*Stage Designs*），281—282 页，其中提到一些伊尼戈·琼斯（Inigo Jones）舞台服装背后的灵感来源；英格兰东部安格尔西修道院的四幅复制画：http://www.national trustcollections.org.uk /object/515497—/515500］。滕佩斯塔的生涯：洛伊什纳，《安东尼奥·滕佩斯塔》（*Antonio Tempesta*）。

9　德·贝莱格（de Bellaigue），《法国瓷器》（*French Porcelain*），361 期。

10　它有过很多现代名称，包括"凯撒阁"（Gabinetto dei Cesari）和"凯撒厅"（Sala dei Cesari）。

11　翻新：科塔法维（Cottafavi），《大事记》（'Cronaca'），622—623 页。仿制画：洛卡索（L'Occaso），《公爵宫博物馆》（*Museo di Palazzo Ducale*），231—233 页。

12　（在大量的书目中）关于曼图亚的公爵宫的历史发展，"特洛伊套间"（Trojan Suite），以及费德里科的赞助的介绍很有用：钱伯斯和马蒂诺（Chambers and Martineau）（编辑），《壮美绚烂》（*Splendours*）；弗洛狄和雷贝齐尼（Furlotti and Rebecchini），《曼图亚艺术》（*Art of Mantua*）。在接下来的注释里，我将精挑细选，找出有关某些曼图亚主题的重要讨论和有用的起始地点。

13　贡扎加家族的古董收藏：布朗和文图拉（Brown and Ventura），《收藏》（'Le raccolte'）；劳萨（Rausa），《描画他们》（'Li disegni'）。关于伊莎贝拉·德·埃斯特和曼特尼亚争夺的一尊福斯蒂娜古代雕像，参见下文 237 页的内容。

14　多尔斯（Dolce），《对话》（*Dialogo*），59 页：《真实的凯撒，不是图画》（还说道，大批观众涌向曼图亚，仅为一睹凯撒像的风采）。

15　蔡茨，《提香》，78—79 页。

16　"非常好，完美到无需改进，无与伦比"（Molto belle, e belle in modo <or di sorte> che on si puo far più nè tanto）；由蔡茨引用，《提香》，101 页。其背景参见佩里尼（Perini）（编辑），《书信》（*Gli scritti*），162 页。这些边注的历史，以及卡拉奇画家兄弟中的哪位才是作者：邓普西（Dempsey），《卡拉奇〈讲道书〉》（'Carracci Postille'）；洛（Loh），《静物画》（*Still Lives*），28—29 页，239 页注释 64（得出不同的结论）。

17　房间的布局：克林格（Koering），《君王和模特》（'Le Prince et ses modèles'）和《君王》（*Le Prince*），282—295 页；还有蔡茨，《提香》，65—100 页。弗朗西斯·库尔特优秀的数字重建作品参见：https://ucdarthistoryma. wordpress.com/2016 /11/24/journey-of-a-thesis-titians-roman-emperors-for-the-gabinetto-dei-cesari-mantua/，以及库尔特，《支持提香帝王像》（'Supporting Titian's Emperors'）（整体设计的分析）；包括一个很有用的计划的印刷版，博扎吉（Berzaghi），《帝王阁笔记》（'Nota per il gabinetto'），特别是 255—258 页。希尔曼（Shearman），《意大利早期绘画作

品》（*Early Italian Pictures*），124—126 页仍是很有用的英文总结。

18 朱里奥·罗马诺的生涯：哈特（Hartt），《朱里奥·罗马诺》（*Giulio Romano*），收录了几篇展览图录《朱里奥·罗马诺》的几篇文章。莎士比亚：《冬天的故事》（*Winter's Tale*），第 5 幕，第 2 场，96 行。

19 "提香先生，我最最亲爱的朋友"（Messer Tiziano, mio amico carissimo），出自费德里科给提香的信，1537 年 3 月 26 日。博达特在《提香》（*Tiziano*）149—156 页的内容里收集并讨论了这些信件，并附带 nos. 253—304 的文件；蔡茨，《提香》，61—65 页，附带 nos. 252—306 的文件。

20 最近一些将骑像人物识别为帝王像的观点：博扎吉，《帝王阁笔记》，246—247 页；库尔特，《支持提香帝王像》。

21 汉普顿宫的装饰镶板：希尔曼，《意大利早期绘画作品》，nos 117 和 118；惠特克和克莱顿（Whitaker and Clayton），《意大利艺术》（*Art of Italy*），第 39 期（除了其他方面之外，注意到了匆忙处决国王的迹象）。汉普顿宫作品中另外一个献祭山羊的场面（还有一张华盛顿国家美术馆的相关初步设计草图，1973.47.1）似乎和凯撒之屋相关，但是（参见下文 166 页内容和注释 33），很难确定这幅画的场面究竟和哪位帝王匹配：希尔曼，《意大利早期绘画作品》，nos 119。卢浮宫画作：哈特，《朱里奥·罗马诺》，174—175 页。

22 汉普顿宫的两幅：希尔曼，《意大利早期绘画作品》，nos 120 和 121；惠特克和克莱顿，《意大利艺术》，第 39 期。马赛的三幅：《意大利绘画》（*Peintures*

*Italiennes*），第 73 期。拉彭塔和莫西里（Lapenta and Morselli）（编辑），《贡扎加家族收藏》（*Collezioni Gonzaga*），189—192 页讨论并以图说明了除纳福德大礼堂的骑士和胜利女神像以外的所有作品，这些镶板目前的所有者已确认了它们的位置。我要向伦敦特拉法加画廊的阿尔弗雷德·科恩（Alfred Cohen）表示感谢，后者提供了关于画廊中骑士像的详细细节。

23 贡扎加收藏清单：卢西奥（Luzio），《贡扎加画廊》（*Galleria dei Gonzaga*），89—136 页；莫西里（编辑），《贡扎加家族收藏》，237—508 页［配有插图以及拉彭塔和莫西里（编辑），《贡扎加家族收藏》中的更多评注］。查理一世财产清单：米拉尔（Millar）（编辑），《亚伯拉罕·范·德尔·多尔特图录》（*Abraham van der Doort's Catalogue*）和《清单和估价》（*Inventories and Valuations*）。（两份查理一世的财务清单及有帮助的评论，可以在线访问：https:// lostcollection.rct.uk/。）

24 这份清单是由阿尔布雷希特的继任者之一的私人教师，勤奋的约翰·巴普蒂斯特·费克勒（Johann Baptist Fickler）整理的：迪莫（Diemer）（编辑），《清单》（*Das Inventar*）；哈特，《朱里奥·罗马诺》，170—176 页；迪莫等人（编辑），《慕尼黑珍奇屋》（*Münchner Kunstkammer*），卷 2，nos 2600，2610，2618，2626，2632，2639，2646，2653，2660，2667，2678，2683。"迷你曼图亚"（mini-Mantua）的主意：迪莫和迪莫（Diemer and Diemer），《拜仁

州的曼图亚？》（'Mantua in Bayern?'）；詹森，《雅各布·斯特拉达》，611—613页。珍奇屋的作用：皮拉斯基·卡利亚多斯（Pilaski Kaliardos），《慕尼黑珍奇屋》（*Munich Kunstkammer*）。

25　这些素描画的作者归属问题仍有争议：费尔海恩（Verheyen），《雅各布·斯特拉达的曼图亚素描》（'Jacopo Strada's Mantuan Drawings'）（认为这些素描乃斯特拉达本人所作）；布施（Busch），《研究集》（*Studien*），204—205页，342页注释90（第一个将这些素描画认定为安德里亚希之作的学者）。安德里亚希的艺术生涯：哈普拉特（Harprath），《伊波利托·安德里亚希》（'Ippolito Andreasi'）。詹森，《雅各布·斯特拉达》，特别是701—708页的内容明确提到，斯特拉达对贡扎加家族艺术和建筑的兴趣远远不止于帝王之屋。

26　苏维托尼乌斯，《提比略》27。大英博物馆有另外一个故事画的一张草图，与之相配的是卡利古拉肖像（Inv. 1959,1214.1）：克林格（Koering）《国君》（*Le Prince*），87—88页和博扎吉，《帝王阁笔记》，245—246页（就这张图背后依托的是哪段苏维托尼乌斯的历史叙述提出了不同观点）。

27　这表明，围绕着这个房间的装饰布局的叙述十分混乱，大多数情况下，其定位和方向是错误的（实际上的西面墙被称为背面墙，诸如此类）。我没有因循传统方法，而是采用了正确的方向——效仿克林格和库尔特。

28　来自维也纳的小雕像：《朱里奥·罗马诺》，403页。这里很难发现主题。然

而在对面的（东）墙上，却是特洛伊英雄帕里斯和维纳斯、智慧女神密涅瓦（Minerva）和朱诺（Juno）的微型雕像构成的《帕里斯的审判》（*Judgement of Paris*）：克林格，《国君》，285—286页。

29　在其他骑像中，最左侧的人物和伦敦特拉法加画廊中的一幅肖像相匹配；最右侧的人物则同汉普顿宫的肖像之一相匹配。

30　通常的观点是，富尔维奥著作中的插图是艺术家乌戈·达·卡普里（Ugo da Carpi）的作品，这些画后来被大量复制：塞尔沃利尼（Servolini），《乌戈·达·卡普里》（'Ugo da Carpi'）。

31　西面墙肖像的全体阵容如下。上方，从左至右：（1）"提比略·克劳狄·凯撒·奥古斯都，国父、大祭司"［Ti(berius) Claudius Caesar Aug(ustus) P(ontifex) M(aximus) P(ater) P(atriae)］，也就是皇帝克劳狄［那些提到这块纪念章图案的学者们通常都把"AUG PM"误读成没有意义的"AUDEM"，而且莫西里（编辑）的《贡扎加……收藏品》（*Gonzaga...Le raccolte*）173页的记录错误地断定，以上措词认定的是骑像人物而非纪念章图案中的肖像人物］；（2）"尼禄皇帝之父图密善"［Domitius Neronis Imp(eratoris) Pater］；（3）"奥托皇帝之父卢修斯·西尔维厄斯·奥托"［L(ucius) Silvius Otho Vthonis Imper(atoris) Pater］重复了原始出处中将"V"当成"O"的错误；（4）"皇帝维特里乌斯之父卢修斯·维特里乌斯"［L(ucius) Vitellius Vitellii Imp(eratoris) Pater］。下方一排，从左至右：（1）无法明确解读，尽管

"uxor"（妻子）这个词是清晰可见的；最接近的匹配人物是莉维娅·米杜里娜（Livia Medullina），她与克劳狄订了婚，却在婚礼当天去世；（2）空白；（3）"奥托皇帝之母阿尔比亚·伦提娅"〔'Albia Terentia Othonis Imp(eratoris) Mater'〕；（4）"皇帝奥鲁斯·维特里乌斯之母塞克斯提丽娅"〔Sextilia A(uli) Vitellii Imp(eratoris) Mater〕。

32 奥古斯都下方的全体人像如下。上方，从左至右：（1）"……茉莉亚，奥古斯都和斯克利波尼娅之女，阿格里帕之妻"〔… Scribonia F Agripp<a>e Ux(or)', originally 'Iulia Augus(ti) ex Scribonia F(ilia) Agripp<a>e Ux(or)，蔡茨在《提香》第98页和克林格在《国君》第286页中将其错误解读了；（2）"莉维娅，提比略之子德鲁苏斯的妻子"〔Livilla Drusi Tiberii F(ilii) Uxor〕，德鲁苏斯之死：塔西佗，《编年史》，卷4，3—8页。莉维娅的凄凉结局：戴奥，《罗马史》58，11，7页。

33 《凯旋》（Triumph）的画面宽1.7米；骑像每幅宽约0.5米；被认为是另一幅故事画的山羊献祭（上文，注释21），0.66米。如果我们把附随的维特里乌斯像和每幅画之间的边缘区同这些（遗失的）故事画加在一起，那么就需要超过5米的总宽度。关于这一点，我们只能试着去推测。维特里乌斯的父母之像就在临近墙的纪念章图案之中，这一事实表明，尽管有斯特拉达的笔记（下文，注释35）和慕尼黑清单的影响力，然而维特里乌斯像之下并无骑像，或者说并没有和维特里乌斯像匹配的故事画。或

者，汉普顿宫那幅常被同图密善生平联系起来的山羊献祭画（哈特，《朱里奥·罗马诺》，175页）可能根本就不属于这个帝王之屋（屋里没有图密善肖像）。最近关于这些费解难题的最佳述评以及各式答案：博扎吉，《帝王阁笔记》。

34 克劳狄被当成凯撒：米拉尔（编辑），《亚伯拉罕·范·德尔·多尔特图录》43页，以及《清单和估价》328页。"市长"的故事取自塔西佗，《编年史》，卷6，11，3页。清单表明，至少在1598年之前，"错误的"故事画一直是和"错误的"帝王配对。

35 斯特拉达的笔记：慕尼黑，国家档案馆，《古籍图书馆》，4852，fol.167；在费尔海恩，《雅各布·斯特拉达的曼图亚素描》一文中发布，64页："前面提到的马背上的十二帝王"（Dodici imperadori, sopradetti, a cavallo）（斜体是我加的），被费尔海恩作为《古籍图书馆》第2卷的内容加以引用。1627年清单：卢西奥，《贡扎加画廊》，92页；莫西里（编辑），《贡扎加家族收藏》，269页："另外十块装饰镶板，每块板上都描绘了一位骑马的帝王"（Dieci altri quadri dipintovi un Imperator per quadro a cavallo）（斜体是我加的）。查理一世财产清单中的十一：米拉尔（编辑），《清单和估价》，270页。贡扎加藏品清单中某处提到了一张单幅的"皇帝骑像"，尽管被认为并非出自《朱里奥·罗马诺》之手〔卢西奥，《贡扎加画廊》，97页；莫西里（编辑），《贡扎加家族收藏》，278页〕，然而这幅

画或多或少地解决了前后矛盾的问题。这里的胜利女神像该如何解释得通，是更为复杂的问题。

36 瓦萨里，《传记》（*Vite*），834 页（"提香绘制的十二凯撒肖像"）。斯特拉达（参见注释 35）也提及"十二"帝王。艺术品清单各有不同：米拉尔（编辑），《清单和估价》，270 页记录的数字是"十二"（尽管一份手稿复印件将其修改成了"十一"：大英图书馆，哈雷（Harley）MS 4898，f 502）；在曼图亚制作的 1627 年清单正确地记录了"十一"这个数字［卢西奥，《贡扎加画廊》，89 页；莫西里（编辑），《贡扎加家族收藏》，268 页］；和出售给查理一世代理人的物品相关的信件存在"十二"和"十一加一"的前后不一致之处（卢西奥，《贡扎加画廊》，139 页）。

37 哈特，《朱里奥·罗马诺》，170 页、176—177 页。

38 "朱里奥·罗马诺"的图密善：卢西奥，《贡扎加画廊》，90 页；莫西里（编辑），《贡扎加家族收藏》，268 页（"另一幅出自朱里奥·罗马诺之手的描绘帝王人物的同类画作"）。费蒂的图密善：莫西里在沙法里克大学（Morselli in Safarik）（编辑），《多梅尼科·费蒂》（*Domenico Fetti*），260 页、264—265 页。每套复制品系列都包括一幅图密善像，无论是带有新创意的画作还是复制品的复制品；参考图 5.10。

39 尤里乌斯·凯撒［苏维托尼乌斯，《尤里乌斯·凯撒》7：迪莫等人（编辑），《慕尼黑珍奇屋》，卷 2，第 2632 期；哈特，《朱里奥·罗马诺》，170 页、174

页（错误识别了画面）］。奥古斯都（苏维托尼乌斯，《奥古斯都》，94 页）：哈特，《朱里奥·罗马诺》，171—172 页；迪莫等人（编辑），《慕尼黑珍奇屋》，卷 2，第 2610 期；一张草图的一半在温莎皇家图书馆，另一半在维也纳的阿尔贝蒂娜博物馆（Albertina）：钱伯斯和马蒂诺（编辑），《壮美绚烂》，191 页。

40 关于这一点，我认同克林格的观点：《国君》，285 页。阿拉斯（Arasse），《装饰图》（*Décors*），249—250 页注释 163 也对画之屋内曼特尼亚创作的八位帝王像持有相似观点。

41 波科克（Pocock），《野蛮行为》（*Barbarism*），127—150 页。

42 西韦尔（Silver），《推销马克西米利安》（*Marketing Maximilian*），特别是第 2 章和第 3 章；伍德，《赝品、仿制品、虚构》，306—322 页。

43 潘维尼奥，《纪年表》（*Fasti*）。"私自出版"：麦卡格（McCuaig），《卡洛·西格尼奥》（*Carlo Sigonio*），30—33 页；以及对斯特拉达更有利的说法（和现在相比），"盗版"（"pirating"在当时是个更不稳定的概念；参见上文，第 4 章注释 16）：鲍尔（Bauer），《教皇史的发明》（*Invention of Papal History*），52—53 页；詹森，《雅各布·斯特拉达》，196—199 页。其他将古罗马和现代历史关联起来的做法包括富尔维奥的《杰出人物像》，此书以双面神雅努斯为开端，以神圣罗马皇帝康拉德（Conrad）收尾，后者于公元 918 年去世；还包括康拉德·波伊廷格（Konrad Peutinger）出版从尤里乌斯·凯撒到马克西米利安的帝王纲要的计划［西韦尔，《推销马克西米利安》，77—78 页；杰克门和斯皮拉（Jecmen and Spira），《奥格斯堡帝国》（Imperial Augsburg），49—51 页］。

44 费德里科作为奥古斯都像的模特：蔡茨，《提香》，94—100 页。但是看 RRC 494，529 则表现了一个蓄须的屋大维，和提香之奥古斯都像（副本）吻合。

45 克林格，《国君》，273—282 页（注意到了同频）；更简短的论述，哈特，《朱里奥·罗马诺》，178—179 页。

46 法拉利（Ferrari）（编辑），《贡扎加家族收藏》（Collezioni Gonzaga）（凯撒之屋：189 页）。

47 博达特，《提香》，文件 304；蔡茨，《提香》，文件 306。

48 这次采购的原委和背景：卢西奥，《贡扎加画廊》；布罗顿（Brotton），《变卖》（Sale），107—44 页；安德森（Anderson），《佛兰德商人》（Flemish Merchant）。

49 "赛拉图箴言"的历史：弗洛狄和雷贝齐尼，《曼图亚艺术》，236—240 页（这被希尔曼误认为是凯撒屋的新名称，《意大利早期绘画作品》，125 页）。画作在公爵宫四处散落：卢西奥，《贡扎加画廊》，89—90 页、92 页、97 页、115 页；莫西里（编辑），《贡扎加家族收藏》，268—269 页、278 页、295 页。

50 安德森的《佛兰德商人》尝试着为尼斯勾出一个更细致入微的形象。被水银损坏：威尔逊，《尼古拉斯·拉尼尔》（Nicholas Lanier），130—131 页。

51 18 世纪的"存留作品"：基斯勒（Keysler），《游记》（Travels），116—117 页。关于画作被毁掉的奇怪声明：里希特（Richter）（编辑）《生平》（Lives），47 页［乔纳森·福斯特（Jonathan Foster）女士为这些笔记负责］。《朱里奥·罗马诺》的一些故事画可能最终并未辗转至英格兰，因为不是所有故事画都能在查理一世的收藏品清单中追溯到。

52 补救措施：西蒙兹（Symonds），大英博物馆，埃杰顿（Egerton）MS 1636, fol. 30，被威尔逊引用，《尼古拉斯·拉尼尔》，131 页。受损的画作：米拉尔（编辑），《亚伯拉罕·范·德尔·多尔特图录》，174 页（在一系列受损的曼图亚画作中，它被列为"被水银彻底损坏"）。

53 原始文献［国家档案馆（The National Archive），英国皇家植物园邱园（Kew），萨里郡（Surrey），LC 5/132 f. 306］在线网址：http://jordaensvandyck. org/archive/warrant-to-pay-van-dyck-280-for-royal-portraits-15-july-1632/。

54 皮热·德·拉·塞尔（Puget de la Serre），《历史》（Histoire）（没有标注页码）；相关段落被威尔克斯（Wilks）引用，《特别关注》（'Paying Special Attention'），158—159 页。另一方面，文件记载不太合乎情理。皮热·德·拉·塞尔暗示，所有帝王像都在同一地点，然而这显然和包括当代清单在内的一些其他证据不一致。

55 奥托：米拉尔（编辑），《亚伯拉罕·范·德尔·多尔特图录》，194 页；《清单和估价》，66 页。

56 米拉尔（编辑），《亚伯拉罕·范·德尔·多尔特图录》，226—227 页［这里被当作附录发布的一份清单，但不是多尔特（Doort）本人发布的〕。

57 大力神和查理：米拉尔（编辑），《亚伯拉罕·范·德尔·多尔特图录》，226 页、227 页。

58 这一图像的直接来源：拉特申（Raatschen），《凡·戴克的查理一世》（'Van Dyck's *Charles I* '）；豪沃斯（Howarth），《统治的图像》（*Images of Rule*），141—145 页。

59 画廊的精准重建需要猜测和推断。但是威尔克斯的《特别关注》毫无疑问确认了画廊的基本表现风格和提香帝王像的位置，其观点同豪沃斯，《统治的图像》，141 页内容正好相反；根据后者的猜想，成行排列的人像最后引向国王查理的肖像。

60 画廊里以及在别处，国王查理关于神之委任权（divine sanction）的声明同大力神所扮演的角色之间的联系：亨嫩（Hennen），《马背上的卡尔》（*Karl zu Pferde*），47 页、83 页；威尔克斯的《特别关注》，159—160 页。

61 "国王财产"的处理：布罗顿，《变卖》，210—312 页；哈斯凯尔，《国王的图画》（*King's Pictures*），137—169 页。

62 骑士像的售出，以及随后的命运：希尔曼，《意大利早期绘画作品》，123—124 页（包括关于《朱里奥·罗马诺》故事画的类似信息，一些故事画回归皇室收藏，不过《奥托》像的镶板之后又再次遗失，125—126 页）。通常而言的"复辟运动"：布罗顿，《变卖》，313—351 页；哈斯凯尔，《国王的图画》，171—193 页。

63 复杂的谈判过程：布朗和埃利奥特（Brown and Elliott）（编辑），《世纪大拍卖》（*Sale of the Century*），一些关键文献由布罗顿和麦格拉斯（Brotton and McGrath）在《西班牙大采购》（'Spanish Acquisition'）中翻译并加以讨论。

64 最早的负面评价：布朗和埃利奥特（编辑），《世纪大拍卖》，285—286 页〔重印了阿尔巴之家档案馆（Archivo de la Casa de Alba）一条 1651 年 8 月 8 日的备忘录，Caja182—195："提香创作的十二帝王像……其中六幅情况非常糟糕。皇帝维特里乌斯像完全遗失……"而来自同一档案库（Caja 182—176）的一封 1651 年 11 月 24 日的信却反映出不同观点，在布罗顿和麦格拉斯的《西班牙大采购》的 13 页内容中有译文（原文西班牙语在布朗和埃利奥特（编辑）的《世纪大拍卖》的 282 页）〕。

65 宫殿的历史：布朗和埃利奥特，《国王的宫殿》（*Palace for a King*）（包括为宫殿定制的画作的相关讨论，105—140 页）；巴克翰（Barghahn），《菲利普四世和"金屋"》（*Philip IV and the 'Golden House'*），151—401 页（重现画作的精确布局）。布恩·丽池宫几乎未幸存下来；一些保留下来的房间成为普拉多博物馆建筑群的一部分。

66 画廊的布局：博蒂诺，《阿尔卡萨宫》，公布了 1686 年的清单（特别是 150—151 页的"提香作品"）；奥尔索（Orso），《菲利普四世》（*Philip IV*），144—153 页；巴斯奎斯-曼纳塞罗（Vázquez-Manassero），《十二凯撒的再现》（'Twelve Caesars' Representations'），

特别是 656—658 页。

67 关于这些复制作品，没有完整或准确的目录，但是以下著述提供了很多复制画的登记册，颇有助益，并附带必要的文件：韦西，《提香的画》，237—240 页；齐默（Zimmer），《收藏品》（'Aus den Sammlungen'），12—16 页、26—27 页。就帝王"面孔"本身而言，可参见奥地利阿姆布拉斯宫收藏中一套 16 世纪晚期的十二帝王像复制画，这套画将提香原作的四分之三人像裁剪为"面部肖像图"：哈格（编辑），《仿古》，214—217 页。

68 拉莫（Lamo），《对话》（Discorso），77 页［"将 12 幅肖像图全部都献给了侯爵（offerendo tutti i dodici ritratti al Marchese）"——斜体是我加的］，拉莫还对作品风格进行了评论。坎皮的作品及其大家族：《坎皮》（I Campi）。

69 库尔特，《描绘提香的"凯撒像"》（'Drawing Titian's "Caesars"'）［这些素描在 150 年前就被看到过，且部分在莫尔比奥的《新闻》（'Notizie'）中出版过］。这些画显然在某种程度上同——尽管具体有什么联系还不清楚——一套非常相近，但明显"呈正方形"（为了复制方便）的六张素描画有关联，这六幅素描是复制提香的《尤里乌斯·凯撒》《克劳狄》《尼禄》《加尔巴》《奥托》和《维特里乌斯》；这些画在 2009 年 5 月 18 日的巴黎格罗斯 & 德里崔兹（Gros & Delettrez）拍卖会上未能售出，拍卖号 29A—C（被认为是朱里奥·罗马诺工作坊的作品）。

70 斐迪南和西班牙收藏品：拉莫，《对话》，78 页。贡扎加家族的支脉的（遗失）画作：萨尔托里（Sartori），《复制品》（'La copia'）。一些文献记录被收录在朗基尼（Ronchini）的《贝尔纳迪诺·坎皮》（'Bernardino Campi'）中，特别是 71—72 页——尽管它提出了一些常见问题（比如，如果坎皮实际上早前已经绘制过这些复制画，且自己也拥有临摹范本，为何瓜斯塔拉的斐迪南二世还是要指派坎皮去临摹萨比奥内塔的《帝王像》来作为他的范本？）。坎皮及其工作室在萨比奥内塔的花园宫里绘制的幸存系列帝王像的头部，显然体现了提香之作的面部特征，尽管头像被安在了不同的身体上，有时还将"错误"的头部放在了"错误"的帝王躯干上（萨尔托里，《复制品》，21—24 页）。

71 曼图亚的几幅复制品：雷贝齐尼，《私人收藏家》（Private Collectors），公布了地方的物品清单和遗嘱，其中"十二凯撒"肖像画列于目录中，有时被明确地归属于提香之作（参见 App. 4，I，139; 4，II，34; 6，II; 6，III，11; 6，V，1; 6，V，210; 6，VI，1）。古列尔莫公爵（Duke Guglielmo）为佩雷兹委托定制的肖像套组的证据：卢西奥，《贡扎加画廊》，89 页。

72 马克西米利安二世委托定制的肖像套组：齐默，《收藏品》，20 页，43—47 页。法尔内塞收藏清单，参见热斯塔兹，《物品清单》，卷 3，132 页。这些画作的一个可能性的来源可追溯到 16 世纪：罗伯森，《艺术赞助》，370 页。

73 这一点可以从丹尼尔·尼斯 1627 年 10 月 2 日的一封信中得到证实（发表于

卢西奥的《贡扎加画廊》，147页），摘自安德森的《佛兰德商人》，130—131页。尼斯记录道，公爵"想派一位画家去复制画廊中的画作"（voel mandare un pittore a posta per copiare li quadri della galleria），但是他坚称能够胜任这一工作的优秀艺术家在威尼斯。

74  这封信的文本：沃尔泰利尼（Voltelini），《证据和文献》（'Urkunden und Regesten'），第 9433 期［"因为他已经从罗马购置了另外一套复制品"（porque ya tiene otros duplicados, que le embiaron de Roma）］。关于收藏的更多背景：德拉福斯（Delaforce），《安东尼奥·佩雷兹的收藏》（'Collection of Antonio Pérez'），特别是 752 页。

75  达瓦洛斯收藏中的那些复制画：《坎皮》，160 页；《珠宝》（I tesori），50—53 页。在曼图亚私人收藏的那些作品有历史记录，并自 1970 年以后一直在英国。很难弄清曼图亚公爵宫一份 1712 年清单中记录的由帕多瓦尼诺（il Padovanino）创作的一套复制品，与为贡扎加家族而制的复制品之间有什么关系，而原作在威尼斯等待装运至英国：艾德尔伯格和罗兰兹（Eidelberg and Rowlands），《散卖》（'The Dispersal'），214 页、267 页注释 53。如今放在凯撒之屋原始位置上的仿制品和原作不尽相同，它们购于 1924 年（参见上文注释 11）。

76  可以预见，慕尼黑这套画背后的历史神秘莫测。众所周知，斯特拉达请人绘制了曼图亚凯撒之屋作品之主要元素的复制画（以及安德里亚希的素描）；但是他很可能知道慕尼黑已经另有一套帝

王像，因为在整套帝王像中他只订购了图密善像（大概他认定慕尼黑那套人像就是提香的十一凯撒原作——他似乎错了，因为费克勒的清单（上文注释 24）记录了慕尼黑收藏品中有两幅图密善像）。对这一情况的文献记载以及各种复杂的相关推断：费尔海恩，《雅各布·斯特拉达的曼图亚素描》，64页（以及上文注释 35）；迪莫等人（编辑），《慕尼黑珍奇屋》，卷 2，nos 2682，3212；齐默，《收藏品》，12—14 页。

77  这里还有非常棘手的难题。正如齐默，《收藏品》，19—20 页所观察的，相关信件（上文注释 74）似乎表明，鲁道夫并未真正有意购买佩雷兹的凯撒像；不过既然他已经于 1576 年在父王去世后继承了一套肖像画，为何还会去考虑？

78  萨德勒的生涯：利穆齐（Limouze），《埃吉迪乌斯·萨德勒，帝王版画家》（'Aegidius Sadeler, Imperial Printmaker'），《埃吉迪乌斯·萨德勒》（Aegidius Sadeler）（约 1570—1629 年）。迄今为止，这是提香帝王像最流行的版画版本，不过除此之外还有很多其他版本：比如 17 世纪早中期的巴萨泽·蒙科内特（Bathasar Moncornet），17 世纪晚期的格奥尔格·奥古都·沃尔夫冈（Georg Augutus Wolfgang），18 世纪的托马斯·贝克韦尔（Thomas Bakewell）和路易-雅克·卡特兰（Louis-Jacques Cathelin）。这些作品有些是在萨德勒版画基础上制作的仿品，但也有一些取自其他的提香帝王像复制品。比如，萨德勒的《图密善》像并不是以坎皮的肖像为参照（显然又一次说明鲁道夫二世未曾拥有坎

皮肖像画套组；参见图 5.10）。沃尔夫冈的人物之一确实是以坎皮的《图密善》像为蓝本，但是——又是一个身份误识的例子——却将其画成了一幅《提比略》像。（参见大英博物馆，馆藏号 1950,0211,189）

79 弗图（Vertue），《弗图记事簿》（*Vertue's Note Book*），52 页。在英国，提香帝王像系列藏于不同地点，这一事实说明它们不太可能作为一个整体而被复制。

80 沃斯利，《"工匠矫饰主义"风格》（'The "Artisan Mannerist" Style'）。91—92 页内容发现了这些凯撒像同意大利贵族家族趣味间的关联；但是，直接以萨德勒版画为参照的它们却没有显露任何有关原作或意大利的知识（插图：https://www.artuk.org/visit/venues/english-heritage-bolsover-castle-3510）。

81 此书的详细信息：http://www.sothebys.com/en/auctions/ecatalogue/2011/music-and-continental-books-manuscripts-l11402/lot.11.html。我非常感谢比尔·扎克斯和我分享了他的信息，即此书封面图案的委托人是罗伯特·桑顿（Robert Thornton）（1759—1826 年），其设计在风格上同罗杰·佩恩（Roger Payne）或亨利·沃尔特（Henry Walther）的作品很相似。盾牌：《皇家宝藏库》（*Schatzkammer*），282 页。

82 冯塔纳，《艾菲·布里斯特》，166 页。

83 哈尔斯玛·库布斯（Halsema-Kubes），《巴托洛梅乌斯·埃格斯》（'Bartholomeus Eggers'）。他们本是为奥拉宁堡（Oranienburg）的另一处皇宫设计的，如今在阿姆斯特丹国立博物馆的四尊半身像也采用了同样的模板（图 5.15）；"富有想象力的幻象"：费琛，《肖像画廊》，54—55 页。

84 《每日邮报》：上文，第 2 章，注释 44。现代纪念品可以在以下网址找到：http://fineartamerica.com。

85 克罗和卡瓦尔卡塞勒，《提香》，424 页。

86 引用：萨维多·法哈多（Saavedro Fajardo），《有原则的想法》（*Idea de un príncipe*），14 页（"本不允许安放雕像或画……，但是这些肖像作品可以帮助王储效仿先辈的光辉事迹"）（No a de aver . . . Estatua, ni Pintura, que no cie en el pecho del Principe gloriosa emulacion），被翻译成《皇室政治家》（*The royal politician*），15—16 页。这些理论在西班牙王室中同古代帝王的关系：巴斯奎斯-曼纳塞罗，《十二凯撒的再现》，658 页。

87 奥古斯丁（Agustin），《对话》（*Dialogos*），18—19 页（尤其感兴趣的是尼禄作为彼得和保罗之迫害者的外形）。

88 克林格，《国君》，155—160 页（注意凯撒之屋中朱里奥·罗马诺的故事画之一，如何表现了尤里乌斯·凯撒得到亚历山大大帝雕像的启发，它将整个"典范原则"付诸行动）；博达特，《提香》，158 页；毛雷尔（Maurer），《性别、空间和经验》（*Gender, Space and Experience*），93—97 页（关于广义的曼图亚、性别和语境），更普遍的"例子"：莱昂斯（Lyons），《劝喻故事》（*Exemplum*）。

## 第六章　讽刺、颠覆和暗杀

1 19世纪的评价，"修饰过度"：《参观者手册》（*Visitor's Hand-book*），46 页。更糟糕的评价（"俗丽的色彩、糟糕的素描和愚蠢的构图"）：达顿·库克（Dutton Cook），《英国艺术》（*Art in England*），22 页，并引用了贺拉斯·沃波尔（Horace Walpole）的著名妙语，这些画看起来像是被艺术家"毫无原则地糟蹋了"。

2 对维里奥及其职业生涯的充满同情的叙述：布莱特，《安东尼奥·维里奥（约 1636—1707 年）》['Antonio Verrio (c. 1636–1707)']；约翰斯，《"那些更狂野的绘画"》（' "Those Wilder Sorts of Painting" '）。他在汉普顿宫的作品：多尔曼（Dolman），《安东尼奥·维里奥和皇室图像》（'Antonio Verrio and the Royal Image'）。

3 具有突破意义的文章：温德（Wind），《叛教者朱利安》（'Julian the Apostate'）；同多尔曼合著，《安东尼奥·维里奥和皇室图像》，22—24 页。关于皇帝本人：鲍尔索克（Bowersock），《朱利安》。

4 鲍尔索克，《皇帝朱利安评述其前任帝王》（'Emperor Julian on his Predecessors'）；雷利汉（Relihan），《来晚的人》（'Late Arrivals'），114—116 页。

5 身份识别：温德，《叛教者朱利安》，127—128 页。

6 更详细的宗教/政治解读：温德，《叛教者朱利安》，129—132 页。"互动式论文"（Interactive essay）：多尔曼，《安东尼奥·维里奥和皇室图像》，24 页。

7 对布鲁特斯、卡西乌斯的惩罚：但丁，《神曲》（*Inferno*）34，55—67 页。麦克劳克林（McLaughlin），《帝国，雄辩术》（'Empire, Eloquence'）是对文艺复兴时期有关凯撒各种争议的概括，很有帮助。波吉奥和格里诺之间的争论，以及文本：坎福拉（Canfora）（编辑），《争议》（*Controversia*）；波吉奥观点的节选和格里诺整体部分的英译，以及进一步讨论，可参考莫蒂默（Mortimer），《中世纪和早期现代画像》（*Medieval and Early Modern Portrayals*），318—375 页。

8 威克，《凯撒》，155 页。

9 德·贝莱格，《法国瓷器》，305 期。其他被描绘的帝王有奥古斯都、图拉真、塞普蒂米乌斯·塞维鲁、君士坦丁大帝 [外加几位共和派，西皮奥和庞培；希腊人，地米斯托克利（Themistocles）、米太亚德（Miltiades）、伯里克利（Pericles）和亚历山大；罗马敌人，汉尼拔和米特拉达梯（Mithradates）]。

10 对凯撒的古代评论：上文第 2 章，注释 6。迪尔的雕塑：毛乔陶伊（Macsotay），《挣扎》（'Struggle'）。

11 毛雷尔最近简要探讨过这幅画，《性别、空间和经验》，113—115 页。比如普林尼讲过古代轶事，《博物志》，卷 7，94 页；戴奥，《罗马史》41，63，5；古代文学中的这类总主题，参照豪利（Howley），《燃烧的书》（'Book-Burning'），221—222 页。

12 普卢塔克，《庞培》（*Pompey*）80 提到了凯撒面对敌人首级时的恐惧（尽管眼泪是因图章戒指而起）；卢坎，《内战记》9，1055—1056 页的内容更加冷嘲热讽。凯撒面对庞培首级的场景（以不同程度的反感）被呈现在绘画、版画以及锡釉陶器上，艺术家有路易-让·弗朗索瓦·拉格雷内（Louis-Jean François Lagrenée），安东尼奥·佩列格里尼（Antonio Pellegrini），塞巴斯蒂安·里奇（Sebastiano Ricci）和乔万尼·巴蒂斯塔·蒂耶波洛（Giovanni Battista Tiepolo）。

13 马丁代尔（Martindale），《凯旋》（Triumphs）（仍是典型代表作品）；坎贝尔，《曼特尼亚的胜利》（'Mantegna's Triumph'）和《安德里亚·曼特尼亚》，254—272 页（和我一样觉察到了这些画作中的阴暗面）；多塞提·戈兰迪（Tosetti Grandi），《三部曲》（Trionfi）；弗洛狄和雷贝齐尼，《"罕见的和独特的"》（' "Rare and Unique" '）。

14 马丁代尔，《凯旋》，117—118 页。

15 凯撒面孔被重点修复，不过高度模仿了维也纳的一件复制品：马丁代尔，《凯旋》，157 页。

16 关于这一奴隶传统的审慎分析：比尔德，《罗马人的胜利》，85—92 页。

17 画家作品中的嫉妒（invidia）主题：坎贝尔，《曼特尼亚的胜利》，96 页（还阐述了曼特尼亚私人印章的设计：一个看似可信的凯撒头像。维克斯（Vickers）在《预期设置》（'Intended Setting'）读出了这句拉丁短语的意义，但是他的结论有些异想天开，脱离现实。

18 有关这些挂毯画的关键性研究：坎贝尔，《新曙光》（'New Light'），与卡拉斐尔（Karafel）合著，《故事》（'Story'）。有关凯撒和亚伯拉罕两套壁挂画的讨论：坎贝尔，《亨利八世》（Henry VIII），277—297 页。相关的清单条目：斯塔基（Starkey）（编辑），《清单》（Inventory）编号 11976（附有完整尺寸）；米拉尔（编辑），《清单和估价》，158 页。

19 挂毯画的历史、重要性以及多变的命运：坎贝尔（编辑），《文艺复兴时期的挂毯画》（Tapestry in the Renaissance），3—11 页；贝罗泽斯卡亚（Belozerskaya），《奢华的艺术》（Luxury Arts），89—133 页。

20 挂毯画被看到的历史：坎贝尔，《新曙光》，2—3 页。"把鲜活的生命力织进了……"：格鲁斯（编辑），《瓦尔德斯泰因男爵的日记》，149 页。水彩画由查尔斯·怀尔德（Charles Wild）所作，目前属于皇家收藏（RCIN922151）。

21 我说"亨利的挂毯画原作"的依据是，一般认定他就是第一位挂毯画委托人；的确没有任何证据表明有比他这套画还要早的作品。

22 克莱兰德（Cleland）的卡拉斐尔（编辑），《宏伟的设计》（Grand Design），61 号和 62 号（尽管这幅画的准确主题被误解了；见下文，209—210 页）。

23 凯撒的遇害：威廉姆斯（编辑），《托马斯·普拉特游记》（Thomas Platter's Travels），202 页；庞培的遇害：格鲁斯（编辑），《瓦尔德斯泰因男爵的日记》，149 页。

24 坎贝尔，《新曙光》，37 页（引用的相关文献来自罗马国家档案馆）。关于这张挂毯图像的最近讨论：阿斯汀顿（Astington），《舞台与图像》（Stage and Picture），31—33 页。

25 苏维托尼乌斯，《尤里乌斯·凯撒》（*Julius Caesar*）81（没有名字）；普鲁塔克，《尤里乌斯·凯撒》，65 页（改编自莎士比亚的《尤里乌斯·凯撒》，第 2 幕，第 3 场；第 3 幕，第 1 场）。

26 坎贝尔，《新曙光》，35 页，以及雷埃斯（Raes），《布鲁塞尔的尤利西斯·凯撒挂毯系列》（*De Brusselse Julius Caesar wandtapijtreeksen*），12 页，将其描述为"训诫说教"。挂毯画配图文字的全文为："Datus libellus Cesari conjurationem continens / Quo non lecto venit in curia ibi in curuli sedentem / Senatus invasit tribusq et viginti vulneribus / Conodit sic ille qu terrarum orbem civili sanguine / Inpleverat tandem ipse saguine <sic> suo curiam implevit"［"凯撒拿到一本关于含有阴谋细节的小册子。他没有读，而是径直走进参议院议厅；元老院的议员们在他的座椅上袭击了他，并刺了他 23 刀，将其（杀死）。因此，以公民之性命血洗全世界的人，自己最终落得个血染参议院议事厅的下场"］。这部分文字参考了弗洛鲁斯的《纲要》（*Epitome*）2，13，94—95 页："libellus etiam Caesari datus. . . . Venit in curiam. . . . Ibi in curuli sedentem cum senatus invasit, tribusque et viginti volneribus . . . . Sic ille, qui terrarum orbem civili sanguine impleverat, tandem ipse sanguine suo curiam implevit"。

27 支撑梵蒂冈挂毯画和亨利挂毯画之间关联的技术参数：坎贝尔，《新曙光》，5—6 页、10—12 页。以同样图案为蓝本进行改动的挂毯画，后来还有两幅：一幅于 1988 年 12 月 2 日在巴黎德鲁奥拍卖行被卖掉，目前所在地不详，拍卖号 158；另一幅在法国国家文艺复兴博物馆，馆藏号 D2014.1.1。

28 普鲁塔克，《尤里乌斯·凯撒》35；卢坎，《内战记》3，154—156 页、165—168 页。

29 我刻意简化的叙述略去了一些花絮故事、错综复杂的问题，以及可能性比较大的衍生品。克里斯蒂娜 1654 年弃位时将她的挂毯画［从其伯祖父埃里克十四世（Erik XIV）手中继承，后者于 1577 年去世］带到罗马。她死后，画作转至唐·利维奥·奥德斯卡契（Don Livio Odescalchi）手中，后者制作了这份清单（我在罗马的赫尔茨安南图书馆查阅了这份清单的复印版）。亚历山大·法尔内塞的清单：贝尔蒂尼（Bertini），《法尔内塞收藏》（'La Collection Farnèse'），134—135 页。对于那些想要追寻其他版本的人，可参考：一幅相似的挂毯画（其饰边和配图文字已被移除，且被误认为是圣经故事）于 1994 年 1 月 11 日在纽约佳士得拍卖会上被卖掉，拍卖号 216；另一幅在巴尔比耶·德·蒙托（Barbier de Montault）的《清单》（'Inventaire'）有记录，这是一份编辑于 19 世纪晚期的罗马挂毯画目录，261—262 页——不过这个例子（尚未被发现）中的配图文字比较短："Aurum putat Caesar"（"凯撒惦记着金子"）；还可参考雷埃斯，《布鲁塞尔的尤利西斯·凯撒挂毯系列》（*De Brusselse Julius Caesar wandtapijtreeksen*），86—87 页。

30 富尔蒂·格拉齐尼（Forti Grazzini），《目录》（'Catalogo'），124—126 页；卡拉斐尔，《故事》，256—258 页。这套画的拥有者是帕尔马家族的玛格丽特（Margaret of Parma），亚历山大的母亲：贝尔蒂尼，《法尔内塞收藏》，128 页。

31 苏富比纽约拍卖行，2000 年 10 月 17 日，拍卖号 117。

32 这张挂毯成为当时一个假热点新闻的一部分。报道称，这幅画可能是亨利八世那套挂毯画原作中的一幅（比如，《泰晤士报》2016 年 12 月 26 日的报道）；基于饰边的设计图案，毋庸置疑这幅画是后来的仿制编织画之一。

33 苏维托尼乌斯，《尤里乌斯·凯撒》81；普鲁塔克，《凯撒传记》（Life of Caesar）63；莎士比亚，《尤里乌斯·凯撒》，第 1 幕，第 2 场。这幅文字里指明先知斯珀利纳的挂毯画目前所在地不详；是根据坎贝尔的《新曙光》中的拍卖图录所绘，图 18。

34 挂毯画生产的技术性细节：坎贝尔，《新曙光》。有记载的所有挂毯画面包括：凯撒跨过卢比孔河；凯撒闯入国库；凯撒开赴布林迪西；骑马的凯撒同犯人在一起；牛祭；斯珀利纳预知未来（见下文，207—208 页）；战争开始后庞培之妻启程（见下文，209—210 页）；《凯撒和巨人搏击》（见下文，208 页）；法萨罗战役；庞培和妻子在船上；庞培遇刺；凯撒遇刺。

35 海伦·怀尔德（Helen Wyld）为英国国民信托组织（National Trust）对这套挂毯画在波伊斯城堡的 17 世纪衍生品进行了研究，基本上得出结论，目前同

一认定的识别不可能是正确的。http://www.nationaltrustcollections.org.uk/object/1181080.1。

36 除亨利八世那套画之外，唯一以卢坎史诗为参照的一组图像——据我所知——是 16 世纪昂西-勒-弗朗城堡的一套作品，不过它关注的是法萨罗战役本身［厄舍（Usher），《史诗艺术》（Epic Arts），60—73 页］。然而，《内战记》中个别场面和人物，尤其是埃里克索（见下文，207—208 页）也出现在其他画作中。

37 当瓦尔德斯泰因将亨利八世的那套挂毯画描述为"尤里乌斯·凯撒和庞培的故事"（'the story of Julius Caesar and Pompey's'）时，他可能或多或少意识到了这一点（斜体是我添加的）：格鲁斯（编辑），《瓦尔德斯泰因男爵的日记》，149 页。

38 其中一个版本写道，"Queritur ex saga quidnam de Caesare fi / ad. Medium marti bella cavere monet"［"女巫被询问，对于凯撒会发生什么事。她警告要小心战争中的争斗"（？）］；另外一个版本写道，"Julius hic furiam Caesar fugitat furientem / cognoscens subito bestia quod fuerat"［"尤里乌斯·凯撒在这里逃离了狂暴和喧嚣，他突然意识到野兽是什么"（？）］。

39 名字最后一个字母"a"是现代学者感到困惑的原因之一：这个名字经常（但不总是）同女性联系起来。

40 卢坎，《内战记》6，413—830 页。

41 这一图案清晰地呈现在亚历山大·法尔内塞的那套壁挂中：两幅衍生画的配图文字中的前三个词——"Julius hic Caesar gigantem interficit amplum"（凯

撒在这里杀死了一个巨人）被用来辨认为法尔内塞收藏的挂毯画之一（贝尔蒂尼，《法尔内塞收藏》，135 页）。尤里乌斯教皇收藏的挂毯画清单中的标题《日耳曼战争》（*The War in Germany*）可能指的也是这个图案。

42 卢坎，《内战记》6，140—262 页（引文，148 行）；苏维托尼乌斯《尤里乌斯·凯撒》68 提到了这个故事，但没有独具特色的可怕细节。

43 卢坎，《内战记》3，114—168 页；1，183—227 页；8，536—691 页。

44 配图文字"正确"的挂毯画于 1993 年 10 月 18 日在巴黎的德鲁奥·黎塞留（Drouot Richelieu）拍卖行卖出；目前所在地不详（用作坎贝尔，《新曙光》的插图，图 9）。坎贝尔十分确定画面表现的是凯撒和其妻子，他试图将这段文字（'Castra petit Magnus maerens Cornelia Lesbum...'）强塞进画面，声称庞培和凯撒的妻子都叫科尼利娅（尽管凯撒的科尼利娅早在内战前就去世了），而且两人都被称为"大帝"（"Great"或"Magnus"）。"SPQR"的标识在波伊斯城堡的那个版本中可见。怀尔德对此问题的讨论（http://www.nationaltrustcollections.org.uk/object/1181080.4）大致是正确的。

45 这幅挂毯画属于里斯本大教堂的收藏（用作坎贝尔，《新曙光》的插图，图 6）。"斯珀利纳"场面的配图文字里提到"女巫"（注释 38），可能也体现了对画面人物埃里克索的身份的辨识是正确的。

46 中世纪时期的阐释：斯皮格尔（Spiegel），《浪漫化的过去》

（*Romancing the Past*），152—202 页；梅纳加尔多（Menegaldo），"凯撒"（阐明了"中世纪时期的解读"对凯撒并不是赞同。）文艺复兴和后期的政治解读：哈迪（Hardie），《英国文艺复兴时期的卢坎》（'Lucan in the English Renaissance'）；巴雷（Paleit），《战争、自由和凯撒》（*War, Liberty, and Caesar*）。

47 坎贝尔，《亨利八世》，278—280 页。

48 扬·凡·德尔·斯特雷特的职业生涯：巴洛尼和塞林克（Baroni and Sellink）（编辑），《斯特拉丹乌斯》（*Stradanus*）。拉丁诗中的评价并没有比萨德勒《凯撒》像下面的诗句高多少（关于奥古斯都："cum...teque audes conferre Deo, te Livia sortis / dicitur humanae misto admonuisse veneno"）。

49 关于这场宴会：苏维托尼乌斯，《奥古斯都》70。有毒的无花果：戴奥，《罗马史》54，30 页。图密善戳苍蝇的游戏：苏维托尼乌斯，《图密善》3。版画中的一些画面同阿尔多布兰迪尼泰扎杯上的图案有诸多惊人的相似之处，足以证明这些画面可能是泰扎杯设计者的灵感来源之一〔西蒙，《文艺复兴时期的知识文化》，70—74 页〕。如果是这样的话，它说明了几乎一模一样的视觉元素可以用来建构政治倾向截然不同的图像。

50 这些帝王系列包括：雅费，《鲁本斯的罗马帝王》（'Rubens's Roman Emperors'）；乔恩克希尔，《肖像》，84—115 页。

51 麦格拉斯，《连一只苍蝇都不放过》（'Not Even a Fly'）；乔恩克希尔，《肖像》，125—127 页；另一件大不敬之作是帕尔米加尼诺（Parmigianino）的尼禄素描（被画成阿波罗的形象，其来源是一枚罗马硬币），画中皇帝有一根巨大的阳具［艾克瑟德简（Ekserdjian），《帕尔米加尼诺》（*Parmigianino*），20 页］。

52 苏维托尼乌斯，《韦斯巴芗》4；《图密善》3。

53 这个关于艺术类型的等级制度，最初由艺术理论家安德烈·费利比安（André Felibien）于 17 世纪晚期建立。这一语境中的道德榜样观念，以及"历史画"错综复杂和富有争议的历史：格林和塞登（Green and Seddon）（编辑），《重评历史画》（*History Painting Reassessed*）；班（Bann），《类型的问题》（'Questions of Genre'）（下文，注释 73）。

54 萨克雷，《巴黎札记》（*Paris Sketch Book*），56—84 页［《论法国绘画的流派》（'On the French School of Painting'）］。

55 完整标题为《奥古斯都时代：我们主耶稣基督的诞生》（*Siècle d'Auguste: Naissance de N.- S. Jésus- Christ*）。这幅画在热罗姆其他作品中的背景中：豪斯（House），《没有价值观的历史》（'History without Values'）；《热罗姆》（*Gérôme*），70—73 页（讨论了一幅现藏于盖蒂博物馆的小尺寸初稿）。疑虑：戈蒂耶，《美术》（*Beaux-arts*），217—229 页。艺术和文学中奥古斯都时代同耶稣诞生之间的关联有一段很长的历史。不过，热罗姆这个主题的部分灵感来自 17 世纪神学家雅克-贝尼涅·博须埃（Jacques-Bénigne Bossuet）更新的一部著作：米勒（Miller），《热罗姆》，

109—111 页；《热罗姆》，70 页、72 页。

56 这些画作的历史与接受：塞兹尼克（Seznec），《狄德罗》；以及里克特（Rickert），《帝王图像》（*Herrscherbild*），129—132 页。狄德罗的评价：狄德罗，《作品全集》（*Oeuvres complètes*），239 页［《那是，一个皇帝！》（'Cela, un empereur!'）］和 265 页。还委托了第四幅画，即提图斯皇帝像，但是从未绘制。

57 尽管不再被赞美，但这幅画现在仍是热门话题：魏尔（Weir），《堕落》（*Decadence*），35—37 页（很有帮助的介绍）；弗里德（Fried），《托马斯·库图尔》（'Thomas Couture'）；布瓦姆（Boime），《托马斯·库图尔》（*Thomas Couture*），131—188 页（关于这幅画的历史的完整叙述）。将其比作伟大的布道文以及推荐给小学陈列：拉克斯特尔（Ruckstull），《伟大的伦理艺术品》（'Great Ethical Work of Art'），534 页、535 页。

58 这一提示有时会被否定，当这个人物（和以往一样，其"真正的"或本来的身份是未知的）被简单地解读为令人反感的共和派"布鲁特斯"时；比如，可以参见《立宪主义者报》（*Le Constitutionnel*）1847 年 3 月 23 日第 1 页的文章。

59 关于库图尔本人的政见和这幅画当时表达的确切含义目前仍有争论。可以将布瓦姆，《托马斯·库图尔》183—187 页的内容同弗里德，《马奈的现代主义》（*Manet's Modernism*）112—123 页的内容相比较。传播至法国之外的影响（参见

《每日新闻报》1847年4月6日第3页：
"反对当今物质主义倾向的强有力抗议"）。

60 《黄蜂》（1847年3月），22—23页；马
伊纳尔迪（Mainardi），《艺术与政治》
（*Art and Politics*）第80页指出了路
易·拿破仑批评1855年的这幅画将法
国人民表现为"堕落时代的罗马人"。

61 乔治·奥利维尔（George Olivier）：《艺
术家报》（*Journal des Artistes*），1847
年，201页［《只有维特里乌斯·凯撒
才享有的荣耀》（'Gloire au seul Vitellius
César'）］。

62 卢浮宫举办的沙龙展上，《帝国堕落时
代的罗马人》曾被暂时挂在委罗内塞另
一幅画《迦拿的婚礼》（*Wedding Feast
at Cana*）［戈蒂耶，《沙龙》（*Salon*），9
页］的位置，可以说是再合适不过；同
委罗内塞的关联在多雷（Thoré）的沙
龙展评论中提到，《沙龙展》（*Salons*），
415页，提到的还有《立宪主义者报》，
1847年3月23日，1页，和《艺术家》
（*L'Artiste*），1846年11月/12月—1847
年1月/2月，240页［《我们终于有了
自己的保罗·委罗内塞》（'nous avons
enfin notre Paul Véronèse'）］，以及其他，
等等。

63 普杰杜（Pougetoux），《乔治·鲁热》
（*Georges Rouget*），27—28页、123页
（在艺术家作品的更大的背景下）；《罗
马，罗马人》（*Rome, Romains*），38—
39页。他的《维特里乌斯》也遭到《黄
蜂》22（1847年3月）的批评，26页（将
皇帝变成一个欢乐的卡通人物）。

64 同时期的评论："S..."，《偶像破坏者》
（*Iconoclaste*），6—7页（《三个头像，这

样就可以了》）；让-皮埃尔·戴诺（Jean-
Pierre Thénot），《文学和美术的回声》
（*Écho de la littérature et des beaux-arts*），
1848年，130页。

65 此奖项的简介：布瓦姆，《罗马
奖》（'Prix de Rome'）；格伦切克
（Grunchec），《罗马大奖》（*Grand Prix
de Rome*），23—28页。更完整的阐述：
格伦切克，《绘画大奖》（*Grand Prix de
Peinture*），55—121页。

66 格伦切克，《绘画大奖》254—256页提
供了当年大赛的文件记载，以及提交作
品的图样。

67 德莱克律兹在1847年9月23日的《辩
论日报》（*Journal des débats*）第3页
写道。其他评论家的剖析：《艺术家
日报》（*Journal des Artistes*）1847年，
105—107页；《立宪主义者报》，1847年
9月29日，3页［《泰奥菲勒·托雷》
（Théophile Thoré）］。

68 "未被成功入选"的主题是一个圣经
故事，以及希腊剧作家索福克勒斯
（Sophocles）生平中的一个事件（格伦
切克，《绘画大奖》，255页）。

69 博内（Bonnet）等人，《未来绘画》
（*Devenir peintre*），90页。

70 扎克马克（Çakmak），《1859年的沙龙
展》（'Salon of 1859'）（也聚焦于一幅遗
失的热罗姆作品，画面的主要人物是其
死去的独裁者裹着尸布的尸体）；鲁布
伦（Lübbren），《罪行，时间》（'Crime,
Time'）；《热罗姆》，122—125页。舞台
场景布置：里普利（Ripley），《尤里乌
斯·凯撒》，123—125页、185页。

71 《罗马，罗马人》74—75页；《让-保

罗·劳伦斯》，78—79 页（在画家涉猎范围更广的职业背景下）。古代传说的不同版本：塔西佗，《编年史》，卷 6，50 页；苏维托尼乌斯，《卡利古拉》12。

72 约瑟夫斯，《犹太古史》，卷 19，162—166 页；苏维托尼乌斯，《克劳狄》10；戴奥，《罗马史》60，1 页。

73 其艺术生涯的详尽介绍：普利特琼（Prettejohn）等人（编辑），《劳伦斯·阿尔玛-塔德玛爵士》（*Sir Lawrence Alma-Tadema*）；巴罗（Barrow），《劳伦斯·阿尔玛-塔德玛》（*Lawrence Alma-Tadema*）。弗莱的严厉批评：《国家》（*The Nation*）18，1913 年 1 月，666—667 页［再版于里德（Reed）编辑的，《罗杰·弗莱读本》（*Roger Fry Reader*），147—149 页］。阿尔玛-塔德玛在"历史画"发展史中的地位的复杂性：普利特琼，《重塑罗马》（'Recreating Rome'）。

74 和弗莱的判断形成对照的是，齐默恩（Zimmern）在《阿尔玛-塔德玛》（*Alma Tadema*）一书中的主题之一就是其画作中的艰深晦涩。

75 这个版本及其他版本：普利特琼等人（编辑），《劳伦斯·阿尔玛-塔德玛爵士》，27 页、29 页、164—166 页；巴罗，《劳伦斯·阿尔玛-塔德玛》，37 页、61—63 页。1906 年《英国皇家建筑师学会刊》（*Journal of the Royal Institute of British Architects*）中的"大事记"将每幅画中的禁卫军人物做了对比。此场景一个更令人不寒而栗的版本是让-保罗·拉斐尔·西尼巴尔蒂（Jean-Paul Raphaël Sinibaldi）的《被任命为皇帝

的克劳狄》（*Claudius Named Emperor*），在《罗马，罗马人》中有相关讨论，76—77 页。

76 比如，拉斯金，《笔记》（'Notes'）（称画家为"现代共和派"，同时还批评了主题的琐碎）。

77 波斯尼科娃（Postnikova），《历史主义》（'Historismus'）；马科斯（Marcos），《怪物》（'Vom Monster'），366 页。

78 苏维托尼乌斯，《尼禄》47—50。

79 普林尼，《博物志》，卷 34，84 页［感谢费德丽卡·罗西（Federica Rossi）提醒我这个信息］。

80 马蒙托瓦（Mamontova），《瓦西里·谢尔盖耶维奇·斯米尔诺夫》（'Vasily Sergeevich Smirnov'），245 页。

## 第七章 凯撒之妻……无可置疑？

1 巴罗，《劳伦斯·阿尔玛-塔德玛》，34 页（尽管这幅画在阿尔玛-塔德玛研究中并不突出）。

2 塔西佗，《编年史》，卷 2，53—83 页；苏维托尼乌斯，《卡利古拉》1—7。阿格里皮娜的生涯：肖特（Shortter），《大阿格里皮娜》（'Agripppina the Elder'）。

3 格里芬和格里芬（Griffin and Griffin），《让我们知道你在意》（'Show us you care'）。

4 导致阿格里皮娜之死的事件：塔西佗，《编年史》，卷 4，52—54 页；卷 6，25—26 页；苏维托尼乌斯，《提比略》53。卡利古拉骨灰的发现：苏维托尼乌斯，《卡利古拉》15；*CIL* 6，886 页（墓碑）。改造成古物测量装置：埃

施（Esch），《关于再利用》（'On the Reuse'），22—24 页。

5  关于身份辨识的不同看法：利特尔顿（Lyttleton）在钱伯斯和马蒂诺（编辑）的《壮美绚烂》中，170 页；布朗在《朱里奥·罗马诺》里，314 页。争夺的对象：克里斯蒂安森，《安德里亚·曼特尼亚的天赋》（Genius of Andrea Mantegna），第 6 页。

6  "罗玛娜第一公民"（Romana princeps，女性"第一公民"的对等说法）：《莉维娅的安慰文》（Consolatio ad Liviam），356 页；珀塞尔（Purcell）的讨论，《莉维娅》（"可笑的夸张"，78 页）。莉维娅的生涯：巴雷特（Barrett），《莉维娅》（307—308 页讨论了她的名字）。

7  这个观点出自戴奥，《罗马史》53,19 页。

8  关于这些问题更广泛的讨论：杜达姆，《王朝》，87—155 页。

9  普鲁塔克，《尤里乌斯·凯撒》，10 页。

10  塔特姆（Tatum），《贵族论坛报》（Patrician Tribune），62—86 页。

11  有毒的无花果：图 6.14a（《我，克劳狄》中关于无花果的台词是编剧的虚构，和罗伯特·格拉夫斯的原作没有任何关系）。充满爱意的临终场景：苏维托尼乌斯，《奥古斯都》99。

12  这一传统的开始（以及共和时期零星的先例，以著名雕塑《科尼利娅，格拉古兄弟之母》（Cornelia, Mother of the Gracchi）尤为引人注目）：弗洛里（Flory），《莉维娅》（'Livia'）。（皇室及精英阶层）女性肖像有用的评论：伍德，《帝国女性》（Imperial Women）；费逸凡，《罗马肖像》，331—369 页；海克

斯特，《帝王与祖先》，111—159 页。希腊东部的女性肖像画：迪龙（Dillon），《女性雕像》（Female Portrait Statue）。

13  莉维娅的硬币形象：哈维（Harvey），《茱莉亚·奥古斯塔》（Julia Augusta），书中包括有关帝国硬币上的女性肖像的更广泛讨论。

14  巴特曼，《莉维娅像》，88—90 页（一本研究她的已知或假定的所有肖像作品的著作）。即便是像和平祭坛这样历史背景十分明确的纪念碑，仍然存在几位帝王家族女性人物的身份不确定问题：罗斯，《王朝的纪念》，103—104 页。

15  不同时期的 17 尊帝王雕像全体：罗斯，《王朝的纪念》，121—126 页。

16  这种细致入微的分析的系统性尝试：温克斯（Winkes），《莉维娅、奥克塔维娅、茱莉亚》（Livia, Octavia, Iulia）。

17  费逸凡，《罗马肖像》，339—340 页、351—357 页。

18  伍德，《主题和艺术家》（'Subject and Artist'）；史密斯，《罗马肖像》（'Roman Portraits'），214—215 页。

19  浮雕宝石和不同的身份识别：伍德，《梅萨丽娜》，230—231 页；金斯伯格（Ginsburg），《再现阿格里皮娜》（Representing Agrippina），136–138 页，两者都赞同将中间的人物看成阿格里皮娜，左边"孩童"（原本可能在或不在丰饶角里面）则是"罗马"女神；博雄，《肖像类型》（'Bildnistypen'），72 页。鲁本斯的关联：莫伦（Meulen），《鲁本斯复制画》（Rubens Copies），139 页、191 页、197 页和 199 页；麦格拉斯，《鲁本斯的婴儿——丰饶角》（'Rubens's

Infant- Cornucopia'），317 页。

20 塔西佗，《编年史》，卷 13，16—17 页。

21 比尔德，诺斯（North）和普莱斯（Price），《罗马宗教》（*Religions of Rome*）206—210、348—363；上文，175—176 页。

22 伍德，《梅萨丽娜》（'Messalina'），特别是 219—220 页（也回顾了不同的身份识别）；史密斯，《城邦与拟人化》（*Polis and Personification*），110—112 页（希腊典范部分）。

23 史密斯，《帝国浮雕》，127—132 页，这块饰板的部分；《大理石浮雕》（*Marble Reliefs*），74—78 页，有关这块饰板的部分——他将这个神的形象当成"幸运"女神，但是也赋予了同样的普遍意义。女神克瑞斯：金斯伯格，《再现阿格里皮娜》，131—132 页。

24 尽管不乏研究这些雕塑及其神圣属性之性别意识形态的重要作品［例如，戴维斯（Davies），《雕塑肖像》（'Portrait Statues'）］，女皇和神性的问题经常因对类型学（typology）的关注而被掩盖了（皇室和非皇室女性的例子中）："克瑞斯 – 类型""浦狄喀提亚（Pudicitia）– 类型"等。这种分类学被付诸实践的例子：戴维斯，《荣誉和葬礼》（'Honorific vs Funerary'）；费逸凡，《罗马女性雕塑》（'Statues of Roman Women'）。

25 这部分的题目借鉴并改编自莎拉·B. 波默罗伊（Sarah B. Pomeroy），《女神、娼妓、妻子和奴隶》（*Goddesses，Whores，Wives and Slaves*）（纽约，1975）。

26 齐默，《来自艺术陈列室》（'Aus den Sammlungen'），尤其是第 8—10 页和第 19 页（这部分表明，在没有任何后世

证据的情况下，原作可能在 1630 年毁于曼图亚的一场大洗劫中，或在此之前已经被送走，21—22 页（关于萨德勒的版画是依照可能藏于布拉格的原作而作，还是参照鲁道夫二世委托定制的复制品），29—30 页（关于皇后的起源和影响）。毫无疑问，关于它们都是萨德勒的虚构产物的传统普遍说法（韦西，《提香的画》，236—237 页）是不正确的。关于"皇后的"一些关键性档案文件：文图里尼（Venturini），《贡扎加收藏》（*Le collezioni Gonzaga*），46—50（还有文件 303，306，307，310，314）。

27 全文见附录。

28 这里存在更多层面的困惑。诗句开篇（引用庞培娅的话），"我生来就要践行自己对父亲和丈夫的爱的誓言"，可看起来作者脑中设想的人物似乎是凯撒之女茱莉娅，茱莉娅嫁给了庞培，似乎一直到她去世，都在保持两个男人和平相处的方面发挥着重要作用。

29 富尔维奥著作中空缺的作用：凯伦（Kellen），《典型金属》（'Exemplary Metals'），258—287 页；奥格尔（Orgel），《盛大表演》（*Spectacular Performances*），173—179 页（这本书 1524 年的里昂版本解释了克劳狄的形象作为"补缺者"代替苏提娅的作用）。

30 朱文诺（Juvenal），《讽刺诗集》《*Satires*》6, 122—123 页［"乳头……金色的"（'papillis... auratis'）］。

31 华伦，《新艺术》（*Art Nouveau*），133 页（尽管设想梅萨丽娜是"性智慧"的唯一目标）。还有《梅萨丽娜和她的女伴》（*Messalina and Her Companion*）这

个标题也被记录成《返家的梅萨丽娜》（*Messalina Returning Home*），不过比亚兹莱的初衷到底是什么，目前尚不清楚。

32 这幅版画标题为"受伤的伯爵……S"（约1786年）；克拉克，《丑闻》（*Scandal*），68—69页。

33 雷德福，《慕雅者》，135—136页。

34 "花园垃圾"这个词改编自塔西佗，《编年史》，卷11，32页（'purgamenta Hortorum'）。艺术家兼"历史题材施虐者"乔治·安东尼·罗什格罗斯（1859—1938年）还绘制了很多有些可怖的死亡场面，如皇帝维特里乌斯、尤里乌斯·凯撒、神话人物安德洛玛克（Andromache）、叙利亚国王萨尔丹那帕勒斯（Sardanapalus），以及其他人［最近塞西耶（Sérié）在《戏剧性》（'Theatricality'）中讨论过这个问题，167—172页］。

35 埃利乌斯·图纳多斯（Aelius Donatus），《维吉尔传》（*Life of Virgil*）32，可能参照了已遗失的苏维托尼乌斯所写的诗人《传记》。

36 洛沃斯（Roworth），《安吉莉卡·考夫曼的地位》（'Angelica Kauffman's Place'）；霍热希（Horejsi），《新颖的克里奥帕特拉》（*Novel Cleopatras*），154—155页（以虚构作品中对奥克塔维娅的再现为背景）。考夫曼的丈夫安东尼奥·祖奇（Antonio Zucchi）也画过这个场景，作品现藏于英国约克郡的诺斯特尔修道院（Nostell Priory）。

37 康登（Condon）等人（编辑），《安格尔》（*Ingres*），52—59页、160—166页、齐格弗里德（Siegfried），《安格尔》（*Ingres*），

56—64页（部分修改了她关于《安格尔》的解读，666—672页）。最晚的1864年版本：科恩（Cohn），《导言》（'Introduction'），28—30页；https://www.christies.com/features/Deconstructed-Ingres-Virgil-reading-from-the-Aeneid-9121-1.aspx。

38 大阿格里皮娜的生平：上文，注释2。小阿格里皮娜：巴雷特，《阿格里皮娜》（*Agrippina*）（一部"正统"的传记）；金斯伯格，《再现阿格里皮娜》（聚焦于那些诱导性的、具有意识形态色彩的再现作品）。

39 "给所有身份或题目不确定的雕塑都安上阿格里皮娜的名字，这是个很省事的惯例做法"：《评论27》（*Critical Review* 27）（1799年），558页。

40 普朗，《本杰明·韦斯特》，38—41页；史密斯，《变成现实的国家》（*Nation Made Real*），143—145页。从不同的批判视角出发：内梅罗夫（Nemerov），《日耳曼尼库斯的骨灰》（'Ashes of Germanicus'）。这是约翰·沃尔什（John Walsh）为耶鲁大学艺术馆做的精彩线上演讲的主题：https://www.youtube.com/watch?v=qAr5YJyawSA。韦斯特描绘此场景的小幅画在费城：斯特利（Staley），《阿格里皮娜的抵达》（'Landing of Agrippina'）。

41 利弗西奇（Liversidge），《再现罗马》（'Representing Rome'），83—86页；https://www.tate.org.uk/art/artworks/turner-ancient-rome-agrippina-landing-with-the-ashes-of-germanicus-n00523。

42 哈里斯（Harris），《17世纪的艺术》（*Seventeenth- Century Art*），274—275页；

皮埃尔·罗森伯格（Pierre Rosenberg）在《尼古拉斯·普桑》（Nicolas Poussin）中，156—159页；邓普西，《尼古拉斯·普桑》（'Nicolas Poussin'）。

43 获胜者是路易-西蒙·布瓦佐（Louis-Simon Boizot）：罗森布拉姆（Rosenblum），《转变》（Transformations），31—32页（回顾了普桑版本的影响）。

44 希克斯（Hicks），《罗马赞助人》（'Roman Matron'），45—47页。

45 塔西佗，《编年史》，卷14，1—12页（附有刺向她的子宫的指示）；苏维托尼乌斯，《尼禄》34；戴奥，《罗马史》61，11—14页。

46 普利特琼，《重塑罗马》，60—61页。

47 《罗马传奇》（Roman de la Rose），6164—6176页，雷梦迪详细讨论过这个问题，《莱科迪欧·波埃迪阿纳》（'Lectio Boethiana'），71—77页；《僧侣的故事》（'Monk's Tale'），3669—3684页。关于《复仇》的复杂传统和诸多文字及视觉形式：魏格特，《法国视觉艺术》（French Visual Culture），161—188页（引用舞台指令，251页，注释30）。对于尼禄在法国中世纪时期的作用的更广泛的介绍：克洛普（Cropp），《尼禄、帝王和暴君》（'Nero, Emperor and Tyrant'）。

48 雅各布·德·弗拉金（Jacobus de Voragine），《金色传奇》，347—348页。

49 尼禄扮成卡那刻（Canace）表演：苏维托尼乌斯，《尼禄》21。他的转世：普鲁塔克，《论上帝惩罚的迟缓》567 E—F。相关讨论：弗雷泽（Frazer），《尼禄》（'Nero'）；钱普林（Champlin），《尼禄》（Nero），25—26页、277页。

50 华盛顿版本的技术细节（包括关于后来增补日耳曼尼库斯像的争论）：惠洛克，《弗兰德绘画》（Flemish Paintings），160页。一些关于品质的讨论：瓦根堡-特尔·赫芬（Wagenberg-Ter Hoeven），《身份误识的问题》（'Matter of Mistaken Identity'），116页。

51 让事情更加复杂的是，有人提出质疑，现在被称为贡扎加浮雕宝石的这件饰品和被鲁本斯推崇备至的那件贡扎加家族藏品是否是同一件艺术品：德·格鲁蒙德，《真正的贡扎加浮雕宝石》（'Real Gonzaga Cameo'）。不同的鉴定被提出：茨维莱因·迪尔（Zwierlein-Diehl），《古代宝石》（Antike Gemmen），62—65页。

52 利用"对比和对照"传统，德·格鲁蒙德的论文（《鲁本斯和古代硬币》，205—226页）试图将其他被指认成日耳曼尼库斯像的浮雕饰品和宝石同这一图像联系起来——很容易导致常见的那些问题。

53 1791年勒布伦（Lebrun）藏品出售的图录：德·格鲁蒙德，《鲁本斯和古代硬币》，206页。

54 惠洛克，《弗兰德绘画》，160页和165页注释3。

55 惠洛克，《弗兰德绘画》第162页是这种窘境的最佳例证：他认为，鲁本斯不会以理想化的形象描绘提比略，也不太可能会将皇帝同他的第一任妻子组成双人像。同样的观点：瓦根堡-特尔·赫芬，《身份误识的问题》。

56 苏维托尼乌斯，《提比略》7。

# 第八章　后记

1　帕斯奎内利（Pasquinelli），《画廊》（*La galleria*）。

2　萨德利尔（Sadleir）（编辑），《爱尔兰贵族》（*Irish Peer*），126—127 页，叙述完全建立在魏尔莫特的家信基础上。关于皇后，她接着写道，她们同帝王的关系"仿佛杂志中的面对面对谈的形式"，她指的是 18 世纪末《城乡杂志》（*Town and Country Magazine*）中的八卦（或下流笑话）专栏，其特点是男女之间的假想对话［米切尔（Mitchell），《面对面》（'The Tête-à-Têtes'）］。

3　刘易斯的生平：比尔登和亨德森（Bearden and Henderson），《非裔美国艺术家》（*African-American Artists*），54—77 页；别克（Buick），《火之子》（*Child of the Fire*）（186—207 页是关于这件作品以及其他的克里奥帕特拉像）。"克里奥帕特拉之死"：伍德，《非洲皇后》（'An African Queen'）；纳尔逊（Nelson），《石头的颜色》（*Color of Stone*），159—178 页；戈尔德（Gold），《克里奥帕特拉之死》（'The Death of Cleopatra'）。《年轻的屋大维》的评论凤毛麟角；不过可以参照：https://americanart.si.edu/artwork/young-octavian-14633。刘易斯之墓的重新发现：https://hyperallergic.com/434881/edmonia-lewis-grave/。

4　有争议的身份识别和创作日期的综述：波里尼，《肖像》（*Portraiture*），45—53 页、96 页；洛伦兹（Lorenz），《罗马人像》（'Die römische Porträtforschung'）。关于卡诺瓦是作者的观点：明恩加扎尼（Mingazzini），《肖像的日期》（'Datazione del ritratto'）。奥斯蒂亚起源地：比格纳米尼，《费根大理石》（'I marmi Fagan'），369—370 页。

5　其中一例就是哈利勒·班迪（Khalil Bendib）1994 年创作的巴勒斯坦裔美国人亚历克斯·欧德（Alex Odeh）的雕像，后者在加利福尼亚的圣塔安娜（Santa Ana）遭暗杀。还不清楚欧德身穿阿拉伯长袍还是罗马托加袍，但是在我和班迪的信件中，他写的是托加袍。

6　达利对图拉真的迷恋：金（King），《十个菜谱》（*Ten Recipes*）；https://www.wnyc.org/story/salvador-dali-four-conversations/。

7　https://collections.vam.ac.uk/item/O92994/the-emperor-vitellius-sculpture-rosso-medardo/。后来在线文字奇怪地将"fliud"一词换成了"lucid"。

8　罗森塔尔（Rosenthal），《安塞姆·基弗》（*Anselm Kiefer*），60 页［引用部分，17 页，引自《艺术杂志》（*Art: Das Kunstmagazin*）1980 年 6 月的一次访谈］；萨尔茨曼（Saltzman），《安塞姆·基弗》（*Anselm Kiefer*），63—64 页．

9　威克，《投射过去》（*Projecting the Past*）（还是古典研究）；乔谢尔（Joshel）等人（编辑），《帝国的投射》（*Imperial Projections*）。

10　兰道（Landau）（编辑），《角斗士》（*Gladiator*）（关于热罗姆，22—26 页、49 页）；温克勒（Winkler）（编辑），《角斗士》（*Gladiator*）。

11　埃利奥特，《演讲》，附录 59。

# 参考文献

本书涉及的所有古代文本均是洛布古籍图书馆（Loeb Classical Library）（剑桥，马萨诸塞州）中的希腊文、拉丁文原文，并有英文译本，除了奥勒留·维克托的《论帝王》，本文出自弗朗茨·皮赫尔迈尔（Franz Pichlmayr）和罗兰·格林德尔（Roland Gründel）的《塞克斯都·奥勒留·维克多的帝王志》（Sexti Aurelii Victoris Liber de Caesaribus）（莱比锡，1961），英译本的译者是哈里·W. 伯德（Harry W. Bird）（Translated Texts for Historians 17, Liverpool, 1994）。图纳多斯（Donatus）的洛布图书馆文本，《维吉尔传》（Life of Virgil）同苏维托尼乌斯的《诗人传》（Lives of the Poets）一同出版。很多这些作品都可以在线找到原文版和英译本。两个特别有用的网站：www.perseus.tufts.edu and http://penelope. uchicago.edu/Thayer/E/Roman/home. html。

中世纪早期的文本：乔叟，《僧侣的故事》，引自沃尔特·W. 斯基特（Walter W. Skeat）编辑的《杰弗里·乔叟作品全集》（The Complete Works of Geoffrey Chaucer）（第二版，牛津，1900），卷4；《玫瑰传奇》（Roman de la Rose）选自费利克斯·勒夸（Félix Lecoy）编辑的《纪尧姆·德·洛里斯和让·德·默恩所著的玫瑰传奇，3卷本》（Le Roman de la Rose par Guillaume de Lorris et Jean de Meun, 3 vols）（巴黎，1965—1970），英译本的译者为弗朗西斯·霍根（Frances Horgan），《玫瑰传奇》（The Romance of the Rose）（牛津，1999）；但丁，《神曲·地狱篇》（Inferno），选自乔治·彼得罗基（Georgio Petrocchi）编辑的《但

丁·阿利吉耶里，古代通俗版本的《神曲》(Dante Alighieri, La Commedia secondo l'antica vulgata)（米兰，1966—1967)，英译本译者罗宾·柯克帕特里特（Robin Kirkpatrick)（伦敦，2006—2007）；约翰·马拉拉斯的《编年史》(Chronicle)选自约翰尼斯·特恩（Johannes Thurn）编辑的《扬尼斯·马拉莱编年史》(Ioannis Malalae Chronographia)柏林和纽约，2000)，英译本译者为伊丽莎白·杰弗里斯（Elizabeth Jeffreys）等人，《约翰·马拉拉斯编年史》(The Chronicle of John Malalas)（墨尔本，1986）。佐纳拉斯写于12世纪但是大量借鉴了早期史料的《历史》(History)，其中一些重要部分可在托马斯·M.班克契（Thomas M. Banchich）和尤金·N.莱恩（Eugene N. Lane)（阿宾和纽约顿，2009）翻译的英译本中找到。

引用到的古典文献、铭文和硬币合集：

BMCRE: Harold B. Mattingly and R.A.G. Carson (eds), *Coins of the Roman Empire in the British Museum* (London, 1923–62)

CIL: *Corpus Inscriptionum Latinarum* (Berlin, from 1863). Online: https://cil.bbaw.de/ and https://arachne.uni-koeln.de/drupal/?q=en/node/291

POxy: *The Oxyrhynchus Papyri* (London, from 1898). Online: http://www.papyrology.ox.ac.uk/POxy/ees/ees.html

RPC: *Roman Provincial Coinage* (London and Paris, from 1992) Online: https://rpc.ashmus.ox.ac.uk/

RRC: Michael H. Crawford (ed.), *Roman Republican Coinage* (Cambridge, 1974). Online: http://numismatics.org/crro/

引用的很多报纸和杂志的数字版网址：https://www.gale.com/primary- sources/historical-newspapers (subscription service) 和 https://gallica.bnf.fr (for French publications)。在线的《牛津英语词典》: https://www.oed.com/(subscription service)。

'Acquisitions/1992', *J. Paul Getty Museum Journal* 21 (1993), 101–63

Addison, Joseph. *Dialogues upon the Usefulness of Ancient Medals* (London, 1726; reprinted New York, 1976)

Agustín, Antonio. *Dialogos de medallas, inscriciones y otras antiguedades* (Tarragona, 1587)

Albertoni, Margherita. 'Le statue di Giulio Cesare e del Navarca', *Bullettino della Commissione Archeologica Comunale di Roma* 95.1 (1993), 175–83

Alcorn, Ellenor and Timothy Schroder. 'The Nineteenth- and Twentieth-Century History of the Tazze', in Siemon (ed.), *Silver Caesars*, 148–57

Aldrovandi, Ulisse. 'Delle statue antiche, che per tutta Roma in diversi luoghi, e case si veggono', in Lucio Mauro, *Le antichità de la città di Roma* (Venice, 1556), 115–316

Alexander, Jonathan J. G. (ed.). *The Painted Page: Italian Renaissance Book Illumination, 1450–1550* (Exhib. Cat., London, 1994)

Alföldi, Andreas. 'Tonmodel und Reliefmedaillons aus den Donauländern', *Laureae Aquincenses memoriae Valentini Kuzsinszky dicatae I, Dissert. Pannon.* 10 (1938), 312–41

Allan, Scott and Mary Morton (eds), *Reconsidering Gérôme* (Los Angeles, 2010)

Anderson, Christina M. *The Flemish Merchant of Venice: Daniel Nijs and the Sale of the Gonzaga Art Collection* (New Haven and London, 2015)

Ando, Clifford. *Imperial Ideology and Provincial Loyalty in the Roman Empire* (Berkeley and Los Angeles, 2000)

Ando, Clifford. *Imperial Rome, AD 193–284* (Edinburgh, 2012)

Andrén, Arvid. 'Greek and Roman Marbles in the Carl Milles Collection', *Opuscula Romana* 23 (1965), 75–117

Andrews, C. Bruyn (ed.), *The Torrington Diaries: containing the Tours through England and Wales of the Hon. John Byng (later Fifth Viscount Torrington) between the years 1781 and 1794*, vol. 3 (London, 1936)

Angelicoussis, Elizabeth. 'Walpole's Roman Legion: Antique Sculpture at Houghton Hall', *Apollo*, February 2009, 24–31

Arasse, Daniel. *Décors italiens de la Renaissance* (Paris, 2009)

Arata, Francesco Paolo. 'La nascita del Museo Capitolino', in Maria Elisa Tittoni (ed.), *Il Palazzo dei Conservatori e il Palazzo Nuovo in Campidoglio: Momenti di storia urbana a Roma* (Pisa, 1996), 75–81

Aretino, Pietro. *La humanità di Christo* (Venice, 1535), 3 vols, cited from Giulio Ferroni (ed.), *Pietro Aretino* (Rome, 2002)

Ascoli, Albert R. *A Local Habitation and a Name: Imagining Histories in the Italian Renaissance* (New York, 2011)

Ashmole, Bernard. *Forgeries of Ancient Sculpture, Creation and Detection* (The First J. L. Myres Memorial Lecture) (Oxford, 1961)

Astington, John, H. *Stage and Picture in the English Renaissance: The Mirror up to Nature* (Cambridge, 2017)

Attwood, Philip. *Italian Medals c. 1530–1600*, 2 vols (London, 2003)

Ayres, Linda (ed.). *Harvard Divided* (Exhib. Cat., Cambridge, MA, 1976)

Ayres, Philip. *Classical Culture and the Idea of Rome in the Eighteenth Century* (Cambridge, 1997)

Bacci, Francesca Maria. 'Ritratti di imperatori nella scultura italiana del Quattrocento', in Nesi (ed.), *Ritratti di Imperatori*, 21–97

Bacci, Francesca Maria. 'Catalogo', in Nesi (ed.), *Ritratti di Imperatori*, 158–89

Baglione, Giovanni. *Le vite de' pittori, scultori et architetti* (Rome, 1642)

Bailey, Stephen. 'Metamorphoses of the Grimani "Vitellius"', *The J. Paul Getty Museum Journal* 5 (1977), 105–22

Bailey, Stephen. 'Metamorphoses of the Grimani "Vitellius": Addenda and Corrigenda', *The J. Paul Getty Museum Journal* 8 (1980), 207–8

Baker, Malcolm. '"A Sort of Corporate Company": Approaching the Portrait Bust in Its Setting', in Penelope Curtis et al., *Return to Life: A New Look at the Portrait Bust* (Exhib. Cat., Leeds, 2000), 20–35

Baker, Malcolm. *The Marble Index: Roubiliac and Sculptural Portaiture in Eighteenth-Century Britain* (New Haven and London, 2014)

Baker, Malcolm. 'Attending to the Veristic Sculptural Portrait in the Eighteenth

Century', in Baker and Andrew Hemingway (eds), *Art as Worldmaking: Critical Essays on Realism and Naturalism* (Manchester, 2018), 53–69

Bann, Stephen. 'Questions of Genre in Early Nineteenth-Century French Painting', *New Literary History* 34 (2003), 501–11

Barberini, Nicoletta and Matilde Conti. *Ceramiche artistiche Minghetti: Bologna* (Bologna, 1994)

Barbier de Montault, Xavier. 'Inventaire descriptif des tapisseries de haute-lisse conservées à Rome', *Mémoires de l'Académie des Sciences, Lettres et Arts d'Arras*, second series, 10 (1878), 175–284

Barghahn, Barbara von. *Philip IV and the 'Golden House' of the Buen Retiro: In the Tradition of Caesar*, vol. 1 (New York and London, 1986)

Baring-Gould, S. *The Tragedy of the Caesars: A Study of the Character of the Caesars of the Julian and Claudian Houses*, 2 vols (London, 1892)

Barkan, Leonard. *Unearthing the Past: Archaeology and Aesthetics in the Making of Renaissance Culture* (New Haven and London, 1999)

Barolsky, Paul. *Ovid and the Metamorphoses of Modern Art from Botticelli to Picasso* (New Haven and London, 2014)

Baroni, Alessandra and Manfred Sellink. *Stradanus, 1523–1605: Court Artist of the Medici* (Turnhout, 2012)

Barrett, Anthony. *Agrippina: Sex, Power and Politics in the Early Empire* (New Haven and London, 1996)

Barrett, Anthony. *Livia: First Lady of Imperial Rome* (New Haven and London, 2002)

Barrow, Rosemary. *Lawrence Alma-Tadema* (London and New York, 2001)

Bartman, Elizabeth. *Portraits of Livia: Imaging the Imperial Woman in Augustan Rome* (Cambridge, 1998)

Barton, Tamsyn. *Power and Knowledge: Astrology, Physiognomics, and Medicine under the Roman Empire* (Ann Arbor, 1994)

Bauer, Rotraud and Herbert Haupt. 'Das Kunstkammerinventar Kaiser Rudolfs II. 1607–1611', *Jahrbuch der Kunsthistorischen Sammlungen in Wien* 72, (1976)

Bauer, Stefan. *The Invention of Papal History: Onofrio Panvinio between Renaissance and Catholic Reform* (Oxford, 2019)

Beard, Mary. *The Roman Triumph* (Cambridge, MA, 2007)

Beard, Mary. 'Was He Quite Ordinary?', *London Review of Books*, 23 July 2009, 8–9

Beard, Mary. *SPQR: A History of Ancient Rome* (London, 2015)

Beard, Mary. 'Suetonius, the Silver Caesars, and Mistaken Identities', in Siemon (ed.), *Silver Caesars*, 32–45

Beard, Mary and John Henderson, *Classical Art: From Greece to Rome* (Oxford, 2001)

Beard, Mary, John North and Simon Price. *Religions of Rome*, vol. 1 (Cambridge, 1998)

Bearden, Romare and Harry Henderson. *A History of African-American Artists, from 1792 to the Present* (New York, 1993)

Beeny, Emily. 'Blood Spectacle: Gérôme in the Arena', in Allan and Morton (eds), *Reconsidering Gérôme*, 40–53

Beer, Susanna de. 'The Roman "Academy" of Pomponio Leto: From an Informal Humanist Network to the Institution of a Literary Society', in Arjaan van Dixhoorn and Susie Speakman Sutch, *The Reach of the Republic of Letters: Literary and Learned Societies in Late Medieval and Early Modern Europe* (Leiden and Boston, MA, 2008), 181–218

Beerbohm, Max. *Zuleika Dobson, or, An Oxford Love Story* (Oxford, 1911), cited from Penguin edition (Harmondsworth, 1952)

Belozerskaya, Marina. *Luxury Arts of the Renaissance* (Los Angeles, 2005)

Benedetti, Simona. *Il Palazzo Nuovo nella Piazza del Campidoglio dalla sua edificazione alla trasformazione in museo* (Rome, 2001)

Bernoulli, Johann J. *Römische Ikonographie*, vol. 1: *Die Bildnisse berühmter Römer* (Stuttgart, 1882)

Bertini, Giuseppe. 'La Collection Farnèse d'après les archives", in *La Tapisserie au XVIIe siècle et les collections européennes* (Actes du colloque international de Chambourd) (Paris 1999), 127–40

Berzaghi, Renato. 'Nota per il gabinetto dei Cesari', in Francesca Mattei (ed.), *Federico II Gonzaga e le arti* (Rome, 2016), 243–58

Besutti, Paola. 'Musiche e scene ducali ai tempi di Vespasiano Gonzaga: Le feste, Pallavicino, il teatro', in Giancarlo Malacarne et al. (eds), *Vespasiano Gonzaga:*

*nonsolosabbioneta terza: Atti della giornata di studio 16 maggio 2016* (Sabbioneta, 2016), 137–51

Bignamini, Ilaria. 'I marmi Fagan in Vaticano: La vendita del 1804 e altre acquisizioni', *Bollettino dei monumenti, musei e gallerie pontificie* 16 (1996), 331–94

Bignamini, Ilaria and Clare Hornsby, *Digging and Dealing in Eighteenth-Century Rome*, 2 vols (New Haven and London, 2010)

Boch, Johann. *Descriptio publicae gratulationis, spectaculorum et ludorum, in aduentu sereniss. Principis Ernesti Archiducis Austriae, . . . an. 1594* (Antwerp, 1595)

Bodart, Diane H. *Tiziano e Federico II Gonzaga: Storia di un rapporto di committenza* (Rome, 1998)

Bodart, Didier G. J. 'Cérémonies et monuments romains à la mémoire d'Alexandre Farnèse, duc de Parme et de Plaisance', *Bulletin de l'Institut historique belge de Rome* 37 (1966), 121–36

Bodon, Giulio. *Enea Vico fra memoria e miraggio della classicità* (Rome 1997)

Bodon, Giulio. *Veneranda Antiquitas: Studi sull'eredità dell'antico nella Rinascenza veneta* (Bern etc., 2005)

Boeye, Kerry and Nandini B. Pandey. 'Augustus as Visionary: The Legend of the Augustan Altar in S. Maria in Aracoeli, Rome', in Penelope J. Goodman (ed.), *Afterlives of Augustus, AD 14–2014* (Cambridge, 2018), 152–77

Boime, Albert. *Thomas Couture and the Eclectic Vision* (New Haven and London, 1980)

Boime, Albert. 'The Prix de Rome: Images of Authority and Threshold of Official Success', *Art Journal* 44 (1984), 281–89

Bonnet, Alain et al. *Devenir peintre au XIX^e siècle: Baudry, Bouguereau, Lenepveu* (Exhib. Cat., Lyon, 2007)

Boon, George C. 'A Roman Pastrycook's Mould from Silchester', *The Antiquaries Journal*, 38 (1958), 237–40

Borchert, Till-Holger (ed.). *Memling's Portraits* (Exhib. Cat., Madrid, 2005)

Borda, Maurizio. 'Il ritratto Tuscolano di Giulio Cesare', *Atti della Pontificia accademia romana di archeologia. Rendiconti* 20 (1943–44), 347–82

Bormand, Marc et al. (eds). *Desiderio da Settignano: Sculptor of Renaissance Florence* (Exhib. Cat., Washington, DC, 2007)

Borys, Ann Marie. *Vincenzo Scamozzi and the Chorography of Early Modern Architecture* (Farnham, 2014)

Boschung, Dietrich. *Die Bildnisse des Augustus* (Das römische Herrscherbild, Part 1, vol. 2) (Berlin, 1993)

Boschung, Dietrich. 'Die Bildnistypen der iulisch-claudischen Kaiserfamilie: Ein kritischer Forschungsbericht', *Journal of Roman Archaeology* 6 (1993), 39–79

Bottari, Giovanni Gaetano and Nicolao Foggini, *Il Museo Capitolino*, vol. 2 (Milan, 1820; first edition 1748)

Bottineau, Yves. 'L'Alcázar de Madrid et l'inventaire de 1686: Aspects de la cour d'Espagne au XVII^e siècle (suite, 3^e article)', *Bulletin Hispanique* 60 (1958), 145–79

Bowersock, Glen W. *Julian the Apostate* (Cambridge, MA, 1978)

Bowersock, Glen W. 'The Emperor Julian on his Predecessors', *Yale Classical Studies* 27 (1982), 159–72

Bresler, Ross M. R. *Between Ancient and All'Antica: The Imitation of Roman Coins in the Renaissance* (PhD dissertation, Boston University, 2002)

Brett, Cécile. 'Antonio Verrio (c. 1636–1707): His Career and Surviving Work', *British Art Journal* 10 (2009/10), 4–17

Brilliant, Richard. *Portraiture* (London, 1991)

Brilliant Richard and Dale Kinney (eds), *Reuse Value: Spolia and Appropriation in Art and Architecture from Constantine to Sherrie Levine* (Farnham, 2011)

Brodsky, Joseph. 'Homage to Marcus Aurelius', in *On Grief and Reason: Essays* (New York, 1995)

Brodsky, Joseph *Collected Poems in English* (New York, 2000)

Brotton, Jerry. *The Sale of the Late King's Goods: Charles I and his Art Collection* (Basingstoke and Oxford, 2006)

Brotton, Jerry and David McGrath. 'The Spanish Acquisition of King Charles I's Art Collection: The Letters of Alonso de Cárdenas, 1649–51', *Journal of the History of Collections* 20 (2008), 1–16

Brown, Beverly Louise, 'Corroborative Detail: Titian's "Christ and the Adulteress"', *Artibus et Historiae* 28 (2007), 73–105

Brown, Beverly Louise, 'Portraiture at the Courts of Italy', in Christiansen and Weppelmann (eds), *Renaissance Portrait*, 26–47

Brown, Clifford M. and Leandro Ventura. 'Le raccolte di antichità dei duchi di Mantova e dei rami cadetti di Guastalla e Sabbioneta', in Morselli (ed.), *Gonzaga: . . . L'esercizio del collezionismo*, 53–65

Brown, Jonathan and John H. Elliott. *A Palace for a King: The Buen Retiro and the Court of Philip IV* (New Haven and London, 1980)

Brown, Jonathan and John Elliott (eds). *The Sale of the Century: Artistic Relations between Spain and Great Britain, 1604–1655* (Exhib. Cat., New Haven and London, 2002)

Brown, Patricia Fortini. *Venice and Antiquity: The Venetian Sense of the Past* (New Haven and London, 1996)

Buccino, Laura. 'Le antichità del marchese Vincenzo Giustiniani nel Palazzo di Bassano Romano', *Bollettino d'arte* 96 (2006), 35–76

Buchan, John. *Julius Caesar* (London, 1932)

Buick, Kirsten Pai. *Child of the Fire: Mary Edmonia Lewis and the Problem of Art History's Black and Indian Subject* (Durham, NC and London, 2010)

Bull, Duncan et al. 'Les portraits de Jacopo et Ottavio Strada par Titien et Tintoret', in Vincent Delieuvin and Jean Habert (eds), *Titien, Tintoret, Véronèse: Rivalités à Venise* (Exhib. Cat., Paris, 2009), 200–213

Burke, Peter. 'A Survey of the Popularity of Ancient Historians, 1450–1700', *History and Theory* 5 (1966), 135–52

Burke, Peter. *The Fabrication of Louis XIV* (New Haven and London, 1994)

Burnett, Andrew. 'Coin Faking in the Renaissance', in Jones (ed.), *Why Fakes Matter*, 15–22

Burnett, Andrew. 'The Augustan Revolution Seen from the Mints of the Provinces', *Journal of Roman Studies* 101 (2011), 1–30

Burnett, Andrew and Richard Schofield. 'The Medallions of the *basamento* of the Certosa di Pavia: Sources and Influence', *Arte lombarda* 120 (1997), 5–28

Burns, Howard et al. *Valerio Belli Vicentino: 1468c.–1546* (Vicenza, 2000)

Busch, Renate von. *Studien zu deutschen Antikensammlungen des 16. Jahrhunderts* (Dissertation, Tübingen, 1973)

Cadario, Matteo. 'Le statue di Cesare a Roma tra il 46 e il 44 a.C', *Annali della Facoltà di lettere e filosofia dell'Università degli Studi di Milano* 59 (2006), 25–70

Caglioti, Francesco. 'Mino da Fiesole, Mino del Reame, Mino da Montemignaio: Un caso chiarito di sdoppiamento d'identità artistica', *Bollettino d'arte* 67 (1991), 19–86

Caglioti, Francesco. 'Desiderio da Settignano: Profiles of Heroes and Heroines of the Ancient World', in Bormand et al. (eds), *Desiderio da Settignano*, 87–101

Caglioti, Francesco. 'Fifteenth-Century Reliefs of Ancient Emperors and Empresses in Florence: Production and Collecting', in Penny and Schmidt (eds), *Collecting Sculpture*, 67–109

Çakmak, Gülru. 'The Salon of 1859 and Caesar: The Limits of Painting', in Allan and Morton (eds), *Reconsidering Gérôme*, 65–80

Callatay, François de. 'La controverse "imitateurs/faussaires" ou les riches fantaisies monétaires de la Renaissance', in Mounier and Nativel (eds), *Copier et contrefaire*, 269–92

Campbell, Lorne et al. *Renaissance Faces: Van Eyck to Titian* (Exhib. Cat., London, 2008)

Campbell, Stephen J. 'Mantegna's Triumph: The Cultural Politics of Imitation "all'antica" at the Court of Mantua, 1490–1530', in Campbell (ed.), *Artists at Court: Image-Making and Identity, 1300–1550* (Boston, MA, 2004), 91–105

Campbell, Stephen J. *Andrea Mantegna: Humanist Aesthetics, Faith, and the Force of Images* (London and Turnhout, 2020)

Campbell, Thomas [P.]. 'New Light on a Set of *History of Julius Caesar* Tapestries in Henry VIII's Collection', *Studies in the Decorative Arts* 5 (1998), 2–39

Campbell, Thomas P. (ed.), *Tapestry in the Renaissance: Art and Magnificence* (Exhib. Cat., New York, 2002)

Campbell, Thomas P. *Henry VIII and the Art of Majesty: Tapestries at the Tudor Court* (New Haven and London, 2007)

Canfora, Davide (ed.) *La controversia di Poggio Bracciolini e Guarino Veronese su Cesare e Scipione* (Florence, 2001)

Canina, Luigi. *Descrizione dell'antico Tusculo* (Rome, 1841)

Cannadine, David. 'The Context, Performance and Meaning of Ritual: The British Monarchy and the "Invention of Tradition" c. 1820–1977', in Eric Hobsbawm and Terence Ranger (eds), *The Invention of Tradition* (Cambridge, 1983), 101–64

Cannadine, David and Simon Price. *Rituals of Royalty: Power and Ceremonial in Traditional Societies* (Cambridge, 1993)

Capoduro, Luisa. 'Effigi di imperatori romani nel manoscritto Chig. J VII 259 della Biblioteca Vaticana: Origini e diffusione di un'iconografia', *Storia dell'arte* 79 (1993), 286–325

Carotta, Francesco. 'Il Cesare incognito: Sulla postura del ritratto tusculano di Giulio Cesare', *Numismatica e antichità classiche* 45 (2016), 129–79

Carradori, Francesco. *Elementary Instructions for Students of Sculpture*, trans. Matti Kalevi Auvinen (Los Angeles, 2002); original Italian edition: *Istruzione elementare per gli studiosi della scultura* (Florence, 1802)

Casini, Tommaso. 'Cristo e i manigoldi nell'*Incoronazione di spine* di Tiziano', *Venezia Cinquecento* 3 (1993), 97–118

Cavaceppi, Bartolomeo. *Raccolta d'antiche statue*, 3 vols (Rome, 1768–72), cited from the edition of Meyer and Piva (eds), *L'arte di ben restaurare*

Cavendish, William G. S. (Sixth Duke of Devonshire). *Handbook of Chatsworth and Hardwick* (London, 1845)

Chambers, David and Jane Martineau (eds). *Splendours of the Gonzaga* (Exhib. Cat., London, 1981)

Chambers, R. W. *Man's Unconquerable Mind: Studies of English Writers, from Bede to A. E. Housman and W. P. Ker* (reprinted London, 1964; first edition 1939)

Champlin, Edward. *Nero* (Cambridge, MA, 2003)

*Charles I: King and Collector* (Exhib. Cat., London, 2018)

Cholmondeley, David and Andrew Moore. *Houghton Hall: Portrait of an English Country House* (New York, 2014)

Christian, Kathleen Wren. 'Caesars, Twelve', in Anthony Grafton et al. (eds), *Harvard Encyclopedia of the Classical Tradition* (Cambridge, MA, 2010), 155–56

Christian, Kathleen Wren. *Empire without End: Antiquities Collections in Renaissance Rome, c. 1350–1527* (New Haven and London, 2010)

Christiansen, Keith. *The Genius of Andrea Mantegna* (New Haven and London, 2009)

Christiansen, Keith and Stefan Weppelmann (eds). *The Renaissance Portrait: From Donatello to Bellini* (Exhib. Cat., New York, 2011)

'Chronicle', *Journal of the Royal Institute of British Architects*, 1906, 444–45

Clark, Anna. *Scandal: The Sexual Politics of the British Constitution* (Princeton, 2003)

Clark, H. Nichols B. 'An Icon Preserved: Continuity in the Sculptural Images of Washington', in Barbara J. Mitnick et al., *George Washington: American Symbol* (New York, 1999), 39–53

Cleland, Elizabeth (ed.). *Grand Design: Pieter Coecke van Aelst and Renaissance Tapestry* (Exhib. Cat., New York, 2014)

Clifford, Timothy et al. *The Three Graces. Antonio Canova* (Exhib. Cat., Edinburgh, 1995)

Coarelli, Filippo (ed.). *Divus Vespasianus: Il bimillenario dei Flavi* (Exhib. Cat., Rome, 2009)

Coarelli, Filippo and Giuseppina Ghini (eds), *Caligola: La trasgressione al potere* (Exhib. Cat., Rome, 2013)

Cohn, Marjorie B. 'Introduction', in Condon et al. (eds), *Ingres*, 10–33

Cole, Emily. 'Theobalds, Hertfordshire: The Plan and Interiors of an Elizabethan Country House', *Architectural History* 60 (2017), 71–116

Cole, Nicholas. 'Republicanism, Caesarism, and Political Change', in Griffin (ed.), *Companion to Julius Caesar*, 418–30

Collins, Jeffrey. 'A Nation of Statues: Museums and Identity in Eighteenth-Century Rome', in Denise Amy Baxter and Meredith Martin (eds), *Architectural Space in Eighteenth-Century Europe: Constructing Identities and Interiors* (London and New York, 2010), 187–214

Combe, Taylor, et al. *A Description of the Collection of Ancient Marbles in the British Museum*, Part 11 (London, 1861)

Condon, Patricia et al. (eds), *Ingres. In Pursuit of Perfection: The Art of J.-A.-D. Ingres* (Louisville, 1983)

Conte, Gian Biagio. *Latin Literature: A History*, trans. Joseph B. Solodow (Baltimore and London, 1994)

Costello, Donald P. *Fellini's Road* (Notre Dame, 1983)

Cottafavi, Clinio. 'Cronaca delle Belle Arti', *Bollettino d'arte* June 1928, 616–23

Cottrell, Philip. 'Art Treasures of the United Kingdom and the United States: The George Scharf Papers', *Art Bulletin* 94 (2012), 618–40

Coulter, Frances. 'Drawing Titian's "Caesars": A Rediscovered Album by Bernardino Campi', *Burlington Magazine* 161 (2019), 562–71

Coulter, Frances. 'Supporting Titian's Emperors: Giulio Romano's Narrative Framework in the *Gabinetto dei Cesari*' (forthcoming)

Craske, Matthew. *The Silent Rhetoric of the Body* (New Haven and London, 2007)

Crawford, Michael H. 'Hamlet without the Prince', *Journal of Roman Studies* 66 (1976), 214–17

Cropp, Glynnis M. 'Nero, Emperor and Tyrant, in the Medieval French Tradition', *Florilegium* 24 (2007), 21–36

Crowe, Joseph Archer and Giovanni Battista Cavalcaselle. *Titian: His Life and Times*, vol. 1 (London, 1877)

Cunnally, John. *Images of the Illustrious: The Numismatic Presence in the Renaissance* (Princeton, 1999)

Cunnally, John. 'Of Mauss and (Renaissance) Men: Numismatics, Prestation and the Genesis of Visual Literacy', in Alan M. Stahl (ed.), *The Rebirth of Antiquity: Numismatics, Archaeology and Classical Studies in the Culture of the Renaissance* (Princeton, 2009), 27–47

Cutler, Anthony. 'Octavian and the Sibyl in Christian Hands', *Vergilius* 11 (1965), 22–32

D'Alessi, Fabio (ed.). *Hieronymi Bononii tarvisini antiquarii libri duo* (Venice, 1995)

D'Amico, Daniela. *Sullo Pseudo-Vitellio* (Tesi di laurea, Università Ca' Foscari, Venice, 2012/13)

Dandelet, Thomas James. *The Renaissance of Empire in Early Modern Europe* (Cambridge, 2014)

*D'après l'antique* (Exhib. Cat., Paris, 2000)

Darcel, Alfred (ed.). *La Collection Spitzer: Antiquité, Moyen Age, Renaissance*, vol. 3 (Paris, 1891)

Darley, Gillian. *John Soane: An Accidental Romantic* (New Haven and London, 1999)

Daunt, Catherine. *Portrait Sets in Tudor and Jacobean England* (DPhil dissertation, University of Sussex, 2015)

Davies, Glenys. 'Portrait Statues as Models for Gender Roles in Roman Society', *Memoirs of the American Academy at Rome*, supplementary vol. 7: *Role Models in the Roman World. Identity and Assimilation* (2008), 207–20

Davies, Glenys. 'Honorific vs Funerary Statues of Women: Essentially the Same or Fundamentally Different?', in Emily Hemelrijk and Greg Woolf (eds), *Women and the Roman City in the Latin West* (*Mnemosyne* supplement 360, Leiden, 2013), 171–99

de Bellaigue, Geoffrey. *French Porcelain in the Collection of Her Majesty the Queen*, 3 vols (London, 2009)

de Grummond, Nancy Thomson. *Rubens and Antique Coins and Gems* (PhD dissertation, University of North Carolina, Chapel Hill, 1968)

de Grummond, Nancy Thomson. 'The Real Gonzaga Cameo', *American Journal of Archaeology* 78 (1974), 427–29

de Grummond, Nancy Thomson (ed.). *Encyclopaedia of the History of Classical Archaeology* (London and New York, 1996)

Dekesel, Christian. 'Hubert Goltzius in Douai (5.11.1560–14.11.1560)', *Revue belge de numismatique* 127 (1981), 117–25

Delaforce, Angela. 'The Collection of Antonio Pérez, Secretary of State to Philip II', *Burlington Magazine* 124 (1982), 742–53

Della Porta, Giambattista. *De humana physiognomonia, libri IIII* (Vico Equense, 1586)

Dempsey, Charles. 'The Carracci *Postille* to Vasari's *Lives*', *Art Bulletin* 68 (1986), 72–76

Dempsey, Charles. 'Nicolas Poussin between Italy and France: Poussin's *Death of Germanicus* and the Invention of the Tableau', in Max Seidel (ed.), *L'Europa e l'arte italiana: Per cento anni dalla fondazione del Kunsthistorisches Institut in Florenz* (Venice, 2000), 321–35

de' Musi, Giulio. *Speculum Romanae Magnificentiae* (Venice, 1554)

De Santi, Pier Marco, *La Dolce Vita: Scandalo a Roma, Palma d'oro a Cannes* (Pisa, 2004)

Desmas, Anne-Lise and Francesco Freddo-lini. 'Sculpture in the Palace: Narratives of Comparison, Legacy and Unity', in Gail Feigenbaum (ed.), *Display of Art in the Roman Palace, 1550–1750* (Los Angeles, 2014), 267–82

Dessen, Cynthia S. 'An Eighteenth-Century Imitation of Persius, *Satire* 1', *Texas Studies in Literature and Language* 20 (1978), 433–56

Devonshire, Duchess of. *Treasures of Chatsworth: A Private View* (London, 1991)

Diderot, Denis. *Oeuvres complètes*, vol. 10 (ed. J. Assézat) (Paris, 1876)

Diemer, Dorothea et al. (eds). *Die Münchner Kunstkammer*, 3 vols (Munich, 2008)

Diemer, Dorothea and Peter Diemer. 'Mantua in Bayern? Eine Planungsepisode der Münchner Kunstkammer', in Diemer et al. (eds), *Münchner Kunsthammer*, vol. 3, 321–29

Diemer, Peter (ed.). *Das Inventar der Münchner herzoglichen Kunstkammer von 1598* (Munich, 2004)

Dillon, Sheila. *Ancient Greek Portrait Sculpture: Contexts, Subjects and Styles* (Cambridge, 2006)

Dillon, Sheila. *The Female Portrait Statue in the Greek World* (Cambridge, 2010)

Döhl, H. and Paul Zanker. 'La scultura', in F. Zevi (ed.), *Pompei 79* (Naples, 1979), 177–210

Dolce, Lodovico. *Dialogo della pittura* (Venice, 1557)

Dolman, Brett. 'Antonio Verrio and the Royal Image at Hampton Court', *British Art Journal* 10 (2009/10), 18–28

Draper, James David and Guilhem Scherf (eds). *Playing with Fire: European Terracotta Models, 1740–1840* (Exhib. Cat., New York 2003)

Duindam, Jeroen. *Dynasties: A Global History of Power, 1300–1800* (Cambridge, 2016)

Dunnett, Jane. 'The Rhetoric of Romanità: Representations of Caesar in Fascist Theatre', in Wyke, *Julius Caesar*, 244–65

Dutton Cook, Edward. *Art in England: Notes and Studies* (London, 1869)

Edmondson, Jonathan (ed.). *Augustus* (Edinburgh, 2009)

Edwards, Catharine. *Writing Rome: Textual Approaches to the City* (Cambridge, 1996)

Eidelberg, Martin and Eliot W. Rowlands. 'The Dispersal of the Last Duke of Mantua's Paintings', *Gazette des Beaux-Arts* 123 (1994), 207–87

Ekserdjian, David. *Parmigianino* (New Haven and London, 2006)

Elkins, James. 'From Original to Copy and Back Again', *British Journal of Aesthetics* 33 (1993), 113–20

Elliott, Jesse D. *Address of Com. Jesse D. Elliott, U.S.N., Delivered in Washington County, Maryland, to His Early Companions at Their Request, on November 24, 1843* (Philadelphia, 1844)

Erasmus, Desiderio. *De puritate tabernaculi sive ecclesiae christianae* (Basel, 1536)

Erasmus, Desiderio. *The Correspondence of Erasmus, 1252–1355* (Collected Works of Erasmus 9), trans. R.A.B. Mynors (Toronto, 1989)

*Eredità del Magnifico* (Exhib. Cat., Florence, 1992)

Erizzo, Sebastiano. *Discorso sopra le medaglie antiche* (Venice, 1559)

Esch, Arnold. 'On the Reuse of Antiquity: The Perspectives of the Archaeologist and of the Historian', in Brilliant and Kinney (eds), *Reuse Value*, 13–31

Fabbricotti, E. *Galba* (Rome, 1976)

Fehl, Philipp. 'Veronese and the Inquisition: A Study of the Subject Matter of the So-called "Feast in the House of Levi"', *Gazette des Beaux-Arts* 103 (1961), 325–54

Fejfer, Jane. *Roman Portraits in Context* (Berlin, 2008)

Fejfer, Jane. 'Statues of Roman Women and Cultural Transmission: Understanding the So-called Ceres Statue as a Roman Portrait Carrier', in Jane Fejfer, Mette Moltesen and Annette Rathje (eds), *Tradition: Transmission of Culture in the Ancient World* (Acta Hyperborea 14, Copenhagen, 2015), 85–116

Ferguson, J. Wilson. 'The Iconography of the Kane Suetonius', *The Princeton University Library Chronicle* 19 (1957), 34–45

Ferrari, Daniela (ed.). *Le collezioni Gonzaga: L'inventario dei beni del 1540–1542* (Milan, 2003)

Fiedrowicz, Michael. 'Die Christenverfolgung nach dem Brand Roms in Jahr 64', in *Nero: Kaiser, Künstler und Tyrann*, 250–56

Filarete (Antonio di Piero Averlino). *Filarete's Treatise on Architecture*, vol. 1, trans. John R. Spencer (New Haven, 1965), with facsimile of manuscript *Codex Magliabechiano*, c. 1465, in vol. 2.

Fishwick, Duncan, 'The Temple of Caesar at

Alexandria', *American Journal of Ancient History* 9 (1984) 131–34.

Fishwick, Duncan. *The Imperial Cult in the Latin West: Studies in the Ruler Cult of the Western Provinces of the Roman Empire*, Part 2, 1 (Leiden, 1991)

Fittschen, Klaus. *Die Bildnisgalerie in Herrenhausen bei Hannover: Zur Rezeptions- und Sammlungsgeschichte antiker Porträts* (*Abhandlungen der Akademie der Wissenschaften zu Göttingen. Philologisch-Historische Klasse*, third series, vol. 275) (Göttingen, 2006)

Fittschen, K. 'Sul ruolo del ritratto antico nell'arte italiana', in Salvatore Settis (ed.), *Memoria dell'antico nell'arte italiana*, vol. 2 (Turin, 1985), 383–412

Fittschen, K. 'The Portraits of Roman Emperors and their Families: Controversial Positions and Unsolved Problems', in Björn C. Ewald and Carlos F. Norena (eds), *The Emperor and Rome: Space, Representation, and Ritual* (Cambridge, 2010), 221–46

Fittschen, K and P. Zanker. *Katalog der römischen Porträts in den Capitolinischen Museen und den anderen kommunalen Sammlungen der Stadt Rom. 1. Kaiser- und Prinzenbildnisse* (Mainz, 1985)

Fitzpatrick, John C. *The Writings of George Washington, 1745–1799*, vol. 28: *December 5 1784–August 30 1785* (Washington, 1938)

Flanagan, Laurence. *Ireland's Armada Legacy* (Dublin and Gloucester, 1988)

Flory, Marleen B. 'Livia and the History of Public Honorific Statues for Women in Rome', *Transactions of the American Philological Association* 123 (1993), 287–308

Flower, Harriet. *Ancestor Masks and Aristocratic Power in Roman Culture* (Oxford, 1996)

Fontana, Federica Missere, 'La controversia "monete o medaglie": Nuovi documenti su Enea Vico e Sebastiano Erizzo', *Atti dell'Istituto veneto di scienze, lettere ed arti* 153 (1994–95), 61–103

Fontane, Theodor. *Effi Briest* (Oxford, 2015) (first published as a serial in German, 1894–95)

Forti Grazzini, Nello. 'Catalogo', in Giuseppe Bertini and Forti Grazzini (eds), *Gli arazzi dei Farnese e dei Borbone: Le collezioni dei secoli XVI–XVIII* (Exhib. Cat., Colorno, 1998), 93–216

Franceschini, Michele and Valerio Vernesi (eds), *Statue di Campidoglio: Diario di Alessandro Gregorio Capponi (1733–1746)* (Rome, 2005)

Frazer, R. M. 'Nero, the Singing Animal', *Arethusa* 4 (1971), 215–19

Freedman, Luba. 'Titian's *Jacopo da Strada*: A Portrait of an "antiquario"', *Renaissance Studies* 13 (1999), 15–39

Fried, Michael. 'Thomas Couture and the Theatricalization of Action in 19th-Century French Painting', *Art Forum* 8 (1970) (no pg. nos)

Fried, Michael. *Manet's Modernism, or, The Face of Painting in the 1860s* (Chicago, 1996)

Fulvio, Andrea. *Illustrium imagines* (Rome, 1517)

Furlotti, Barbara. *Antiquities in Motion: From Excavation Sites to Renaissance Collections* (Los Angeles, 2019)

Furlotti, Barbara and Guido Rebecchini. *The Art of Mantua: Power and Patronage in the Renaissance* (Los Angeles, 2008)

Furlotti, Barbara and Guido Rebecchini. '"Rare and Unique in this World": Mantegna's Triumph and the Gonzaga Collection', in *Charles I*, 54–59

Furtwängler, Adolf. *Neuere Fälschungen von Antiken* (Berlin, 1899)

Fusco, Laurie and Gino Corti. *Lorenzo de' Medici: Collector and Antiquarian* (Cambridge, 2006)

Gaddi, Giambattista. *Roma nobilitata* (Rome, 1736)

Gallo, Daniela. 'Ulisse Aldrovandi: Le statue di Roma e i marmi romani', *Mélanges de l'Ecole française de Rome: Italie et Méditerranée* 104 (1992), 479–90

Galt, John. *The Life, Studies and Works of Benjamin West, Esq.* (London, 1820)

Gautier, Théophile. *Salon de 1847* (Paris, 1847)

Gautier, Théophile. *Les Beaux-arts en Europe, 1855* (Paris, 1855)

Gaylard, Susan. *Hollow Men: Writing, Objects and Public Image in Renaissance Italy* (New York, 2013)

*Gérôme* (Exhib. Cat., Paris, 2010)

Gesche, Inga. 'Bemerkungen zum Problem der Antikenergänzungen und seiner Bedeutung bei J. J. Winckelmann', in Herbert Beck and Peter C. Bol (eds), *Forschungen zur Villa Albani* (Berlin, 1982), 439–60

Ghini, Giuseppina et al. (eds), *Sulle trace*

di Caligola: Storie di grandi recuperi della Guardia di Finanza al lago di Nemi (Rome, 2014)

Giannattasio, Bianca Maria. 'Una testa di Vitellio in Genova', *Xenia* 12 (1985), 63–70

Ginsburg, Judith. *Representing Agrippina: Constructions of Female Power in the Early Roman Empire* (Oxford, 2006)

Giuliani, Luca and Gerhard Schmidt, *Ein Geschenk für den Kaiser. Das Geheimnis des Grossen Kameo* (Munich, 2010)

*Giulio Romano* (Exhib. Cat., Milan, 1989)

Glass, Robert. 'Filarete's Renovation of the Porta Argentea at Old Saint Peter's', in Rosamond McKitterick et al. (eds), *Old Saint Peter's, Rome* (Cambridge, 2013), 348–70

Glass, Robert. 'Filarete and the Invention of the Renaissance Medal', *The Medal* 66 (2015), 26–37

Gold, Susanna W. 'The Death of Cleopatra/The Birth of Freedom: Edmonia Lewis at the New World's Fair', *Biography* 35 (2012), 318–41

Goltzius, Hubert. *Vivae omnium fere imperatorum imagines* (Antwerp, 1557)

Goltzius, Hubert. *C. Iulius Caesar* (Bruges, 1563)

Gottfried, Johann Ludwig. *Historische Chronica oder Beschreibung der fürnehmsten Geschichten* (Frankfurt, c. 1620)

Goyder, David George. *My Battle for Life: The Autobiography of a Phrenologist* (London, 1857)

Granboulan, Anne. 'Longing for the Heavens: Romanesque Stained Glass in the Plantagenet Domain', in Elizabeth Carson Pastan and Brigitte Kurmann-Schwarz (eds), *Investigations in Medieval Stained Glass: Materials, Methods, and Expressions* (Leiden and Boston, MA, 2019), 36–48

Green, David and Peter Seddon (eds). *History Painting Reassessed: The Representation of History in Contemporary Art* (Manchester, 2000)

Greenblatt, Stephen. *Renaissance Self-Fashioning: From More to Shakespeare* (revised edition, Chicago, 2012)

Griffin, Francis (ed.). *Remains of the Rev. Edmund D. Griffin*, vol. 1 (New York, 1831)

Griffin, Jasper and Miriam Griffin. 'Show us you care, Ma'am', *New York Review of Books*, 9 October 1997, 29

Griffin, Miriam (ed.). *A Companion to Julius Caesar* (Chichester and Malden, MA, 2009)

Griffiths, Antony. *The Print in Stuart Britain: 1603–1689* (London, 1998)

Groos, G. W. (ed.). *The Diary of Baron Waldstein: A Traveller in Elizabethan England* (London, 1981)

Grunchec, Philippe. *Le Grand Prix de Peinture: Les concours des Prix de Rome de 1797 à 1863* (Paris, 1983)

Grunchec, Philippe. *The Grand Prix de Rome: Paintings from the École des Beaux-Arts 1797–1863* (Exhib. Cat., Washington, DC, 1984)

Gualandi, Maria Letizia and A. Pinelli. 'Un trionfo per due. La matrice di Olbia: un *unicum* iconographico "fuori contesto"', in Maria Monica Donato and Massimo Ferretti (eds), *'Conosco un ottimo storico dell'arte . . .'. Per Enrico Castelnuovo: Scritti di allievi e amici pisani* (Pisa, 2012), 11–20

*Guida del visitatore alla esposizione industriale italiana del 1881 in Milano* (Milan, 1881)

Haag, Sabine (ed.). *All'Antica: Götter und Helden auf Schloss Ambras* (Exhib. Cat., Vienna, 2011)

Hall, Edith and Henry Stead. *A People's History of Classics: Class and Greco-Roman Antiquity in Britain 1689–1939* (Abingdon and New York, 2020)

Halsema-Kubes, W. 'Bartholomeus Eggers' keizers- en keizerinnenbusten voor keurvorst Friedrich Wilhelm van Brandenburg', *Bulletin van het Rijksmuseum* 36 (1988) 44–53 (with English summary, 73–74)

*Handbook to the New York Public Library: Astor, Lenox and Tilden Foundations* (New York, 1900)

Hanford, James Holly. '"Ut Spargam": Thomas Hollis Books at Princeton', *The Princeton University Library Chronicle* 20 (1959), 165–74

Harcourt, Jane and Tony Harcourt. 'The Loggia Roundels', in *The Development of Horton Court: An Architectural Survey*, (National Trust Report, 2009), Appendix 9, 87–90

Hardie, Philip. 'Lucan in the English Renaissance', in Paolo Asso (ed.), *Brill's Companion to Lucan* (Leiden, 2011), 491–506

Harprath, Richard. 'Ippolito Andreasi as a Draughtsman', *Master Drawings* 22 (1984), 3–28; 89–114

Harris, Ann Sutherland. *Seventeenth-Century Art and Architecture* (London, 2005)

Hartt, Frederick. *Giulio Romano*, 2 vols (New Haven, 1958)

Harvey, Tracene. *Julia Augusta: Images of Rome's First Empress on Coins of the Roman Empire* (Abingdon and New York, 2020)

Harwood, A. A. 'Some Account of the Sarcophagus in the National Museum now in charge of the Smithsonian Institution', *Annual Report of the Board of Regents of the Smithsonian Institution*, 1870, 384–85

Haskell, Francis. *History and Its Images: Art and the Interpretation of the Past* (New Haven and London, 1993)

Haskell, Francis. *The King's Pictures* (New Haven and London, 2013)

Haskell, Francis and Nicholas Penny. *Taste and the Antique* (New Haven and London, 1981)

Haydon, Benjamin Robert. *Lectures on Painting and Design* (London, 1844)

Hekster, Olivier. 'Emperors and Empire, Marcus Aurelius and Commodus', in Aloys Winterling (ed.), *Zwischen Strukturgeschichte und Biographie* (Munich, 2011), 317–28

Hekster, Oliver. *Emperors and Ancestors: Roman Rulers and the Constraints of Tradition* (Oxford, 2015)

Henderson, George. 'The Damnation of Nero and Related Themes', in A. Borg and A. Martindale (eds), *The Vanishing Past: Studies of Medieval Art, Liturgy and Metrology presented to Christopher Hohler* (Oxford, 1981), 39–51

Hennen, Insa Christiane. *'Karl zu Pferde': Ikonologische Studien zu Anton van Dycks Reiterporträts Karls I. von England* (Frankfurt am Main, 1995)

Hentzner, Paul. *Paul Hentzner's Travels in England, during the reign of Queen Elizabeth*, translated by Horace, late Earl of Orford (London, 1797)

Hicks, Philip. 'The Roman Matron in Britain: Female Political Influence and Republican Response, 1750–1800', *Journal of Modern History* 77 (2005), 35–69

Hobson, Anthony. *Humanists and Bookbinders: The Origins and Diffusion of Humanistic Bookbinding, 1459–1559* (Cambridge, 1989)

Hölscher, Tonio. *Visual Power in Ancient Greece and Rome: Between Art and Social Reality* (Berkeley and Los Angeles, 2018)

Hopkins, Lisa. *The Cultural Uses of the Caesars on the English Renaissance Stage* (Farnham, 2008)

Horejsi, Nicole. *Novel Cleoptras: Romance Historiography and the Dido Tradition in English Fiction, 1688–1785* (Toronto, 2019)

House, John. 'History without Values? Gérôme's History Paintings', *Journal of the Warburg and Courtauld Institutes* 71 (2008), 261–76

Howarth, David. *Images of Rule: Art and Politics in the English Renaissance, 1485–1649* (Basingstoke, 1997)

Howley, Joseph A. 'Book-Burning and the Uses of Writing in Ancient Rome: Destructive Practice between Literature and Document', *Journal of Roman Studies* 107 (2017), 213–36

Hub, Berthold. 'Founding an Ideal City in Filarete's *Libro architettonico*', in Maarten Delbeke and Minou Schraven (eds), *Foundation, Dedication and Consecration in Early Modern Europe* (Leiden, 2012), 17–57

Hülsen, Christian. *Das Skizzenbuch des Giovannantonio Dosio* (Berlin, 1933)

*I Borghese e l'antico* (Exhib. Cat., Milan, 2011)

*I Campi e la cultura artistica cremonese del Cinquecento* (Exhib. Cat., Milan, 1985)

*I tesori dei d'Avalos: Committenza e collezionismo di una grande famiglia napoletana* (Exhib. Cat., Naples, 1994)

Ioele, Giovanna. *Prima di Bernini: Giovanni Battista Della Porta, scultore (1542–1597)* (Rome, 2016)

Jacobus de Voragine. *The Golden Legend: Readings on the Saints*, trans. William Granger Ryan, with introduction by Eamon Duffy (revised edition, Princeton and Oxford, 2012), based on Latin text of Theodor Graesse (Leipzig, 1845)

*Jacopo Tintoretto* (Exhib. Cat., Venice, 1994)

Jaffé, David (ed.). *Titian* (Exhib. Cat., London, 2003)

Jaffé, Michael. 'Rubens's Roman Emperors', *Burlington Magazine* 113 (1971), 297–98; 300–301; 303

Jansen, Dirk Jacob. *Jacopo Strada and Cultural Patronage at the Imperial Court*, 2 vols (Leiden and Boston, MA, 2019)

*Jean-Paul Laurens 1838–1921: Peintre d'histoire* (Exhib. Cat., Paris, 1997)

Jecmen, Gregory and Freyda Spira. *Imperial Augsburg: Renaissance Prints and Drawings, 1475–1540* (Exhib. Cat., Washington, DC, 2012)

Jenkins, Gilbert Kenneth. 'Recent Acquisitions of Greek Coins by the British Museum', *Numismatic Chronicle* 19 (1959), 23–45

Jestaz, Bertrand. *L'Inventaire du palais et des propriétés Farnèse à Rome en 1644* (Rome, 1994)

Johansen, Flemming S. 'Antichi ritratti di Gaio Giulio Cesare nella scultura', *Analecta Romana Instituti Danici* 4 (1967), 7–68

Johansen, Flemming S, 'The Portraits in Marble of Gaius Julius Caesar: A Review', *Ancient Portraits in the J. Paul Getty Museum*, vol. 1 (Occasional Papers on Antiquities 4) (Malibu, 1987), 17–40

Johansen, Flemming S. 'Les portraits de César', in Long and Picard (eds), *César* 78–83

Johns, Christopher M. S. 'Subversion through Historical Association: Canova's *Madame Mère* and the Politics of Napoleonic Portraiture', *Word & Image* 13 (1997), 43–57

Johns, Christopher M. S. *Antonio Canova and the Politics of Patronage in Revolutionary and Napoleonic Europe* (Berkeley etc., 1998)

Johns, Richard. '"Those Wilder Sorts of Painting": The Painted Interior in the Age of Antonio Verrio', in Dana Arnold and David Peters Corbett (eds), *A Companion to British Art: 1600 to the Present* (Chichester and Malden, MA, 2013), 77–104

Jonckheere, Koenraad. *Portraits after Existing Prototypes* (Corpus Rubenianum Ludwig Burchard 19) (London, 2016)

Jones, Mark (ed.). *Fake? The Art of Deception* (Exhib. Cat., London, 1990)

Jones, Mark (ed.). *Why Fakes Matter: Essays on Problems of Authenticity* (London, 1992)

Joshel, Sandra et al. (eds). *Imperial Projections: Ancient Rome in Popular Culture* (Baltimore and London, 2001)

Karafel, Lorraine. 'The Story of Julius Caesar', in Cleland (ed.), *Grand Design*, 254–61

Keaveney, Arthur. *Sulla: The Last Republican* (second edition, Abingdon, 2005)

Kellen, Sean. 'Exemplary Metals: Classical Numismatics and the Commerce of Humanism', *Word & Image* 18 (2002), 282–94

Keysler, John George. *Travels through Germany, Hungary, Bohemia, Switzerland, Italy and Lorrain*, vol. 4 (London, 1758; originally published in German by Johann Georg Keysler, 1741)

King, Elliott. '*Ten Recipes for Immortality*: A Study in Dalínian Science and Paranoiac Fictions', in Gavin Parkinson (ed.), *Surrealism, Science Fiction and Comics* (Liverpool, 2015), 213–32

Kinney, Dale. 'The Horse, the King and the Cuckoo: Medieval Narrations of the Statue of Marcus Aurelius', *Word & Image* 18 (2002), 372–98

Kinney, Dale. 'Ancient Gems in the Middle Ages: Riches and Ready-Mades', in Brilliant and Kinney (eds), *Reuse Value* 97–120

Kleiner, Diana E. E. *Roman Sculpture* (New Haven, 1992)

Kleiner, Diana E. E. *Cleopatra and Rome* (Cambridge, MA, 2005)

Knaap, Anna C. and Michael C. J. Putnam (eds), *Art, Music, and Spectacle in the Age of Rubens: The Pompa Introitus Ferdinandi* (Turnhout, 2013)

Knox, Tim. 'The Long Gallery at Powis Castle', *Country Life* 203 (2009), 86–89

Koeppe, Wolfram (ed.). *Art of the Royal Court: Treasures in Pietre Dure from the Palaces of Europe* (Exhib. Cat., New Haven and London, 2008)

Koering, Jérémie. 'Le Prince et ses modèles: Le Gabinetto dei Cesari au palais ducal de Mantoue', in Philippe Morel (ed.). *Le Miroir et l'espace du prince dans l'art italien de la Renaissance* (Tours, 2012), 165–94

Koering, Jérémie. *Le Prince en representation: Histoire des décors du palais ducal de Mantoue au XVIᵉ siècle* (Arles, 2013)

Koortbojian, Michael. *The Divinization of Caesar and Augustus: Precedents, Consequences, Implications* (Cambridge and New York, 2013)

Kroll, Maria (trans. and ed.). *Letters from Liselotte: Elisabeth Charlotte, Princess Palatine and Duchess of Orléans, 'Madame', 1652–1722* (London, 1970)

Kuhns, Matt. *Cotton's Library: The Many Perils of Preserving History* (Lakewood, 2014)

Kulikowski, Michael. *The Triumph of Empire: The Roman World from Hadrian to Constantine* (Cambridge, MA, 2016), published in the UK as *Imperial Triumph* (London, 2016)

Künzel, Carl (ed.). *Die Briefe der Liselotte von der Pfalz, Herzogin von Orleans* (reprinted Hamburg, 2013, from original edition, 1914)

Ladendorf, Heinz. *Antikenstudium und Antikenkopie* (Berlin, 1953)

Lafrery, Antonio. *Effigies viginti quatuor Romanorum imperatorum* (Rome, c. 1570)

Lamo, Alessandro. *Discorso . . . intorno alla scoltura e pittura . . . dall'Eccell. & Nobile M. Bernardino Campo* (Cremona, 1581)

Landau, Diana (ed.), *Gladiator: The Making of the Ridley Scott Epic* (New York, 2000)

Lane, Barbara. *Hans Memling: Master Painter in Fifteenth-Century Bruges* (Turnhout, 2009)

Lapenta, Stefania and Raffaella Morselli (eds). *Le collezioni Gonzaga: La quadreria nell'elenco dei beni del 1626–1627* (Milan, 2006)

La Rocca, Eugenio et al. (eds), *Augusto* (Exhib. Cat., Rome, 2013)

Lattuada, Riccardo (ed.), *Alessandro Farnese: A Miniature Portrait of the Great General* (Milan, 2016).

Laurence, Ray. 'Tourism, Town Planning and *romanitas*: Rimini's Roman Heritage', in Michael Biddiss and Maria Wyke (eds), *The Uses and Abuses of Antiquity* (Bern, 1999), 187–205

Le Bars-Tosi, Florence. 'James Millingen (1774–1845), le "Nestor de l'archéologie moderne"', in Manuel Royo et al. (eds), *Du voyage savant aux territoires de l'archéologie: Voyageurs, amateurs et savants à l'origine de l'archéologie moderne* (Paris, 2011), 171–86

Lessmann Johanna, and Susanne König-Lein. *Wachsarbeiten des 16. bis 20. Jahrhunderts* (Braunschweig, 2002)

Leuschner, Eckhard. *Antonio Tempesta: Ein Bahnbrecher des römischen Barock und seine europäische Wirkung* (Petersberg, 2005)

Leuschner, Eckhard. 'Roman Virtue, Dynastic Succession and the Re-Use of Images: Constructing Authority in Sixteenth- and Seventeenth-Century Portraiture', *Studia Rudolphina* 6 (2006), 5–25

Levick, Barbara. *Vespasian* (London and New York, 1999)

Lightbown, Ronald. *Sandro Botticelli*, vol. 1: *Life and Work* (London, 1978)

Limouze, Dorothy. 'Aegidius Sadeler, Imperial Printmaker', *Philadelphia Museum of Art Bulletin* 85 (1989), 1; 3–24

Limouze, Dorothy. *Aegidius Sadeler (c. 1570–1629): Drawings, Prints and Art Theory* (PhD dissertation, Princeton University, 1990)

Lintott, Andrew. *The Constitution of the Roman Republic* (Oxford, 1999)

Liverani, Paolo. 'La collezione di antichità classiche e gli scavi di Tusculum e Musignano', in Marina Natoli (ed.), *Luciano Bonaparte: Le sue collezioni d'arte, le sue residenze a Roma, nel Lazio, in Italia (1804–1840)* (Rome, 1995), 49–79

Liversidge Michael, 'Representing Rome', in Liversidge and Edwards (eds), *Imagining Rome*, 70–124

Liversidge Michael and Catharine Edwards (eds), *Imagining Rome: British Artists and Rome in the Nineteenth Century* (Exhib. Cat., Bristol, 1996)

Lobelle-Caluwé, Hilde. 'Portrait d'un homme avec une monnaie', in Maximilian P. J. Martens (ed.), *Bruges et la Renaissance: De Memling à Pourbus. Notices* (Exhib. Cat., Bruges, 1998), 17

Locatelli, Giampetro. *Museo Capitolino, osia descrizione delle statue . . .* (Rome, 1750)

L'Occaso, Stefano. *Museo di Palazzo Ducale di Mantova. Catalogo generale delle collezioni inventariate: Dipinti fino al XIX secolo* (Mantua, 2011)

Loh, Maria H. *Still Lives: Death, Desire, and the Portrait of the Old Master* (Princeton, 2015)

Lomazzo, Giovanni Paolo. *Trattato dell'arte della pittura, scoltura et architettura* (Milan, 1584)

Long, Luc. 'Le regard de César: Le Rhône restitue un portrait du fondateur de la colonie d'Arles', in Long and Picard (eds), *César*, 58–77

Long, Luc and Pascale Picard (eds), *César. Le Rhône pour mémoire: Vingt ans de fouilles dans le fleuve à Arles* (Exhib. Cat., Arles, 2009)

Lorenz, Katharina. 'Die römische Porträtforschung und der Fall des sogennanten Ottaviano Giovinetto im Vatikan: Die Authentizitätsdiskussion als Spiegel des Methodenwandels', in Sascha Kansteiner (ed.), *Pseudoantike Skulptur 1: Fallstudien zu antiken Skulpturen und ihren Imitationen* (Berlin and Boston, MA, 2016), 73–90

Lübbren, Nina. 'Crime, Time, and the Death of Caesar', in Allan and Morton (eds), *Reconsidering Gérôme*, 81–91

Luzio, Alessandro. *La galleria dei Gonzaga, venduta all'Inghilterra nel 1627–28* (Milan, 1913)

Lyons, John D. *Exemplum: The Rhetoric of*

*Example in Early Modern France and Italy* (Princeton, 1990)

McCuaig, William. *Carlo Sigonio: The Changing World of the Late Renaissance* (Princeton, 2014)

McFadden, David. 'An Aldobrandini Tazza: A Preliminary Study', *Minneapolis Institute of Arts Bulletin* 63 (1976–77), 43–56

McGrath, Elizabeth. 'Rubens's Infant-Cornucopia', *Journal of the Warburg and Courtauld Institutes* 40 (1977), 315–18

McGrath, Elizabeth. '"Not Even a Fly": Rubens and the Mad Emperors', *Burlington Magazine* 133 (1991), 699–703

McKendrick, Neil. 'Josiah Wedgwood: An Eighteenth-Century Entrepreneur in Salesmanship and Marketing Techniques', *Economic History Review*, n.s., 12 (1960), 408–43

McKendrick, Neil. 'Josiah Wedgwood and the Commercialization of the Potteries', in McKendrick et al., *The Birth of Consumer Society: The Commercialization of Eighteenth-Century England* (London, 1982), 100–145

McLaughlin, Martin. 'Empire, Eloquence, and Military Genius: Renaissance Italy', in Griffin (ed.), *Companion to Julius Caesar*, 335–55

McNairn, Alan. *Behold the Hero: General Wolfe and the Arts in the Eighteenth Century* (Montreal, 1997)

Macsotay, Tomas. 'Struggle and the Memorial Relief: John Deare's Caesar Invading Britain', in Macsotay (ed.), *Rome, Travel and the Sculpture Capital, c. 1770–1825* (Abingdon and New York, 2017), 197–224

Mainardi, Patricia. *Art and Politics of the Second Empire: The Universal Expositions of 1855 and 1867* (New Haven and London, 1987)

Malamud, Margaret. *Ancient Rome and Modern America* (Malden, MA and Oxford, 2009)

Malgouyres, Philippe (ed.). *Porphyre: La Pierre Poupre des Ptolémées aux Bonaparte* (Exhib. Cat., Paris, 2003)

Mamontova, N. N. 'Vasily Sergeevich Smirnov, Pensioner of the Academy of Arts', in *Russian Art of Modern Times. Research and Materials. Vol. 10: Imperial Academy of Arts. Cases and People* (Moscow, 2006), 238–48 (in Russian)

Maral, Alexandre. 'Vraies et fausses antiques', in Alexandre Maral and Nicolas

Milovanovic (eds), *Versailles et l'Antique* (Exhib. Cat., Paris, 2012), 104–11

Marcos, Dieter. 'Vom Monster zur Marke: Neros Karriere in der Kunst', in *Nero: Kaiser, Künstler und Tyrann*, 355–68

Marsden, Jonathan (ed.). *Victoria and Albert: Art and Love* (Exhib. Cat., London, 2010)

Marlowe, Elizabeth. *Shaky Ground: Context, Connoisseurship and the History of Roman Art* (London, 2013)

Martin, John Rupert. *The Decorations for the Pompa Introitus Ferdinandi* (Corpus Rubenianum Ludwig Burchard 16) (London, 1972)

Martindale, Andrew. *The 'Triumphs of Caesar' by Andrea Mantegna, in the Collection of Her Majesty the Queen at Hampton Court* (London, 1979)

Marx, Barbara, 'Wandering Objects, Migrating Artists: The Appropriation of Italian Renaissance Art by German Courts in the Sixteenth Century', in Herman Roodenburg (ed.), *Forging European Identities, 1400–1700* (Cultural Exchange in Early Modern Europe 4) (Cambridge, 2007), 178–226

Mathews, Thomas F. and Norman E. Muller. *The Dawn of Christian Art in Panel Paintings and Icons* (Los Angeles, 2016)

Mattusch, Carol C. *The Villa dei Papyri at Herculaneum: Life and Afterlife of a Sculpture Collection* (Los Angeles, 2005)

Maurer, Maria F. *Gender, Space and Experience at the Renaissance Court: Performance and Practice at the Palazzo Te* (Amsterdam, 2019)

Meganck, Tine. 'Rubens on the Human Figure: Theory, Practice and Metaphysics', in Arnout Balis and Joost van der Auwera (eds), *Rubens, a Genius at Work: The Works of Peter Paul Rubens in the Royal Museums of Fine Arts of Belgium Reconsidered* (Exhib. Cat., Brussels, 2007), 52–64

*Mementoes, Historical and Classical, of a Tour through Part of France. Switzerland, and Italy, in the Years 1821 and 1822*, vol. 2 (London, 1824)

Menegaldo, Silvère. 'César "d'ire enflamaz et espris" (v. 1696) dans le Roman de Jules César de Jean de Thuin', *Cahiers de recherches médiévales* 13 (2006), 59–76

Meulen, Marjon van der. *Rubens Copies after the Antique*, vol. 1 (Corpus Rubenianum Ludwig Burchard 23) (London, 1994)

Meyer, Susanne Adina and Chiara Piva (eds), *L'arte di ben restaurare: La 'Raccolta d'antiche statue' (1768–1772) di Bartolomeo Cavaceppi* (Florence, 2011)

Michel, Patrick. *Mazarin, prince des collection-neurs: Les collections et l'ameublement du Cardinal Mazarin (1602–1661). Histoire et analyse* (Notes et Documents des Musées de France 34) (Paris, 1999)

Middeldorf, Ulrich. 'Die zwölf Caesaren von Desiderio da Settignano', *Mitteilungen des Kunsthistorischen Institutes in Florenz* 23 (1979), 297–312

Millar, Oliver (ed.). *Abraham van der Doort's Catalogue of the Collections of Charles I* (Walpole Society, vol. 37, 1958–60)

Millar, Oliver (ed.). *The Inventories and Valuations of the King's Goods, 1649–1651* (Walpole Society, vol. 43, 1970–72)

Miller, Peter Benson. 'Gérôme and Ethno-graphic Realism at the Salon of 1857', in Allan and Morton (eds), *Reconsidering Gérôme*, 106–18

Miller, Stephen. *Three Deaths and Enlight-enment Thought: Hume, Johnson, Marat* (Lewisburg and London, 2001)

Miner, Carolyn and Jens Daehner. 'The Emperor in the Arena', *Apollo*, February 2010, 36–41

Mingazzini, Paolino. 'La datazione del ritratto di Augusto Giovinetto al Vaticano', *Bullettino della Commissione archeologica comunale di Roma* 73 (1949–50), 255–59

Minor, Heather Hyde. *The Culture of Architecture in Enlightenment Rome* (University Park, PA, 2010)

Mitchell, Eleanor Drake. 'The Tête-à-Têtes in the "Town and Country Magazine" (1769–1793)', *Interpretations* 9 (1977), 12–21

Morbio, Carlo. 'Notizie intorno a Ber-nardino Campi ed a Gaudenzio Ferraro', *Il Saggiatore: Giornale romano di storia, belle arti e letteratura* 2 (1845), 314–19

Moreno, Paolo and Chiara Stefani, *The Borghese Gallery* (Milan, 2000)

Morgan, Gwyn. *69 AD: The Year of Four Emperors* (Oxford, 2005)

Morscheck, Charles R. 'The Certosa Medal-lions in Perspective', *Arte lombarda* 123 (1998), 5–10

Morselli, Raffaella (ed.), *Le collezioni Gonzaga: L'elenco dei beni del 1626–1627* (Milan, 2000)

Morselli, Raffaella (ed.). *Gonzaga. La Celeste Galeria: L'esercizio del collezionismo* (Milan, 2002)

Morselli, Raffaella (ed.). *Gonzaga. La Celeste Galeria: Le raccolte* (Exhib. Cat., Milan, 2002)

Mortimer, Nigel. *Medieval and Early Modern Portrayals of Julius Caesar* (Oxford, 2020)

Mounier, Pascale and Colette Nativel (eds), *Copier et contrefaire à la Renaissance: Faux et usage de faux* (Paris, 2014)

Mulryne, J. R. et al. (eds), *Europa Triumphans: Court and Civic Festivals in Early Modern Europe* (Farnham, 2004)

Munk Højte, Jakob, *Roman Imperial Statue Bases: From Augustus to Commodus* (Acta Jutlandica 80: 2) (Aarhus, 2005)

Murray, John (publisher). *Handbook for Travellers in Central Italy: Including the Papal States, Rome, and the Cities of Etruria* (London, 1843)

Murray, John (publisher). *Handbook for Trav-ellers in Central Italy: Part II, Rome and its Environs* (London, 1853)

Murray, John (publisher). *Handbook of Rome and the Campagna* (London 1904)

Nalezyty, Susan. *Pietro Bembo and the Intellec-tual Pleasures of a Renaissance Writer and Art Collector* (New Haven and London, 2017)

Napione, Ettore. 'I sottarchi di Altichiero e la numismatica: Il ruolo delle imperatrici', *Arte veneta: Rivista di storia dell'arte* 69 (2012), 23–39

Napione, Ettore. 'Tornare a Julius von Schlosser: I palazzi scaligeri, la "sala grande dipinta" e il primo umanesimo', in Serena Romano and Denise Zaru (eds), *Arte di corte in Italia del nord: Programmi, modelli, artisti (1330–1402 ca.)* (Rome, 2013), 171–94

Neale, John Preston. *Views of the Seats of Noblemen and Gentlemen, in England, Wales, Scotland, and Ireland*, second series 2, vol. 2 (London, 1825)

Nelis, Jan. 'Constructing Fascist Identity: Benito Mussolini and the Myth of *romanità*', *Classical World* 100 (2007), 391–415

Nelson, Charmaine A. *The Color of Stone: Sculpting the Black Female Subject in Nineteenth-Century America* (Minneapolis, 2007)

Nemerov, Alexander. 'The Ashes of German-icus and the Skin of Painting: Subli-mation and Money in Benjamin West's *Agrippina*', *The Yale Journal of Criticism* 11 (Summer 1998), 11–27

*Nero: Kaiser, Künstler und Tyrann* (Exhib.

Cat., Schriftenreihe des Rheinischen Landesmuseums Trier 40, 2016)

Nesi, Antonella (ed.), *Ritratti di Imperatori e profili all'antica: Scultura del Quattrocento nel Museo Stefano Bardini* (Florence, 2012)

*Nicolas Poussin, 1594–1665* (Exhib. Cat., Paris and London, 1994)

Nilgen, Ursula. 'Der Streit über den Ort der Kreuzigung Petri: Filarete und die zeitgenössische Kontroverse', in Hannes Hubach et al. (eds), *Reibungspunkte: Ordnung und Umbruch in Architektur und Kunst* (Petersberg, 2008), 199–208

Nochlin, Linda. *The Body in Pieces: The Fragment as a Metaphor of Modernity* (London, 1994)

Nogara, Bartolemeo (ed.), *Scritti inediti e rari di Biondo Flavio* (Vatican City, 1927)

Noreña, Carlos F. *Imperial Ideals in the Roman West: Representation, Circulation, Power* (Cambridge, 2011)

Northcote, James. *The Life of Titian: With Anecdotes of the Distinguished Persons of his Time*, vol. 2 (London, 1830)

Nuttall, Paula. 'Memling and the European Renaissance Portrait', in Borchert (ed.), *Memling's Portraits*, 69–91

Oldenbourg, Rudolf. 'Die niederländischen Imperatorenbilder im Königlichen Schlosse zu Berlin', *Jahrbuch der Königlich Preussischen Kunstsammlungen* 38 (1917), 203–12

Orgel, Stephen. *Spectacular Performances: Essays on Theatre, Imagery, Books and Selves in Early Modern England* (Manchester, 2011)

Orso, Steven N. *Philip IV and the Decoration of the Alcázar of Madrid* (Princeton, 1986)

Otter, William. *The Life and Remains of Edward Daniel Clarke* (London, 1824)

Painter, Kenneth and David Whitehouse. 'The Discovery of the Vase', *Journal of Glass Studies* 32, *The Portland Vase* (1990), 85–102

Paleit, Edward. *War, Liberty, and Caesar: Responses to Lucan's* Bellum Ciuile, *ca. 1580–1650* (Oxford, 2013)

Paley, Morton D. 'George Romney's *Death of General Wolfe*', *Journal for the Study of Romanticisms* 6 (2017), 51–62

Panazza, Pierfabio. 'Profili all'antica: da Foppa alle architetture bresciane del primo rinascimento', *Commentari dell' Ateneo di Brescia* 2016 (2018), 211–85

Panvinio, Onofrio. *Fasti et triumphi Rom(ani)*

*a Romulo rege usque ad Carolum V Caes(arem) Aug(ustum)* (Venice, 1557)

Panzanelli, Roberta (ed.). *Ephemeral Bodies: Wax Sculpture and the Human Figure* (Los Angeles, 2008)

Parisi Presicce, Claudio. 'Nascita e fortuna del Museo Capitolino', in Carolina Brook and Valter Curzi (eds), *Roma e l'Antico: Realtà e visione nel '700* (Exhib. Cat., Rome, 2010), 91–98

Parshall, Peter. 'Antonio Lafreri's *Speculum Romanae Magnificentiae*', *Print Quarterly* 23 (2006), 3–28

Pasqualini, Anna. 'Gli scavi di Luciano Bonaparte alla Rufinella e la scoperta dell'antica Tusculum', *Xenia Antiqua* 1 (1992), 161–86

Pasquinelli, Chiara. *La galleria in esilio: Il trasferimento delle opere d'arte da Firenze a Palermo a cura del Cavalier Tommaso Puccini (1800–1803)* (Pisa, 2008)

Paul, Carole. *The Borghese Collections and the Display of Art in the Age of the Grand Tour* (Aldershot, 2008)

Paul, Carole. 'Capitoline Museum, Rome: Civic Identity and Personal Cultivation', in Paul (ed.), *The First Modern Museums of Art: The Birth of an Institution in 18th- and Early 19th-Century Europe* (Los Angeles, 2012), 21–45

Peacock, John. *The Stage Designs of Inigo Jones: The European Context* (Cambridge, 1995)

Peacock, John. 'The Image of Charles I as a Roman Emperor', in Ian Atherton and Julie Sanders (eds), *The 1630s: Interdisciplinary Essays on Culture and Politics in the Caroline Era* (Manchester, 2006), 50–73

*Peintures italiennes du Musée des Beaux-Arts de Marseille* (Exhib. Cat., Marseille, 1984)

Penny, Nicholas and Eike D. Schmidt (eds), *Collecting Sculpture in Early Modern Europe* (Studies in the History of Art 70) (New Haven and London, 2008)

Perini, Giovanna (ed.). *Gli scritti dei Carracci: Ludovico, Annibale, Agostino, Antonio, Giovanni Antonio* (Bologna, 1990)

Perkinson, Stephen. 'From an *"Art de Memoire"* to the Art of Portraiture: Printed Effigy Books of the Sixteenth Century', *Sixteenth Century Journal* 33 (2002), 687–723

Perry, Marilyn 'Cardinal Domenico Grimani's Legacy of Ancient Art to Venice', *Journal of the Warburg and Courtauld Institutes* 41 (1978), 215–44

Petrarch, Francesco. *Letters on Familiar Matters*, trans. Aldo S. Bernardo (reprinted New York, 2005; from original 3 vols, New York and Baltimore, 1975–85)

Pfanner, Michael. 'Über das Herstellen von Porträts: Ein Beitrag zu Rationalisierungsmassnahmen und Produktionsmechanismen von Massenware im späten Hellenismus und in der Römischen Kaiserzeit', *Jahrbuch des Deutschen Archäologischen Instituts* 104 (1989), 157–257

Pieper, Susanne. 'The Artist's Contribution to the Rediscovery of the Caesar Iconography', in Jane Fejfer et al. (eds), *The Rediscovery of Antiquity: The Role of the Artist* (Acta Hyperborea 10) (Copenhagen, 2003), 123–45

Pilaski Kaliardos, Katharina. *The Munich Kunstkammer: Art, Nature and the Representation of Knowledge in Courtly Contexts* (Tübingen, 2013)

Pocock, John G. A. *Barbarism and Religion*, vol. 3: *The First Decline and Fall* (Cambridge, 2003)

Pointon, Marcia. 'The Importance of Gems in the Work of Peter Paul Rubens, 1577–1640', in Ben J. L. van den Bercken and Vivian C. P. Baan (eds), *Engraved Gems: From Antiquity to the Present* (Papers on Archaeology of the Leiden Museum of Antiquities 14) (Leiden, 2017), 99–111

Pollard, John Graham. *Renaissance Medals*, vol. 1: *Italy*; vol. 2: *France, Germany, The Netherlands and England* (Oxford, 2007)

Pollini, John, *The Portraiture of Gaius and Lucius Caesar* (New York, 1987)

Pollini, John. *From Republic to Empire: Rhetoric, Religion, and Power in the Visual Culture of Ancient Rome* (Norman, 2012)

Pons, Nicoletta. 'Portrait of a Man with the Medal of Cosimo the Elder, c. 1475', in Daniel Arasse et al. (eds), *Botticelli: From Lorenzo the Magnificent to Savonarola* (Exhib. Cat., Paris, 2003), 102–5

Porter, Martin. *Windows of the Soul: Physiognomy in European Culture, 1470–1780* (Oxford, 2005)

Poskett, James. *Materials of the Mind: Phrenology, Race and the Global History of Science, 1815–1920* (Chicago, 2019)

Postnikova, Olga. 'Historismus in Russland', in Hermann Fillitz (ed.), *Der Traum vom Glück: Die Kunst des Historismus in Europa* (Vienna, 1996), 103–11

Pougetoux, Alain. *Georges Rouget (1783–1869): Élève de Louis David* (Exhib. Cat., Paris, 1995)

Power, Tristan and Roy K. Gibson (eds), *Suetonius the Biographer: Studies in Roman Lives* (Oxford, 2014)

Prettejohn, Elizabeth, 'Recreating Rome in Victorian Painting: From History to Genre', in Liversidge and Edwards (eds), *Imagining Rome*, 54–69

Prettejohn, Elizabeth et al. (eds), *Sir Lawrence Alma-Tadema* (Exhib. Cat., Amsterdam, 1996)

Principi, Lorenzo. 'Filippo Parodi's *Vitellius*: Style, Iconography and Date', in Davide Gambino and Principi (eds), *Filippo Parodi 1630–1702, Genoa's Bernini: A Bust of Vitellius* (Exhib. Cat., Genoa, 2016), 31–68

Prown, Jules David. 'Benjamin West and the Use of Antiquity', *American Art* 10 (1996), 28–49

Puget de la Serre, Jean. *Histoire de l'Entrée de la Reyne-Mère . . . dans la Grande-Bretaigne* (London, 1639)

Purcell, Nicholas. 'Livia and the Womanhood of Rome', *Proceedings of the Cambridge Philological Society* 32 (1986), 78–105

Quatremère de Quincy, Antoine C. *Canova et ses ouvrages, ou, Mémoires historiques sur la vie et les travaux de ce célèbre artiste* (second edition, Paris, 1836)

Raatschen, Gudrun. 'Van Dyck's *Charles I on Horseback with M. de St Antoine*', in Hans Vlieghe (ed.), *Van Dyck 1599–1999: Conjectures and Refutations* (Turnhout, 2001), 139–50

Raes, Daphné Cassandra. *De Brusselse Julius Caesar wandtapijtreeksen (ca. 1550–1700): Een stilistiche en iconografische studie* (MA dissertation, Leuven, 2016)

Raimondi, Gianmario. 'Lectio Boethiana: L'"example" di Nerone e Seneca nel *Roman de la Rose*', *Romania* 120 (2002), 63–98

Raubitschek, Antony E. 'Epigraphical Notes on Julius Caesar', *Journal of Roman Studies* 44 (1954), 65–75

Rausa, Federico. '"Li disegni delle statue et busti sono rotolate drento le stampe": L'arredo di sculture antiche delle residenze dei Gonzaga nei disegni seicenteschi della Royal Library a Windsor Castle', in Morselli (ed.), *Gonzaga. . . . L'esercizio del collezionismo*, 67–91

Raybould, Robin. *The Sibyl Series of the Fifteenth Century* (Leiden and Boston, MA, 2016)

Rebecchini, Guido. *Private Collectors in Mantua, 1500–1630* (Rome, 2002)

Redford, Bruce. '"Seria Ludo": George Knapton's Portraits of the Society of Dilettanti', *British Art Journal* 3 (2001), 56–68

Redford, Bruce. *Dilettanti: The Antic and the Antique in Eighteenth-Century England* (Los Angeles, 2008)

Reed, Christopher (ed.). *A Roger Fry Reader* (Chicago, 1996)

Reeve, Michael D. 'Suetonius', in Leighton D. Reynolds and Nigel G. Wilson (eds), *Texts and Transmission: A Survey of the Latin Classics* (Oxford, 1983), 399–406

Reilly, Robin and George Savage. *Wedgwood: The Portrait Medallions* (London, 1973)

Relihan, Joel. 'Late Arrivals: Julian and Boethius', in Kirk Freudenburg (ed.), *The Cambridge Companion to Roman Satire* (Cambridge, 2005), 109–22

Rice Holmes, Thomas. *Caesar's Conquest of Gaul: An Historical Narrative* (second, amended, edition, London, 1903; first edition, 1899)

Richards, John. *Altichiero: An Artist and His Patrons in the Italian Trecento* (Cambridge, 2000)

Richter, Jean Paul (ed.). *Lives of the Most Eminent Painters, Sculptors, and Architects: translated from the Italian of Giorgio Vasari*, vol. 4 (London, 1859)

Rickert, Yvonne. *Herrscherbild im Widerstreit: Die Place Louis XV in Paris: Ein Königsplatz im Zeitalter der Aufklärung* (Hildersheim etc., 2018)

Riebesell, Christina. 'Guglielmo della Porta', in Francesco Buranelli (ed.), *Palazzo Farnèse: Dalle collezioni rinascimentali ad Ambasciata di Francia* (Exhib. Cat., Rome, 2010), 255–61

Ripa, Cesare. *Iconologia* (revised edition, Siena, 1613; first edition without illustrations, Rome, 1593)

Ripley, John. *Julius Caesar on Stage in England and America, 1599–1973* (Cambridge, 1980)

Roberts, Sydney Castle. *Zuleika in Cambridge* (Cambridge, 1941)

Robertson, Clare. 'The Artistic Patronage of Cardinal Odoardo Farnese', in *Les Carrache et les décors profanes* (Rome 1988), 359–72

*Rome, Romains et romanité dans la peinture historique des XVIII^e et XIX^e siècles* (Exhib. Cat., Narbonne, 2002)

Ronchini, Amadio. 'Bernardino Campi in Guastalla', *Atti e memorie delle RR Deputazioni di storia patria per le provincie dell'Emilia* 3 (1878) 67–91

Rose, C. Brian. *Dynastic Commemoration and Imperial Portraiture in the Julio-Claudian Period* (Cambridge, 1997)

Rosenblum, Robert. *Transformations in Late Eighteenth Century Art* (second edition, Princeton, 1969)

Rosenthal, Mark. *Anselm Kiefer* (Chicago and Philadelphia, 1987)

Rossi, Toto Bergamo. *Domus Grimani: The Collection of Classical Sculptures Reassembled in Its Original Setting after 400 Years* (Exhib. Cat., Venice, 2019)

Rouillé, Guillaume. *Promptuaire des Medalles des plus renommées personnes qui ont esté depuis le commencement du monde* (Lyon, 1553; cited from second edition, Lyon, 1577)

Rowan, Clare. *Under Divine Auspices: Divine Ideology and the Visualisation of Imperial Power in the Severan Period* (Cambridge, 2012)

Rowlandson, Jane (ed.). *Women and Society in Greek and Roman Egypt: A Sourcebook* (Cambridge, 2009)

Roworth, Wendy Wassyng. 'Angelica Kauffman's Place in Rome', in Paula Findlen, Roworth and Catherine M. Sama (eds), *Italy's Eighteenth Century: Gender and Culture in the Age of the Grand Tour* (Stanford, 2009), 151–72

Rubin, Patricia Lee. 'Understanding Renaissance Portraiture', in Christiansen and Weppelmann (eds), *Renaissance Portrait*, 2–25

Ruckstall, Frederick Wellington (writing as Petronius Arbiter). 'A Great Ethical Work of Art: *The Romans of the Decadence*', *Art World* 2 (1917), 533–35

Ruskin, John. 'Notes on Some of the Principal Pictures Exhibited in the Rooms of the Royal Academy: 1875', in Edward Tyas Cook and Alexander Wedderburn (eds), *The Works of John Ruskin*, vol. 14 (London, 1904), 271–73

'S . . .' [Charles Bruno]. *Iconoclaste: Souvenir du Salon de 1847* (Paris, 1847)

Saavedro Fajardo, Diego de. *Idea de un príncipe político christiano* (Munich, 1640), trans. J. Astry as *The royal politician represented in one hundred emblems* (London, 1700)

Sadleir, Thomas U. (ed.). *An Irish Peer on the Continent (1801–1803): Being a Narrative of the Tour of Stephen, 2nd Earl Mount Cashell, through France, Italy etc., as related by Catherine Wilmot* (London, 1920)

Safarik, Eduard A. (ed.). *Domenico Fetti: 1588/9–1623* (Exhib. Cat., Mantua, 1996)

Salomon, Xavier F. *Veronese* (Exhib. Cat., London, 2014)

Salomon, Xavier F. 'The *Dodici Tazzoni Grandi* in the Aldobrandini Collection', in Siemon (ed.), *Silver Caesars*, 140–47

Saltzman, Lisa. *Anselm Kiefer and Art after Auschwitz* (Cambridge, 1999)

Santolini Giordani, Rita. *Antichità Casali: La collezione di Villa Casali a Roma* (Studi Miscellanei 27) (Rome 1989)

Sapelli Ragni, Marina (ed.). *Anzio e Nerone: Tesori dal British Museum e dai Musei Capitolini* (Exhib. Cat., Anzio, 2009)

Sartori, Giovanni. 'La copia dei Cesari di Tiziano per Sabbioneta', in Gianluca Bocchi and Sartori (eds), *La Sala degli Imperatori di Palazzo Ducale a Sabbioneta* (Sabbioneta, 2015), 15–28

Sartwell, Crispin. 'Aesthetics of the Spurious', *British Journal of Aesthetics* 28 (1988), 360–62

Savage, Kirk. *Monument Wars: Washington, D.C., the National Mall, and the Transformation of the Memorial Landscape* (Berkeley etc., 2009)

Scalamonti, Francesco. *Vita viri clarissimi et famosissimi Kyriaci Anconitani*, ed. and trans. Charles Mitchell and Edward W. Bodnar (Philadelphia, 1996; original manuscript 1464)

Schäfer, Thomas. 'Drei Porträts aus Pantelleria: Caesar, Antonia Minor und Titus', in Rainer-Maria Weiss, Schäfer and Massimo Osanna (eds), *Caesar ist in der Stadt: Die neu entdeckten Marmorbildnisse aus Pantelleria* (Exhib. Cat., Hamburg, 2004), 18–38

Schama, Simon. *Dead Certainties (Unwarranted Speculations)* (London, 1991)

*Schatzkammer der Residenz München* (third edition, Munich, 1970)

Scher, Stephen K. (ed.). *The Currency of Fame: Portrait Medals of the Renaissance* (Exhib. Cat., New York and Washington, DC, 1994)

Schmitt, Annegrit. 'Zur Wiederbelebung der Antike im Trecento. Petrarcas Rom-Idee in ihrer Wirkung auf die Paduaner Malerei: Die methodische Einbeziehung des römischen Münzbildnisses in die Ikonographie "Berühmter Männer"', *Mitteilungen des Kunsthistorischen Institutes in Florenz* 18 (1974), 167–218

Schraven, Minou. *Festive Funerals in Early Modern Italy: The Art and Culture of Conspicuous Commemoration* (Farnham, 2014)

Scott, Frank J. *Portraitures of Julius Caesar* (New York, 1903)

Sérié, Pierre. 'Theatricality versus Anti-Theatricality: Narrative Techniques in French History Painting (1850–1900)', in Peter Cooke and Nina Lübbren (eds), *Painting and Narrative in France, from Poussin to Gauguin* (Abingdon and New York, 2016), 160–75

Servolini, Luigi. 'Ugo da Carpi: Illustratore del libro', *Gutenberg-Jahrbuch* (1950), 196–202

Settis, Salvatore. 'Collecting Ancient Sculpture: The Beginnings', in Penny and Schmidt (eds), *Collecting Sculpture*, 13–31

Seznec, Jean. 'Diderot and "The Justice of Trajan"', *Journal of the Warburg and Courtauld Institutes* 20 (1957), 106–11

Shakespeare, William. *2 Henry IV*; *Julius Caesar*; *Love's Labours Lost*; *The Winter's Tale*, cited from Stanley Wells and Gary Taylor (eds), *The Oxford Shakespeare: The Complete Works* (Oxford, 1988)

Sharpe, Kevin. *Sir Robert Cotton, 1586–1631: History and Politics in Early Modern England* (Oxford, 1979)

Shearman, John. *The Early Italian Pictures (The Pictures in the Collection of Her Majesty the Queen)* (Cambridge, 1983)

Shotter, David C. A. 'Agrippina the Elder: A Woman in a Man's World', *Historia: Zeitschrift für Alte Geschichte* 49 (2000), 341–57

Siebert. Gérard. 'Un portrait de Jules César sur une coupe à médaillon de Délos', *Bulletin de correspondance hellénique* 104 (1980), 189–96

Siegfried, Susan L. 'Ingres' Reading: The Undoing of Narrative', *Art History* 23 (2000), 654–80

Siegfried, Susan L. *Ingres: Painting Reimagined* (New Haven and London, 2009)

Siemon, Julia. 'Renaissance Intellectual Culture, Antiquarianism, and Visual Sources', in Siemon (ed.), *Silver Caesars*, 46–77

Siemon, Julia. 'Tracing the Origin of the Aldobrandini Tazze', in Siemon (ed.), *Silver Caesars*, 78–105

Siemon, Julia (ed.). *The Silver Caesars: A Renaissance Mystery* (New Haven and London, 2017)

Silver, Larry. *Marketing Maximilian: The Visual Ideology of a Holy Roman Emperor* (Princeton, 2008)

Simon, Erika. 'Das Caesarporträt im Castello di Aglie', *Archäologischer Anzeiger* 67 (1952), 123–38

Small, Alastair. 'The Shrine of the Imperial Family in the Macellum at Pompeii', in Small (ed.), *Subject and Ruler: The Cult of the Ruling Power in Classical Antiquity* (*Journal of Roman Archaeology* supplement 17) (Ann Arbor, 1996), 115–36

Smith, Amy C. *Polis and Personification in Classical Athenian Art* (Leiden, 2011)

Smith, Anthony D. *The Nation Made Real: Art and National Identity in Western Europe, 1600–1850* (Oxford, 2013)

Smith, R.R.R. 'Roman Portraits: Honours, Empresses and Late Emperors', *Journal of Roman Studies* 75 (1985), 209–21

Smith, R.R.R. 'The Imperial Reliefs from the Sebasteion at Aphrodisias', *Journal of Roman Studies* 77 (1987), 88–138

Smith, R.R.R. "Typology and Diversity in the Portraits of Augustus', *Journal of Roman Archaeology* 9 (1996), 30–47

Smith, R.R.R. *The Marble Reliefs from the Julio-Claudian Sebasteion* (*Aphrodisias* 6) (Darmstadt and Mainz, 2013)

Sparavigna, Amelia Carolina. 'The Profiles of Caesar's Heads Given by Tusculum and Pantelleria Marbles', Zenodo. DOI: 10/5281/zenodo.1314696 (18 July 2018)

Spiegel, Gabrielle M. *Romancing the Past: The Rise of Vernacular Prose Historiography in Thirteenth-Century France* (Berkeley etc., 1993)

Spier, Jeffery, 'Julius Caesar', in Spier, Timothy Potts and Sara E. Cole (eds), *Beyond the Nile: Egypt and the Classical World* (Exhib. Cat., Los Angeles, 2018), 198–99

*Splendor of Dresden: Five Centuries of Art Collecting* (Exhib. Cat., New York, 1978)

Staley, Allen. 'The Landing of Agrippina at Brundisium with the Ashes of Germanicus', *Philadelphia Museum of Art Bulletin* 61 (1965–66), 10–19

Starkey, David (ed.). *The Inventory of King Henry VIII*, vol. 1: *The Transcript* (London, 1998)

Stefani, Grete. 'Le statue del *Macellum* di Pompei', *Ostraka* 15 (2006), 195–230

Sténuit, Robert. *Treasures of the Armada* (London, 1972)

Stevenson, Mrs Cornelius. 'An Ancient Sarcophagus', *Bulletin of the Pennsylvania Museum* 12 (1914), 1–5

Stewart, Alison. 'Woodcuts as Wallpaper: Sebald Beham and Large Prints from Nuremberg', in Larry Silver and Elizabeth Wyckoff (eds), *Grand Scale: Monumental Prints in the Age of Dürer and Titian* (Exhib. Cat., New Haven, 2008), 73–84

Stewart, Jules. *Madrid: The History* (London and New York, 2012)

Stewart, Peter. *The Social History of Roman Art* (Cambridge, 2008)

Stewart, Peter. 'The Equestrian Statue of Marcus Aurelius', in Marcel Van Ackeren (ed.), *A Companion to Marcus Aurelius* (Chichester and Malden, MA, 2012), 264–77

Stirnemann, Patricia. 'Inquiries Prompted by the Kane Suetonius (Kane MS 44)', in Colum Hourihane (ed.), *Manuscripta Illuminata: Approaches to Understanding Medieval and Renaissance Manuscripts* (Princeton, 2014), 145–60

Strada, Jacopo. *Imperatorum Romanorum omnium orientalium et occidentalium verissimae imagines ex antiquis numismatis quam fidelissime delineatae* (Zurich, 1559)

Stuart Jones, Henry. 'The British School at Rome', *The Athenaeum*, no. 4244 (27 February 1909), 265

Stuart Jones, Henry (ed.). *A Catalogue of the Ancient Sculptures Preserved in the Municipal Collections of Rome: The Sculptures of the Museo Capitolino* (Oxford, 1912)

Stuart Jones, Henry (ed.). *A Catalogue of the Ancient Sculptures Preserved in the Municipal Collections of Rome: The Sculptures of the Palazzo dei Conservatori* (Oxford, 1926)

Stupperich, Reinhard. 'Die zwölf Caesaren Suetons: Zur Verwendung von Kaiserporträt-Galerien in der Neuzeit', in Stupperich (ed.), *Lebendige Anike. Rezeptionen der Antike in Politik, Kunst und Wissenschaft der Neuzeit* (Mannheim, 1995), 39–58

*Synopsis of the Contents of the British Museum* (48th edition, London, 1845)

*Synopsis of the Contents of the British Museum* (49th edition, London, 1846)

*Synopsis of the Contents of the British Museum* (62nd edition, London, 1855)

Syson, Luke. 'Witnessing Faces, Remembering Souls', in Campbell et al., *Renaissance Faces*, 14–31

Syson, Luke and Dora Thornton. *Objects of Virtue: Art in Renaissance Italy* (London and Los Angeles, 2001)

Tatum, W. Jeffrey. *The Patrician Tribune: Publius Clodius Pulcher* (Chapel Hill, 1999)

*Tesori gotici dalla Slovacchia: L'arte del Tardo Medioevo in Slovacchia* (Exhib. Cat., Rome, 2016)

Thackeray, William Makepeace. *The Paris Sketch Book* (London, 1870; first published 1840)

Thomas, Christine M. *The Acts of Peter, Gospel Literature and the Ancient Novel: Rewriting the Past* (Oxford, 2003)

Thonemann, Peter. *The Hellenistic World: Using Coins as Sources* (Cambridge, 2015)

Thoré, Théophile. *Salons de T. Thoré 1844, 1845, 1846, 1847, 1848* (second edition, Paris, 1870)

Tite, Colin G. C. *The Manuscript Library of Sir Robert Cotton* (Panizzi Lectures 1993) (London, 1994)

Tomei, Maria Antonietta and Rossella Rea (eds), *Nerone* (Exhib. Cat., Rome, 2011)

Tosetti Grandi, Paola. *I trionfi di Cesare di Andrea Mantegna: Fonti umanistiche e cultura antiquaria alla corte dei Gonzaga* (Mantua, 2008)

Trimble, Jennifer. 'Corpore enormi: The Rhetoric of Physical Appearance in Suetonius and Imperial Portrait Statuary', in Jaś Elsner and Michel Meyer (eds), *Art and Rhetoric in Roman Culture* (Cambridge, 2014), 115–54

Tytler, Alexander Fraser. *Elements of General History, Ancient and Modern* (revised edition, London, 1846)

Usher, Phillip John, *Epic Arts in Renaissance France* (Oxford, 2014)

Vaccari, Maria Grazia. 'Desiderio's Reliefs', in Bormand et al. (eds), *Desiderio da Settignano*, 176–95

Varner, Eric R. *Mutilation and Transformation: Damnatio Memoriae and Roman Imperial Portraiture* (Leiden and Boston, MA, 2004)

Vasari, Giorgio. *Le vite de' più eccellenti pittori, scultori ed architetti* (first published Florence 1550, revised 1568; cited from Luciano Bellosi and Aldo Rossi (eds), Turin, 1986)

Vázquez-Manassero, Margarita-Ana. 'Twelve Caesars' Representations from Titian to the End of 17th Century: Military Triumph Images of the Spanish Monarchy', in S. V. Maltseva et al. (eds), *Actual Problems of Theory and History of Art*, vol. 5 (St Petersburg, 2015), 655–63

Venturini, Elena. *Le collezioni Gonzaga: Il carteggio tra la corte Cesarea e Mantova (1559–1636)* (Milan, 2002)

Verheyen, Egon. 'Jacopo Strada's Mantuan Drawings of 1567–1568', *Art Bulletin* 49 (1967), 62–70

Vertue, George. *Vertue's Note Book, A.g. (British Museum Add. MS 23,070)* (Walpole Society, vol. 20, Vertue Note Books, vol. 2, 1931–32)

Vickers, Michael. 'The Intended Setting of Mantegna's "Triumph of Cæsar", "Battle of the Sea Gods" and "Bacchanals"' *Burlington Magazine* 120 (1978), 360 + 365–71

Vico, Enea. *Discorsi sopra le medaglie de gli antichi* (Venice, 1555)

Viljoen, Madeleine. 'Paper Value: Marcantonio Raimondi's "Medaglie Contraffatte"', *Memoirs of the American Academy in Rome* 48 (2003), 203–26

Visconti, Ennio Quirino. *Il Museo Pio-Clementino*, vol. 6, (Milan, 1821; first edition, Rome, 1792)

*The Visitor's Hand-Book to Richmond, Kew Gardens, and Hampton Court; . . .* (London, 1848)

Vollenweider, Marie-Louise. 'Die Gemmenbildnisse Cäsars', *Antike Kunst* 3 (1960), 81–88

Vollenweider, Marie-Louise and Mathilde Avisseau-Brouset, *Camées et intailles*, vol. 2: *Les Portraits romains du Cabinet de médailles* (Paris, 2003)

Voltaire, *Letters Concerning the English Nation* (London, 1733)

Voltelini, Hans von. 'Urkunden und Regesten aus dem k. u. k. Haus-, Hof- und Staats-Archiv in Wien', *Jahrbuch der Kunsthistorischen Sammlungen des Allerhöchsten Kaiserhauses* 13 (1892), 26–174

Vout, Caroline. 'Antinous, Archaeology and History', *Journal of Roman Studies* 95 (2005), 80–96

Vout, Caroline. *Classical Art: A Life History*

*from Antiquity to the Present* (Princeton, 2018)

Waddington, Raymond B. 'Aretino, Titian, and *La Humanità di Cristo*', in Abigail Brundin and Matthew Treherne, *Forms of Faith in Sixteenth-Century Italy* (Aldershot, 2009) 171–98

Wagenberg-Ter Hoeven, Anke A. van. 'A Matter of Mistaken Identity: In Search of a New Title for Rubens's "Tiberius and Agrippina"', *Artibus et Historiae* 26 (2005), 113–27

Walker, Susan. 'Clytie: A False Woman?', in Jones (ed.), *Why Fakes Matter*, 32–40

Walker, Susan, and Morris Bierbrier, *Ancient Faces: Mummy Portraits from Roman Egypt* (London, 1997)

Wallace-Hadrill, Andrew. 'Civilis princeps: Between Citizen and King', *Journal of Roman Studies* 72 (1982), 32–48

Wallace-Hadrill, Andrew. *Suetonius: The Scholar and His Caesars* (London, 1983; reissued pb, 1998)

Ward-Jackson, Philip. *Public Sculpture of Historic Westminster*, vol. 1 (Liverpool, 2011)

Ward-Perkins, John B. 'Four Roman Garland Sarcophagi in America', *Archaeology* 11 (1958), 98–104

Wardropper, Ian (with Julia Day). *Limoges Enamels at the Frick Collection* (New York, 2015)

Warren, Charles. 'More Odd Byways in American History', *Proceedings of the Massachusetts Historical Society*, third series, 69 (1947–50), 252–61

Warren, Richard. *Art Nouveau and the Classical Tradition* (London, 2017)

Washburn, Wilcomb E. 'A Roman Sarcophagus in a Museum of American History', *Curator* 7 (1964), 296–99

Wegner, Max. 'Macrinus bis Balbinus', in Heinz B Wiggers and Wegner, *Das römische Herrscherbild*, Part 3, vol. 1 (Berlin, 1971), 131–249

Wegner, Max. 'Bildnisreihen der Zwölf Caesaren Suetons', in Hans-Joachim Drexhage and Julia Sünskes (eds), *Migratio et commutatio: Studien zur alten Geschichte und deren Nachleben* (St Katharinen, 1989), 280–85

Weigert, Laura. *French Visual Culture and the Making of Medieval Theater* (Cambridge, 2015)

Weir, David. *Decadence: A Very Short Introduction* (Oxford, 2018)

Weiss, Roberto. *The Renaissance Discovery of Classical Antiquity* (Oxford, 1969)

West, Shearer. *Portraiture* (Oxford, 2004)

Wethey, Harold E. *The Paintings of Titian: Complete Edition*, vol. 3: *The Mythological and Historical Portraits* (London, 1975)

Wheelock, Arthur K. et al, *Anthony van Dyck* (Exhib. Cat., Washington, DC, 1990)

Wheelock, Arthur K. *Flemish Paintings of the Seventeenth Century* (Collections of the National Gallery of Art, Systematic Catalogue) (Washington, DC, 2005)

Whitaker, Lucy and Martin Clayton. *The Art of Italy in the Royal Collection: Renaissance and Baroque* (London, 2007)

White, Cynthia. 'The Vision of Augustus: Pilgrims' Guide or Papal Pulpit?', *Classica et Mediaevalia* 55 (2005), 247–77

Wibiral, Norbert. 'Augustus patrem figurat: Zu den Betrachtungsweisen des Zentralsteines am Lotharkreuz im Domschatz zu Aachen' *Aachener Kunstblätter* 60 (1994), 105–30

Wielandt, Manuel 'Die verschollenen Imperatoren-Bilder Tizians in der Königlichen Residenz zu München', *Zeitschrift für bildende Kunst* 19 (1908), 101–8

Wilks, Timothy. '"Paying Special Attention to the Adorning of a Most Beautiful Gallery": The Pictures in St James's Palace, 1609–49', *The Court Historian* 10 (2005), 149–72

Williams, Clare (ed.). *Thomas Platter's Travels in England, 1599* (London, 1937)

Williams, Gareth D. *Pietro Bembo on Etna: The Ascent of a Venetian Humanist* (Oxford, 2017)

Williams, Richard L. 'Collecting and Religion in Late Sixteenth-Century England', in Edward Chaney (ed.), *The Evolution of English Collecting: The Reception of Italian Art in the Tudor and Stuart Period* (New Haven and London, 2003), 159–200

Willis, Robert (ed. John Willis Clark). *The Architectural History of the University of Cambridge and of the Colleges of Cambridge and Eton*, vol. 3 (Cambridge, 1886)

Wills, Garry. 'Washington's Citizen Virtue: Greenough and Houdon', *Critical Inquiry* 10 (1984), 420–41

Wills, Garry. *Cincinnatus: George Washington and the Enlightenment* (Garden City, 1984)

Wilson, James. *A Journal of Two Successive Tours upon the Continent in the Years 1816, 1817 and 1818*, vol. 2 (London, 1820)

Wilson, Michael I. *Nicholas Lanier: Master of the King's Musick* (Farnham, 1994)

Winckelmann, Johann Joachim. *Geschichte der Kunst des Alterthums* (Dresden, 1764); trans. H. F. Mallgrave as *History of the Art of Antiquity* (Los Angeles, 2006)

Winckelmann, Johann Joachim. *Anmerkungen über die Geschichte der Kunst des Alterthums* (Dresden, 1767; cited from the edition, with commentary, by Adolf. H. Borbein and Max Kunze, Mainz, 2008)

Wind, Edgar. 'Julian the Apostate at Hampton Court', *Journal of the Warburg and Courtauld Institutes* 3 (1939–40), 127–37

Winkes, Rolf. *Livia, Octavia, Iulia: Porträts und Darstellungen* (Providence and Louvain-la-Neuve, 1995)

Winkler, Martin M. (ed.). *Gladiator: Film and History* (Malden, MA and Oxford, 2004)

Wood, Christopher S. *Forgery, Replica, Fiction: Temporalities of German Renaissance Art* (Chicago, 2008)

Wood, Jeremy. 'Van Dyck's "Cabinet de Titien": The Contents and Dispersal of His Collection', *Burlington Magazine* 132 (1990), 680–95

Wood, Susan E. 'Subject and Artist: Studies in Roman Portraiture of the Third Century', *American Journal of Archaeology* 85 (1981), 59–68

Wood, Susan E. *Roman Portrait Sculpture 217–260 AD: The Transformation of an Artistic Tradition* (Leiden, 1986)

Wood, Susan E. 'Messalina Wife of Claudius: Propaganda Successes and Failures of his Reign' *Journal of Roman Archaeology* 5 (1992), 219–234

Wood, Susan E. *Imperial Women: A Study in Public Images, 40 BC—AD 68* (revised edition, Leiden etc., 2001)

Woodall, Joanna (ed.). *Portraiture: Facing the Subject* (Manchester, 1997)

Woods, Naurice Frank. 'An African Queen at the Philadelphia Centennial Exposition 1876: Edmonia Lewis's "The Death of Cleopatra"', *Meridians* 9 (2009), 62–82

Worsley, Lucy. 'The "Artisan Mannerist" Style in British Sculpture: A Bawdy Fountain at Bolsover Castle', *Renaissance Studies* 19 (2005), 83–109

Wyke, Maria. *Projecting the Past: Ancient Rome, Cinema and History* (New York and London, 1997)

Wyke, Maria (ed.). *Julius Caesar in Western Culture* (Malden, MA and Oxford, 2006)

Wyke, Maria. *Caesar: A Life in Western Culture* (London, 2007)

Wyke, Maria. *Caesar in the USA* (Berkeley and Los Angeles, 2012)

Yarrington, Alison. '"Under Italian skies", the 6th Duke of Devonshire, Canova and the Formation of the Sculpture Gallery at Chatsworth House', *Journal of Anglo-Italian Studies* 10 (2009), 41–62

Zadoks-Josephus Jitta, Annie Nicolette 'A Creative Misunderstanding', *Netherlands Yearbook for History of Art* 23 (1972), 3–12

Zanker, Paul. *The Power of Images in the Age of Augustus* (Ann Arbor, 1988)

Zanker, Paul. 'Da Vespasiano a Domiziano: Immagini di sovrani e moda', in Coarelli (ed.), *Divus Vespasianus*, 62–67

Zanker, Paul. 'The Irritating Statues and Contradictory Portraits of Julius Caesar', in Griffin (ed.), *Companion to Julius Caesar*, 288–314

Zeitz, Lisa. *Tizian, Teurer Freund: Tizian und Federico Gonzaga, Kunstpatronage in Mantua im 16. Jahrhundert* (Petersberg, 2000)

Zimmer, Jürgen. 'Aus den Sammlungen Rudolfs II: "Die Zwölff Heidnischen Kayser sambt Iren Weibern" mit einem Exkurs: Giovanni de Monte', *Studia Rudolphina* 10 (2010), 7–47

Zimmern, Helen. *Sir Lawrence Alma Tadema R.A.* (London, 1902)

Zwierlein-Diehl, Erika. *Antike Gemmen und ihr Nachleben* (Berlin and New York, 2007)

# 插图列表

**1.1** Visitors looking at 'The Tomb in Which Andrew Jackson Refused to be Buried' in front of the Arts and Industries Building at the Smithsonian, Smithsonian Institution Archives, image no. OPA-965–08-S-1

**1.2** Portrait statue of Alexander Severus, c. 222–24 CE, marble, height 76 cm, Musei Capitolini, Rome, Palazzo Nuovo, 'Room of the Emperors', inv. 480

**1.3** Giovanni Battista Piranesi and Jean Barbault, *Great Marble Coffin, Believed to be of Alexander Severus and His Mother Julia Mamaea*, etching, 45.7 × 55.7 cm, in *Le antichità romane de' tempi della prima Repubblica e de' primi imperatori*, vol 2 (plate 33) (Rome, 1756). The Picture Art Collection / Alamy Stock Photo

**1.4** Wallpaper with emperors, German, c. 1555, colour woodcut from two blocks in dark brown and ochre and letterpress, 30 × 41.6 cm (borderline), British Museum, inv. 1895,0122.126. © The Trustees of the British Museum

**1.5** Tondo: panel of the family of Septimius Severus, Roman Egyptian, c. 200 CE, tempera on wood, diameter 30.5 cm, Staatliche Museen zu Berlin, Altes Museum, Antikensammlung, inv. 31329. Bridgeman Images

**1.6** 'Poitiers Nero', detail of stained glass in Cathédrale Saint-Pierre, Poitiers, Nouvelle-Aquitaine, France. Jorge Tutor / Alamy Stock Photo

**1.7** The 'Lothar Cross', c. 1000 CE, gold- and silver-plated oak with engraved gemstones, height 50 cm (excl. fourteenth-century base), Aachen Cathedral Treasury Museum. Tarker / Bridgeman Images

**1.8** Versailles busts: emperors Augustus and Domitian, seventeenth century. Augustus: marble, onyx and porphyry, height 97 cm; Domitian: porphyry (head); Levanto marble (torso); gilded bronze, 86 cm; Palace of Versailles, inv. MV 7102 and MV 8496. Photo: Coyau / Wikimedia

**1.9** Transportation of the Powis Castle emperors. Reproduced with the kind permission of Cliveden Conservation andNational Trust

**1.10** Michael Sweerts, *Boy Drawing before the Bust of a Roman Emperor*, c. 1661, oil on canvas, 49.5 × 40.6 cm, Minneapolis Institute of Art, inv. 72.65. The Walter H. and Valborg P. Ude Memorial Fund

**1.11** Inkwell in the form of Marcus Aurelius on horseback, Italian (Padua), sixteenth century, bronze, height 23.5 cm. Photo courtesy of Sotheby's New York

**1.12** Giovanni Maria Nosseni, one of a set of twelve imperial chairs made for the elector August of Saxony, c. 1580, Kunstgewerbemuseum, Staatliche Kunstsammlungen Dresden, inv. 47720. Photo: Jürgen Lösel

**1.13** Cameo from necklace or collar, recovered off Lacada Point, Co. Antrim, gold with lapis lazuli and pearl, height 4.1 cm, National Museums Northern Ireland, inv. BELUM.BGR.5. © National Museums Northern Ireland, Collection Ulster Museum

**1.14** Angelo Minghetti, *Tiberius*, mid-nineteenth century, after 1849, enamelled terracotta, height 82 cm (excl. base), Victoria and Albert Museum, London, inv. 172-1885. © Victoria and Albert Museum, London

**1.15** William Hogarth, *A Rake's Progress* (London, 1735), plate 3: *The Tavern*, etching and engraving, 35.6 × 40.8 cm (plate), Princeton University Art Museum, Princeton, NJ, inv. x1988-32. Gift of Mrs. William H. Walker II

**1.16** (Workshop of) Altichiero da Zevio, charcoal wall sketch of a 'comic' emperor, found beneath fresco, Palazzo degli Scaligeri, Verona, fourteenth century, Museo degli Affreschi 'G. B. Cavalcaselle', Verona, inv. 36370-1B3868

**1.17** Paris Bordone, *Apparition of the Sibyl to Caesar Augustus*, 1535, oil on canvas, 165 × 230 cm, Pushkin State Museum of Fine Arts, Moscow, inv. 4354. Album / Alamy Stock Photo

**1.18a** Still from Federico Fellini (dir.), *La dolce vita* (1960). Reporters Associati & Archivi SRL, S.U. Roma

**1.18b** Chris Riddell, *Re-election Blues*, from *The Guardian*, 22 March 2009. © Guardian News & Media Ltd 2021 and Chris Riddell

**1.18c** 'The Emperor' pub sign, Hills Road, Cambridge, England. Photo: Alistair Laming / Alamy Stock Photo

**1.18d** 'Augustus' beer, by Milton Brewery, Cambridge, England. Image courtesy of Milton Brewery

**1.18e** 'Nero' boxer shorts, by Munsingwear. Image courtesy of The Advertising Archives

**1.18f** 'Nero' matches. Photo: Robin Cormack

**1.18g** A chocolate coin with an imperial head. Photo: Robin Cormack

**1.18h** Kenneth Williams as Julius Caesar in the film *Carry on Cleo* (1964). Studiocanal Ltd, UK

**1.18i** Caesar, from R. Goscinny and A. Uderzo,

*Astérix* series. ASTERIX®- OBELIX®-
IDEFIX® / © 2021 LES EDITIONS AL-
BERT RENE / GOSCINNY – UDERZO
**1.19** Bust of the emperor Commodus, ? 180–85
CE, marble, height 69.9 cm, John Paul Getty
Museum, inv. 92.SA.48
**1.20** Giovanni da Cavino, *Antonia*, 36 BCE–
c. 38 CE, *Daughter of Mark Antony and Octavia*
(obverse) and *Claudius Caesar* (reverse), bronze,
diameter 3.18 cm, Samuel H. Kress Collection,
National Gallery of Art, Washington, DC, inv.
1957.14.995.a–b. Courtesy National Gallery
of Art, Washington
**1.21** Statue of Alessandro Farnese, first
century CE/head sixteenth century, marble,
height 172 cm excl. head, Musei Capitolini,
Rome, Palazzo dei Conservatori, 'Hall of the
Captains', inv. Scu 1190. Archivio Fotografico
dei Musei Capitolini, photo: Antonio Idini
© Roma, Sovrintendenza Capitolina ai Beni
Culturali
**1.22a** Statue of Helena (so-called 'Agrippina'),
c. 320–25 CE, marble, height 123 cm, Capito-
line Museums, Rome, Palazzo Nuovo, 'Room
of the Emperors', inv. Scu 496. Archivio Foto-
grafico dei Musei Capitolini, photo: Barbara
Malter © Roma, Sovrintendenza Capitolina ai
Beni Culturali
**1.22b** Antonio Canova, *Madame Mère*,
1804–7, marble, height 145 cm, Sculpture
Gallery, Chatsworth House, Derbyshire, UK.
Wikimedia
**1.23** Paolo Veronese, *The Feast in the House
of Levi*, 1573, oil on canvas, 1309 × 560 cm,
Gallerie dell'Accademia, Venice, inv. 203.
Bridgeman Images
**1.24** Male bust, so-called 'Grimani *Vitellius*',
first half of second century CE, marble, height
48 cm, Museo Archeologico Nazionale
di Venezia, Venice, inv. 20
**1.25** Henry Fuseli, *The Artist's Despair before the
Grandeur of Ancient Ruins*, 1778–80, red chalk
and sepia wash on paper, 35 × 42 cm, Kunsthaus,
Zurich, inv. Z.1940/0144. Bridgeman Images
**2.1** The 'Arles *Caesar*', mid-first century BCE,
Dokimeion (Phrygia) marble, height 39.5
cm, Musée Départemental Arles Antique, inv.
RHO.2007.05.1939. © Rémi Bénali
**2.2** The *Great Cameo of France* (*Grand Camée
de France*), 50–54 CE, sardonyx, 31 × 26.5 cm,
Bibliothèque Nationale de France, Paris,
Cabinet des Médailles, inv. Camée.264
**2.3** Coin (*denarius*) with wreathed head of
Caesar (obverse), Rome, 44 BCE, silver, ANS
Roman Collection, inv. 1944.100.3628.
© American Numismatic Society

**2.4a** Hudson River *Caesar*, marble, height 23
cm, Carl Milles Collection, Millesgården
Museum, Stockholm, inv. A 38. Photo:
Per Myrehed, 2019. © Millesgården
Museum
**2.4b** Pantelleria *Caesar*, mid-first century CE,
Greek marble, height 42 cm, Dipartimento
dei Beni Culturali e dell'Identità Siciliana,
inv. IG 7509
**2.4c** The *Green Caesar*, Roman Egyptian, ? first
century CE, from Wadi Hammamat (eastern
desert of Egypt), greywacke, height 41 cm,
Staatliche Museen zu Berlin, Altes Museum,
Antikensammlung, inv. Sk 342. Photo: Johannes
Laurentius
**2.4d** The Casali *Caesar*, first century BCE or
later, marble, height 77 cm, Palazzo Casali,
Rome. Photo: Deutsches Archaeologisches
Institut, Rome, D-DAI-ROM-70.2015
**2.4e** Vincenzo Camuccini, *The Death of Caesar*
(detail), 1804–5, oil on canvas, 112 × 195 cm,
Galleria Nazionale d'Arte Moderna e Contem-
poranea, Rome, inv. 10159. © Adam Eastland /
agefotostock.com
**2.4f** Desiderio da Settignano, profile of a man
with a laurel crown, often identified as Julius
Caesar, c. 1460, marble, 43 × 29 × 10 cm,
Musée du Louvre, Paris, inv. RF 572. Photo:
René-Gabriel Ojéda © RMN-Grand Palais /
Art Resource, NY
**2.5** Benito Mussolini announcing the abolition
of the Chamber of Deputies and formation
of the Assembly of Corporations in Rome,
25 March 1936. Photo by Keystone-France /
Gamma-Keystone via Getty Images
**2.6** Head of Julius Caesar, Rome, probably c.
1800, marble, height 35 cm, British Museum,
inv. 1818,0110.3. © The Trustees of the British
Museum
**2.7** Bust of Julius Caesar found at Tusculum, ?
c. 45 BCE, Luna marble, height 33 cm, Museo
di Antichità, Castello di Agliè, Turin, inv. 2098.
© MiBACT–Musei Reali di Torino
**2.8** Detail of Bust of Julius Caesar at the
British Museum, **2.6**. Photo: Mary Beard
**2.9** The 'Meroe Head'/head of Augustus
(findspot Meroe, Nubia, now in Sudan),
27–25 BCE, plaster, glass, calcite and
bronze, height 46.2 cm, British Museum, inv.
1911,0901.1. © The Trustees of the British
Museum
**2.10a** Detail of statue of Augustus, Rome
(found in the ruins of the villa of Livia,
Augustus's wife, at Prima Porta on the via
Flaminia), early first century CE, marble, height
208 cm, Musei Vaticani, Vatican City, Museo

Chiaramonti, Braccio Nuovo, inv. 2290. Adam Eastland / Alamy Stock Photo

**2.10b** Diagram of hair lock scheme, from Dietrich Boschung, *Die Bildnisse des Augustus* (Berlin, 1993), Part 1, vol. 2, Fig. 83. Photo: Robin Cormack

**2.10c** Head from a statue of Tiberius Caesar, c. 4–14 CE, set on a modern bust, marble, total height 48.3 cm, British Museum, inv. 1812,0615.2. © The Trustees of the British Museum

**2.10d** Portrait bust of the emperor Caligula (Gaius), 37–41 CE, marble, height 50.8 cm, Metropolitan Museum, New York, inv. 14.37. Rogers Fund, 1914

**2.10e** Portrait head, marble, height 35.6 cm, British Museum, inv. 1870,0705.1. © The Trustees of the British Museum

**2.10f** Portrait head variously identified, ? of young Nero (reworked from a head of Gaius Caesar or of Octavian) on a modern bust, late first century BCE–early first century CE, white marble, height 52 cm, Musei Vaticani, Vatican City, Museo Pio-Clementino, Sala dei Busti, inv. 591. Photo © Governatorato SCV–Direzione dei Musei e dei Beni Culturali. All rights reserved

**2.11** Detail from the Temple of Dendur, Egypt, completed by 10 BCE, Aeolian sandstone, total length 24.6 m. Metropolitan Museum of Art, New York, inv. 68.154

**2.12** Head of the emperor Vespasian, c. 70 CE, marble, height 40 cm, Ny Carlsberg Glyptotek, Copenhagen, inv. 2585. Photo: Ny Carlsberg Glyptotek, Copenhagen

**2.13** Bust (believed to be) of the emperor Otho, later first century CE, marble, height 81 cm, Musei Capitolini, Rome, Palazzo Nuovo, 'Room of the Emperors', inv. Scu 430. Archivio Fotografico dei Musei Capitolini, photo Barbara Malter, © Roma, Sovrintendenza Capitolina ai Beni Culturali

**2.14** Nicolò Traverso, *The Genius of Sculpture*, early nineteenth century, marble and plaster, height 140 cm, Palazzo Reale, Genoa, Galleria degli Specchi. Photo: Chiara Scabini. With the permission of the Ministero per i Beni e le Attività Culturali e per il Turismo, Palazzo Reale di Genova

**2.15** Giambattista della Porta, illustration from *De humana physiognomonia, libri IIII*, (Vico Equense, 1586). Wellcome Trust, London

**3.1** Hans Memling, *Portrait of a Man with a Roman Coin* [possibly Bernardo Bembo], 1470s, oil on oak panel, 31 × 23.2 cm, Collection

KMSKA (Royal Museum of Fine Arts)—Flemish Community (CC0), Antwerp, inv. 5. Photo: Dominique Provost

**3.2** Sandro Botticelli, *Portrait of a Man with a Medal of Cosimo the Elder*, 1474–75, tempera on wood, 57.5 × 44 cm, Galleria degli Uffizi, Florence, inv. 1890.1488. © Fine Art Images / agefotostock.com

**3.3** Titian, *Portrait of Jacopo Strada*, 1567–68, oil on canvas, 125 × 95 cm, Kunsthistorisches Museum, Vienna, inv. GG 81. © DEA / G. Nimatallah / agefotostock.com

**3.4** Jacopo Tintoretto, *Portrait of Ottavio Strada*, 1567, oil on canvas, 128 × 101 cm, Rijksmuseum, Amsterdam, inv. SK-A-3902. Purchased with the support of the J. W. Edwin Vom Rath Fonds/Rijksmuseum Fonds

**3.5** Casket, German (Nuremberg?), later sixteenth century, silver and gold plated, 40 × 23 × 15.8 cm, Kunsthistorisches Museum, Vienna, inv. KK 1178 (on display at Schloss Ambras, Innsbruck, Kunstkammer)

**3.6** Chalice of Udalric de Buda (canon of Alba Julia), early sixteenth century, gold coated silver and gold coins, height 21 cm, Diocesan Museum of Nitra. With kind permission of the Roman Catholic Diocese of Nitra, Slovak Republic

**3.7a** The emperor Galba, from a mid-fourteenth-century manuscript, Fermo, Biblioteca Comunale, MS 81, fol. 40v (illustrated in Annegrit Schmidt, 'Zur Wiederbelebung der Antike im Trecento', *Mitteilungen des Kunsthistorischen Institutes in Florenz* 18 (1974), plate 61). Photo: Kunsthistorisches Institut in Florenz–Max-Planck-Institut

**3.7b** Coin (*sestertius*) with bust of the emperor Galba, laureate, draped (obverse), Rome, 68 CE, copper alloy, British Museum, inv. R.10162. © The Trustees of the British Museum

**3.7c** Coin (*denarius*) with bust of Maximinus Thrax, laureate, draped, cuirassed (obverse), Rome, 236–38 CE, silver, ANS Roman Collection, inv. 1935.117.73. © American Numismatic Society

**3.7d** Head of Maximinus Thrax from Giovanni de Matociis (d. 1337), *Historia imperialis* (begun around 1310), Biblioteca Apostolica Vaticana, Vatican City, MS Chig.I.VII.259, fol. 11r. © Biblioteca Apostolica Vaticana

**3.7e** Head of Caracalla from Giovanni de Matociis, *Historia imperialis* [see 3.7c above], Biblioteca Apostolica Vaticana, Vatican City, MS Chig. I.VII.259, fol. 4r. © Biblioteca Apostolica Vaticana

**3.7f** Coin (*denarius*) with bust of Marcus

Aurelius, laureate (obverse), Rome, 176–77[?], silver, British Museum, inv. 1995,0406.3. © The Trustees of the British Museum

**3.7g** Altichiero da Zevio, *Bust of Marco Antonio Bassiano* [= the emperor 'Caracalla'] *e decorazioni*, fourteenth century, wall painting (fresco; removed in 1967 from Palazzo dei Scaligeri, Verona), Museo degli Affreschi 'G. B. Cavalcaselle', Verona, inv. 36358–1B3856

**3.7h** Image of Nero from Andrea Fulvio, *Illustrium imagines* (Rome, 1517), Bibliothèque Nationale de France, RES-J-3269-fol. XLVIIr

**3.7i** Image of Cato, from Fulvio, *Illustrium imagines* (Rome, 1517), Bibliothèque Nationale de France, RES-J-3269-fol. XLVIIr

**3.7j** Portrait of Eve, from Guillaume Rouillé, *Promptuaire des medalles des plus renommees personnes qui ont esté depuis le commencement du monde* (Lyon, 1577; 2 vols), vol. 1, p. 5, 'Adam and Eve', Bibliothèque Nationale de France, J-4730

**3.7k** Roundel of Nero on the facade of La Certosa, Pavia, Italy, late fifteenth century. Fototeca Gilardi

**3.7l** Roundel of Attila the Hun, on facade of La Certosa, Pavia, Italy, late fifteenth century. Fototeca Gilardi

**3.7m** Roundel of Julius Caesar in loggia at Horton Court, Gloucestershire, UK, early sixteenth century. National Trust Images

**3.7n** Marcantonio Raimondi, 'Vespasian' from the Twelve Caesars series, c. 1500–1534 (plate 91 taken from vol. 3 of the later sixteenth-century album *Speculum romanae magnificentiae*), engraving, 17 × 15 cm (sheet), The Metropolitan Museum of Art, New York, inv. 41.72(3.91). Rogers Fund, transferred from the Library

**3.8** 'Nero' (opening page) from a manuscript copy of Suetonius's *Lives* (*C. Suetonii Tranquilli duodecim Caesares*) commissioned by Bernardo Bembo, c. 1474, illumination on parchment, Bibliothèque Nationale de France, MS lat. 5814, fol. 109r

**3.9** Ceiling of the 'Camera picta' in the Ducal Palace at Mantua, painted c. 1470. With permission of the Ministero per i Beni e le Attività Culturali e per il Turismo, Palazzo Ducale di Mantova

**3.10** Vincenzo Foppa, *Crucifixion*, 1456, tempera on wood, 68.5 × 38.8 cm, Accademia Carrara, Bergamo, inv. 58AC00040. The Picture Art Collection / Alamy Stock Photo

**3.11** Titian, *Christ and the Woman Taken in Adultery*, c. 1510, oil on canvas, 139.3 × 181.7 cm,. Culture and Sport, Glasgow, Kelvingrove

Art Gallery and Museum, inv. 181. © Fine Art Images / agefotostock.com

**3.12** Michael Rysbrack, *George I*, 1739, marble, height 187 cm (left) and Joseph Wilton, *George II*, 1766, marble, height 187 cm (right). © The Fitzwilliam Museum, Cambridge. Reproduced with the kind permission of the University of Cambridge

**3.13** George Knapton, *Charles Sackville, 2nd Duke of Dorset*, 1741, oil on canvas, 91.4 × 71.1 cm. Reproduced by kind permission of the Society of Dilettanti, London

**3.14** Follower of Sir Anthony van Dyck, *Portrait of King Charles I*, eighteenth century, oil on canvas, 137 × 109.4 cm, private collection. © The National Trust

**3.15** African American school children facing the Horatio Greenough statue of George Washington at the US Capitol, Washington, DC, 1899. Photo: The Library of Congress, Washington, DC

**3.16** Joseph Wilton, *Thomas Hollis*, c. 1762, marble, height 66 cm, National Portrait Gallery, London, inv. 6946. Photo: © Stefano Baldini / Bridgeman Images

**3.17** Emil Wolff, *Prince Albert*, 1844 (left), marble, height 188.3 cm, Osborne House and *Prince Albert*, 1846–49 (right), marble, height 191.1 cm, Buckingham Palace, Royal Collection Trust, inv. RCIN 42028 and inv. RCIN 2070 respectively. © Her Majesty Queen Elizabeth II 2021

**3.18** Benjamin West, *The Death of General Wolfe*, 1770, oil on canvas, 151 × 213 cm, National Gallery of Canada, inv 8007. Wikimedia

**3.19** 'Master of the Vitae Imperatorum', image of Augustus and the Sibyl, from manuscript edition of Suetonius's *Lives of Caesars* (*De vita Caesarum*, Milan, 1433), illumination on parchment, Princeton University Library, MS Kane 44, fol. 27r

**3.20** Mino da Fiesole, busts of Piero de' Medici, c. 1453, marble, height 54 cm (left; Masterpics / Alamy Stock Photo) and Giovanni de' Medici, c. 1455, marble, height 52 cm (right; Bridgeman Images), Museo Nazionale del Bargello, Florence, inv. 75 and 117

**3.21** Pisanello (Antonio Pisano), *Leonello d'Este, 1407–1450, Marquis of Ferrara* (obverse) and *Lion Being Taught by Cupid to Sing* (reverse), 1441–44, bronze, diameter 10.1 cm, National Gallery of Art, Washington, DC, Samuel H. Kress Collection, inv. 1957.14.602.a/b. Courtesy National Gallery of Art, Washington

**4.1** Claudius Tazza (Aldobrandini Tazze), late sixteenth century, gilded silver, height 40.6, diameter 38.1 cm, private collection, on loan to The Metropolitan Museum of Art, New York, inv. L1999.62.1. Image © The Metropolitan Museum of Art, New York / Art Resource NY

**4.2a** Scene from Tazza with Tiberius figure and dish with scenes from the life of Nero (Aldobrandini Tazze: for details see 4.1 above), private collection, on loan to The Metropolitan Museum of Art, New York, inv. L1999.62.2. Image © The Metropolitan Museum of Art, New York/ Art Resource NY

**4.2b** Scene from the Galba Tazza (Aldobrandini Tazze: for details see 4.1 above), Bruno Schroder Collection

**4.2c** Scene from the Julius Caesar Tazza (Aldobrandini Tazze: for details see 4.1 above), Museo Lázaro Galdiano, Madrid, inv. 01453. © Museo Lázaro Galdiano, Madrid

**4.2d** Scene from the Otho Tazza (Aldobrandini Tazze: for details see 4.1 above), Royal Ontario Museum, Toronto. From the collection of Viscount and Viscountess Lee of Fareham, given in trust by the Massey Foundation. Courtesy of the Royal Ontario Museum, © ROM

**4.2e** Scene from the Claudius Tazza (Aldobrandini Tazze: for details see 4.1 above), The Metropolitan Museum of Art, New York, inv. L1999.62.1. Image © The Metropolitan Museum of Art, New York / Art Resource NY

**4.2f** Detail of scene from Tazza with Tiberius figure and dish with scenes from the life of Nero (Aldobrandini Tazze: for details see 4.1 above), private collection, on loan to The Metropolitan Museum of Art, New York, inv. L.1999.62.2. Image © The Metropolitan Museum of Art, New York / Art Resource NY

**4.3** Giovanni Battista Della Porta, busts of the Twelve Caesars in the entrance hall (Salone d'ingresso) of the Villa Borghese, Galleria Borghese, Rome. Photo: Luciano Romano

**4.4** Hieronymus Francken II and Jan Brueghel the Elder, *The Archdukes Albert and Isabella Visiting the Collection of Pierre Roose*, c. 1621–23, oil on panel, 94 × 123.2 cm, Walters Art Museum, Baltimore, inv. 37.2010

**4.5** Imperial casket, attributed to Colin Nouailher, French, c. 1545, enamel on copper with gilt-metal frame, 10.6 × 17.1 × 11.3 cm, The Frick Collection, inv. 1916.4.15. Henry Clay Frick Bequest

**4.6** Portrait medallion of Caligula, nineteenth century, bronze, diameter 10 cm, private collection. Photo: Robin Cormack

**4.7** Christian Benjamin Rauschner, four imperi-

al heads (Julius Caesar, Augustus, Tiberius, Claudius), mid-eighteenth century, wax, height c. 14 cm (panel). Herzog Anton Ulrich-Museum Braunschweig, Kunstmuseum des Landes Niedersachsen, inv. Wac 63, 64, 65, 66. Photo: Museum

**4.8** Marcantonio Raimondi, 'Trajan' (misidentified as Nerva), engraving from The Twelve Caesars series (plate 94 taken from vol. 3 of *Speculum romanae magnificentiae*; details as at 3.7 above), The Metropolitan Museum of Art, New York, inv. 41.72(3.94). Rogers Fund, transferred from the Library

**4.9** Hendrick Goltzius, *Vitellius*, early seventeenth century, oil on canvas, 68.1 × 52.2 cm. Stiftung Preußische Schlösser und Gärten Berlin-Brandenburg, inv. GK I 980. Photo: Stiftung Preußische Schlösser und Gärten Berlin-Brandenburg

**4.10** Johann Bernhard Schwarzenburger, *Titus*, shortly before 1730, hardstones, gold, black enamel and precious stones, height 26.6 cm (with pedestal), Grünes Gewölbe, Staatliche Kunstsammlungen Dresden, inv. V151. Photo: Jürgen Karpinski

**4.11** Joost van Sasse (from a drawing by Johann Jacob Müller), *Interior View of the Great Royal Gallery at Herrenhausen* (Hanover), c. 1725, copperplate engraving, c. 19.5 × 15 cm (image). The Picture Art Collection / Alamy Stock Photo

**4.12** Photograph showing view of the 'Room of Emperors' in the Capitoline Museums, Rome, 1890s. Granger Historical Picture Archive

**4.13a** Statue of Baby Hercules, third century CE, basalt, height 207 cm, Musei Capitolini, Rome, Palazzo Nuovo, inv. Scu 1016. Colaimages / Alamy Stock Photo

**4.13b** Statue of a young man with his foot resting on a rock, 117–38 CE, marble, height 184.5 cm, Musei Capitolini, Rome, Palazzo Nuovo, inv. Scu 639. Archivio Fotografico dei Musei Capitolini, photo: Stefano Castellani, © Roma Sovrintendenza Capitolina ai Beni Culturali

**4.13c** The 'Capitoline Venus', second century CE, marble, height 193 cm, Musei Capitolini, Rome, inv. Scu 409. Archivio Fotografico dei Musei Capitolini, photo: Araldo De Luca, © Roma, Sovrintendenza Capitolina ai Beni Culturali

**4.14** Photograph of snow on the emperors' heads outside the Sheldonian Theatre, Oxford. Ian Fraser / Alamy Stock Photo

**4.15a** and **4.15b** Scenes from the Tiberius Tazza (previously identified as that of Domitian; Aldobrandini Tazze: for details see

4.1 above): *The Triumph of Tiberius under Augustus* (4.15a) and *The Escape of Tiberius and Livia* (4.15b), Victoria and Albert Museum, London, inv. M.247-1956. © Victoria and Albert Museum, London

**4.15c** Scene from the Caligula Tazza (previously identified as that of Tibertius; Aldobrandini Tazze: for details see 4.1 above), *Caligula on His Bridge of Boats*, Casa-Museu Medeiros e Almeida Museum, Lisbon, inv. FMA 1183. Courtesy of the Medeiros e Almeida Museum

**5.1** After Titian, *Tiberius*, copy once owned by Abraham Darby IV, by 1857, oil on canvas, 130.2 × 97.2 cm, private collection. Photo courtesy of Christie's London

**5.2a–k** Aegidius Sadeler (after Titian), prints of Titian's *Eleven Caesars*, 1620s, line engravings, approx. 35 × 24 cm (sheets), British Museum, inv. 1878,0713.2644–54. © The Trustees of the British Museum. All rights reserved

**5.3** Porcelain cup showing Augustus, French, acquired (with matched saucer showing Augustus's wife Livia Drusilla: see 7.8 below) 1800, hard paste porcelain, tortoiseshell ground and gilded decoration, height 8.8 cm, Royal Collection Trust, inv. RCIN 5675. © Her Majesty Queen Elizabeth II 2021

**5.4** The 'Camerino dei Cesari' at the Ducal Palace at Mantua as it is now. With permission of the Ministero per i Beni e le Attività Culturali e per il Turismo, Palazzo Ducale di Mantova

**5.5a** Workshop of Giulio Romano, *The Omen of Claudius's Imperial Powers* c. 1536–39, oil on panel, 121.4 × 93.5 cm, Hampton Court Palace, Royal Collection Trust, inv. RCIN 402806. © Her Majesty Queen Elizabeth II 2021

**5.5b** Workshop of Giulio Romano, *Nero Playing while Rome Burns*, c. 1536–39, oil on panel, 121.5 × 106.7 cm, Hampton Court Palace Royal Collection Trust, inv. RCIN 402576. © Her Majesty Queen Elizabeth II 2021

**5.6** Giulio Romano, *A Roman Emperor*[?] *on Horseback*, oil on panel, 86 × 55.5 cm, Christ Church Picture Gallery, Oxford, inv. JBS 132

**5.7** Composite reconstruction of the west wall of the Camerino dei Cesari, from drawings of Ippolito Andreasi, c. 1570, pen, brown ink and grey wash over black chalk, Museum Kunstpalast, Düsseldorf. Upper level: portraits of Nero (20.5 × 15.9 cm), Galba (20.5 × 15.8 cm) and Otho (20.5 × 16 cm) (inv. F.P. 10910, 10911, 10931); niche figures (c. 23.5 × 8.5 cm) (inv. F.P. 10885, 10886, 10881, 10883). Lower level: with 'stories' (the fire of Rome, Galba's dream and

Otho's suicide) and horsemen (35.8 × 97.9 cm) (inv. F.P. 10940). Images © Kunstpalast-Horst Kollberg-ARTOTHEK

**5.8** Giulio Romano. *The Modesty of Tiberius*, c. 1536–37, pen brown ink and brown wash over black chalk, 51 × 42 cm, Musée du Louvre, Paris, inv. 3548-recto. Photo: Thierry Le Mage © RMN-Grand Palais / Art Resource, NY

**5.9** Ippolito Andreasi, c. 1570, *Lower Right Half of the North* [*sic*; in fact *East*] *Wall* of the Camerino dei Cesari, pen, brown ink and grey wash over black chalk, 31.8 × 47.7 cm, Museum Kunstpalast, Düsseldorf, inv. F.P. 10878. Image © Kunstpalast-Horst Kolberg-ARTOTHEK

**5.10a** Bernardino Campi, *The Emperor Domitian*, after 1561, oil on canvas, 138 × 110 cm, Museo e Real Bosco di Capodimonte, Naples, inv. Q1152. With permission of the Ministero per i Beni e le Attività Culturali e per il Turismo, Museo e Real Bosco di Capodimonte–Fototeca della Direzione Regionale Campania

**5.10b** Domenico Fetti, *The Emperor Domitian*, c. 1616–17, oil on canvas, 151 ×112 cm, Musée du Louvre, Paris, inv. 279. © Photo Josse / Bridgeman Images

**5.10c** Domenico Fetti, *The Emperor Domitian*, 1614–22, oil on canvas,133 × 102 cm, Schloss Weissenstein, Pommersfelden, Bavaria, inv. 177. Photo: Robin Cormack

**5.10d** Unknown artist, *Domitian* (wrongly labelled *Titus*), before 1628, oil on canvas, 126 × 88 cm, private collection

**5.10e** E003354 Supraporte 'Imperatorenbildnis' (Domitianus), Umkr. Tizian. Residenz München, Reiche Zimmer, Antichambre (R.55), inv. ResMü. Gw 0156. © Bayerische Schlösserverwaltung, Schaller, Munich

**5.10f** Aegidius Sadeler, *The Emperor Domitian*, line engraving, approx. 35 × 24 cm, British Museum, inv. 1878,0713.2655. © The Trustees of the British Museum. All rights reserved

**5.10g** *Domitian* from the set acquired by the Ducal Palace in Mantua in the 1920s. With permission of the Ministero per i Beni e le Attività Culturali e per il Turismo, Palazzo Ducale di Mantova

**5.11a** Anthony van Dyck, *Charles I with M. de St Antoine*, 1633, oil on canvas, 370 × 270 cm, Windsor Castle, Royal Collection Trust, inv. RCIN 405322. © Her Majesty Queen Elizabeth II 2021

**5.11b** Guido Reni, *Hercules on the Funeral Pyre*, 1617, oil on canvas, 260 × 192 cm, Musée du Louvre, Paris, France, inv. 538. Photo: Franck Raux © RMN-Grand Palais / Art Resource

**5.12** Giovanni di Stefano Lanfranco, *Sacrifice for a Roman Emperor*, c. 1635, oil on canvas, 181 × 362 cm, Museo Nacional del Prado, Madrid, inv. P000236. Photo © Museo Nacional del Prado

**5.13a** Bernardino Campi after Titian, *The Emperor Augustus*, 1561, oil on canvas, 138 × 110 cm. Museo e Real Bosco di Capodimonte, Naples, inv. Q1158. With permission of the Ministero per i Beni e le Attività Culturali e per il Turismo–Fototeca della Direzione Regionale Campania

**5.13b** Unknown artist, *Ottaviano Cesare Augusto*, before 1628, oil on canvas, 126 × 88 cm, private collection, Mantua

**5.14** Edition of Suetonius's *Twelve Caesars*, printed in Rome, 1470; the binding c. 1800, with Augsburg enamels c. 1690 after Sadeler's Twelve Caesars inset into the inside front cover. Collection of William Zachs, Edinburgh. Photo courtesy of Sotheby's London

**5.15** Bartholomeus Eggers, *Marcus Salvius Otho*, late seventeenth century, lead, height 89 cm, Rijksmuseum, Amsterdam, inv. BK-B-68-C. Peter Horree / Alamy Stock Photo

**6.1** 'The King's Staircase', Hampton Palace, featuring the mural by Antonio Verrio, with a scheme based on Julian the Apostate's satire *The Caesars*, written in mid fourth century. Historic Royal Palaces. © Historic Royal Palaces

**6.2a** Detail of the 'King's Staircase', Hampton Court Palace, showing Julius Caesar, Augustus (and Zeno). Historic Royal Palaces. © Historic Royal Palaces

**6.2b** Detail of the 'King's Staircase', Hampton Court Palace, showing Nero. Historic Royal Palaces. © Historic Royal Palaces

**6.2c** 'The King's Staircase', Hampton Court Palace: south elevation, showing Hermes and Julian the Apostate (seated). Historic Royal Palaces. © Historic Royal Palaces

**6.3** The 'Table of the Great Commanders of Antiquity' (full table top, and detail of Caesar), French (Sèvres porcelain factory), 1806–12, hard-paste porcelain, gilt bronze mounts, internal wooden frame, diameter 104 cm, Buckingham Palace, Royal Collection Trust, inv. RCIN 2634. © Her Majesty Queen Elizabeth II 2021

**6.4** John Deare, *Julius Caesar Invading Britain*, 1796, marble, 87.5 × 164 cm, Victoria and Albert Museum, London, inv. A.10:1-2011. © Victoria and Albert Museum, London

**6.5** Ceiling decoration, 1530–31, of the 'Chamber of the Emperors' at the Palazzo Tè, Mantua. © Mauro Flamini / agefotostock.com

**6.6** Andrea Mantegna, *The Triumphs of Caesar*, c. 1484–92: 1. *The Picture-Bearers* (left); 2. *The Bearers of Standards and Siege Equipment* (right), tempera on canvas, c. 270 × 281 cm, Hampton Court Palace, Royal Collection Trust, inv. RCIN 403958 and 403959. © Her Majesty Queen Elizabeth II 2021

**6.7** Andrea Mantegna, *The Triumphs of Caesar*, c. 1484–92: 9. *Caesar on His Chariot*, tempera on canvas, 270.4 × 280.7 cm, Hampton Court Palace, Royal Collection Trust, inv. RCIN 403966. © Her Majesty Queen Elizabeth II 2021

**6.8** *The Assassination of Caesar* (tapestry), Brussels, 1549, wool and silk, 495 × 710 cm, Musei Vaticani, Vatican City, Galleria degli Arazzi, inv. 43788. Photo © Governatorato SCV–Direzione dei Musei e dei Beni Culturali. All rights reserved

**6.9** Tapestry captioned '*Abripit absconsos thesaurus Caesar …*', Brussels, c. 1560–70, wool and silk, 430 × 585 cm, present location unknown (auctioned by Graupe, Berlin, 26–27 April 1935, lot 685)

**6.10** Ilario Mercanti ('lo Spolverini') (artist), Francesco Domenica Maria Francia (engraver), *Facade of Parma Cathedral Richly Decorated on the Occasion of the Marriage of Elisabetta Farnese, Queen of Spain* (16 September 1714) watercoloured engraving, c. 1717, 43.7 × 50.2 cm, Biblioteca Palatina, Parma, inv. S* II 18434

**6.11** Tapestry captioned '*Iacta alea est transit Rubicone …*', Brussels, sixteenth century, wool and silk, 420 × 457 cm, in New York Persian Gallery (saleroom), inv. 27065

**6.12** Tapestry captioned '*Iulius hic furiam Caesar fugitat furietem …*', Brussels, c. 1560–70, wool and silk, 415 × 407 cm, Palácio Nacional de Sintra/National Palace of Sintra, Sintra, Portugal. Image © Parques de Sintra-Monte da Lua, S.A. / EMIGUS

**6.13** Tapestry captioned '*Iulius Caesar impetum facit*', Brussels, c. 1655–70, wool and silk, 335.5 × 467 cm, Blue Drawing Room, Powis Castle, Powys, Wales, inv. NT 1181080.1. © National Trust Images / John Hammond

**6.14a** Adriaen Collaert (engraver) after Jan van der Straet (Stradanus), *Augustus*, c. Netherlandish, 1587–89, engraving, 32.3 × 21.7 cm (sheet), The Metropolitan Museum of Art, New York, inv. 49.95.1002(2), The Elisha Whittlesey Collection. The Elisha Whittlesey Fund, 1949

**6.14b** Adriaen Collaert (engraver) after Jan van der Straet (Stradanus), *Domitian*, c. 1587–89, engraving, 32.4 × 21.6 cm (sheet), The Metropolitan Museum of Art, New York, inv. 49.95.1002(12). The Elisha Whittelsey Collection, The Elisha Whittelsey Fund, 1949

**6.15** Peter Paul Rubens, sketch of Roman emperors, early seventeenth century CE, pen and brown ink, on paper, 23.6 × 41.9 cm, Kupferstichkabinett, Staatliche Museen zu Berlin, Germany, inv. KdZ 5783 (verso). Photo: Dietmar Katz © bpk Bildagentur / Staatliche Museen zu Berlin / Dietmar Katz / Art Resource, NY

**6.16** Jean-Léon Gérôme, *The Age of Augustus: The Birth of Jesus Christ*, (c. 1852–54; exhibited 1855), oil on canvas, 620 × 1015 cm, Collection du Musée d'Orsay, Paris, dépôt au Musée de Picardie, Amiens, inv. RF 1983 92. Photo: Marc Jeanneteau / Musée de Picardie

**6.17:** Carle (or Charles-André) Van Loo, *Augustus Closing the Gates of the Temple of Janus*, (exhibited) 1765, oil on canvas, 300 × 301 cm, Collection du Musée de Picardie, Amiens, inv. M.P.2004.17.29. Photo: Marc Jeanneteau / Musée de Picardie

**6.18** Thomas Couture, *The Romans of the Decadence*, 1847, oil on canvas, 472 × 772 cm, Musée d'Orsay, Paris, inv 3451. Wikimedia

**6.19** Georges Rouget, *Vitellius, Roman Emperor, and Christians Thrown to the Wild Beasts*, exhibited 1847, oil on canvas, 116 × 90 cm, Musée du Berry, Bourges, inv. 949.I.2. Photo: Robin Cormack

**6.20a** Jules-Eugène Lenepveu *The Death of Vitellius*, 1847, oil on canvas, 32.5 × 24 cm, Musée d'Orsay, Paris, inv. RF MO P 2015 27. © Beaux-Arts de Paris, Dist. RMN-Grand Palais / Art Resource, NY

**6.20b** Paul Baudry *The Death of Vitellius*, 1847, oil on canvas, 114 × 146 cm, Musée Municipal de La Roche-sur-Yon, inv. 857.1.1. © Musée de La Roche-sur-Yon / Jacques Boulissière

**6.21** Jean-Léon Gérôme, *The Death of Caesar*, 1859–67, oil on canvas, 85.5 × 145.5 cm, The Walters Art Museum, Baltimore, inv. 37.884

**6.22** Jean-Paul Laurens, *The Death of Tiberius*, 1864, oil on canvas, 176.5 × 222 cm, Musée Paul-Dupuy, Toulouse, inv. 49 3 23. Photo: M. Daniel Molinier

**6.23** Sir Lawrence Alma-Tadema, *The Roses of Heliogabalus*, 1888, oil on canvas, 133.5 × 214.5 cm, Pérez Simón Collection, Mexico. Active-Museum / Alamy Stock Photo

**6.24** Sir Lawrence Alma-Tadema, *A Roman Emperor: AD 41*, 1871, oil on canvas, 86 ×

174.3 cm, The Walters Art Museum, Baltimore, inv. 37.165

**6.25** Vasiliy Smirnov, *The Death of Nero*, 1887–88, oil on canvas, 177.5 × 400 cm, The Russian Museum, St Petersburg, inv. Ж-5592. The Picture Art Collection / Alamy Stock Photo

**6.26** *Boy with Goose*, first–second century CE (copy of Greek original of ? second century BCE), height 92.7 cm, Musée du Louvre, Paris, inv. Ma 40 (MR 168). Wikimedia

**7.1** Sir Lawrence Alma-Tadema, *Agrippina Visiting the Ashes of Germanicus*, 1866, oil on panel, 23.3 × 37.5 cm, private collection. Artepics / Alamy Stock Photo

**7.2** Bust identified as Faustina, Roman, c. 125–59 CE, Greek marble, height 76 cm, Palazzo Ducale, Mantua, inv. 6749. With permission of the Ministero per i Beni e le Attività Culturali e per il Turismo, Palazzo Ducale di Mantova

**7.3a–c** Statues from Velleia, Emilia Romagna (Roman Veleia), 37–41 CE: Livia (7.3a), marble, height 224.5 cm; Agrippina the Elder (7.3b), marble, height 209 cm; Agrippina the Younger (7.3c), marble, height 203 cm, Museo Nazionale Archeologico di Parma, Parma, inv. 828, 829 and 830 respectively. With permission of the Ministero per i Beni e le Attività Culturali e per il Turismo, Complesso Monumentale della Pilotta

**7.4** Cameo bust often identified as Messalina, laureate, with her children Britannicus and Octavia, Roman, mid-first century CE, sardonyx, seventeenth-century enamelled gold frame, 6.7 × 5.3 cm, Paris, Bibliothèque Nationale de France, Paris, Cabinet des Medailles, inv. Camée.277

**7.5a** Statue of Messalina with Britannicus, Roman, c. 50 CE (heavily restored in the eighteenth century), marble, height 195 cm, Musée du Louvre, Paris, inv. Ma 1224 (MR 280). © Peter Horree / agefotostock.com

**7.5b** Kephisodotos's *Eirene and Ploutos*, c. 375–360 BCE, later Roman copy, marble, 201 cm, Munich Glypothek, inv. 219. Munich Glypothek /Art Resource, NY

**7.6** Bas-relief of Agrippina the Younger and Nero, from the Sebasteion at Aphrodisias, Roman, mid-first century CE, marble, 172 × 142.5 cm, Archaeological Museum, Aphrodisias, Caria, Turkey, inv. 82-250. © Funkystock / agefotostock.com

**7.7a–l** Aegidius Sadeler, prints of twelve empresses from the series 'The Emperors and Empresses of Rome' published by Thomas Bakewell, (London 'Next the Horn Tavern in Fleet-street', active c. 1730[?]), line engravings, approx. 35 × 24 cm, British Museum, inv. 1878,0713.2656–67. © The Trustees of the British Museum. All rights reserved

**7.8** Porcelain saucer showing Livia Drusilla, French, acquired (with matched cup showing Augustus: see **5.3** above) 1800, hard paste porcelain, tortoiseshell ground and gilded decoration, diameter 13.5 cm, Royal Collection Trust, inv. RCIN 5675. © Her Majesty Queen Elizabeth II 2021

**7.9** Aubrey Beardsley, *Messalina and Her Companion*, 1895, graphite, ink and watercolour on paper, 27.9 × 17.8 cm, Tate, London, inv. N04423. Digital Image: Tate Images

**7.10** James Gillray, *Dido, in Despair!*, 1801, hand-coloured etching, 25.2 × 36 cm, pic. ID 161499. Courtesy of the Warden and Scholars of New College, Oxford / Bridgeman Images

**7.11** Georges Antoine Rochegrosse, *The Death of Messalina*, 1916, oil on canvas, 125.8 × 180 cm, private collection. The History Collection / Alamy Stock Photo

**7.12** Angelica Kauffman, *Virgil Reading the 'Aeneid' to Augustus and Octavia*, 1788, oil on canvas, 123 × 159 cm, The State Hermitage Museum, St Petersburg, inv. ГЭ-4177. Photo: Vladimir Terebenin © The State Hermitage Museum

**7.13a** Jean-Auguste-Dominique Ingres, *Virgil Reading Sixth Book of the 'Aeneid' to Augustus, Octavia and Livia*, c. 1812, oil on canvas, 304 × 303 cm, Musée des Augustins, Toulouse, inv. RO 124. Album / Alamy Stock Photo

**7.13b** Jean-Auguste-Dominique Ingres, *Augustus Listening to the Reading of the 'Aeneid'*, c. 1819, oil on canvas, 138 × 142 cm, Musées Royaux des Beaux-Arts de Belgique, Brussels, inv. 1836. Bridgeman Images

**7.13c** Jean-Auguste-Dominique Ingres, *Virgil Reading from the 'Aeneid'* [*to Augustus, Octavia and Livia*], 1864, oil on paper on panel, 61 × 49.8 cm, private collection. Photo courtesy of Christie's New York

**7.14** Benjamin West, *Agrippina Landing at Brundisium with the Ashes of Germanicus*, 1768, oil on canvas, 168 × 240 cm, Yale University Art Gallery, inv. 1947.16. Yale University Art Gallery. Gift of Louis M. Rabinowitz. Photo: Yale University Art Gallery

**7.15** *Agrippina the Elder and Tiberius*, from an incunable German translation by Heinrich Steinhöwel of Boccaccio's *De mulieribus claris*, c. 1474 (printed at Ulm by Johannes Zainer), hand-coloured woodcut illustration, 8 × 11 cm, Penn Libraries, Kislak Center for Special Collections, Rare Books, and Manuscripts, call number Inc B-720 (leaf [n]7r, f. cxvij)

**7.16** *Nero and Agrippina*, from 'Baron d'Hancarville' [Pierre-François Hugues], *Monumens de la vie privée des XII Césars*, Bibliothèque Nationale de France, Paris, RESERVE 4-H-9392, view 212

**7.17** William Waterhouse, *The Remorse of Nero after the Murder of His Mother*, 1878, oil on canvas, 94 × 168 cm, private collection. Painters / Alamy Stock Photo

**7.18** Arturo Montero y Calvo, *Nero before the Corpse of His Mother*, 1887, oil on canvas, 331 × 500 cm, Museo del Prado, Madrid, inv. P006371. Wikimedia

**7.19** *Nero and Agrippina*, illustrating *Roman de la Rose*, Netherlandish, 1490–1500, detail of illuminated manuscript on parchment, 39.5 × 29 cm, copying (text only) of edition printed in Lyon, c. 1487, British Library, London, Harley MS 4425, fol. 59r. © British Library Board. All Rights Reserved / Bridgeman Image

**7.20a** Peter Paul Rubens, *Germanicus and Agrippina*, c. 1614, oil on panel, 66.4 × 57 cm, National Gallery of Art, Washington, DC, inv. 1963.8.1. Andrew W. Mellon Fund. Courtesy National Gallery of Art, Washington

**7.20b** Peter Paul Rubens, *Germanicus and Agrippina*, c. 1615, oil transferred to masonite panel, 70.3 × 57.5 cm, Ackland Art Museum, Chapel Hill, NC, inv. 59.8.3. Ackland Fund

**7.21** 'The Gonzaga Cameo' (portraits variously identified), third century BCE or later (setting: later work), sardonyx, silver and copper, 15.7 × 11.8 cm, The State Hermitage Museum, St Petersburg, inv. ГР-12678. Photo: Vladimir Terebenin © The State Hermitage Museum

**8.1a** Edmonia Lewis, *Young Octavian*, c. 1873, marble, height 42.5 cm,. Smithsonian American Art Museum, Washington, DC, inv. 1983.95.180. Gift of Mr. and Mrs. Norman Robbins

**8.1b** Head of 'Young Octavian', first century BCE/CE (on modern bust), white marble, height 52 cm, Musei Vaticani, Vatican City, Museo Pio-Clementino, Galleria dei Busti, inv. 714. Photo © Governatorato SCV– Direzione dei Musei e dei Beni Culturali. All rights reserved

**8.2** Edmonia Lewis, *The Death of Cleopatra*, 1876, marble, 160 × 79.4 × 116.8 cm, Smithsonian American Art Museum, Washington, DC, inv. 1994.17. Gift of the Historical Society of Forest Park, Illinois

**8.3** President Franklin D. Roosevelt's toga-party birthday celebration, Washington, DC, 1934. © Franklin D. Roosevelt Presidential Library and Museum